Political Discourses at the Extremes
Expressions of Populism in Romance-Speaking Countries

*Françoise Sullet-Nylander, María Bernal,
Christophe Premat & Malin Roitman (eds.)*

Published by
Stockholm University Press
Stockholm University
SE-106 91 Stockholm
Sweden
www.stockholmuniversitypress.se

Text © The Author(s) 2019
License CC-BY

Supporting Agency (funding): The Romance Linguistics Research Network at Stockholm University

First published 2019
Cover Illustration: ROMPOL, by David García López
Illustration license: CC BY-NC-ND
Cover designed by Stockholm University Press

Stockholm Studies in Romance Languages (Online) ISSN: 2002-0724

ISBN (Paperback): 978-91-7635-095-9
ISBN (PDF): 978-91-7635-092-8
ISBN (EPUB): 978-91-7635-093-5
ISBN (Mobi): 978-91-7635-094-2

DOI: https://doi.org/10.16993/bax

This work is licensed under the Creative Commons Attribution 4.0 Unported License. To view a copy of this license, visit creativecommons.org/licenses/by/4.0/ or send a letter to Creative Commons, 444 Castro Street, Suite 900, Mountain View, California, 94041, USA. This licence allows for copying any part of the work for personal and commercial use, providing author attribution is clearly stated.

Suggested citation:
Sullet-Nylander, F., Bernal, M., Premat, C. & Roitman, M. (eds.) 2019 *Political Discourses at the Extremes: Expressions of Populism in Romance-Speaking Countries*. Stockholm: Stockholm University Press. DOI: https://doi.org/10.16993/bax

To read the free, open access version of this book online, visit https://doi.org/10.16993/bax or scan this QR code with your mobile device.

Stockholm Studies in Romance Languages

Stockholm Studies in Romance Languages (SSIRL) is a peer-reviewed series of monographs and edited volumes published by Stockholm University Press. SSIRL strives to provide a broad forum for research on Romance Languages of all periods, including both linguistics and literature.

In terms of subjects and methods, the journal covers language structure, variation and meaning, spoken and written genres, as well as literary scholarship in a broad sense.

It is the ambition of SSIRL to place equally high demands on the academic quality of the manuscripts it accepts as those applied by refereed international journals and academic publishers of a similar orientation.

Editorial Board

Jean-Paul Dufiet, professore associato, Lettere e Filosofia, Università degli Studi di Trento

Lars Fant, Professor, Romanska och klassiska inst., Stockholms universitet

Thomas Johnen, Professor, Fakultät SPR, Westsächsische Hochschule Zwickau

Dominique Maingueneau, Professeur, UFR de Langue française, Université Paris IV

Cecilia Schwartz, Docent, Romanska och klassiska inst., Stockholms universitet

Françoise Sullet-Nylander, Professor, Romanska och klassiska inst., Stockholms universitet

Titles in the series

1. Engwall, G. & Fant, L. (eds.) 2015. Festival Romanistica. Contribuciones lingüísticas – Contributions linguistiques – Contributi linguistici – Contribuições linguísticas. Stockholm: Stockholm University Press. DOI: https://doi.org/10.16993/bac. License: CC-BY

2. Cedergren, M. et Briens, S. (eds.) 2015. *Médiations interculturelles entre la France et la Suède. Trajectoires et circulations de 1945 à nos jours.* Stockholm: Stockholm University Press. DOI: https://doi.org/10.16993/bad. License: CC-BY

3. Premat, C. 2018. *Pour une généalogie critique de la Francophonie.* Stockholm: Stockholm University Press. DOI: https://doi.org/10.16993/bau. License: CC-BY

4. Sullet-Nylander, F., Bernal, M., Premat, C. & Roitman, M. (eds.) 2019. *Political Discourses at the Extremes: Expressions of Populism in Romance-Speaking Countries.* Stockholm: Stockholm University Press. DOI: https://doi.org/10.16993/bax. License: CC-BY

Peer Review Policies

Stockholm University Press ensures that all book publications are peer-reviewed in two stages. Each book proposal submitted to the Press will be sent to a dedicated Editorial Board of experts in the subject area as well as two independent experts. The full manuscript will be peer reviewed by chapter or as a whole by two independent experts.

A full description of Stockholm University Press' peer-review policies can be found on the website: http://www.stockholmuniversitypress.se/site/peer-review-policies/

Recognition for reviewers

The Editorial Board of Stockholm Studies in Romance Languages applies single-blind review during proposal and manuscript assessment. We would like to thank all reviewers involved in this process.

Special thanks to the reviewers who have been doing the peer review of the manuscript of this book:

Ana Pano Alamán, Associate Professor, Department of Modern Languages, Literatures, and Cultures, University of Bologna

Rodney Williamson, Professor at the Department of Modern Languages and Literatures, University of Ottawa

Contents

Populist voices from Latin America to Europe   1
*Françoise Sullet-Nylander, María Bernal,
Christophe Premat & Malin Roitman*

La construcción discursiva del populismo autoritario   13
Adriana Bolívar

La mise en débat de l'Europe. Le cas de l'extrême
droite en France   35
Julien Auboussier

Les religions abrahamites dans le discours du Front
National et dans le contexte d'extrêmes droites
populistes européennes   53
Thomas Johnen

Discursos populistas en la política española actual: el caso de
Podemos y *Ciudadanos*   83
Esperanza R. Alcaide Lara

¿Quién es el pueblo? Minorías en la campaña
electoral 2015 en España   105
Ana Ruiz-Sánchez y Manuel Alcántara-Plá

Using modality, achieving 'modernity', portraying morality: Marine Le
Pen's (adverbial) stance in interview   125
Fabienne Baider

Populisme d'extrême droite en France : une analyse de la
communication non verbale de Marine Le Pen   149
Morgane Belhadi

Ideología y configuración descortés de la imagen de
Pablo Iglesias y otros políticos de Podemos en los medios de
comunicación españoles   175
María Bernal

El silencio como discriminación discursiva de lo indígena.
Análisis socio-cognitivo de libros escolares mexicanos   201
Alba Nalleli García Agüero

La construcción de la identidad política de un nuevo candidato
electoral: espacios discursivos e imagen social en el discurso
de Pablo Iglesias   223
Nieves Hernández Flores

Diaboliser les migrants ou dédiaboliser le parti ? Analyse du discours
du FN et de l´UDC sur les migrants   243
Sandra Issel-Dombert and Aline Wieders-Lohéac

Les agressions à Cologne au prisme de doxaï et d'enjeux politiques :
construction et naturalisation des identités   261
Véronique Magaud

Le positionnement anti-système et le dégagisme dans la campagne
présidentielle du mouvement *La France insoumise*   279
Christophe Premat

Racisme, antiracisme et gauche radicale : enjeux d'un contre-discours
polémique   301
Émilie Devriendt et Marion Sandré

La représentation des frontières dans le discours de Marine Le Pen et
de Viktor Orbán   321
Renáta Varga

Contributors   341

Populist Voices from Latin America to Europe

Françoise Sullet-Nylander, María Bernal, Christophe Premat & Malin Roitman
Stockholm University

The publication of this volume is the result of an interdisciplinary and international collaboration, led and coordinated by the research group ROMPOL, *Political discourse in the Romance-speaking countries*, which was formed in 2014 at the Department of Romance Studies and Classics at Stockholm University (Sweden). ROMPOL's main objective has been to analyse the mediated political discourse in Romance-speaking countries – in Europe as well as in Latin America – from a linguistic as well as a social science perspective. The focus of interest lies in how different identities are represented in the discourse and how, in a given communicative situation, the speakers choose to represent themselves, their sympathizers, electors and opponents. It also intends to relate these discursive representations of identities to political and cultural factors that constitute the context of specific communicative events. The most recent scientific international event organized by the group focused on *Political Discourses at the Extremes,* and brought together researchers specialized in media and political discourse analysis. A majority of the studies were carried out on data from TV-debates, news media, social media sites, newspapers, etc. Three themes were in focus, of which the most important was the rise of *populism* and its different modes of expression in Romance-speaking countries, in Europe and in Latin America. Special attention was given to the potential differences and convergences between Romance-speaking countries in Europe and those in the Latin American Region. Furthermore, questions regarding *identities, racism* and *discrimination* were also addressed and gave raise

---

How to cite this book chapter:
Sullet-Nylander, F., Bernal, M., Premat, C. & Roitman, M. 2019. "Populist Voices from Latin America to Europe". In: Françoise Sullet-Nylander, María Bernal, Christophe Premat & Malin Roitman (eds.). *Political Discourses at the Extremes. Expressions of Populism in Romance-Speaking Countries.* Stockholm Studies in Romance Languages. Stockholm: Stockholm University Press, pp. 1–11. DOI: https://doi.org/10.16993/bax.a. License: CC-BY

to studies of linguistic features used for representing identities (national, ethnic, etc.) in the public political spheres and in the mass media. Finally, some researchers focused on *ideologies* and *religions,* with works on societal, socio-linguistic and socio-pragmatic phenomena that contribute to different representations of religion and ideology.

One of the main issues that runs through the whole volume is whether or not one can adopt a unique definition of populism for these different continents and countries and in that case, what would be the common traits of populist discourses here and there. It is, as Charaudeau (2011) points out, very difficult to propose a unique definition of populism, because of the different historical and political contexts that influence it in different ways. Nevertheless, this author argues that populism always appears in a context of social and political crisis and that this crisis can take different forms, such as an *economic crisis*, an *identity and moral crisis* and a *crisis of political regime change*, as in many Eastern countries after the fall of the Berlin Wall, which had to adjust to the market economy and "discovered ultranationalism" (Charaudeau 2011). The presence of a charismatic leader, who promises to give power back to the people, is a characteristic recognized by several researchers. Thus, according to de la Torre & Arnson (2013), a populist style typically rewards a charismatic way of approaching the voters, with leaders using their repertoire of emotions to transgress the traditional rules of the political game that are normally based on mutual respect.

It is important to remember that the word "populism" has not always been a negative term; in fact, against other political backgrounds it was used to express the necessity of creating a political alternative, as it was in the United States at the end of the 19th century, where a populist party emerged to balance and challenge the political system which was dominated by Republicans and Democrats (Dorna, 1999: 29). This party was the result of disappointment with the representative system at that time (Birnbaum, 2012). Hence, it is possible to insist on the relation between disappointment, criticism of the establishment and the expression of populist voices. In fact, for some thinkers such as Hirschman, the representative government is doomed to disappoint people (Hirschman, 2002). Whereas the representative government is marked by the competition between different social and political groups, the populist movement aims at producing a homogenous figure of what the people is.

It would be an error to identify populist voices just with far-right and far-left political groups. Indeed, far-right and far-left parties may use a populist style to contest the rules and influence voters, but populism does not have *per se* any ideological orientation. Besides the importance of a captivating leader, the main characteristics of populism are, according to Mouffe (2005), the reference to the people's will and to their uncensored forms of expressions, and the disappointment *vis-à-vis* the traditional elite. In Latin America, the former President of Argentina, Juan Perón, had a populist voice that was supported by a direct relation with the people and by a condemnation of all forms of political opposition. We find the same trend with forms of left-wing populism in Venezuela during the Hugo Chávez era (Freidenberg, 2007). Political plurality was strongly weakened during these regimes and the direct link to the people was constantly highlighted.

In France, strong leaders such as Emperor Napoléon III, Generals Boulanger and De Gaulle adopted a populist style by exceeding the traditional boundaries between classical political parties. The nation is in this context perceived as being the ultimate reference to produce a sensation of better unity that puts aside the rules of the political game and its bargaining system. One difficulty in the discussion regarding who is populist and who is not populist is the fact that many politicians adopt a populist style in order to gain more votes. The populist style manifests itself through the tendency to explicitly exclude groups which are considered to be the source of the crisis. The search for a scapegoat and *we against them* argumentative strategies are other common feature in these discourses (Charaudeau, 2011).

The question is to know whether populism and nationalism are identical as the waves of populism always emerged during the process of globalization at the end of the 19th century and after the second world war. Populist voices are linked to a form of political reaction with the temptation of defining and simplifying what 'the people' means (Rosanvallon, 2015). This is a common feature of all populist regimes that refuse to analyse the complexity of the debates. Let us note finally, as Charaudeau (2011) does, a lack of homogeneity of populism on the ideological level. To illustrate this statement, he gives a few examples such as the authoritarian form of populism carried by Perón, the anti-American, pro-Cuban and socialist form of populism endorsed by Chávez or the monarchist nationalist and right-wing liberalism of Jean-Marie Le Pen, just to name a few.

After this brief discussion of the possible definitions of populism and its various forms in the past and in the contemporary period in different contexts, we now succinctly describe some of the major issues that are addressed by the fifteen selected and peer-reviewed papers included in the present volume as well as providing an outline of the theoretical and methodological frameworks within which these studies are conducted. We will then end this introductory text by the summaries of each chapter, provided by the authors themselves. The contributors focus on the emergence of extreme and populist discourses, coming from movements or parties such as Marine Le Pen's *Front National* and Jean-Luc Mélenchon's *France insoumise* in France, Pablo Iglesias' *Podemos* in Spain and Hugo Chávez' *Bolivarian Revolution* in Venezuela, among others. Most studies are carried out within the framework of discourse analysis. The different approaches – at the boundaries of linguistics and the social sciences – are complementary: whereas studies with linguistic and discourse analytical approaches have a starting point of analysis in the structure of the texts and the language use and interaction, the political and social sciences have their starting points in society at a macro-structural level. The common denominator of the chapters is the focus on the discursive and rhetorical characteristics of recently emerged movements of populism and extremism in Europe and Latin America. Some of the studies use the tools and methods of the Anglo-Saxon school of discourse analysis called *Critical Discourse Analysis* (CDA). These studies refer in particular to the works of Fairclough (1998, 1999, 2015) and van Dijk (2003, 2006). Their approach is concerned with how language phenomena and textual relations both reflect and create power relations in society and how the structures of texts are related to the social and political context. The CDA perspective is interesting as it reveals whether the populist style is just a phase in the conquest of power or a core value in the constitution of a new ideological order. It describes how a process of othering is done, which means how other opinions are represented in the political debate (Van Dijk, 2006). Other papers are in line with the *French school of discourse analysis* with the pioneering works by Michel Foucault and Michel Pêcheux in the late 1960s in France, and more recently relayed by those of Dominique Maingueneau and Patrick Charaudeau. The latter in particular has inspired the recent research in the field of media and political discourse, in France as well as in South America (Charaudeau 2005, 2009, 2011). The key concepts of Charaudeau's approach, as well as that of several authors in this volume, are those of "communication situation" and "positioning". The idea of "positioning" (French *positionnement*) depends on a set of discursive processes (*descriptive, narrative, argumentative*) and a set of words whose semantism reveals the positioning of the enunciating subject with respect to certain values, all in relation to the situational conditions of production (Charaudeau 2005). Another methodological approach is proposed by Bolívar (2007a, 2007b, 2008, 2010, 2013), who uses a critical interactional perspective, centred on dialogue in order to analyse the expressions of populism in Hugo Chávez's political and discursive strategies. Other studies in the volume use a related method to Bolívar's, a sociopragmatic approach that takes into account valid sociocultural aspects of the situation in which the communicative exchanges take place (Bravo, 2002, 2015). Finally, let us mention the framework provided by the combination of *argumentation theory*, *rhetoric* and *discourse analysis* (Amossy 2014) used by some authors to investigate polemic discourses coming from radical movements and to address issues such as racism and identity in the context of the migratory movements.

The first article presented in the volume is written by *Adriana Bolívar*. It deals with the discursive construction of an authoritarian form of populism in Venezuela, embodied by Hugo Chávez. The author claims that, given the resurgence of right-wing and left-wing populisms in the world, it is necessary to study their discursive manifestations in order to understand their relationship with democracy in different cultures. The case of the military authoritarian type of populism initiated by Hugo Chávez is analysed from the critical interactional perspective, whose central notion is dialogue (Bolívar 2007a, 2010, 2013). The features of populism are discussed and the political and discursive strategies, which took Chávez to power and allowed him to keep it for 14 years, are presented.

Julien Auboussier addresses the question of the appropriation of Europe by the extreme right in France. It first revisits its historical context in the ideological and strategic motivations that explain it. The second part of the article returns to some specific features of the extreme right discourse on the "Europe of Brussels" (populist rhetoric, strategy of designations of the opponent, dichotomization of debate, among other strategies).

In his study, *Thomas Johnen* analyses the image of the three Abrahamic religions in the recent political programmes of the French Front National in a comparative perspective with other successful populist radical right-wing parties in the EU-Countries of continental Western and Northern Europe. The results show that there is a common tendency of representing Islam negatively and avoiding overt anti-semitism. However, there are differences with regard to Judaism and/

or Israel as well as to the weight of Christianity for the national and/ or European culture, which have interesting parallels with the national discourse traditions and the particular radical right-wing history of these parties.

Esperanza R. Alcaide Lara discusses the current Spanish political situation with the emergence of new parties such as *Podemos* and *Ciudadanos*, which present themselves as regenerators of a "catastrophic" situation. The speeches made by these parties' leaders evoke those of the well-known populist leaders. From the perspective of Discourse Analysis (Charaudeau 2009), the author makes a comparative analysis of the discursive practices of Albert Rivera and Pablo Iglesias. Both have a populist background that is harder to discover in Rivera's discourse, because of their more moderate linguistic forms. The corpus which is investigated is basically their interventions in the Report of Proceedings of the Spanish Congress of Deputies n° 4 (XII legislature, Investiture Debate).

Manuel Alcántara-Plá and *Ana Ruiz-Sánchez* analyse the presence of traditionally marginalized social groups within the political discourse on Twitter as an indicator of the inclusive or exclusive nature of the concept of the "people". The authors have first identified which groups are present in the discourse on Twitter during the election campaign of December 2015 in Spain and how the discourse is built around them. They use a corpus of 16,306 tweets issued by the accounts of the five largest parties (PP, PSOE, Podemos, Cs and IU) and their respective candidates. The study has been carried out with a Corpus Assisted Discourse Analysis (CADS) methodology, which allows quantitative and qualitative analysis in extensive corpora. Analysing lexical selection frequencies and the semantic frames they convey, the research focuses on the study of the political exclusion of populist discourse and its low permeability in relation to minorities.

Fabienne Baider's study focuses on the adjectives "modernized/professionalized" which have been used to describe the Front National in the press since Marine Le Pen was elected leader of the party in 2011. These qualifying adjectives are also found in academic research focused on Marine Le Pen's persona strategy. The present work analyses her use of modality to build her argument (a positive ethos) toward her conclusion (a legitimate leader). The author of this article works with spoken data collected during the years 2012–2015 and with corpus linguistics tools. First, the most frequent lexical units which fall in the category of modality are studied. Secondly, the context of the units is evaluated in order to observe the rhetorical use of such units such as building an ethos of sincerity and an ethos of morality.

Morgane Belhadi's investigation takes its starting point in the observation that, since Marine Le Pen replaced her father as leader of the far-right party, the National Front has drastically remodelled its communications. How did this change happen, while using a traditional populist rhetoric? In order to answer this question, the author studies the *ethos* of Marine Le Pen through the analysis of two debates, opposing her with Julien Dray in 2002, and with Jean-Luc Mélenchon in 2012, and by examining non-verbal communications such as the way she presents herself through her gestures, her body posture, facial expressions, and the way she dresses.

Using the tools of interaction analysis and the concept of "face", *María Bernal*'s object of study is the Podemos party in Spain. This populist party has represented the third political force of the country (in general elections in 2015 and 2016). In her analysis, the discursive positioning of representatives of both politics and the media about the politician Pablo Iglesias, the leader of Podemos, frequently results from derision and ridicule, with attacks on his personal image and, in many occasions, on aspects such as his personal hygiene, clothing, etc. (Bernal, 2016, Bolívar, 2008). The objective of this work is to deepen the treatment of the figure of Pablo Iglesias and other members of Podemos in terms of the damage to his personal image, face, with *ad hominem* arguments. In order to do this, Bernal explores different types of discourse in the media scene (Charaudeau, 2005), such as editorial and opinion columns published in the main Spanish newspapers, through the notions of 'face' and 'role face' (Bravo 2002, 2015), framed in Sociocultural Pragmatics (Bravo, 2015), and ideological discourse (van Dijk, 2003).

Alba Nalleli Garcia Agüero argues that schoolbooks are an important testimony to the ideas that a regime wants to transmit and are at the base of the identity scheme of a nation. In Mexico, textbooks have shaped a cognitive model of "Mexican" in which, for socio-political reasons, the indigenous peoples have not been considered. This paper is embedded in the critical discourse studies. From a socio-cognitive approach, the objective is to identify, in three generations of elementary books, the textual and iconic mechanisms by which the figure of the indigenous is constructed in contrast to the prototypical model of "Mexican", as well as to elucidate the reasons why the indigenous has been silenced discursively.

Nieves Hernández Flores, like María Bernal and Esperanza Alcaide Lara, centres her study on the discursive construction of the politician Pablo Iglesias, just some months after the establishment of his party Podemos and three months before his first participation in a general election in Spain (May 2014). The focus of her analysis is a talk during an informal meeting with supporters belonging on the left of the political spectrum. This statement displays the principles of Iglesias' ideology at the beginning of his political career. Methodologically, this proposal includes two related approaches. On the one hand, discourse analysis from a cognitive perspective is employed for identifying and describing the discursive spaces (Zupnik, 1994) that are constructed by the politician in discourse. On the other hand, a sociopragmatic approach shows the social and cultural consequences for the speaker's face in keeping with the different roles he plays during his statement (cf. Bravo, 2002). The study concludes that the creation of discursive spaces permits the candidate to develop his political ideology and to reinforce persuasion.

Sandra Issel-Dombert and *Aline Widers-Lohéac* examine the success of two opposing rhetorical strategies of two far-right parties to win over voters, the *Front National* (FN) in France and the *Union Démocratique du Centre* (UDC) in Switzerland. More specifically, the authors compare their discourse on the crisis caused by the influx of migrants. The analysis of *topoï* allows them to identify the elements in common as well as the differences between the argumentative structures of these two parties. The study is based on Martin Wengeler's theory of *topos* to uncover the argumentative structures. The data are from the speeches of the FN and the SVP, as well as the programmes and tweets of the parties that touch on immigration.

Véronique Magaud's paper addresses the issue of identities on the French political and academic scenes following the aggression in Cologne during New Year's Day 2016. The identity positioning is grasped through the contextualization of quotations, phrases, precedents. The analysis examines how the Self and the Other are defined and naturalized through topoï, and analogy. Shocking events make the issue of identity more acute and harbour fictions about the Self and the Others. The migrants thus become a key issue in political and academic discourses in media.

Christophe Premat's object of study is the movement *La France insoumise* founded by the left-wing leader Jean-Luc Mélenchon on February 10th 2016, around a socialist and environmental programme, "L'Avenir en commun". The objective is both to impose an ideological vision of social relations and to prepare future electoral deadlines. In the course of the presidential election campaign, Jean-Luc Mélenchon repeatedly referred to the idea of a "get-lostism" (French *dégagisme*) which means that a large part of the representatives should be recalled or removed from duty as they have betrayed the meaning of the mandate that people gave them. This contribution proposes to analyse the genealogy of this injunction which has been repeatedly taken up as a slogan. The chapter is based on the critical discourse analysis that focuses on relations between what Berger & Luckmann (1991) call "social reality" and the conditions of emergence of the political discourse (Fairclough, 2015: 49).

Marion Sandré and *Émilie Devriendt*'s article deals with a polemics within the French radical Left (extra-parliamentary groups) about an antiracist protest held in Paris on October 31, 2015, the "March for dignity and against racism". The authors study texts opposed to the March, written by anarchist or revolutionary/left communist groups, in order to analyse their argumentative and political goals. Following Amossy's definition of polemic discourse (2014), they first analyse the way actors are being polarized through designation and then focus on categories addressing ideological and political issues, such as "race", "identitarianism" and "racialism", their use and definition being a key to the understanding of the antagonism brought to light by the counter-discourse studied.

The final study presented in the volume is written by *Renata Varga*. The author compares how Marine Le Pen and Viktor Orbán use the border theme in the context of the arrival of migrants in Europe. The analysis shows two populist visions of border security: one is the restoration and control of national borders; the other is the closure of the external borders of the Schengen Area. These narratives project two conceptions of national sovereignty: closed France and Fortress Europe. They reflect the representation of the borders as symbols of identity in terms of the protection of territory and the assertion of power.

By combining linguistics and social/political sciences in a discourse analytical approach, the papers presented in this volume bring new understanding of the mechanisms behind extreme political discourses in Romance-speaking countries considering different socio-cultural and political contexts. The questions treated here have great relevance for our modern societies. It is our hope that this edited volume will help to promote the analysis of the political discourses, from a linguistic perspective as well as a social science perspective.

We would like to offer our warm thanks to the fifteen authors for the good scientific cooperation over the last two years. We would also like to express our thanks to Stockholm University and the Romance Linguistics network for the financial support that has been awarded to us for the organization of the international symposium in 2016 and for the publication of this volume.

The Editors
Françoise Sullet-Nylander
María Bernal
Christophe Premat
Malin Roitman

References

Aalberg, T., Esser, F., Reinemann, C., Strömbäck, J., de Vreese, C. H. (eds.) (2017). *Populist Political Communication in Europe*. New York: Taylor & Francis.

Amossy, R. (2014). *Apologie de la polémique*. Paris: PUF.

Berger P., Luckmann T. (1991). *The Social Construction of Reality. A Treatise in the Sociology of Knowledge*. New York: Penguin Books

Bernal, M. (2016). "Actividades de imagen respecto al tema de la corrupción en una interacción entre Iglesias (Podemos) y Villalobos (PP)", in Dumitrescu, D. y D. Bravo (eds.), *Roles situacionales, interculturalidad y multiculturalidad en encuentros en español* (155–178). Buenos Aires – Estocolmo: Dunken.

Birnbaum, P. (2012). *Genèse du populisme : le peuple et les gros*. Paris: Pluriel.

Bolívar, A. (2007a). "El análisis interaccional del discurso: del texto a la dinámica social", in A. Bolívar (ed.), *Análisis del Discurso. Por qué y Para qué*. Caracas: Los Libros de El Nacional: 249–277.

Bolívar, A. (2007b). "Dialogue and confrontation in Venezuelan political interaction", in T. A. Van Dijk (ed.), *Major works in discourse studies*. Los Angeles, London, New Dehli, Singapore: Sage Publications 1, 261–274.

Bolívar, A. (2008). " 'Cachorro del Imperio' versus 'cachorro de Fidel' ": los insultos en la política latinoamericana. *Discurso y Sociedad* 2(1), 1–38.

Bolívar, A. (2010). "Dialogue in the dynamics of political practice", in D. Koike & L. R. Alfano (eds.), *Dialogue studies: Approaches, functions, context, and language in Spanish*. New York: Palgrave Macmillan Press: 159–188.

Bolívar, A. (2013). "La construcción discursiva de la revolución bolivariana: polarización y manipulación en la campaña electoral de 2012". *Temas de coyuntura* 67, 131–163.

Bravo, D. (2002). "Actos asertivos y cortesía: Imagen del rol en el discurso de académicos argentinos", in D. Bravo y M. E. Placencia (eds.), *Actos de habla y cortesía en el español*. Munich: Lincom Europa, 141–174.

Bravo, D. (2015). "Pragmática sociocultural para el análisis social del discurso. Actividades de imagen como estrategias argumentativo-discursivas en situación de testimonio judicial", in D. Bravo y M.Bernal (eds.), *Perspectivas sociopragmáticas y socioculturales del análisis del discurso* (pp. 49–90). Programa EDICE. Buenos Aires: Dunken.

Charaudeau, P. (2005). *Le discours politique. Les masques du pouvoir*. Paris: Vuibert.

Charaudeau, P. (2009). "Reflexiones para el análisis del discurso populista". *Discurso y Sociedad* 3(2), 253–279. http://www.dissoc.org/ediciones/v03n02/DS3(2)Charaudeau.html

Charaudeau, P. (2011). "Réflexions pour l'analyse du discours populiste", *Mots*, 97: 101–116.

de la Torre, C., Arnson, C. J. (eds.) (2013). *Latin American Populism in the Twenty-First Century*. Baltimore: The Johns Hopkins University Press.

Dorna, A. (1999). *Le populisme*. Paris: PUF.

Fairclough, N. (1998). *Discourse and Social Change*. Cambridge: Polity Press.

Fairclough, N. (1999). *Critical Discourse Analysis: The Critical Study of Language*. London: Longman.

Fairclough, N. (2015). *Language and Power*. London and New York: Routledge.

Freidenberg, F. (2007). *La tentación populista: una vía al poder en América Latina*. Salamanca: Editorial Síntesis.

Hirschman, A. O. (2002). *Shifting involvements: private interest and public action*. Princeton: Princeton University Press.

Mouffe, C. (2005). *On the political*. London: Routledge.

Rosanvallon, P. (2015). *Le bon gouvernement*. Paris: Seuil.

Van Dijk, T. A. (2003). *Ideología y discurso*. Barcelona: Ariel.

Van Dijk, T. A (2006). "Ideology and discourse analysis". *Journal of Political Ideologies,* 11 (2), 115–140.

Zupnik, Y. (1994). "A pragmatic analysis of the use of person deixis in political discourse". *Journal of Pragmatics* 21: 339–283.

La construcción discursiva del populismo autoritario

Adriana Bolívar
Universidad Central de Venezuela

1. Introducción

Como respuesta al colapso de las democracias, al desprestigio de los partidos tradicionales, la corrupción, el fracaso de las políticas macro-económicas globales, los movimientos migratorios masivos, entre otras cosas, han surgido nuevos populismos en Europa y en América Latina (Arenas 2011; De la Torre 2007, 2010, 2016; Moffit 2016) que llaman la atención por su supuesto carácter de "excluyentes" o "incluyentes" (Wodak 2015)[1]. Debido a que la relación entre democracia y populismo es muy estrecha y ambivalente, el problema que nos interesa a científicos sociales y lingüistas es averiguar los efectos de los populismos extremos en la calidad de las democracias. De ahí mi interés por el tema del autoritarismo, en especial cómo se ha presentado en la dinámica socio-política latinoamericana a partir de los cambios que se iniciaron en 1999 liderados por Hugo Chávez en Venezuela y seguidos por otros presidentes de América Latina (Evo Morales en Bolivia, Rafael Correa en Ecuador).

Desde la perspectiva de Paulo Freire, el filósofo y educador brasileño, quien cree en la dialogicidad como práctica de la libertad, el problema residiría en que los populismos autoritarios comparten una cultura antidialogicista porque, como él mismo dice, "Hablar de

---

[1] Las comillas se explican porque en el caso de los populismos de derecha se dice que excluyen a inmigrantes o minorías étnicas, mientras que a los de izquierda se les considera incluyentes porque supuestamente toman en cuenta al pueblo menos favorecido económicamente.

Cómo citar este capítulo:
Bolívar, A. 2019. "La construcción discursiva del populismo autoritario". In: Françoise Sullet-Nylander, María Bernal, Christophe Premat & Malin Roitman (eds.). *Political Discourses at the Extremes. Expressions of Populism in Romance-Speaking Countries*. Stockholm Studies in Romance Languages. Stockholm: Stockholm University Press, pp. 13–33. DOI: https://doi.org/10.16993/bax.b. License: CC-BY

democracia y callar al pueblo es una farsa. Hablar del humanismo y negar a los hombres es una mentira" (Freire 2011: 111). Freire propuso la anti-dialogicidad y la dialogicidad como matrices de teorías de acción cultural antagónicas: la primera sirve a la opresión; la segunda a la liberación. Según él, la cultura anti-dialógica se basa en la conquista, la división, la manipulación y la invasión cultural[2], mientras que la cultura dialógica favorece la colaboración, la unión, la organización y la síntesis cultural.

En ese trabajo plantearé, desde mi perspectiva como lingüista y analista del discurso, que el populismo autoritario se construye simultáneamente en la acción política y discursiva. Lo que está en juego es la libertad de participar en el diálogo democrático al que todos los ciudadanos tienen derecho, y la gran pregunta parece ser si los nuevos populismos tienen o no el potencial para construir versiones más incluyentes de la democracia (Moffit 2015). La respuesta no es fácil porque tanto los populismos de derecha como de izquierda contienen rasgos democráticos y no democráticos, como veremos más adelante.

Como un caso de anti-dialogicismo en la política, en el que el populismo no ha contribuido a mejorar la democracia, me referiré al populismo venezolano reciente que ha sido denominado 'autoritario' y 'militarista' por historiadores, politólogos y científicos sociales venezolanos (Arenas 2007, 2012; Carrera Damas 2011; Madriz 2008) y como 'autoritarismo participativo competitivo' por científicos políticos de otras latitudes que se hacen preguntas clave sobre la experiencia fallida del Socialismo del Siglo 21 en Venezuela, y que invitan a la reflexión, tal como lo plantea, por ejemplo, Mainwaring (2012):

> Contemporary Venezuela raises fascinating questions about the collapse of a highly institutionalized party system and the erosion or breakdown of what had been the third-oldest democracy outside of the advanced industrial democracies. What accounts for these stunning developments? What can we learn from them? These issues go to the core of important developments in Latin American politics, and they are major issues for comparative political scientists beyond Latin America (p. 955).

---

[2] Aunque en la teoría de Freire la dominación cultural se refiere más bien a la cultura neo-liberal o capitalista en general, en el caso de Venezuela se trata de un país que ha estado sometido primero a la dominación cultural española, luego a la norteamericana debido a lazos comerciales en torno al petróleo y, desde 1999, a la cubana, ya que Fidel Castro fue el principal mentor de Hugo Chávez.

Mi interés particular en este trabajo es mostrar cómo un sistema democrático bipartidista que estuvo estable por 40 años pasó a ser no democrático en un periodo relativamente corto de su historia debido, en gran parte, al deterioro en la calidad del diálogo entre el gobierno y el pueblo. Presentaré primero un breve resumen del contexto político, luego examinaré algunos aspectos relevantes para el estudio del populismo y las democracias, con un resumen de mi aproximación teórica, y cerraré con ejemplos de las estrategias políticas y discursivas que condujeron a la transformación de la democracia representativa en una democracia revolucionaria.

2. El contexto

El giro hacia una democracia radical fue iniciado por Hugo Chávez en 1999 con la intención de mejorar la democracia representativa para hacerla "participativa" y "protagónica", como quedó plasmado en la nueva Constitución venezolana aprobada al inicio de su primer gobierno. El año 1999 es importante porque se introdujo una doble ruptura en la historia política venezolana ya que, por un lado, se pasó de una democracia representativa (1958-1998) a una revolucionaria y, por otro, se pasó de un estilo en que se buscaba el consenso y la alternancia de partidos tradicionales (*Acción Democrática*, AD, y *Democracia Cristiana*, COPEI) al conflicto como método del partido dominante en el gobierno (*Partido Socialista Unido*, PSUV). Durante el gobierno de Chávez, apoyado por Fidel Castro desde Cuba, se polarizó el país entre Gobierno y Oposición y también América Latina entre Bolivarianos y no Bolivarianos (Bolívar 2013; Chumaceiro 2003). La influencia de Hugo Chávez llegó a España, a través del grupo *Podemos*, y hasta Grecia a través del partido *Syriza*. Su gobierno duró 14 años, desde 1999 hasta su muerte en 2013.

Gracias a la renta petrolera, Chávez pudo desarrollar programas sociales para el pueblo, especialmente entre 2003 y 2008, pero debido a las expropiaciones, la falta de inversión, la corrupción, la violencia, y la caída de los precios petroleros, cuando su sucesor, Nicolás Maduro, llegó al poder el país ya no disponía de los fondos que le garantizaban continuar con dichos programas. Maduro no tiene el carisma de Chávez y la población se volvió más crítica y más exigente en cuanto al cumplimiento de las promesas. En este momento, en el año 2018, el país atraviesa una de las mayores crisis de su historia republicana en lo económico, lo social y lo moral, y la ciudadanía se ha declarado en desobediencia civil[3]. A Maduro se le hace responsable de una crisis humanitaria sin precedentes, que implica hambre, escasez de medicinas, mortalidad infantil, violación de derechos humanos, y el mayor movimiento migratorio en la historia reciente del continente[4].

Desde el punto de vista político, en la situación actual, Venezuela no puede considerarse una democracia, al menos no desde la perspectiva procedimental (*procedural*) de Mainwaring (2012) quien la define como "a political regime with free and fair elections for the executive and legislature, nearly universal adult enfranchisement in the contemporary period, the protection of political rights and civil liberties, and civilian control of the military" (p. 959). En consecuencia, podemos afirmar que el gobierno de Chávez cumplió con realizar elecciones, pero incorporó a los militares al poder y militarizó la política (Rivas Leone 2012). Mientras que, en el caso del Presidente Maduro, a partir de 2014, no se cumplen ninguna de las condiciones porque no se ha respetado la Constitución, no hay separación de poderes, se ha desconocido a la Asamblea Nacional, que en 2015 dio a la Oposición una mayoría absoluta, y no se han realizado elecciones de ningún tipo desde ese momento. El destino de los políticos opositores es estar inhabilitados, en el exilio o en la cárcel.

Para algunos la revolución es un fracaso económico, pero un gran logro emocional porque Hugo Chávez logró establecer un fuerte lazo con el pueblo y convertirse en un héroe divino como Simón Bolívar, el Libertador de América (Pino Iturrieta 2003). Para otros, significa el surgimiento de un nuevo fascismo y la transformación de la democracia en un estado mafioso (Chaplin 2014), debido a que es diferente a otros países por la riqueza que le ha dado el petróleo. Aunque en gobiernos anteriores, Venezuela también se benefició de la renta petrolera, Chávez mismo y el Chavismo son vistos como un sub-producto político del petróleo, porque le permitió lograr el control absoluto del poder para

---

[3] Venezuela fue noticia en todo el mundo en el año 2017 por las marchas diarias y los enfrentamientos entre jóvenes desarmados a quienes la Guardia lanzaba bombas y perdigones. Lo que se inició en la capital continuó en las provincias con gran violencia. Las protestas decían "No a la dictadura" y reclamaban por la escasez de alimentos y de medicinas, así como por la alta criminalidad. Véase la lista de presos y detenidos en el Foro Penal Venezolano: https://foropenal.com/presos-politicos/lista-publica actualizada 30 de abril de 2017. Consultada el 25 de mayo de 2017.

[4] Véase: "2.3 millones han huido de Venezuela en los últimos años". https://www.bbc.com/mundo/noticias-america-latina-45262411. 22 de agosto de 2018. Consultado 22 de octubre de 2018

llevar a cabo transformaciones sociales y políticas, que no fueron del todo positivas, como lo expresa Mires (2014):

> Venezuela under Chávez destroyed national industries and social organizations such as trade unions. Chavism was converted into a national religion, a corrupt state party, or to put it in other words a mafia organization supported by the oil income. Chavism, to some extent, is a political sub-product of oil (….) Chávez was able to establish nearly total control of the mass media and the judicial branch which functioned to prosecute and terrorize people that were viewed by the mafia as enemies. (p. viii)

A Maduro se le menciona abiertamente como "dictador" y a su gobierno como una "narcodictadura". Recientemente ha sido denunciado por varios países (Argentina, Chile, Colombia, Paraguay, Perú y Canadá) ante la Corte Penal Internacional por acusaciones relacionadas con violación a los derechos humanos y abusos cometidos en Venezuela[5]. Maduro ha profundizado el anti-diálogo con los opositores y con los miembros de su propio partido, lo que está llevando a mostrar cada vez más "un chavismo crítico" y una mayor disidencia interna.

3. Los rasgos políticos y discursivos del populismo

Podemos estar de acuerdo inicialmente en que hay ciertos rasgos que se repiten en todo populismo, particularmente: a) la presencia de un líder carismático en algún momento crítico, b) el pueblo como víctima de su pasado, c) la construcción de un enemigo a quien se culpa de todos los males, y d) el apelativo a las emociones más que a las razones (Bobbio, Matteuci & Pasquino 1983; Charaudeau 2009; Chumaceiro 2010; De la Torre 2010; Wodak 2015, entre otros).

Aunque actualmente las líneas entre la derecha y la izquierda tradicional, y también entre las izquierdas (Petkoff 2013) están borrosas, algunos adjudican características especiales a los populismos de derecha y de izquierda. Por ejemplo, Wodak 2015 (pp. 20–22) presenta nueve rasgos característicos de los populismos de derecha en Europa, muchos de los cuales también podrían aplicarse a los de izquierda. Mientras que Mouffe (2016) defiende a los populismos de izquierda si se conciben de otra forma que requiere establecer otro tipo de hegemonía, la de un

---

[5] Véase para mayores detalles ¿En qué consiste la solicitud de seis países ante la CPI de investigar a Venezuela? https://www.nytimes,com/es/2018/09/06/venezyuela.la.haya-cpi/ consultada 22 de octubre de 2018.

colectivo, sin subordinar a los movimientos de masa. No obstante, el problema sigue siendo que el discurso de los populismos de derecha y de izquierda contiene rasgos democráticos y no democráticos, como se resumen en la Tabla 1 más abajo.

Tabla 1. Rasgos percibidos como democráticos y no democráticos del discurso populista (basado en Moffit 2015; adaptado según Bolívar 2015, 2016, 2018):

Rasgos discursivos democráticos	Rasgos discursivos no-democráticos
1. El lenguaje es accesible. La política se hace más fácil de comprender para el pueblo.	1. Las minorías y los que no siguen al líder son vistos como "enemigos"
2. Se usa el lenguaje de "la gente común". El líder habla como el pueblo.	2. El pueblo se concibe como una unidad homogénea que engloba solo a una parte de la totalidad del pueblo.
3. Incluye a grupos que han estado excluidos y los legitima como actores políticos (los más pobres).	3. Los que no forman parte del pueblo son considerados "ilegítimos".
4. Expone las fallas de los sistemas democráticos de la actualidad.	4. Se tiene una visión simplificada de la política como guerra entre "el pueblo" y sus enemigos.
5. Expresa reiteradamente su amor incondicional por el pueblo excluido	5. Se buscan chivos expiatorios culpables de todos los males (los inmigrantes, la oligarquía, el capitalismo)
6. Resuelve problemas al pueblo de manera inmediatista.	6. Tendencia al personalismo extremo
	7. Abuso de poder, concentración de poder y movimiento hacia el autoritarismo.

3.1 El diálogo como condición de la democracia: el análisis interaccional

He planteado en varias publicaciones que el diálogo es una condición esencial de la vida humana, de la política y, por ende, de la democracia (Arendt 1958; Bolívar 2007a, 2007b, 2010, 2013), y he propuesto un enfoque que denomino *análisis interaccional del discurso* para diferenciarlo de otros análisis que ponen mayor énfasis en la representación del conocimiento o aspectos socio-cognitivos (como van Dijk, 1993, 2002, 2005; Wodak, 2001a, 2001b; Chilton y Schäffner 2002, y otros) o de quienes lo conciben desde una perspectiva normativa o utópica (ver por ejemplo Fairclough 2000, 2003).

En mi análisis se articulan la lingüística, el análisis de la conversación, la socio-pragmática cultural y la ciencia política, y el foco está en los participantes en el diálogo como responsables de mover la política. Distingo entre diálogo en situaciones específicas (el micro-diálogo) y el macro-diálogo que se examina en la dimensión diacrónica con la participación de los ciudadanos que apoyan los cambios o se resisten e ellos. Esto quiere decir que la perspectiva histórica es fundamental para evaluar los cambios introducidos por los actores políticos en el discurso (Bolívar 2010, 2013, 2016). Igualmente, es importante estudiar la *afectividad* en el lenguaje, que se manifiesta discursivamente a través de la vinculación afectiva positiva (con el pueblo) y de la vinculación afectiva negativa (con los "enemigos") (Bolívar 2015, 2016; Nieto y Otero 2007, 2012), particularmente en el discurso populista venezolano que, históricamente y gracias al petróleo, ha construido un imaginario de democracia en el que el líder tiene el rol de benefactor y el pueblo el de beneficiario, porque recibe dádivas o regalos que crean un estrecho lazo emocional de gratitud y lealtad (Bolívar 2018, Charaudeau 2000; Madriz 2008).

Desde el punto de vista metodológico, el análisis interaccional es motivado por los conflictos en eventos, basados o dirigidos por corpus de datos recogidos en interacciones concretas, en diálogos de diferentes tipos, institucionales o no, en un continuum de lo micro a lo macro en el que encontramos diálogos "actuados", "reportados", "imaginados", "mediados por la prensa" y "ocupados", vale decir, diálogos que ocurren con la presencia de los participantes en situaciones concretas, entre un participante y un colectivo, o sin la necesidad de los participantes presentes como es el caso de las representaciones del diálogo (ver Bolívar 2018).

4. Los cambios en el discurso populista venezolano

El autoritarismo en Venezuela no es nuevo ya que ha estado presente en su historia (Arenas 2012; Bolívar & Kohn 1999; Caballero 2003) y hasta 1998 se mantuvo dentro de ciertos límites. No obstante, a partir de 1999 esta situación cambió, como ya vimos en la sección dedicada al contexto político. El populismo autoritario militarista venezolano se construyó en un proceso de desinstitucionalización de la democracia, y su militarización (Rivas Leone 2012), que podemos ilustrar de dos formas. Por un lado, en la manera en que se transformó el diálogo institucional entre 1999 y 2014 y, por otro, identificando los cambios en los planos de la acción política (las estrategias políticas), la acción discursiva (los géneros, las relaciones interpersonales, las estrategias del discurso) y la acción lingüística (los recursos empleados).

4.1 La desinstitucionalización de la democracia

Este fenómeno se observó de manera muy clara en el cambio en los géneros institucionales, como el *juramento de ley* en la toma de posesión presidencial. Este género discursivo se transformó de un texto altamente ritualizado a un género más cercano al manifiesto o mitin político. En el ejemplo (1) se muestra el juramento, tal como se usó en Venezuela por más de 40 años durante la democracia representativa. Nótese que se trata de un texto breve, en forma de diálogo, estructurado en cuatro partes: pre-pregunta-pregunta-respuesta y declaración, con un tópico fijo (respetar las leyes) y con un solo propósito (legitimar a un Presidente-Electo en su cargo y obtener su compromiso formal de que cumplirá con sus deberes):

(1)
Presidente del Congreso: Presento a usted el saludo y las congratulaciones del congreso nacional en cuyo nombre voy a proceder a tomarle el Juramento de Ley. (23 palabras)

Ciudadano Carlos Andrés Pérez ¿jura usted cumplir los deberes del cargo de Presidente de la República y cumplir y hacer cumplir la Constitución y las leyes en el ejercicio de su mandato? (Aplausos). (32 palabras)

Carlos Andrés Pérez: Sí, juro (2 palabras)

Presidente del Congreso. Si así lo hiciéreis habrá cumplido con su deber, si no la patria, vuestra conciencia y Dios os lo demandarán (20 palabras) (Toma de posesión de Carlos Andrés Pérez 02.04.1989, segunda presidencia)

Basándome en estudios ya realizados en los que el corpus estuvo constituido por todos los juramentos de ley a partir de 1999 cuando la interacción comenzó a cambiar (Bolívar 2015, 2016, 2018), a continuación presento un resumen de los cambios en la parte correspondiente a las respuestas que dieron los presidentes Hugo Chávez y Nicolás Maduro en el micro-diálogo (entre el presidente del congreso y el Presidente-Electo) y en el macro-diálogo, vale decir, a través del tiempo. Como veremos a continuación, a partir de 1999 cambió el propósito y el valor del juramento, porque cambiaron sus funciones discursivas y políticas. El ejemplo (2) muestra el primer juramento de Hugo Chávez

(2)
Juro delante de Dios, *juro* delante de la Patria, *juro* delante de mi pueblo que sobre esta *moribunda* Constitución haré cumplir... impulsaré las transformaciones democráticas necesarias para que la República nueva tenga una Carta magna adecuada a los nuevos tiempos. *Lo juro*. (Primera Toma de posesión de Hugo Chávez, 2 de febrero de 1999). (40 palabras)

En este juramento, Chávez introduce los primeros cambios que condujeron a la desinstitucionalización de la democracia. En su respuesta, irrespeta la Constitución sobre la cual está jurando (la llama *moribunda*), no completa el compromiso de hacer cumplir las leyes y, en cambio, se compromete a impulsar una nueva Constitución. El acto discursivo original de respetar la Constitución se transforma en una promesa política. Se incluye al *pueblo*, que es mencionado por primera vez en este tipo de juramento, y se intensifica el compromiso político por repetición (Juro, 4 veces).

El ejemplo 3 muestra el segundo juramento de Chávez, en lo que se llamó la "relegitimación de poderes" debido a que participó en elecciones para relegitimarse con la nueva Constitución aprobada en 1999.

(3)
Juro delante de esta *revolucionaria Constitución* que lucharé sin descanso junto a nuestro pueblo para cumplir *los mandatos* de la Revolución Bolivariana que recoge la Constitución. (Segunda Toma de posesión de Hugo Chávez, 19 de agosto de 2000)

En esta ocasión, Chávez juró solamente una vez, pero con sus palabras dio a la Constitución el carácter de *revolucionaria* y la función de cumplir los mandatos de la revolución. Estos rasgos no están descritos en la nueva Constitución y, en consecuencia, tales funciones fueron de tipo inconstitucional ya que la revolución no estaba prevista legalmente. El vínculo afectivo con el pueblo, ya introducido en el juramento de 1999, se mantuvo con "nuestro pueblo" que remite a "mi pueblo".

El ejemplo (4) corresponde al tercer juramento de Chávez cuando fue reelecto como Presidente en 2007. Ya había anunciado en el 2006 el Socialismo del Siglo 21 como el nuevo sistema político para Venezuela y

América Latina. Nótese la intensificación en todos los niveles: en longitud, en el valor dado a la Constitución (*maravillosa*), en la repetición del verbo jurar (17 veces), en su compromiso personal y político, en los testigos del juramento, en la determinación para llevar adelante el socialismo, aún a costa de su vida y la de otros (*Patria, socialismo o muerte*). Chávez se construye a sí mismo como héroe y hace suyo el juramento que hizo el Libertador Simón Bolívar en 1805 (*no daré descanso a mi brazo ni reposo a mi alma*). Su persona es equiparable a Cristo y a Bolívar como salvadores del pueblo.

(4)
Juro delante de esta Constitución, de esta *maravillosa* Constitución, *juro* delante de usted, *juro* por Dios, por el Dios de mis padres, *juro* por ellos, *juro* por mis hijos, *juro* por mi honor, *juro* por mi vida, juro por los mártires, juro por los libertadores, *juro* por mi pueblo y *juro* por mi Patria que no daré descanso a mi brazo, ni reposo a mi alma; que entregaré mis días y mis noches y mi vida entera en la construcción del socialismo venezolano, en la construcción de un nuevo sistema político, de un nuevo sistema social, de un nuevo sistema económico. Juro por Cristo, el más grande socialista de la historia, *juro* por todos ellos, *juro* por todos los dolores, *juro* por todos los amores, *juro* por todas las esperanzas que haré cumplir, que cumpliré con los mandatos supremos de esta *maravillosa* Constitución, con los mandatos supremos del Pueblo venezolano aun a costa de mi propia vida, aun a costa de mi propia tranquilidad ¡*Patria, socialismo o muerte*! Lo juro. (Tercera toma de posesión de Hugo Chávez, 10 de enero de 2007). (170 palabras)

Esta respuesta fue precedida por la pregunta de la Presidenta del Congreso (por primera vez una mujer, ahora esposa de Maduro) quien cambió la estructura de la pregunta para incluir primero una extensa intervención (639 palabras), seguida de una secuencia de preguntas sobre su compromiso con el pueblo (el Soberano) antes de hacer la pregunta de rigor sobre la Constitución. Igualmente, la declaración después de la respuesta sufrió cambios en longitud y propósito. Como puede observarse en el ejemplo (4) arriba, el compromiso de cumplir con la Constitución pierde credibilidad[6] con el slogan *Patria, Socialismo o Muerte*.

---

[6] La credibilidad puede constatarse internamente en el texto, mediante contradicciones semánticas o pragmáticas, y socialmente a través de la reacción de las personas frente a las afirmaciones (ver Bolívar 2012).

El ejemplo (5) presenta el primer juramento de Nicolás Maduro como presidente interino a raíz de la muerte de Chávez, quien falleció en marzo de 2013, después de haber ganado elecciones nuevamente en octubre de 2012. Su nombramiento como interino fue tema de candentes debates y protestas porque, de acuerdo con la Constitución, le correspondía el cargo al Presidente del Congreso[7]. Esta vez el presidente del Congreso era un militar y diputado (Diosdado Cabello), quien usó la parte correspondiente a la pregunta para realizar un mitin político en el que se reforzó el militarismo, el socialismo, y la diferencia con "la derecha". Maduro siguió los pasos del expresidente Chávez y reforzó el discurso Chavista en cuanto al rescate de la identidad originaria y su compromiso con el pueblo, y juró su lealtad absoluta con el Comandante Chávez. El compromiso de cumplir con la Constitución sigue siendo no creíble porque la Constitución no permite a los militares participar en política. La expresión "mano dura" apunta hacia la mano de la fuerza militar sobre los civiles y, por consiguiente, se incumple con la definición de democracia. Nótense dos señales lingüísticas importantes: primero, el trato de "compañero" y "hermano", que quita toda la solemnidad y formalidad al acto de juramentación e indica los lazos políticos y personales que unen a Cabello y Maduro, y el uso de "cumpliremos" y "haremos cumplir" para asumir el compromiso. En estos verbos se encuentra implícito un *nosotros* excluyente porque se refiere solamente al colectivo revolucionario y deja afuera al resto del pueblo que no es socialista.

(5)
Diputado compañero y hermano, Juro a nombre de *la memoria heroica* de nuestros pueblos indígenas, de Guaicaipuro, de nuestros libertadores, y el más grande de ellos Simón Bolívar, de Ezequiel Zamora y su ejército de desarrapados, *Juro* a nombre de nuestros niños, de nuestras niñas, de los soldados de la patria, de los obreros, de los campesinos, Juro a nombre de *la lealtad más absoluta* al Comandante Hugo Chávez que ***cumpliremos, que haremos cumplir** esta **Constitución*** bolivariana con la **MANO DURA** de un pueblo dispuesto a ser libre, lo JURO. (90 palabras) (Nicolás Maduro Moros, 8 de marzo de 2013 (como presidente encargado). (92 palabras)

---

[7] Chávez ganó las elecciones en octubre de 2012, pero el 8 de diciembre se fue a Cuba a seguir su tratamiento contra el cáncer. Le correspondía juramentarse en enero de 2013 y no pudo hacerlo. Esto agudizó el conflicto.

El ejemplo (6) corresponde a la respuesta de Nicolás Maduro como Presidente Constitucional, después de ganar por escaso margen las elecciones presidenciales contra Henrique Capriles, quien también había sido contrincante de Chávez. Esta vez se intensificó el compromiso con el pueblo, con el "Comandante Supremo" y con el socialismo. Por lo tanto, en este momento el juramento ya perdió totalmente el valor y propósito original de defender la Constitución y las leyes de la República (en la que había alternancia y pluralidad de ideas). La referencia a la "Constitución aprobada por el pueblo" fue una estrategia retórica para enfatizar que fue escogido legalmente y hacer frente a las críticas que ponían en duda la legitimidad de su candidatura y la transparencia de las elecciones.

(6)
Lo juro delante de esta Constitución aprobada por el pueblo en 1999. *Lo juro hoy* 19 de abril, por el *legado eterno* de los Libertadores. *Lo juro por* Dios, por Cristo Redentor, en él y por él, *lo juro por el pueblo de Venezuela, lo juro por* la memoria eterna del Comandante Supremo *que cumpliré y haré cumplir esta Constitución y las leyes de la República en todo lo inherente al cargo de Presidente de la República Bolivariana de Venezuela, para* construir una patria de felicidad, independiente y socialista para todos y para todas. ¡Lo juro! (Toma de posesión Nicolás Maduro, 19 de abril de 2013 (Presidente constitucional). (96 palabras).

Como ha podido observarse en este breve resumen solamente de las respuestas en el Juramento de Ley, las palabras empleadas por los propios actores políticos indican el cambio de una democracia representativa a una no-democracia que impone de manera autoritaria una forma de gobernar y una sola línea de pensamiento. Impone también el culto exacerbado a la personalidad y sacraliza la política.

3.2 Las estrategias políticas y discursivas

En la sección anterior vimos cómo el diálogo institucional pasó paulatinamente a ser anti-dialogicista a partir de 1999 porque, a pesar de defender un proyecto revolucionario para el pueblo, se legitimó la violencia y la muerte de quienes no forman parte de ese pueblo socialista. En lo que sigue, resumiré muy brevemente, las estrategias políticas y discursivas más relevantes extraídas de diferentes corpus recogidos con diferentes propósitos, en diferentes momentos, con géneros discursivos heterogéneos (discursos, noticias, propaganda, entrevistas, declaraciones, etc.) analizados con métodos variados (análisis manual y computacional, encuestas, etc.).

i) La desinstitucionalización de la democracia
La primera estrategia política del populismo autoritario chavista fue la desinstitucionalización de la democracia como sistema político, como mostramos en la sección anterior. Pudimos ver las estrategias con cierto detalle, aunque para tener el cuadro general es conveniente leer los textos completos (ver Bolívar 2015, 2016, 2018). Pudimos observar la contradicción entre decir y hacer con el lenguaje, porque aunque se dice que se defiende la Constitución, no se la aplica ya que se violan principios fundamentales sobre el papel de los militares y el derecho a la vida. En otros estudios llevados a cabo con los métodos de la lingüística de corpus he mostrado que en el discurso de Hugo Chávez "democracia" está claramente asociada con "democracia revolucionaria" y no con democracia "representativa" (Bolívar 2009).

ii) La polarización política
La polarización política fue objetivo y método de la revolución. Esto se manifestó discursivamente en la división entre revolucionarios y no revolucionarios, bolivarianos y no bolivarianos. Además, en el propio discurso del Presidente Chávez se marcó la diferencia mediante diversos recursos lingüísticos que ubicaron a la población en dos bandos antagónicos (patriotas, anti-patriotas, revolucionarios- antirevolucionarios, socialistas-imperialistas). Esto se expresó en la oposición *nosotros* versus *ellos*, acompañada de valoraciones positivas para nosotros y negativas para ellos, tanto para la gente de Venezuela como de América Latina, con una retórica amenazante en la que predominaban las advertencias y las amenazas (Montero 2002). El *yo* y el *ustedes* cobró especial relevancia en el diálogo entre Chávez y el pueblo chavista (Bolívar 2013).

iii) La hegemonía comunicacional
Este fue para Chávez un punto clave y sigue siéndolo para Nicolás Maduro. La estrategia de Chávez consistió en neutralizar todos los medios de Oposición, dificultar la tarea de quienes fueran disidentes, y crear nuevos medios para difundir la revolución, como Telesur. Al mismo tiempo, mantuvo el contacto directo con el pueblo a través de su Programa *Aló Presidente*, que se transmitía todos los domingos en cadena nacional por radio y televisión. A eso se suman las alocuciones

presidenciales, las llamadas a la radio y a la televisión, su presencia activa en distintos eventos y, sobre todo, las cadenas nacionales que podían hacerse en cualquier momento por diferentes motivos. Maduro ha fortalecido esta hegemonía.

iv) La vinculación afectiva
Esta fue posiblemente la mayor estrategia política-discursiva de Chávez porque profundizó la polarización en función de dos polos afectivos que la alimentaron. Por un lado, la vinculación afectiva positiva con el pueblo y negativa con sus "enemigos". Él se construyó como "el corazón de la patria" y "el corazón del pueblo" que defendía y protegía al pueblo de los "imperialistas", "oligarcas", "burgueses", "fascistas" (Bolívar 2013, 2015, 2016, 2018). Fue el amor exacerbado por el pueblo lo que lo convirtió en héroe y mártir de la revolución (ver Paz 2014), y en la encarnación del pueblo ("Tú también eres Chávez", "Todos somos Chávez"). Su vinculación con el pueblo estuvo basada en una reinterpretación de la historia, el recurso constante a la heroicidad del pueblo que se liberó de la dominación española. Mientras que la relación con el adversario se basó en el desconocimiento de su existencia y en el desprecio como interlocutor ("cipayos", "vende patria", "el majunche", "la nada").

v) La manipulación de las emociones por el miedo
Esta es una estrategia que se usa en la política de manera bastante frecuente (Wodak 2015), pero que adquiere rasgos de manipulación "ilegítima" (van Dijk 2006) cuando se practica para favorecer los intereses personales del manipulador. El miedo fue empleado particularmente para mantener la revolución con el argumento del magnicidio (el presidente está en peligro), del ataque de fuerzas extranjeras (una invasión), la pérdida del petróleo, y la pérdida de los logros alcanzados por la revolución, particularmente en relación con trabajo, vivienda, salud (Bolívar 2013). El miedo se usó para controlar al pueblo y también a los opositores ("Esta es una revolución pacífica, pero armada", "Patria, Socialismo o Muerte") y a los traidores a la revolución ("Los traidores irán al basurero"). El discurso preferido para estos propósitos fue el de la hipoteticalidad, manifestada en la gramática del *irrealis*, por ejemplo con el uso de subjuntivos y formas condicionales como en "Si la burguesía volviera a ganar, Venezuela se volvería a hundir" (Bolívar 2014), y el discurso militarizado expresado en metáforas bélicas que solo conciben la política como guerra entre dos bandos enfrentados (Duarte 2013; Molero de Cabeza 2009).

Durante el mandato de Maduro, el miedo y el desprecio al otro han sido profundizados mediante nuevas estrategias, particularmente la burla y la humillación, especialmente de Trump, otros jefes de estado, participantes en marchas de protestas, y presos políticos[8]. Igualmente, el miedo a la muerte de los presos políticos se ha incrementado, como en un caso reciente en que, estando detenido, un preso se lanzó desde un décimo piso. Esta acción fue reportada por el gobierno como un "suicidio", el cual fue puesto en duda por los medios nacionales e internacionales y por la ciudadanía[9]. Por su parte, al igual que Chávez en su momento, Maduro ha recibido de los venezolanos una gran cantidad de insultos, burlas y señales de menosprecio (como llamarlo "Maburro" en vez de Maduro).

vi) Legitimación de la violencia verbal y física

La violencia ha formado también parte de la política venezolana, pero en la revolución bolivariana se legitimó desde el poder, tanto la violencia verbal como la física. La agresión verbal, manifestada primero como una descortesía estratégica (el caso de "la moribunda" constitución) cuyo objetivo era llamar la atención hacia un cambio (Bolívar 2007a), se transformó luego en un tipo de "anti-cortesía" similar a la propuesta por Zimmerman (2005) en el caso de la interacción entre jóvenes masculinos en la construcción de su identidad de grupo. Pero, a diferencia de los jóvenes, quienes violando normas y reglas colaboran mutuamente para construir un "universo anti-normativo" que les garantice ser respetados (p. 265), en la anti-cortesía política puesta en práctica por Chávez y continuada por Maduro, se impuso un estilo que no es compartido por todos, y eso ha generado mayor violencia verbal y física. El Presidente Chávez usó el insulto como estrategia política para disminuir al contrario y, eventualmente, hacerlo salir del ruedo político. Sus insultos están registrados[10] y muestran que fue una

---

[8] Véase por ejemplo con referencia a un diputado opositor encarcelado por supuesta participación en supuesto atentado a Maduro: *Maduro se burló de su aspecto en la prisión*. https://wwww.infobae.com/ 11 de agosto de 2018. Consultado el 22 de octubre de 2018.

[9] Véase por ejemplo: *Fiscalía venezolana informa del "suicidio" del concejal…*DW. https://www.dw.com.es/fiscalia.venezolana…de suicidio…maduro/a-45805907 8 de octubre de 2018. Consultado el 22 de octubre de 2018.

[10] Véase, por ejemplo, "Lista de insultos Chávez Parte III. Un 2012 que va desde hipócritas, apátridas, etc., etc.", http://www.marthacolmenares.com/2012/02/16/lista-de-insultos-chavez-parte.iii.que.ave.desde-hipocritas-apatridas-etc-etc Consultado el 16 de febrero de 2012

acción intencional selectiva, vale decir, los "targets" o destinatarios de los insultos fueron escogidos de acuerdo con fines políticos (Bolívar 2018). Las violaciones recurrentes de normas de trato en la interacción política, particularmente los insultos a quienes eran percibidos como "enemigos", sirvieron como catalizadores de la polarización y de la violencia física, y también profundizaron las diferencias y el odio. El diálogo, como parámetro para medir la calidad de la democracia, ha sufrido un daño extremo hasta el punto de que ha quedado como un tópico del discurso, algo de lo que se habla, pero no como encuentros entre personas que se reconocen y respetan. Las esperadas señales de cooperación entre las partes todavía no se vislumbran (Bolívar 2008, 2009b, 2012).

5. Conclusiones

En este trabajo hemos resumido la forma en que se construyó discursivamente el populismo autoritario militarista venezolano en su acción política. Nuestro objetivo fue mostrar que los populismos radicales son "incluyentes" en teoría porque, supuestamente, toman en cuenta al pueblo, entendido como el sector más desfavorecido o descuidado de la población, pero son a la vez excluyentes porque no reconocen a quienes no estén de acuerdo con la línea ideológica adoptada. Nuestra investigación muestra que, en la práctica, en el caso de la cultura política venezolana, el pueblo también es excluido porque no tiene voz ni participación sino como beneficiario de dádivas o regalos. Cuando los fondos se acaban, como ocurrió en Venezuela en el cambio de Chávez a Maduro, el programa político falla porque no se ha construido un verdadero diálogo democrático con el pueblo como totalidad. Nuestro análisis muestra que el anti-diálogo como práctica política basada en la polarización y en el conflicto, tal como se presentó en Venezuela a partir del arribo de Chávez, y reforzado por Maduro, no es recomendable para la convivencia democrática.

El análisis interaccional del discurso, que mostré de forma muy breve, tiene ventajas que no presentan otros enfoques en los estudios críticos del discurso, por lo que puede considerarse una posición post-fundacional. En primer lugar, se propone un cambio de foco de "los textos en contexto a la gente en eventos" (Bolívar 2018) para poder identificar a los responsables del cambio político y la forma en que los actores políticos usan el lenguaje para unir o dividir a los participantes en el diálogo que da vida a la política y que es sinónimo de libertad. En segundo lugar, el hecho de enfocarnos en los participantes y en el diálogo, como categorías clave desde una perspectiva sincrónica y diacrónica, nos permite diferenciar entre "las voces" en el texto, que es un tipo de diálogo centrado en el texto, y el diálogo social y político, que se construye en la lucha política, en la interacción entre todos los que mueven y motivan los cambios, vale decir, los responsables de la calidad del diálogo y de su propio destino político. Finalmente, desde mi perspectiva, centrarse en el diálogo significa un compromiso teórico porque los significados se construyen en la interacción, un compromiso metodológico por la forma en que se recogen los datos a medida que tienen lugar los eventos, y un compromiso con la responsabilidad de vivir porque se trata de reconocer el diálogo y el estado de derecho como garantías de la supervivencia de la especie humana (Bolívar 2010).

Referencias

Arenas, N. (2007). "Poder reconcentrado: el populismo autoritario de Hugo Chávez". *Revista Politeia*, 39 (30), 23–63.

Arenas, N. (2012). "La Venezuela rentista. Imaginario político y populismo". *Cuadernos del CENDES* 29 (80). 137–145.

Arendt, H. (1958). *The human condition*. Chicago and London: The University of Chicago Press.

Bobbio, N., Matteucci, N., & Pasquino, G. (eds.). (2000). *Diccionario de política*. México/España: Siglo XXI editores.

Bolívar, A. (2007a). "El análisis interaccional del discurso: del texto a la dinámica social", en A. Bolívar (ed.), *Análisis del Discurso. Por qué y Para qué*. Caracas: Los Libros de El Nacional, 249–277.

Bolívar, A. (2007b). "Dialogue and confrontation in Venezuelan political interaction", en T. A. Van Dijk (ed.), *Major works in discourse studies*. Los Angeles, London, New Dehli, Singapore: Sage Publications 1, 261–274.

Bolívar, A. (2008). "'Cachorro del Imperio' versus 'cachorro de Fidel'": los insultos en la política latinoamericana. *Discurso y Sociedad* 2(1), 1–38.

Bolívar, A. (2009a). "'Democracia' y 'revolución'" en Venezuela: un análisis crítico del discurso político desde la lingüística de corpus. *Oralia*, 12, 27–54.

Bolívar, A. (2009b). "¿Por qué no te callas?": los alcances de una frase en el (des)encuentro de dos mundos. *Discurso y Sociedad*, 2 (1), 87–115.

Bolívar, A. (2010). "Dialogue in the dynamics of political practice", en D. Koike & L. R. Alfano (eds.), *Dialogue in Spanish. Studies in functions and contexts*. Amsterdam/Philadelphia: John Benjamins Publishing Company, 159–188.

Bolívar, A. (2012). "Political apologies by heads of state in diplomatic conflicts: between sincerity and political cynicism", en S. Cantarini (ed.), *Dialogue: state of the art. Studies in memory of Sorin Stati*. München: Lincom Academic Publishers, 89–104.

Bolívar, A. (2013). "La construcción discursiva de la revolución bolivariana: polarización y manipulación en la campaña electoral de 2012". *Temas de coyuntura 67*, 131–163.

Bolívar, A. (2014). "'Si la burguesía volviera a ganar, Venezuela se volvería a hundir': la hipoteticalidad como estrategia en el discurso político". *Revista de Filología 32*, 45–61.

Bolívar, A. (2015). "A afetividade no discurso populista", en G. Lara & L. R. d. Cássia (eds.), *Discurso e (des)igualdade*. São Paulo: Contexto, 143–160.

Bolívar, A. (2016). "El discurso de la afectividad en la interacción política", en A. M. Hernández, M. E. Muriel, B. H. Muñoz-Cobo, & J. L. López (eds.), *Oralidad y análisis del discurso. Homenaje a Luis Cortés Rodríguez*. Almería: Universidad de Almería 1–19.

Bolívar, A. (2018). *Political discourse as dialogue. A Latin American Perspective*. London and New York: Routledge, Taylor & Francis Group.

Bolívar, A. y Kohn, C. (1999). "Diálogo y participación. ¿cuál diálogo? ¿cuál participación?", en A. Bolívar & C. Kohn (eds.), *El discurso político venezolano. Un estudio multidisciplinario*. Caracas: Universidad Central de Venezuela, 103–115.

Caballero, M. (2003). *Gómez, un tirano liberal*. Caracas: Alfadil Ediciones.

Charaudeau, P. (2000). "Une problématisation discursive de l'émotion. A propos des effets de pathémisation à la télévision", en C. Plantin, M. Marianne, & V. Traverso (eds.), *Les émotions dans les interactions*. Lyon: Presses Universitaire de Lyon, 125–155.

Charaudeau, P. (2009). "Reflexiones para el análisis del discurso populista". *Discurso y Sociedad 3(2)*, 253–279.

Chilton, P., & Schäffner, C. (2002). "Introduction. Themes and principles in the analysis of political discourse", en P. Chilton & C. Schäffner (eds.), *Politics as text and talk*. Amsterdam/Philadelphia: John Benjamins, 1–41.

Chumaceiro, I. (2003). "El discurso de Hugo Chávez: Bolívar como estrategia para dividir a los venezolanos". *Boletín de Lingüística 20*, 22–42.

Chumaceiro, I. (2010). "El discurso de Hugo Chávez. Del poder de la seducción a la confrontación como estrategia", en F. Ramos, C. Romero & H. Ramírez (eds.), *Hugo Chávez: una década en el poder*. Bogotá: Editorial Universidad del Rosario, 215-237.

De la Torre, C. (2007). "The resurgence of radical populism in Latin America". *Constellation* 14 (3), 384-397.

De la Torre, C. (2010). *Populist seduction in Latin America: The Ecuadorian experience*. Athens OH: Ohio University Centre for International Studies. Primera edición en 2000.

De la Torre, C. (2016). "Populism and the politics of the extraordinary in Latin America". *Journal of Political ideologies* 21(2), 121-139.

Duarte, M. (2013). "Redes de metáforas cognitivas en el discurso político: 'el socialismo del siglo XXI' de Hugo Chávez". *Revista Latinoamericana de Estudios del Discurso* 13(1), 57-77.

Fairclough, N. (2000). "Dialogue in the public sphere", en S. Sarangi & M. Coulthard (eds.), *Discourse and social life*. London: Longman: 170-184.

Fairclough, N. (2003). *Analysing discourse. Textual analysis for social research*. London and New York: Routledge.

Madriz, M. (2008). "Pathos, violencia e imaginario democrático". *Akademos* 1, 105-160

Mainwaring, S. (2012). "From representative democracy to participatory competitive authoritarianism: Hugo Chávez and Venezuelan politics". *Perspectives on politics* 10 (4), 955-967.

Mires, F. (2014). Prologue, in A. Chaplin (2014), *Chavéz's legacy: The transformation from Democracy to a Mafia State*. Maryland: University Press of America, i-ix.

Moffit, Benjamin (2015). "Populism and democracy: friend or foe? Rising stars deepen dilemma", in https://theconversation.com/populism-and-democracy-friend-or-foe-rising-stars.deepen.dilemma-39695 Consultado el 22 de agosto de 2016

Moffit, B. (2016). *The global rise of populism. Performance, political style, and representation*. Stanford: Standford University.

Molero de Cabeza, L. (2009). "La metáfora en el discurso político venezolano", en M. Shiro, P. Bentivoglio, & F. D. Erlich (eds.), *Haciendo discurso. Homenaje a Adriana Bolívar*. Caracas: Universidad Central de Venezuela, 305-332.

Montero, M. (2002). "Militarización de la política, politización de los militares: un análisis psicopolítico", en L. Molero de Cabeza & A. Franco (eds.), *El discurso político en las ciencias humanas y sociales*. Caracas: Fonacit, 159-173.

Mouffe, Ch. (2016). "In defence of left-wing populism", https://Sidney democracynetwork.org/article-defence-leftwing-populism Consultado el 18 de agosto de 2016.

Nieto y Otero, M. (2007). "Discurso y efectividad", en A. Bolívar (ed.), Análisis del discurso. ¿Por qué y para qué? Caracas: Los Libros de El Nacional y Universidad Central de Venezuela, 87–117.

Nieto y Otero, M. (2012). *Afectividad en el discurso político. Estrategias pragmalingüísticas para la vinculación afectiva en el discurso político oral.* Saarbrucken: Editorial Académica Española.

Paz, Y. (2014). "El Presidente está enfermo ¿Qué tendrá el Presidente?: La enfermedad y sus metáforas en el discurso de Hugo Chávez Frías". *Discurso y Sociedad* 8(2), 299–325.

Petkoff, T. (2005). "Las dos izquierdas". *Nueva Sociedad*, 197, 114–129.

Pino Iturrieta, E. (2003). *El divino Bolívar. Ensayo sobre una religión republicana*. Madrid: Catarata.

Rivas Leone, J.A. (2012). "La experiencia populista y militarista en la Venezuela contemporánea". ICPS Working Paper 37. Institute de Ciènces Politiques i Socials. https://www.icps.cat/archivos/workingpapers/wp307.pdf?noga=1

Van Dijk, T. A. (1993). "Principles of critical discourse analysis". *Discourse & Society* 4 (2), 249–283.

Van Dijk, T. A. (2002). "Political discourse and political cognition", en P. Chilton & C. Schäffner (eds.), *Politics as text and talk. Analytical approaches to political discourse.* Amsterdam / Philadelphia: John Benjamins, 203–237.

Van Dijk, T. A. (2005). "Contextual knowledge management in discourse production. A CDA perspective", en R. Wodak & P. Chilton (eds.), *A new agenda in (critical) discourse analysis*. Amsterdam: John Benjamins, 71–100.

Van Dijk, T. A. (2006). "Discourse and manipulation". *Discourse & Society* 17(3), 359–383.

Wodak, R. (2001a). "What CDA is about. A summary of its history, important concepts and its development", en R. Wodak & M. Meyer (eds.), *Methods of critical discourse analysis*. London: Sage Publications: 1–13.

Wodak, R. (2001b). "The discourse-historical approach", en R. Wodak & M. Meyer (eds.), *Methods of critical discourse analysis*. London: Sage Publications, 63–94.

Wodak, R. (2015). *The politics of fear. What right-wing populist discourses mean*. Los Angeles, London, New Dehli, Singapore, Washington DC: Sage.

Zimmermann, K. (2005). "Construcción de la identidad y anticortesía verbal", en D. Bravo (ed.), *Estudios de la (des)cortesía en español. Categorías conceptuales y aplicaciones a corpora orales y escritos*. Estocolmo-Buenos Aires: Edice y Editorial Dunken, 244-27.

La mise en débat de l'Europe. Le cas de l'extrême droite en France

Julien Auboussier
Université de Lyon

Les sciences politiques, notamment, ont largement analysé « l'appropriation de l'Europe » : « un mécanisme avant tout cognitif par lequel un acteur prend conscience de l'existence de l'Union européenne, plus spécifiquement d'un «problème européen», [...] et établit un lien entre l'Europe et sa propre réalité et condition » (Crepy & Petithomme 2010 : 326). Plus précisément, elles ont analysé les processus dits d'européanisation c'est-à-dire la manière avec laquelle « les acteurs politiques intègrent la thématique européenne à leurs jeux stratégiques, en faisant de l'Union européenne un modèle ou un repoussoir selon le positionnement recherché dans les espaces politiques nationaux » (Neumayer 2006 : 792). Nous proposons dans ce texte de revenir sur l'appropriation de l'Europe par les leaders de l'extrême droite en France et ainsi sur la façon dont ces partis ont contribué à la mise en débat de l'intégration européenne[1]. A cette fin, nous concentrons notre attention sur les modalités rhétoriques et argumentatives des discours des différents leaders de l'extrême droite institutionnelle dont les propos sont repris dans l'espace médiatique depuis les années 1980 : Jean-Marie et Marine Le Pen (FN), Philippe de Villiers (FN puis MFP), Bruno Mégret (FN puis MPR), Dupont-Aignan (UMP puis Debout la France).

Dans un premier temps, nous reviendrons sur le contexte historique de l'intégration européenne. Il est indispensable de le prendre en compte si l'on souhaite comprendre le positionnement stratégique de la droite radicale sur l'Europe à partir de la fin des années 1980. Une part des

---

[1] Dans ce texte, les termes « extrême droite » et « droite radicale » sont équivalents.

stratégies des acteurs politiques peut en effet échapper à l'analyste du discours s'il n'assume pas une certaine interdisciplinarité. Puis, dans un second temps, nous nous attacherons à l'actualisation européenne des thématiques traditionnelles de l'extrême droite. Enfin, nous présenterons quelques caractéristiques du discours de l'extrême droite sur l'Europe : la rhétorique populiste, les stratégies de désignation de l'institution européenne et la polarisation polémique des débats.

1. L'appropriation de l'Europe. Entre idéologie et stratégie

Les discours étudiés s'inscrivent dans des contextes historiques qui ne doivent pas échapper à l'analyste. Ainsi la prise en compte du « contexte élargi » (Wodak 2001) est souvent un appel à l'interdisciplinarité : l'analyse de la matérialité langagière ne prend son sens que dans un contexte que le chercheur reconstitue en amont en faisant appel à d'autres disciplines que celles de langue et du discours. C'est à cette condition que l'on peut comprendre l'appropriation de l'Europe par les acteurs politiques de l'espace national (Guinaudeau, Persico, 2011) et c'est en revenant sur le consensus autour du projet européen qui a longtemps prévalu au sein des partis de gouvernements de droite comme de gauche qu'il devient possible de comprendre l'attitude de la droite radicale face à l'intégration européenne.

1.1. Du consensus permissif aux résistances à l'Europe

Les sciences politiques apportent une aide précieuse à la compréhension des évolutions du rapport des citoyens et des acteurs politiques à l'Europe. Les travaux s'accordent largement sur l'existence de trois grandes périodes depuis la fin de la Seconde Guerre mondiale et les premières tentatives d'institutionnalisation politique de l'idée européenne.

a. La période 1950-1980 se caractérise par le « consensus permissif » identifié et conceptualisé par Lindberg et Steingold (1991). Cette situation repose sur le consentement tacite et l'*a priori* positif des citoyens à l'égard de l'intégration européenne. Le projet européen reste éloigné des citoyens qui entretiennent un rapport peu conflictuel et dépolitisé aux institutions communautaires. Partant de l'idée « qui ne dit mot consent », les gouvernants nationaux et européens profitent alors d'importantes marges de manœuvre décisionnelles. L'*a priori* positif et la légitimité dont jouit l'Europe sont alors issus de son contexte d'apparition : le projet européen est la concrétisation du « plus jamais ça ! », le performatif énoncé à l'issu des deux conflits mondiaux. Sa force, comme mot d'ordre, est de ne pas renvoyer à un niveau lexical mais à un niveau propositionnel. Il est l'expression d'une volonté partagée : « c'est la naissance non seulement d'un but à la construction européenne, mais d'un véritable bien commun européen, la *Pax Europea* » (Belanger 2015). En énonçant « plus jamais ça ! », la rupture est double. D'une part, les nations européennes affirment leur volonté de supprimer la guerre en tant qu'action politique légitime (à la manière du pacifisme). D'autre part, elles affirment que la paix doit s'imposer comme la finalité d'un nouvel ordre politique. Ainsi, jusqu'au début des années 1980, l'intégration européenne apparaît en France comme une nécessité. Il est essentiel de noter que le consensus s'étend en France jusqu'à l'extrême droite : en son sein, France et Europe peuvent ainsi être l'objet d'une double identification. En 1984, dans l'ouvrage *Les Français d'abord*, le leader historique du Front National, Jean-Marie Le Pen, insiste : « puisque tous les maux dont nous parlons –l'immigration, l'insécurité, le chômage, la dénatalité, le terrorisme – sont des maux qui sont aussi européens que français, c'est une politique européenne commune qui doit être élaborée ». Plus loin, il poursuit : « Je crois que c'est par une intégration des cœurs et des âmes, par le sentiment d'un danger commun que l'on peut faire accepter que les uns et les autres fassent des concessions sur leurs domaines nationaux [...]. Si on appliquait le traité de Rome, on aurait fait un progrès fantastique vers la coopération et l'Union européenne » (*Les Français d'abord*, p. 160). En 1984, Bruno Mégret dans le premier numéro d'*Identité*, revue interne du FN, rappelle quant à lui que « c'est parce que les nations européennes ont une identité commune et que cette identité est menacée qu'elles doivent s'organiser comme les membres d'une même famille ». C'est ainsi une monnaie, une défense et une politique de sécurité communes que défendent les leaders de l'extrême droite jusqu'à la fin des années 1980.

b. Le consensus permissif commence à se rompre au début des années 1990 avec les débats relatifs au Traité de Maastricht. Les partis de gouvernement et la très grande majorité des médias s'associent largement dans la promotion du oui. Pourtant, le traité n'est ratifié que de justesse ouvrant ainsi l'idée d'une rupture entre élite pro-européenne et des citoyens devenus plus méfiants. Ainsi, malgré la victoire du oui, Maastricht est la première « opportunité événementielle » (Delforce 1999) pour la construction et la diffusion de discours de résistance à l'intégration. Ces remises en cause visent à la fois les modalités institutionnelles du projet européen, ses politiques publiques ou encore ses acteurs. La période correspond par ailleurs à l'effondrement du bloc soviétique. Dès lors, à l'extrême droite, l'opposition au communisme perd largement la fonction structurante qu'elle avait jusqu'alors. Finalement, le développement chez les citoyens d'attitudes critiques vis-à-vis de l'Europe associé à la disparition de la menace communiste va constituer la brèche dans laquelle s'engouffre l'extrême droite en France. Pour le FN, il y a donc une véritable bascule entre le début de la décennie 80 et le début des années 90. Le FN comprend à cette période que l'Europe peut constituer une ressource précieuse pour affirmer un positionnement d'opposition vis-à-vis des partis de gouvernement. Emmanuel Reungoat relève ainsi l'évolution en miroir du FN et du RPR (droite modérée de gouvernement) : le FN renforce un positionnement critique vis-à-vis de l'Europe au fur et à mesure que le RPR s'éloigne de son souverainisme original pour adhérer à l'intégration européenne (Reungoat 2014). En ce sens, avançons à la suite de Amandine Crespy et Mathieu Petithomme, que « l'euroscepticisme est donc pour les partis protestataires un élément de distinction dans la compétition électorale vis-à-vis des «partis cartels», un élément appartenant d'ailleurs à un discours «antisystème» plus global » (Crespy & Petithomme 2009 : 29).

c. Le non français (et néerlandais) au référendum de 2005, puis le non irlandais au traité de Lisbonne en 2008 officialisent la fin du consensus permissif en France et en Europe[2]. Certains proposent alors la théorie du « *dissensus contraignant* » (Hooghe, Marks : 2009) : période durant laquelle le caractère clivant des enjeux européens va en s'accroissant et durant laquelle l'Europe est de plus en plus mobilisée à des fins partisanes dans les espaces politiques nationaux. « C'est au sein des espaces nationaux que l'enjeu européen se construit, c'est pourquoi les positions européennes des organisations sont évolutives et les discours sur l'Europe doivent être mis en perspective avec les configurations natio-

---

[2] L'importance des référendums dans la critique de l'UE est à relever. Ils constituent un dispositif qui favorise la dichotomisation des débats : l'alternative se limitant à oui ou non. A ce titre, les campagnes référendaires de 1991 ou 2005 ont constitué en France et ailleurs des événements discursifs important dans le développement d'un discours de résistance à l'intégration européenne.

nales de la compétition pour être compris » (Reungoat, 2014 : 32). La position de l'extrême droite institutionnelle ne cesse de se durcir. Pour l'expliquer, il faut insister sur le fait qu'à cette période, beaucoup, au sein des partis de gouvernement, commencent à contester les modalités de l'intégration européenne. Le référendum de 2005 est ainsi l'occasion pour la totalité des partis de gouvernement de relayer un nouveau mot d'ordre, « *une autre Europe est possible* », formule largement figée et qui circule au-delà des distinctions idéologiques des locuteurs qui la mobilisent. L'Europe s'impose ainsi d'autant plus comme une ressource stratégique de positionnement pour le FN que sa condamnation permet de railler la fausse concurrence entre droite et gauche[3] qui, en effet, s'accordent alors encore largement sur la nécessité de renforcer l'intégration. L'Europe s'impose donc à l'extrême droite comme une ressource de positionnement stratégique. Dès lors, le durcissement est une manière de préserver la plus-value distinctive du FN dans l'espace politique français.

Longtemps le consensus permissif a ainsi prévalu en accompagnant près de trois décennies d'intégration européenne. Au-delà de divergences secondaires, une large part de la classe politique partageait alors une acceptation du projet européen. Ce contexte est essentiel pour comprendre la stratégie d'appropriation de l'Europe par l'ensemble des partis situés à l'extrême droite de l'échiquier politique en France. Au-delà des dynamiques idéologiques, l'appropriation de l'Europe par l'extrême droite en France répond d'une stratégie de positionnement : il s'agit de s'afficher comme garant d'un discours qui rompt le consensus affiché par les partis de gouvernement. L'orientation populiste de l'extrême droite se nourrit souvent du consensus au sens où il autorise le déploiement de l'ethos protestataire « antisystème » et « anti-élite » aujourd'hui largement développé par l'extrême droite dans son discours sur l'Europe.

1.2. L'Europe et l'actualisation des thèmes de l'extrême droite

L'appropriation de l'Europe permet moins à l'extrême droite de renouveler ses thématiques traditionnelles que de les actualiser. Autrement

---

[3] Le jeu sur les acronymes (UMP –Union pour un mouvement populaire- et PS –Parti socialiste- associé dans l'acronyme UMPS ; LR –Les Républicains- et PS associé dans LRPS) typique du discours de Marine Le Pen rend compte de cette volonté de renvoyer dos à dos les différents adversaires en raillant les convergences de leurs positions.

dit, l'appropriation de l'Europe s'inscrit dans des matrices idéologiques déjà structurées qui sont simplement actualisées face à un nouvel ennemi.

a. De la condamnation du mondialisme à celle de l'européanisme. La condamnation du mondialisme (comme idéologie de la mondialisation), souvent associée à la condamnation du tiers-mondisme, constitue depuis longtemps un axe important du discours de la droite radicale. Ce discours s'actualise à partir des années 1990 dans la condamnation de l'européanisme considéré comme une déclinaison du mondialisme. La convergence se traduit par le concept d'« euromondialisme » mobilisé par Jean-Marie puis sa fille et par l'ensemble des leaders de l'extrême droite. Jérome Jamin, dans son étude sur l'imaginaire du complot au sein de l'extrême droite française, montre bien comment l'évocation de cet euromondialisme à la définition floue sert un discours de type complotiste sur l'établissement d'un « nouvel ordre mondial » et le risque imminent d'une « révolution mondialiste » (Jamin 2009 : 211).

Dès lors, l'Union européenne est présentée comme le « cheval de Troie » d'une mondialisation sauvage que les nations doivent combattre pour ne pas disparaître. Entre métaphore et exemple historique, l'image du cheval de Troie est récurrente dans le discours d'extrême droite : elle permet d'associer à l'identification de la menace l'idée de dévoilement et de révélation. Cette métaphore est mobilisatrice au sens où elle incite à la connivence : *vous et moi ne sommes pas dupes.*

La condamnation du mondialisme ou de l'euromondialisme revêt une dimension à la fois économique et identitaire. Nous pouvons l'illustrer par la critique de l'espace Schengen (espace de libre circulation mis en place à partir de 1995 et aujourd'hui étendu à 26 États). Au niveau économique, la porosité des frontières internes de l'union européenne est condamnée et trouve une consistance, depuis 2004, dans la figure du travailleur détaché, le « plombier polonais » venu travailler en France et concurrent déloyal des artisans français. Le premier à mobiliser l'argument par l'exemple du plombier polonais pour condamner la libre circulation des travailleurs dans l'espace Schengen est Philippe de Villiers en 2005. Le syntagme s'impose ensuite rapidement comme une formule discursive et participe largement à structurer les débats sur l'Europe entre 2005 et 2008 : « Mais quelle est la genèse de cet argument par illustration ? Le 'plombier polonais' synthétise divers exemples ou illustrations, invoqués durant les mois précédents, dans la polémique contre la directive relative aux services dans le marché intérieur, dite 'directive

Bolkestein'. Ces exemples sont issus d'une matrice énonciative [...] d'où se dégage un schéma actantiel commun. On rencontre ainsi au gré des textes : 'un maçon polonais', 'un promoteur letton', 'des ouvriers lituaniens', 'un artisan tchèque', etc. » (Sarale 2015).

Au niveau culturel et identitaire, la critique de la porosité des frontières extérieures de l'espace Schengen permet d'actualiser la thématique de l'invasion migratoire, voire, pour Jean-Marie Le Pen et Philippe de Villiers, la thématique du grand remplacement[4]. Comme le note Nathalie Brack dans son analyse des élections européennes de 2014, « the biggest gains were made by radical right parties, who, in the context of the Eurozone crisis, have increasingly used a "hard" Eurosceptic and at times anti-globalization discourse to bolster their traditional anti-immigrant discourse » (Brack 2015: 10). Les craintes de la droite radicale trouvent leur consistance dans la figure du migrant musulman qui menacerait le mode de vie et les traditions. La condamnation du mondialisme comme aujourd'hui de l'européanisme repose toujours sur la crainte d'une dilution des identités voire d'une islamisation de la France.

Ainsi, la critique de l'Europe actualise la rhétorique du sursaut national face à la mondialisation, sursaut à la fois économique (face aux travailleurs de l'Europe de l'est) et économique (face aux migrants musulmans). Dans son appropriation de l'Europe, l'extrême droite lie ainsi habilement la question socio-économique et le malaise identitaire dans un rejet systématique de la construction européenne érigée en bouc émissaire de tous les maux

b. La condamnation des élites. Au début des années 90, la droite radicale en France, et en premier lieu le FN, profite notamment de l'Europe pour renouveler sa conception du champ politique. L'axe horizontal droite/gauche est en partie délaissé au profit de l'axe vertical élite/peuple : c'est la critique de l'élite, du système, de l'establishment, de la caste... C'est par là même la construction en discours d'une représentation de la société opposant deux groupes antagonistes : le petit peuple vs les élites (Mudde 2007 ; Wodak, Khosravinik 2013). Cette représentation est au fondement du populisme : les élites -politiques, économiques et

---

[4] Théorie introduite en France par l'écrivain d'extrême droite Renaud Camus selon laquelle la population européenne sera bientôt remplacée par des populations venues d'Afrique noire et du Maghreb conduisant à la disparition de la civilisation européenne. Par intérêts ou idéologie, les élites politiques et médiatiques nieraient l'évidence du grand remplacement.

sociales– sont stigmatisées pour avoir trahi le pouvoir du peuple, seul fondement légitime de l'autorité.

La distinction peuple/élite permet de représenter la classe politique comme un ensemble indifférencié dans lequel droite et gauche se diluent dans un même carcan de responsabilités. Et la même stigmatisation des élites permet d'associer dans la même condamnation, d'une part, les garants des institutions européennes et, d'autre part, les partis de gouvernement accusés de complicité envers l'Union européenne. Ce peuple, la droite radicale le définit *socialement* : les petites gens ; elle le définit aussi *culturellement* : le peuple organique de l'extrême droite est pensé dans les frontières de la nation, un territoire essentialisé par l'histoire. Il y aurait donc d'un côté l'élite, cosmopolite et universaliste, de l'autre le peuple enraciné dans un pays, ses régions, ses particularismes. C'est la critique par Marine Le Pen « des élites déracinées », leitmotiv de ses discours.

c. L'actualisation de la crise et du déclin. Il est réducteur d'expliquer le succès des extrêmes droites en Europe comme la simple réaction ou conséquence des crises. Pour autant, on peut sans doute s'accorder sur le fait que l'extrême droite se nourrit de l'exaspération sociale et de « la logique du ressentiment »[5]. L'extrême droite se nourrit de l'insatisfaction des classes populaires en même temps qu'elle contribue elle-même à construire cette insatisfaction. A cette fin, les leaders de l'extrême droite décrivent constamment la situation du pays comme catastrophiste. Dans le discours de la droite radicale, l'état des lieux catastrophiste n'est pas à démontrer : il est acquis. Mais ce n'est pas seulement l'état des lieux qui est considéré comme admis, c'est aussi l'attribution causale. Les logiques d'imputation de la responsabilité participent à désigner l'Union européenne comme la source de l'ensemble des maux dont la France est victime. L'Europe est accusée de contribuer à un déclin national à la fois économique (monnaie unique accusée de baisser le pouvoir d'achat, concurrence des travailleurs issus de l'Europe de l'est), identitaire (dilution des identités nationales, perte de la référence à l'héritage judéo-chrétien) et moral (décadence des mœurs, corruption des élites). C'est une manière de dire l'urgence du changement proposé :

---

[5] « Je qualifie de ressentiment, en suivant Nietzsche et Max Scheler, un mode de production du sens, des valeurs, d'images identitaires, d'idées morales, politiques et civiques qui repose sur quelques présupposés et qui vise à un renversement des valeurs dominantes [...] et à l'absolutisation de valeurs «autres», inverses de celles qui prédominent, valeurs censées propres à un groupe dépossédé et revendicateur » (Angenot 2007).

« l'heure est grave » martèlent ainsi les leaders des droites radicales. Cet élément contribue à la démagogie du discours : « le démagogue présente son combat comme réactionnel et défensif » (Taguieff 1984 : 122). En discours, l'énumération et la conglobation, où s'associent enjeux économiques, sociaux, politiques, et identitaires, sont les procédés stylistiques traditionnels pour l'exposé du déclin. C'est ainsi, à titre d'exemple, que *Le Figaro* reprend les propos de Marine Le Pen tenus en meeting :

> 1. « Vous venez tous deux [A. Merkel et F. Hollande] ici en séance de rattrapage car votre Union européenne est en train de s'effondrer », a-t-elle ajouté sur le même ton, avant d'énumérer les maux de cette Europe qu'elle veut transformer radicalement : « austérité, concurrence déloyale, surveillance massive des citoyens, dumping social, submersion migratoire, dilution des identités... » (*Le Figaro*, 8-10-2015).

Les différents éléments fonctionnent comme autant de preuve des dangers de l'intégration. Face à la décadence morale et culturelle et au déclin politique et économique, l'extrême répond par l'imaginaire de la réaction nationaliste.

Pour conclure, l'appropriation de l'Europe par l'extrême droite lui permet ainsi d'actualiser ses thématiques traditionnelles. La condamnation de la mondialisation et du mondialisme s'actualise dans celle de l'européanisme ; la critique populiste des élites s'actualise dans la condamnation des élites bruxelloises corrompues par l'idéal cosmopolite et universaliste ; enfin, le déclin de la nation s'explique par l'assujettissement aux règles et normes européennes.

2. Les attributs du discours sur l'Europe

2.1. Une rhétorique populiste

La droite radicale peut être qualifiée de populiste –« rencontre paradoxale du réactionnaire et du populaire, de l'autoritarisme et du protestataire » (Taguieff 2002 : 8)- au regard des modalités énonciatives qu'elle privilégie. Chez Charaudeau, *l'instance politique* entre en relation, par la médiation de *l'instance médiatique*, avec *l'instance citoyenne*. Dans ce schéma, l'instance politique souhaite faire adhérer à son discours l'instance citoyenne, c'est-à-dire le tiers à convaincre du triangle argumentatif.

Or, en concentrant ses efforts sur la stigmatisation de l'adversaire, en l'occurrence l'Union européenne, le discours tend à superposer l'instance politique et l'instance citoyenne. Autrement dit, la logique triadique de l'argumentation (un proposant face à un opposant devant un tiers à convaincre) disparaît.

En quelque sorte, l'instance politique *absorbe* l'instance citoyenne en se présentant comme garante de ses intérêts. A partir de là, il s'agit moins de convaincre le peuple que de se présenter comme le garant de ses intérêts. C'est un piège habile tendu à l'adversaire politique puisque toutes les critiques adressées au leader populiste sont, en retour, présentées par ce dernier comme une stigmatisation du peuple et de ses attentes. L'énonciateur –l'instance politique- peut s'associer à l'instance citoyenne, par exemple, à l'aide d'un nous inclusif. C'est l'illustration la plus criante. Ce « nous » relève d'une communauté construite autour de valeurs perçues comme menacées (l'identité nationale, la souveraineté populaire, etc.) :

> 2. « C'est leur Europe de Bruxelles, celle qu'ils vénèrent tous, qui liquide systématiquement nos services publics. C'est leur Europe qui mutile nos libertés » (N. Dupont-Aignan, cité dans *Le Figaro*, 27-02-12)

Ici, l'opposition « leur Europe »/« nos libertés » puis « leur Europe »/« nos services publics » met en scène le face à face d'une force politique malfaisante et d'un peuple victime dont le leader d'extrême droite se présente comme le seul garant. C'est le même procédé de convergence entre le leader populiste et le peuple dans l'extrait suivant :

> 3. Marine Le Pen la rend [l'Union européenne] surtout responsable de la mise sous tutelle de la France, pour faire sonner une sorte d'esprit de révolte chez ses sympathisants. « On doit demander des permissions pour tout, comme si nous étions un peuple-enfant, comme si nous étions sous tutelle. Le peuple français ne contrôle plus rien [...]. Tournez le dos au déshonneur de la capitulation! », a-t-elle avancé. Elle a aussi appelé les Français à « relever la France, à la soustraire aux mains de ses maîtres geôliers, banquiers avides, commissaires non-élus et autres traîtres. »

Dans un cas comme dans l'autre, l'énonciation populiste participe d'une convergence des instances politique et citoyenne. Et la logique triadique de l'argumentation disparaît au profit d'un face à face argumentatif privé de tiers évaluateur.

2.2. Les stratégies de désignation de l'Union européenne

L'instance politique se définit dans le rapport qu'elle entretient à une instance politique adversaire. A ce titre, les partis traditionnels ont tendance à faire disparaître l'instance adversaire alors que les partis radicaux ne cessent de la mettre en évidence. Le cas ici étudié le confirme tant les leaders de l'extrême droite en France parle d'Europe et la mobilise comme une figure repoussante à même de mobiliser les citoyens électeurs. Les processus de nomination et de désignation, notamment de l'adversaire, revêtent des enjeux importants dans l'échange politique. Dans l'espace politique et médiatique, l'usage de la métonymie « Bruxelles » (à la place de Union européenne, la Commission européenne, les commissaires européens…) est routinisé et ne génère généralement pas d'effets argumentatifs importants. De même, « Europe » va de soi malgré l'opacité référentielle dont la dénomination souffre (Auboussier 2016). Par contre, une désignation spécifique est mobilisée au sein de la droite radicale en France : « *l'Europe de Bruxelles* ». En langue, la désignation ne revêt aucune orientation axiologique. Mais, en discours, elle se charge rapidement d'une connotation négative par l'usage dont elle est l'objet depuis la fin des années 90. C'est en effet au cours des débats relatifs aux élections européennes de 1989 puis, surtout, au référendum sur le traité de Maastricht que la désignation « *Europe de Bruxelles* » se généralise dans les discours des différents leaders de l'extrême-droite française. C'est ainsi en 1989 que l'on trouve la première trace dans le discours rapporté médiatique de la désignation. Le 20 juin 1989, le syntagme apparaît dans *Le Monde*. Jean-Marie Le Pen commente l'abstention aux élections :

> 4. Il y a eu moins d'un électeur sur deux qui s'est déplacé. C'est donc un échec cuisant pour l'Europe «européiste», l'Europe de Bruxelles, et si l'on considère qu'il est de même dans l'ensemble de l'Europe, on peut dire que l'européisme strasbourgeois et bruxellois est en grande partie un phénomène artificiel créé par les mondialistes, pour des raisons qu'il restera à rechercher et à décrire devant l'opinion publique. [*Le Monde*, Entretien avec J.-M. Le Pen, 20-07-89]

Ici, « Europe de Bruxelles » s'inscrit dans le même « paradigme désignationnel » (Mortureux 1993) que « Europe «européiste» ». Or l'adjectif « européiste » est clairement péjoratif dans la bouche de Jean-Marie Le Pen. En effet, il est, déjà en 1989, marqué par un glissement de valeur qui le fonde comme un désignant « dénonciateur, méprisant, parfois moqueur, dans un discours ancré à droite et surtout à l'extrême droite » (Luxardo, Richard, Steuckardt 2015 : 164). Le processus de péjoration est à noter : l'apposition des deux désignations « Europe européiste » et « Europe de Bruxelles » contribue à la contagion axiologique de la première à la seconde.

A partir de l'été 1989, la désignation « Europe de Bruxelles » se généralise très rapidement dans le discours rapporté des hommes politiques d'extrême droite. C'est ensuite dans la répétition d'occurrences énonciativement situées que la valeur axiologique associée à la désignation ne cesse de se renforcer. « Europe de Bruxelles » s'impose finalement comme une routine désignative voire comme une véritable dénomination au sein de la communauté discursive de la droite radicale. A la suite de Jean-Marie Le Pen, Bruno Mégret est l'un des promoteurs de la désignation au cours des années 1990 :

> 5. Cet accord scandaleux [accord commercial entre la CEE et les EU] qui brade les intérêts de la France démontre combien les tenants du oui à Maastricht ont trompé les français : l'Europe de Bruxelles ne renforce pas la France face aux USA, elle l'entraîne dans la soumission. [*Le Monde*, Tribune de B. Mégret, 24-11-92]
> 6. En effet, la ratification du traité d'Amsterdam, l'entrée en vigueur de l'Euro, et les élections européennes sont autant de leviers pour son parti devenu, affirme-t-il [B. Mégret], le seul à s'opposer véritablement à «l'Europe de Bruxelles pourtant désavouée par un français sur deux». [*Le Figaro*, 19-09-98]

Il y a dans la désignation « Europe de Bruxelles » une efficacité pragmatique qui dépasse son contenu idéologique. La force illocutoire de la désignation n'est pas sans rappeler celle du slogan. Elle désigne l'adversaire et, dans le même temps, s'inscrit souvent dans un acte de discours doté d'une forte dimension illocutoire (accuser, condamner…) et orienté vers l'adhésion des siens. « Europe de Bruxelles » est une désignation *efficace* d'un point de vue pragmatique. D'une part, elle condense le discours dans une formule à valeur de slogan. D'autre part, si rien ne la prédispose en langue à une telle exploitation, elle devient en discours un outil de mobilisation de ses partisans dans une logique de stigmatisation de l'adversaire. La désignation revêt dès lors une orientation argumentative préalable. Le figement se joue ainsi à la fois dans la matérialité langagière et dans le sens et la valeur attribués à la désignation. Ce figement initié au début des années 1990 est toujours à l'œuvre puisque l'usage de la désignation reste habituel au sein des discours contemporains de l'extrême droite en France.

Si « Europe de Bruxelles » apparaît comme une désignation largement figée et située à l'extrême droite, un ensemble d'autres désignations s'inscrivent dans le même paradigme désignationnel. A ce titre, le référent Europe sert de base à un ensemble de syntagmes composés dans lesquels la référence s'efface au profit de la caractérisation : l'Europe mondialiste, l'Europe capitaliste, l'Europe des bureaucrates, l'Europe des élites, etc. A ce titre, les discours peuvent ainsi mobilisés une surdétermination adjectivale quand il s'agit de désigner l'Europe. Dans l'extrait suivant, même en l'absence de modalisation autonymique, les désignations sont attribuées par le journaliste à la première dirigeante du Front national :

> 7. Comme la présidente du FN [M. Le Pen] ne peut pas s'en prendre au monde entier, elle zoome sur plus petit : l'Europe, source de tous nos malheurs. L'Europe-passoire nourrit les flots de l'immigration. L'Europe libérale tue notre économie. L'Europe tolérante est le paradis des djihadistes. L'Europe est le cheval de Troie d'une mondialisation que la France se doit, pour être fidèle à elle-même, de tenir à distance. Ce qui devrait lui permettre d'ériger des barrières douanières, de financer la retraite à 60 ans, de multiplier le nombre de fonctionnaires, d'augmenter le smic et les prestations sociales. Bref, de ramener le pays au temps des « Trente glorieuses » (*Le Monde*, 18-12-15).

Au-delà de l'attribution causale introductive (« l'Europe, source de tous nos malheurs »), les trois désignations suivantes associent à l'acte de nomination une caractérisation du référent Europe. Europe-passoire, Europe libérale et Europe tolérante (et aussi l'attribut « cheval de Troie [...] ») prennent leur sens dans la situation de communication. L'axiologie négative associée à l'adjectif « libérale » apparaît seulement en contexte. C'est encore plus juste pour l'adjectif « tolérante ». Condamner « l'Europe tolérante », c'est entrer en relation dialogique et prendre position vis-à-vis d'autres locuteurs qui mobilise ce même syntagme pour en appeler à la solidarité avec les migrants.

2.3. Dichotomisation et polarisation du débat sur l'Europe

L'argumentation politique de la dichotomisation des positions se fonde à la fois sur une identification *positive* et *négative*. Cette distinction permet d'identifier, *d'un côté*, la constitution en discours d'une identité positive que le tiers, les citoyens, est appelé à s'approprier et, *d'un autre côté*, la constitution d'une identité négative, l'identité de l'adversaire, en l'occurrence « l'Europe de Bruxelles », que les citoyens sont appelés à dénoncer et condamner. Dans cette seconde logique, il s'agit moins de définir un modèle auquel doit se conformer le destinataire que de de définir le modèle dont il doit se distancer. Cela construit une identité antinomique : « *le sujet d'énonciation constitue une identité symbo-*

lique de référence inverse de l'identité qu'il entend voir adopter par le destinataire. [...] *La communication politique a alors pour but de définir l'identité politique qui s'oppose à l'idéal politique dont elle se soutient –et dont on peut lire la définition dans l'inverse des propos du discours* » (Lamizet 2002 : 278). L'Europe constitue dans le discours populiste une ressource au sens où sa désignation et sa description la configurent en miroir inversée de l'idéal défendu par l'acteur politique. L'Europe s'impose clairement ainsi comme un contre-modèle à même de nourrir la dichotomisation des positions : *L'Union européenne est contre les nations, est bureaucratique, néo-libérale, soumise aux États-Unis, est éloignée des citoyens, etc.* Elle est présentée comme l'antithèse des idéaux privilégiés par l'ensemble des acteurs de l'extrême droite. En ce sens, la dichotomisation et la logique du contre-modèle a naturellement une fonction cohésive pour une communauté partisane.

En opposant les intérêts nationaux et européens, le discours de l'extrême droite sur l'Europe refuse la forme cumulative d'identification au fondement de la citoyenneté européenne institutionnalisée par le traité de Maastricht. « La relation entre identification à la nation et identification à l'Europe [...] est négative lorsque le processus d'identification privilégié met avant tout l'accent sur la nécessité de borner la communauté d'appartenance en affirmant l'existence d'*autres* significatifs. L'Union européenne peut alors apparaître comme un autre menaçant dans le processus d'identification à la nation » (Belot 2010 : 31). L'Europe de Bruxelles s'impose comme une figure repoussante et menaçante susceptible de fonder une communauté d'insécurité qui recouvre naturellement la communauté nationale dans une rhétorique du peuple victime.

La polarisation des actants passe quant à elle par une modalité de figuration spécifique de l'Union europenne : la personnalisation. Les opposants à l'intégration, dans leurs discours, construisent ainsi souvent l'Europe non pas comme un espace politique conflictuel, un espace complexe de médiations politiques, mais comme une entité agissante, le plus souvent en sous-main, dont il s'agit de dévoiler le mépris du peuple, l'opacité des décisions, la corruption des acteurs :

> 8. A la tribune, Marine Le Pen se lance dans une longue diatribe contre l'Union européenne accusée de tous les maux : « L'Europe de Bruxelles martyrise les peuples, mutile nos libertés, dilue les identités et s'attaque à l'indispensable souveraineté des nations. » (*Le Monde*, 12-02-2015).

La personnalisation passe ici par une succession de verbes d'action associés à Europe dont on relève la forte tonalité axiologique (martyriser, mutiler, diluer, s'attaquer). La personnification s'inscrit là dans un appel à l'émotion que l'« agencement rythmique » du propos vient clairement renforcer dans cet extrait (Koren 2004). Ici, l'indignation – « l'émotion paradigmatique par excellence de l'action politique » (Danblon 2005 : 177)- est clairement un vecteur de mobilisation et participe à la radicalisation du débat en accentuant les dichotomies, la polarisation et le discrédit jeté sur l'adversaire. L'appel aux émotions passe notamment par l'ensemble des périphrases désignationelles métaphoriques comme « rouleau compresseur libéral », « machine à dissoudre », « camisole fiscale ou politique », « prison des peuples ». Depuis des décennies, la communication publique européenne se fixe notamment comme objectif de favoriser l'identification émotionnelle des citoyens au projet européen. Or, là où les institutions communautaires semblent avoir échoué, l'extrême droite a réussi : elle a su créer le rapport émotionnel à l'Europe... nécessaire à sa condamnation.

3. Conclusion

Le rappel du contexte historique et le relatif consensus qui a longtemps prévalu sur l'intégration européenne est indispensable à la compréhension des logiques d'appropriation de l'Europe par l'extrême droite. Cette appropriation, à la fois idéologique et stratégique, répond en effet à des volontés de positionnement au sein de l'espace national. L'extrême droite s'est ainsi très rapidement engouffrée dans la brèche ouverte, à la toute fin des années 1980, au cours des débats relatifs au Traité de Maastricht. Elle a trouvé là un consensus contre lequel se dresser et à même d'alimenter l'éthos protestataire qui en fait aujourd'hui une de ses forces.

Les thématiques européennes n'ont pas entraîné un véritable renouvellement des thématiques privilégiées mais plutôt leur actualisation (la critique du mondialisme se muant en critique de l'européanisme par exemple, les élites condamnées revêtant la figure du technocrate bruxellois, le déclin national s'expliquant par la dépendance à l'Union européenne). Cette appropriation de l'Europe mobilise un discours dont nous avons ensuite présenté rapidement quelques caractéristiques. Ces dernières s'associent pour soutenir l'orientation clairement populiste du discours sur l'Europe (appel au peuple contre l'élite bruxelloise, appel aux valeurs nationales, stigmatisation de l'adversaire jusqu'à la diabolisation, pathos négatif, recours à la métaphore argumentative). L'extrême droite a ainsi participé à la mise en débat de l'Europe en contribuant à la mise de l'intégration européenne aux agendas politique et médiatique, en contribuant à faire de l'intégration européenne un sujet de débat clivant et souvent polémique, en contribuant à la mise en place d'un rapport émotionnel à l'Europe par la personnalisation de l'institution et le recours à un pathos négatif.

Bibliographie

Angenot, M., (2007). « Nouvelles figures de la rhétorique : la logique du ressentiment ». *Question de communication* 12: 57–75.

Auboussier, J., Ramoneda, T., (2015). « Introduction », in J. Auboussier, T. Ramoneda (eds.), *L'Europe en contre-discours*. Besançon : Presses universitaires de Franche-Comté: 7–15.

Auboussier, J., (2017). « «Europe de Bruxelles» : du toponyme à la désignation péjorante ». *Le Discours et la langue* 101 : 21–40

Auboussier, J., (2016). « De quoi Europe est-il le nom ? Enjeux et usages argumentatifs de la polyréférentialité ». *Argumentation et discours* 23. [en ligne], URL: https://aad.revues.org/2216

Bélanger, M.-E. (2015). *Territoires européens : discours et pratiques de l'élargissement*. Paris: L'Harmattan Académia.

Belot, C. (2010). « Le tournant identitaire des études consacrées aux attitudes à l'égard de l'Europe ». *Etudes européennes* 30, 17–44.

Brack, N., (2015). « Introduction: Euroscepticism, from the margins to the mainstream ». *International Political Science Review* 36(3), 239–249.

Crespy Amandine, Petithomme Mathieu (2010). « Introduction », in A. Crespy, M. Petithomme (eds.), *L'Europe sous tensions. Appropriation et contestation de l'intégration européenne*. Paris, L'Harmattan, 15–36.

Danblon, E., (2002). *Rhétorique et rationalité*, Bruxelles, Presses de l'université de Bruxelles.

Jamin, J. (2009). *L'imaginaire du complot. Discours d'extrême droite en France et aux Etats-Unis*. Amsterdam: Presses Universitaires d'Amsterdam.

Guinaudeau I, Persiso S., « L'UE, enjeu consensuel, propriétal ou positionnel ? Les enjeux européens dans la compétition électorale en Allemagne, in France et au Royaume-Uni (1986–2009) » in M. Petithomme (ed.), *L'européanisation des partis et systèmes de partis*. Grenoble: PUG, 73–96.

Jullion, M.-C., Guieu J.-M., Benzoni, M.-M., Cattani, P. (eds.) (2015). « Avant-propos. Enoncer l'Europe : discours, récits et identités ». *Lingue Culture Mediazioni* 2, 5–21.

Mortureux, M.-F. (1993). « Paradigmes désignationnels ». *Semen* 8: 123–141.

Mudde, C., (2007). *Populist Radical Right Parties in Europe*. Cambridge: Cambridge University Press.

Neumayer, L. (2006). « Pour une sociologie politique de l'européanisation ». *Revue française de sciences politiques* 56, 789–812.

Hooghe, L., Marks, G. (2009). A postfunctionalist theory of European integration: from permissive consensus to constraining dissensus ». *British Journal of Political Science* 39, 1–23.

Krieg-Planque, A. (2009). La notion de « formule » en analyse du discours. Besançon: Presses Universitaires de Franche-Comté.

Koren, R. (2004). « Argumentation, enjeux et pratiques de l'»engagement neutre» ». *Semen* 17, 19–39.

Luxardo, G., Richard, A. & Steuckardt, A. (2015). « Européiste dans le discours radical «anti-européiste» », in J. Auboussier & T. Ramoneda (eds.), *L'Europe en contre-discours*. Besançon: Presses universitaires de Franche-Comté, 163–178.

Sarale, J.-M. (2015). « Formule discursive, argumentation et dialogisme transdiscursif : le «plombier polonais» dans le débat public de 2005 sur l'Europe », in J. Auboussier & T. Ramoneda (eds.), *L'Europe en contre-discours*. Besançon: Presses universitaires de Franche-Comté, 95–113.

Wodak, R., Khosravinik, B.-M. (eds.) (2013). *Right-Wing Populism in Europe: Politics and Discourse*, Londres/New York, Bloomsbury Academic.

Taguieff P.-A. (2002). *L'illusion populiste*. Paris : Éditions Berg International.

Taguieff P.-A. (1984). « La rhétorique du national-populisme ». *Mots* 9, 113-139

Les religions abrahamites dans le discours du Front National dans le contexte d'extrêmes droites populistes européennes[1]

Thomas Johnen
Westsächsische Hochschule Zwickau

1. Introduction

L'objectif de cette contribution est l'analyse de l'image des religions abrahamites dans le discours du Front National par rapport aux programmes politiques appartenant à l'élection présidentielle de 2012. Nous travaillerons dans une perspective comparative avec les programmes d'autres partis politiques d'extrême droite populiste de l'Union Européenne en Europe Occidentale et en Europe du Nord, qui ont eu, au cours des dernières années, un succès électoral important au niveau national ou régional. Il s'agit, en particulier, au niveau national, du Front National (FN) en France[2], du *Partij voor de Vrijheid* (PVV) aux Pays-Bas, du *Freiheitliche Partei Österreichs* (FPÖ) en Autriche, du *Danske Folkeparti* au Danemark (DF), des *Sverigedemokraterna* (SD) en Suède et de l'*Alternative für Deutschland* (AfD) en Allemagne[3], ainsi qu'au niveau régional, du *Vlaams Belang* (VB) en Flandre/Belgique et du *Nationaldemokratische Partei Deutschlands* (NPD) en Allemagne qui avait un certain succès dans les länder de Saxe et de Mecklembourg-Poméranie-Occidentale. En plus, nous incluons la *Plataforma per Catalunya* (PXC), en Espagne, qui n'a pas encore réussi à convaincre

---

[1] Je tiens à remercier Sarah Blanquet pour la correction linguistique de cet article. Toutefois, toutes les éventuelles fautes restantes sont de la seule responsabilité de l'auteur de cet article.

[2] Le Front National (FN) a changé de nom en juin 2018 pour Rassemblement National (RN).

[3] Lors des élections au *Bundestag* du 24 septembre 2017, l'AfD a obtenu 12,6% des votes exprimés (cf. Bundeswahlleiter 2017b : 9).

Comment citer ce chapitre :
Johnen, Th. 2019, « Les religions abrahamites dans le discours du Front National dans le contexte d'extrêmes droites populistes européennes ». In: Françoise Sullet-Nylander, María Bernal, Christophe Premat & Malin Roitman (eds.). *Political Discourses at the Extremes. Expressions of Populism in Romance-Speaking Countries.* Stockholm Studies in Romance Languages. Stockholm: Stockholm University Press, pp. 53–81. DOI: https://doi.org/10.16993/bax.d. License: CC-BY

Tableau 1. Moyenne des résultats lors des élections nationales 1990-2015 selon Akkerman, de Lange & Roodvijn (2016 : 2) ainsi que les calculs par l'auteur de cet article pour l'Allemagne el 'Espagne à la base de Bundeswahlleiter (2017a : 22–24) et MIR (2017). (Copyright: Thomas Johnen. License : CC BY).

Pays	Parti	1990–1999	2000–2009	2010–2015
Allemagne	AfD	–	–	4,7
	NPD	0,3	1,2	1,3
Autriche	FPÖ	22,0	12,8	20,5
Belgique	VB	8,1	11,8	5,8
Danemark	DF	7,4	13,2	16,7
Espagne	PXC	–	–	0,9
Finlande	Perus	2,4	2,9	18,3
France	FN	13,7	7,8	13,6
Italie	LN	9,1	5,6	4,1
Pays-Bas	PVV	–	5,9	12,8
Suède	SD	–	3,3	12,9

les électeurs catalans, mais qui est en étroite relation avec les partis de la même famille politique dans d'autres pays.

1.1. Pourquoi les religions ?

Tout d'abord, on pourrait se demander pourquoi les religions dans les discours du Front National et d'autres partis européens d'extrême droite devraient être un sujet intéressant à aborder.

L'extrême droite a traditionnellement été antisémite et xénophobe, mais étant donné que, après la shoah, l'antisémitisme est de moins en moins toléré dans les discours publics, la tendance actuelle, depuis la fin de la guerre froide, est plutôt d'afficher moins de positions antisémites ouvertes (ou même au contraire de se déclarer solidaire avec la droite en Israël (cf. Häusler 2013 : 165–168) et de compléter ou de substituer l'antisémitisme traditionnel par l'islamophobie (cf. Gardell 2011 : 75–106), qui remplace en partie la xénophobie.

Or, l'islamophobie moderne entraîne la renaissance de l'idée de l'antagonisme Orient – Occident (chrétien) (cf. aussi Shooman 2014 : 30). En conséquence, dans les discours de l'extrême droite, une prise de position vis-à-vis du judaïsme, de l'islam, mais aussi du christianisme, fait désormais partie des discours de ces partis politiques, parfois complétée (comme dans le cas du Front National) par le laïcisme. Malgré cette émergence du discours sur les religions, il y a très peu d'études justement sur l'aspect religieux (cf. Virchow 2016 : 11).

1.2. Les religions abrahamites

Dans les études des sciences des religions, et même dans celles de la théologie, le terme « religions abrahamites » est né pour rappeler les racines communes du judaïsme, du christianisme et de l'islam (cf. Perrone 2010 : 114–115; Arneth 2013 : 33) pour lesquels le personnage d'Abraham est l'exemple le plus notoire. Dans ce contexte, il convient de rappeler qu'Abraham est le prophète le plus cité dans le Coran (cf. Katar 2013 : 33). Les discours qui focalisent sur les différences entre ces trois religions afin de construire une image des autres et des religions comme étant totalement différentes et menaçantes pour la propre identité ne suivent donc qu'une des options idéologiques possibles, puisque l'on pourrait également se focaliser sur les racines communes et les autres points communs des trois religions. Cette remarque est une banalité, mais dans la situation politique actuelle, il est devenu nécessaire de le souligner.

1.3. Les sources : les programmes des partis politiques

Puisqu'il est impossible dans le cadre de cet article d'analyser la totalité des discours produits par les partis en question, ni de considérer la totalité de la littérature secondaire[4], notre analyse sera restreinte aux programmes politiques[5] accessibles en 2016 et 2017 (jusqu'au mois d'août de 2017) sur les sites internet des partis en question.

Il est vrai que, selon certaines recherches, les programmes de campagne électorale des partis politiques n'ont que peu de pertinence du point de vue des électeurs et des partis politiques eux-mêmes (cf. Keil

---

[4] Virchow (2016 : 5) a recensé pour l'Allemagne, entre 1993–2013, plus de 5000 publications sur l'extrême droite, toutefois rarement basées sur des sources premières (cf. Virchow 2016 : 10).

[5] Il y a aussi des publications pseudoscientifiques sur l'islamisme éditées, par exemple, par le NPD (cf. Lux s.d.), par le groupe parlementaire de l'AfD de Thuringe (cf. Henkel 2016) ou par le président du *Vlaams Belang* (Dewinter 2009), qui d'ailleurs a été traduit en allemand (Dewinter 2010) et anglais (Dewinter 2012). Ces études mériteraient une analyse particulière que nous ne pouvons pas réaliser dans le cadre de cette étude.

2003 : 85), mais selon d'autres auteurs, ils sont le résultat d'un processus d'échange et de coordination d'opinions (souvent divergentes) au sein d'un parti politique (cf. Ickes 2008 : 13). C'est pour cette raison qu'il est intéressant de les analyser en tant que sources des discours des partis politiques. Dans son étude, Ickes (2008 : 44-45) décrit les fonctions principales des programmes politiques : la fonction régulatrice (par l'établissement des normes), la fonction instrumentale (en articulant des revendications), la fonction identificatoire (l'usage d'un certain vocabulaire et des mots-clés comme signe d'identification groupale) ainsi que la fonction informative-persuasive (avec l'objectif de conscientisation, argumentation, motivation dans le sens du parti).

L'auteur fait encore la distinction entre les fonctions orientées vers l'intérieur du parti (identifications des membres et sympathisants pour augmenter la cohésion du parti) et les fonctions orientées vers l'extérieur du parti (moyen de propagande et d'affichage du profil du parti). À l'intérieur du parti, le programme politique est le texte de base qui définit ses positions (cf. Ickes 2008 : 50).

Klein (1996 : 203) observe que les professions de foi en faveur des banalités sont assez courantes dans les programmes politiques. La raison en est que dans ce genre textuel ce n'est pas seulement le dit qui importe, mais le non-dit aussi (peut-être plus que dans beaucoup d'autres genres textuels), car la non-mention d'un point attendu (même banal) peut être interprétée de manière négative. Les positions affichées explicitement dans un programme politique sont d'ailleurs implicitement opposées aux positions d'autres partis. Ainsi, Klein (1996 : 203) constate aussi la non-citation ostentatrice de certaines positions.

Même si les textes des programmes politiques sont rédigés par un petit groupe d'experts, ils reflètent la recherche d'un consensus à l'intérieur du parti et contiennent beaucoup de formulations de compromis, mais aussi d'ambivalences calculées.

1.4. L'extrême droite : définition

A l'instar du Front National, la plupart des partis d'extrême droite populiste ne veulent pas (ou ne veulent plus) être considérés comme tels. Pour cela, il est important de définir dès le début ce que nous entendons par extrême droite. Les définitions peuvent varier d'un pays à l'autre, et d'un auteur à l'autre[6]. Ainsi, en Allemagne on utilise traditionnellement

---

[6] Cf. les listes de critères présentées par Wodak (2016 : 25-26 et 43-44).

la définition de la Cour Constitutionnelle Fédéral de 1952 considérant comme extrémistes les partis qui refusent l'état constitutionnel démocratique (cf. Winkler 2000 : 40). Or, l'extrême droite modernisée affiche, dans la plupart des cas, l'adhésion à cet ordre constitutionnel et affirme souvent, en plus, défendre les libertés occidentales.

D'autres définitions considèrent comme appartenant à l'extrême droite les partis qui nient l'axiome d'égalité entre les êtres humains et la garantie des droits fondamentaux pour tous les citoyens (cf. Winkler 2000 : 46–47 et Akkerman, de Lange & Roodvijn 2016 : 5; cf. aussi la discussion chez Virchow 2016). Holzler (1994 : 35) et Schiedel (2017 : 103) mettent en relief que l'extrême droite prétend défendre l'ordre naturel en justifiant l'inégalité sociale. Bruns, Glösel et Strobel (2016 : 26) voient au centre de l'idéologie de l'extrême droite le peuple comme une communauté nationale, ce qui implique l'exclusion des personnes qui sont catégorisées comme étrangères.

Nous proposons ici de considérer que l'élément central de la définition de l'extrême droite est le refus de reconnaître l'égalité en droits et dignité de tous les êtres humains, peu importe si le parti compte réaliser cet agenda politique par le bouleversement de l'ordre constitutionnel de l'état de droit démocratique ou par la transformation de sa législation par la voie parlementaire, car l'objectif final est le même : l'exclusion sociale des personnes qui ne sont pas considérées comme intégrantes de la communauté nationale, qui est le seul groupe cible du message de salut dans la vision de ces partis.

1.5. Populisme : une tentative de définition

Les partis d'extrême droite qui, ces dernières années, ont eu du succès lors des élections dans plusieurs pays de l'Union Européenne, sont souvent étiquetés comme étant populistes. Or, les définitions de populisme sont légion et nous ne pourrons pas approfondir cette question en détail dans la perspective de cet article[7].

Parmi les propositions de définition présentées au cours des dernières années, celle de Mudde (2004) semble être la plus acceptée: « I define populism as an ideology that considers society to be ultimately separated into two homogeneous and antagonistic groups, and which

---

[7] Pour une discussion plus approfondie cf. par exemple Mudde (2004), Mudde & Rovira Kaltwasser (2013 : 149–155), Camus & Lebourg (2015 : 211–246), Müller (2016) et Wodak (2016).

will argue that politics should be an expression of the *volonté générale* (general will) of the people » (Mudde 2004 : 543). Müller (2016 : 42) reprend en principe la définition de Mudde (2004) et met en relief que, selon cette idéologie, les élites, considérées amorales, corrompues et parasitaires ne font pas partie du peuple. Seul le parti populiste se considère comme étant le représentant du peuple. Cela pourrait être considéré valable pour tous les types de populisme. Pour le populisme de droite, Woelki (2017 : 181) signale que ce ne sont pas seulement les élites qui sont exclues, mais en principe toutes les couches sociales outre la classe moyenne bourgeoise, car les marginalisés sont considérés par le populisme de droite comme des paresseux qui veulent vivre aux dépens du peuple.

Wodak (2016 : 83) voit au centre de la rhétorique populiste de droite un *demos* qui est considéré comme homogène, ainsi qu'un espace territorial considéré comme patrie qui doit être protégé des envahisseurs dangereux. La protection de la patrie implique une narrative du passé en commun, selon lequel le « nous » représente soit les victimes du mal, soit les héros. Un autre point important est la construction de l'autre (qui ne fait pas partie du *demos* et qui est distant de celui-ci) (cf. Wodak 2016 : 44). Wodak (2016 : 84) décrit aussi les stratégies discursives du populisme de droite ainsi que ses discours sur l'agenda et ses champs d'action, mais il nous paraît plus adéquat de restreindre les traits définitoires autour du nucleus : la notion de *demos*, de patrie et de l'autre, construit comme menace et antagoniste au *demos*.

2. Le corpus

Mis à part le *Front National*, nous avons choisi d'autres partis d'extrême droite populiste provenant d'autres pays membres de l'Union Européenne en Europe Occidentale Continentale et en Europe du Nord (cf. tableau 1) qui ont eu un certain succès lors des élections nationales ou régionales ainsi que la *Plataforma per Catalunya* (PXC) à cause de ses relations étroites avec les autres partis. Nous avons cherché les programmes politiques de ces partis accessibles sur leurs sites internet en 2016–2017 (jusqu'au mois d'août 2017) (cf. tableau 2). La *Lega Nord* (depuis décembre 2017 dénommé *Lega*) est le seul parti qui, au moment de l'analyse, ne présentait pas de programme politique sur son site, mais néanmoins d'autres matériaux qui servaient de propagande de son idéologie.

Tableau 2. Le corpus (Copyright: Thomas Johnen. License : CC BY)

Pays	Parti	Documents
Allemagne	AfD	a) Programm für Deutschland : Das Grundsatzprogramm der Alternative für Deutschland beschlossen auf dem Bundesparteitag in Stuttgart am 30.04./02.05.2016 b) Wahlprogramm Bundestagswahl 2017
	NPD	Arbeit, Familie, Vaterland: Das Parteiprogramm der Nationaldemokratischen Partei Deutschlands (NPD) beschlossen auf dem Bundesparteitag am 4./5.6.2010 in Bamberg, M[ecklenburg]-V[orpommern]-Edition, Mai 2016
Autriche	FPÖ	Parteiprogramm der Freiheitlichen Partei Österreichs (FPÖ) beschlossen vom Bundesparteitag der Freiheitlichen Partei Österreichs am 18. Juni 2011 in Graz : Österreich zuerst.
Belgique	VB	Verkiezingsprogramma : Uw stock achter de deur, Vlaams Belang; echt.onafhangelijk [2014]
Danemark	DF	Arbejdsprogramm : dit land – dit valg [2009]
Espagne	PXC	Elections al Parlament de Catalunya 2012 : programa electoral
Finlande	Perus	Sannfinländarnas invandringspolitiska program 2015[8]
France	FN	a) Mon projet pour la France et les français : Marine Le Pen ; la voix du peuple, l'esprit de la France [2012] b) Notre Projet : Programme politique du Front National [2012] c) 144 engagements présidentiels : Marine 2017
Italie	LN	[aucun programme disponible sur le site internet]
Pays-Bas	PVV	Hún Brussel, óns Nederland : verkiezingsprogramma 2012–2017. Concept verkiezingsprogramma 2017–2021
Suède	SD	Sverigedemokraternas principprogram 2011

---

[8] Faute de connaissances en finlandais, nous avons dû analyser seulement la version en suédois.

L'analyse des programmes accessibles a montré que la version suédoise du programme des *Perussuomalaiset / Sannfinländarna* (Perus) contient des points clairement xénophobes, mais n'aborde pas les religions. Ce programme ne sera donc plus analysé.

3. Contextualisation

Puisque les situations dans les différents pays sont assez divergentes, nous présenterons à la suite très brièvement les partis, dont les programmes politiques seront analysés dans cet article.

3.1. Front National (FN)

Fondé en 1972, issu de plusieurs groupes de l'extrême droite, le FN a connu les premiers succès électoraux dans les années 80. En 2002, son président Jean-Marie Le Pen arrive au deuxième tour de l'élection présidentielle contre Jacques Chirac, mais perd très nettement avec seulement 17,79% des votes exprimés (cf. Ministère de l'Intérieur 2002). Tandis que Jean-Marie Le Pen ne cachait pas son antisémitisme et sa xénophobie, depuis 2011, son successeur, sa fille, Marine Le Pen, tente de présenter le FN comme un parti appartenant à la droite modérée (cf. Benveniste & Pingaud 2016 : 62 ; Ivaldi 2016 : 225–226 ; Wodak 2016 : 220 ; Delacambre & Faye 2016), donc non-extrémiste. Elle a réussi à arriver au second tour de l'élection présidentielle de 2017, mais elle a perdu contre Macron avec 33,45% (cf. Conseil constitutionnel 2017). Lors du second tour des élections législatives de la même année, le FN a obtenu 8 sièges avec 13,2% des votes exprimés lors du premier tour et 8,75 % lors du second tour (cf. Ministère de l'Intérieur 2017). Depuis le 1 juin 2018 le parti a adopté le nom *Rassemblement National* (RN).

3.2. Alternative für Deutschland (AfD)

Fondé en 2013 comme parti eurosceptique, l'AfD a connu une dérive assez rapide à l'extrême-droite qui a poussé son président-fondateur Bernd Lucke à quitter le parti et fonder un parti concurrent (cf. Wodak 2016 : 218–219). L'AfD a cependant réussi à franchir le seuil des 5% lors des élections législatives fédérales de 2017 avec 12,6% (cf. Bundeswahlleiter 2017b : 9) ainsi que lors de plusieurs élections au niveau des Länder, dont le succès le plus marquant a été en 2016 en Saxe-Anhalt (cf. Funke 2016 : 73–93) avec 23,1% (cf. Landeswahlleiterin

2016) et en Mecklembourg-Poméranie Occidentale avec 20,8% (cf. Landesamt für Innere Verwaltung 2016) des votes exprimés.

3.3. Nationaldemokratische Partei Deutschlands (NPD)

Le NPD fut fondé en 1964 comme successeur des partis neonazis *Sozialistische Reichspartei, Deutsche Rechtspartei* et *Deutsche Reichspartei* (cf. Kühnl, Rilling & Sager 1969 : 13–29). Après une phase de succès lors des élections régionales dans les années 60, le NPD a franchi à nouveau le seuil des 5% en Saxe en 2004 (cf. Wodak 2016 : 217–218) et 2009, ainsi qu'en 2006 (avec 7,3%) et 2011 (avec 6%) en Mecklembourg-Poméranie Occidentale. En 2016, le NPD y a obtenu seulement 3% (cf. Landesamt für Innere Verwaltung 2016).

3.4. Freiheitliche Partei Österreichs (FPÖ)

Fondé en 1956, le parti a rassemblé avant tout des ex-membres de la NSDAP (cf. Heinisch & Hauser 2016 : 73). Sous son président, Jörg Haider, qui présentait une rhétorique ouvertement xénophobe et antisémite, le parti a obtenu en 1999 26,9% du suffrage et formé ensuite un gouvernement de coalition avec les chrétien-démocrates de l'ÖVP. Le successeur de Haider, Heinz-Christian Strache, a renforcé la rhétorique extrémiste en y introduisant aussi une composante islamophobe (cf. Wodak 2016 : 226–227). Lors des élections législatives fédérales de 2017 le FPÖ a obtenu 26% des votes exprimés (cf. BM.I 2017) et forme désormais à nouveau un gouvernement de coalition avec l'ÖVP.

3.5. Vlaams Belang (VB)

Fondé en 2004 comme successeur du *Vlaams Blok* qui avait été dissous à cause de son discours ouvertement xénophobe et antisémite, le *Vlaams Belang* a connu des succès électoraux importants en Flandre (cf. Rochtus 2011 ; Leman 2012 ; Wodak 2016 : 216), mais il a perdu du terrain depuis la fondation d'un nouveau parti régionaliste, plus modéré dans la tradition de la *Volksuni*, le *Nieuw-Vlaamse Alliantie* (Alliance néo-flamande).

3.6 Dansk Folkeparti (DF)

Fondé en 1995 par des dissidents de droite du *Fremskridtsparti* (Parti du Progrès) populiste, le DF a connu beaucoup de succès lors des dernières élections avec une rhétorique anti-islam et anti-immigration (cf. Wodak

2016 : 217). Dans le cadre de notre étude, il convient de mentionner qu'un des idéologues du DF dès le début fut le pasteur luthérien Søren Krarup, qui a introduit un positionnement contre l'immigration des personnes d'autres religions (cf. Lindroth 2016 : 86).

3.7. Plataforma per Catalunya

Fondé en 2002, le parti voulait se présenter comme un parti démocratique, or, la télévision autonome de Valence a révélé que son leader, Josep Anglada, a de fortes sympathies pour Le Pen et Haider et se voit dans la tradition franquiste (cf. *El País*, 2002). Le parti n'a jamais eu de succès importants lors du suffrage en Catalogne, mais il maintient des contacts réguliers avec l'extrême-droite européenne. Sur son site, le PXC offre un « Observatoire de l'Islam », où sont publiées des nouvelles négatives sur l'islam et les musulmans.

3.8. Partij voor Vrijheid (PVV)

Fondé en 2006, le parti est dirigé par son président et seul membre du parti, Geert Wilders (cf. Wielenga 2012 : 24). Avec la rhétorique anti-européenne, anti-islam et anti-immigration de Wilders, le parti a connu des succès importants lors de différentes élections, notamment dans la province de Limbourg, qui est catholique et a voté traditionnellement plutôt CDA (chrétien-démocrates).

3.9. Sverigedemokraterna (SD)

Les SD furent fondés en 1988 comme successeurs d'un parti raciste et xénophobe, le *Svenskernas Parti* (Freitag & Thieme 2011 : 332 ; Wodak 2016 : 229). En 2010, les SD ont franchi pour la première fois le seuil du 4% et sont désormais représentés au Riksdagen. Lors les dernières élections nationales en 2018, le parti a obtenu 17,53 % du suffrage (Valmyndigheten 2018). À l'instar du FN, les SD tentent de camoufler leurs racines racistes et de se présenter comme un parti de droite modérée, mais ses membres et même ses députés ne cachent pas toujours leur antisémitisme (cf. Nordlund 2016).

4. L'image des religions abrahamites dans les programmes politiques du Front National

Depuis les années 70, sous l'influence des catholiques intégristes et traditionalistes, le FN s'est prononcé en faveur des minorités chrétiennes dans les pays islamiques (cf. Chwala 2015 : 69). Dans les années 80, suite à la Révolution islamique en Iran, le FN a mené un discours xénophobe contre les immigrés, notamment d'origine maghrébine, étant parfois présentés comme des agents de l'intégrisme islamique de Khomeiny (cf. Brink, Cuartas & Tanja 1988 : 21; 86). Mais à cette époque-là, on ne peut pas encore parler d'une islamophobie programmatique, car le FN affichait aussi une attitude positive à l'égard du parti islamiste algérien FIS et du Hamas en Palestine, lesquels il considérait comme « le réveil des peuples » (cf. Chwala 2015 : 69). Benveniste et Pingaud (2016 : 63) datent le virage islamophobe du FN à 2011, donc sous la responsabilité de Marine Le Pen.

4.1. La campagne de l'élection présidentielle de 2012

Pour la campagne de l'élection présidentielle de 2012, le FN présente deux versions de son programme : une version très abrégée de 16 pages, intitulée *Mon projet* (FN 2012a), qui est très personnalisée comme projet de la candidate du FN, Marine Le Pen, et une autre version qui compte 106 pages et qui est intitulée *Notre projet* (FN 2012b). Nous analyserons d'abord *Mon projet*, qui s'insère parfaitement dans la tentative de laisser apparaître le FN comme un parti non-extrémiste. Ensuite sera analysé *Notre projet* dans une perspective comparative selon l'image de chacune des trois religions abrahamites.

4.1.1. L'image des religions dans Mon projet

Au long des 16 pages de *Mon projet,* aucune religion n'est nommée explicitement. Le texte affiche donc une neutralité vis-à-vis de toutes les religions. Le FN se présente comme défenseur de la laïcité en exigeant dans le chapitre destiné à cet égard, intitulé « Laïcité : La République une et indivisible » (FN 2012a : 7) un amendement de la constitution :

(1) Dans la Constitution, le principe suivant sera inscrit : « La République ne reconnaît aucune communauté. » (FN 2012a : 7).

En outre, les religions sont présentées comme une menace possible pour la laïcité, si les communautés religieuses reçoivent de l'argent de l'étranger :

(2) Les fidèles devront construire leurs lieux de culte avec leur propre argent, quelle que soit la religion concernée. Afin de limiter toute infiltration d'une idéologie politico-religieuse, il ne sera pas possible non plus de faire appel à de l'argent provenant de pays étrangers. (FN 2012a : 7).

Mis à part cela, une interdiction des « signes religieux ostentatoires » (FN 2012a : 7) est annoncée « pour les agents comme pour les usagers du service public » (FN 2012a : 7). Dans le contexte des débats actuels en France sur le port du voile, le burkini et le financement des mosquées par l'Arabie-Saoudite, ces trois revendications sont en même temps des allusions à l'islam, ce qui est montré par le texte de *Notre projet,* où l'islam est mentionné explicitement dans ce contexte (cf. FN 2012b : 105–106). La revendication suivante fait allusion tant à l'islam comme au judaïsme[9] :

> (3) L'interdiction de l'abattage des animaux destinés à la consommation sans étourdissement préalable, qui s'impose pourtant à la France, sera respectée (FN 2012a : 14).

4.1.2. Notre projet *dans le contexte de l'extrême-droite européenne*

À la différence de *Mon projet,* l'image de chacune des trois religions abrahamites dans *Notre projet* sera présentée directement dans une perspective comparative.

4.1.2.1 Judaïsme dans le programme du FN et ceux des autres partis analysés

Le judaïsme n'est pas mentionné comme religion ni comme une des bases culturelles de la France. Cependant, le droit d'existence d'Israël est assuré, mais aussi celui d'un État palestinien :

> (4) Si nous soutenons la formation d'un État palestinien, il n'en demeure pas moins que Israël doit être assuré d'une existence indiscutable et d'une sécurité garantie (FN 2012b : 52).

Ici se vérifie jusqu'à un certain degré la tendance constatée par Häusler (2013 : 165–168) que l'extrême droite modernisée n'affiche plus de l'antisémitisme, mais de la solidarité avec Israël.

---

[9] Étant donné que l'élection présidentielle de 2017 a eu lieu durant la rédaction finale de cet article, nous ne pouvons pas analyser en profondeur le programme de Marine Le Pen de 2017. Il est quand même intéressant d'observer que dans le document *144 Engagements présidentiels : Marine 2017* (FN 2017), la non-mention explicite des religions a été abandonnée en faveur d'un bloc de trois exigences : l'interdiction et la dissolution des organismes du fondamentalisme islamique (no. 29), la fermeture des mosquées extrémistes (no. 30), un positionnement contre des filières djihadistes (no. 31). En plus, il est exigé l'observation de la laïcité dans le code de travail (no. 95), qui peut être lue comme une interdiction du foulard islamique dans le monde du travail.

Le PVV est le parti, parmi ceux qui sont l'objet de notre analyse, qui applique cette stratégie de la manière la plus nette. Dans le programme du PVV *Israël* et *État juif* sont utilisés comme synonymes, le lien entre l'état et le judaïsme est donc rendu explicite. Israël est considéré comme point de référence pour l'espoir, le progrès et la civilisation occidentale et la seule démocratie du Moyen-Orient (PVV 2012 : 47). Mais le PVV va encore plus loin en déclarant le soutien de la souveraineté d'Israël sur la Judée et la Samarie (PVV 2012 : 47), qui font actuellement partie des territoires palestiniens. Le PVV renonce en plus à une rhétorique révisionniste, au contraire, le PVV exige la transformation du 27 janvier (jour de la libération du camp d'extermination d'Auschwitz en 1945) en Jour National de Mémoire (PVV 2012 : 28)[10].

Tandis que le PVV considère Israël comme point de référence de la civilisation occidentale, le NPD, qui est clairement d'orientation néonazi, déclare :

(5) Im Gegensatz zu Rußland [sic] gehören die Türkei und Israel nicht zu Europa (NPD 2016 : 32).
[Traduction : Au contraire de la Russie, la Turquie et l'Israël ne font pas partie de l'Europe].

On retrouve donc ici une distanciation volontaire par la formulation d'une banalité géographique, au moins en ce qui concerne Israël.

Le *Dansk Folkeparti*, par contre, inclut le judaïsme dans la culture occidentale et voit les deux, le judaïsme et le christianisme, comme étant à la base de cette civilisation et des valeurs des démocraties occidentales :

(6) Det er kun den jødisk-kristne, vesterlandske kulturkreds, at de lykkedes at skabe den frihed og tolerance, som er grundlaget for demokratiet, og det et kun hér, at respekten for menneskets rettigheder er grunfæstet (DF 2009 : 16).
[Traduction : C'est grâce à la civilisation judéo-chrétienne et occidentale qu'on a réussi à créer la liberté et la tolérance qui sont la base de la démocratie, c'est grâce à eux que le respect pour les droits de l'homme est implanté].

Dans ce contexte, le DF soutient aussi que des connaissances sur la pensée judéo-chrétienne sont indispensables pour la compréhension des cultures danoise et européenne :

---

[10] Dans le programme de 2017 qui mentionne seulement 11 points sur une page, il n'y a aucune mention du Judaïsme ou d'Israël, ni du 27 janvier (cf. PVV 2017).

(7) Kendskabet til den jødisk-kristne tankeverden, som har præglat udviklingen i den senaste 200 år, er forudsætningen for at forstå den danske og europæiske kultur (DF 2009 : 17).
[Traduction : La connaissance du monde de la pensée judéo-chrétienne qui a marqué le développement des derniers 2000 ans est la condition pour comprendre les cultures danoise et européenne].

Si l'on analyse les programmes des autres partis, il est intéressant de constater que les SD, le VB et la PXC ne mentionnent pas du tout le judaïsme. Notamment en ce qui concerne les SD cela relève d'intérêt, car ils présentent un chapitre entier sur les religions (cf. SD 2011 : 27).

Le FPÖ, par contre, à l'instar du DF, mentionne le judaïsme explicitement quand il est question de culture européenne, mais le texte présente une hiérarchie des religions prises en compte :

(8) Europa wurde in entscheidender Weise vom Christentum geprägt, durch das Judentum und andere nichtchristliche Religionen beeinflusst (FPÖ 2011 : 4).
[Traduction : L'Europe fut marquée de manière décisive par le christianisme, et elle fut influencée par le judaïsme et d'autres religions non-chrétiennes].

Dans ce segment (8), le judaïsme est mentionné, mais au même niveau que les autres religions non-chrétiennes (qui ne sont pas mentionnées explicitement dans le texte et qui, à l'exception de l'islam, en réalité, n'ont eu qu'une influence infime sur l'Europe). De cette manière, l'importance du judaïsme est minimisée, tandis que le poids du christianisme est augmenté par le choix du verbe *prägen* 'marquer', en comparaison avec *beeinflussen* 'influencer' pour le judaïsme et les autres religions non-chrétiennes.

En ce qui concerne l'AfD, ce parti ne mentionne pas le judaïsme dans la liste fournie des influences qui sont à la base de la culture allemande (cf. AfD 2016 : 47). En revanche, plus loin dans le texte, quand il est question de revendiquer la restriction du droit fondamental de la liberté de religion, l'AfD parle des bases judéo-chrétiennes et humanistes de la culture allemande :

(9) Einer islamischen Glaubenspraxis, die sich gegen [...] gegen die jüdisch-christlichen und humanistischen Grundlagen unserer Kultur richtet, tritt die AfD klar entgegen (AfD 2016 : 48).
[Traduction : L'AfD est décidément contre une pratique de la foi islamique dirigée contre [...] les bases judéo-chrétiennes et humanistes de notre culture].

En résumé, on peut observer que pour le DF et le FPÖ (et dans une moindre mesure pour l'AfD), ce que Shooman (2014 : 30) a constaté pour l'extrême-droite populiste, c'est-à-dire, que l'Europe est (re-)construite en tant qu'Occident Chrétien, est valable. Tandis que l'extrême-droite ouvertement antisémite s'est définie avant tout par l'opposition au judaïsme, dans le contexte actuel caractérisé par l'islamophobie, le judaïsme est désormais intégré dans « l'Identité Occidentale ». Ainsi, pour le PVV, Israël est un pays occidental exemplaire, même si ce parti n'inclut pas le judaïsme dans les bases culturelles néerlandaises. Le NPD, dont le passage d'exclusion d'Israël de l'Europe a été cité ci-dessus, ne fait pas partie de cette nouvelle stratégie.

Considérant ces stratégies de la part des partis qui ont des problèmes nets d'antisémitisme parmi leurs membres (cf. pour l'AfD : Funke 2016 : 113–119 et Grimm & Kahmann 2017; et pour le FPÖ : Wodak 2016 : 109–127 et Schiedel 2017 & Stögner 2017), il devient évident que les tendances internes à ces partis expliquent que l'incorporation du judaïsme soit moins claire dans les textes de la FPÖ et de l'AfD que dans celui du DF. De même, le silence du FN et des SD sur le judaïsme (malgré leurs stratégies visant à apparaître en tant que droite modérée) est d'autant plus parlant. La formulation du droit d'existence d'Israël par le FN peut être vue comme un compromis minimal entre la nouvelle stratégie de Marine Le Pen et des attitudes antisémites vivantes au sein du FN (cf. Backes 2011 : 141). Mais le silence des SD est parlant aussi, vu ses racines historiques néonazies.

4.1.3. Le christianisme dans le programme du FN et des autres partis analysés

Le FN, qui dans le texte *Mon projet* affiche son appui à la laïcité et une neutralité vis-à-vis des religions, considère quand-même dans *Notre projet* le christianisme en tant qu'héritage culturel et historique de la France :

> (10) Il doit être répété que le christianisme, a été pendant un millénaire et demi la religion de la majorité des Français, sinon de leur quasi-totalité, et qu'il est donc normal que les paysages de France et la culture nationale en soient profondément marqués. Les traditions françaises ne peuvent être ainsi bafouées (FN 2012b : 105).

Le christianisme est vu comme quelque chose de muséal ou de folklorique, il n'est pas présenté comme un héritage occidental ou européen.

Cela contraste avec l'image construite par le DF cité en (6)-(7), et celui de la *Plataforma per Catalunya* qui considère « *la religió cristiana* » comme une des « *nostres senyes d'identitat europees* » (PXC 2012 : 8), ainsi que celui du FPÖ qui déclare adhérer à un :

> (11) europäischen Weltbild, das wir in umfassendem Sinn als Kultur-Christentum bezeichnen (FPÖ 2011 : 4).
> [Traduction: vision européenne du monde, laquelle nous désignons dans un sens large comme christianisme culturel].

Même si certains hommes politiques de l'AfD ont copié le terme *Kulturchristentum*[11], l'AfD n'inclut pas sa vision du monde dans un christianisme culturel, mais voit la tradition religieuse du christianisme seulement comme une des trois sources de la *leitkultur* allemande, sans y voir une dimension européenne :

> (12) Die Alternative für Deutschland bekennt sich zur deutschen Leitkultur, die sich im Wesentlichen aus drei Quellen speist : erstens der religiösen Überlieferung des Christentums, zweitens der wissenschaftlich-humanistischen Tradition, deren antike Wurzeln in Renaissance und Aufklärung erneuert wurden, und drittens auf dem römischen Recht, auf dem unser Rechtsstaat fußt (AfD 2016 : 47).
> [Traduction: L'*Alternative für Deutschland* fait profession de la leitkultur allemande, qui s'alimente en général de trois sources : premièrement de la tradition religieuse du christianisme, deuxièmement de la tradition scientifique-humaniste, dont les racines de l'Antiquité ont été renouvelées pendant la Renaissance et le Siècle des Lumières et, troisièmement, par le droit romain qui est à la base de notre état de droit].

Le *Vlaams Belang* ne fait aucune référence verbale au christianisme, mais y inclut une référence picturale dans le chapitre sur l'éducation, en présentant une école catholique comme prototype de l'école tout court (VB 2014 : 38).

Les SD dédient un chapitre entier aux religions. Ils se déclarent non-confessionnels, mais considèrent le christianisme, à l'instar du FN, du FPÖ et de l'AfD, comme un héritage culturel, sauf que pour eux le christianisme est étroitement lié à la culture et à l'identité suédoise et

---

[11] Alexander Gauland, élu le 26 septembre 2017 président du groupe parlementaire de l'AfD au *Bundestag*, s'est déclaré dans une interview avec l'hebdomadaire *Christ und Welt* comme *Kulturchrist* (chrétien culturel), mais pas comme croyant (cf. Löbbert & Machowecz 2016).

possède un caractère propre. Celle-ci semble être la justification pour la revendication de la religion chrétienne :

> (13) Den svenska staten kan och bör inte vara religiöst neutral (SD 2011 : 27).
> [Traduction : L'État suédois ne peut et ne doit pas être neutre en ce qui concerne la religion].

Le DF, dans le chapitre intitulé *Kristendomen, folket og etikken* (Christianisme, le peuple et l'éthique), défend une position semblable :

> (14) vi i Danmark har grundlovssikret religionsfrihed, men ikke religionslighed » (DF 2009 : 16).
> [Traduction : nous, au Danemark, nous avons la liberté religieuse garantie par la constitution, mais pas l'égalité des religions].

Les autres partis analysés ne font que des références indirectes ou ambivalentes au christianisme. Ainsi le NPD ne mentionne pas le christianisme, mais revendique que :

> (15) Bauliche und kulturelle Veränderungen, etwa durch fremdreligiöse Bauten, sind zu stoppen (NPD 2016: 28).
> [Traduction : Il faut arrêter les modifications architecturales et culturelles, par exemple, par des bâtiments religieux étrangers à notre culture].

Cette formulation présuppose l'existence d'une religion qui, pour le NPD, n'est pas étrangère à la culture allemande, mais il n'est pas clairement dit que cette religion soit le christianisme.

Le PVV ne mentionne pas non plus de manière explicite le christianisme, mais déclare, à l'exemple du FN des années 70, son soutien aux chrétiens coptes en Égypte et à la minorité arménienne en Turquie (PVV 2012 : 49). Toutefois, il est évident que cela n'a pas pour but de montrer la solidarité avec les chrétiens persécutés[12], ni pour montrer leur solidarité avec des minorités religieuses ou ethniques, car le PVV ne soutient pas les yézidis au Moyen Orient, ni les Kurdes en Turquie et en Iran. Le fait que ni les Assyriens de Turquie ni ceux d'Iraq ne soient mentionnés montre bien que l'on n'a choisi que deux minorités chrétiennes emblématiques qui, aux Pays-Bas, sont les plus connues parmi celles vivant

---

[12] Autrement, il faudrait mentionner aussi, au moins, les chrétiens en Corée du Nord et au Vietnam, qui sont à l'heure actuelle dans une vraie situation de persécution, contrairement aux coptes en Égypte qui sont la cible d'actes terroristes, mais qui sont protégés par l'État.

dans des pays majoritairement musulmans. La déclaration de solidarité avec les coptes et les Arméniens fonctionne implicitement comme un reproche adressé aux musulmans majoritaires en Égypte et en Turquie qui sont accusés de ne pas respecter les droits des minorités religieuses.

La *Lega Nord* (LN) ne fournit pas de programme politique sur son site, mais divulgue ses positions par des vidéos et des articles de presse autour des interventions de ses représentants. Dans ces matériaux, le parti présente, entre autres, une propre interprétation du christianisme à travers une lecture particulière de la Bible, et l'accusation à l'encontre du Pape François d'être « *catto-comunista* » à cause de son positionnement vis-à-vis des réfugiés, position adoptée par le vice-président du Sénat, Roberto Calderoli, qui est membre de la LN :

(16) Stiamo traducendo in Vangelo il catto-comunismo. Il Papa può parlare da catto-comunista, perché deve pensare alle anime, ma noi alle coscienze e alle istituzioni. I discorsi di Papa Francesco sono assolutamente catto-comunisti (LN-Calderoli 2016).

Nous avons donc pu constater des attitudes très différentes quant au christianisme qui vont d'une interprétation propre (Lega Nord), à une indifférence, en passant par la vision d'une relation privilégiée entre le christianisme et l'identité nationale (SD, AfD) et européenne (DF et FPÖ) ainsi que sur l'idée de l'héritage (plutôt muséal) à respecter (FN).

4.1.4 L'islam dans *Notre projet* et dans les programmes des autres partis analysés

Tandis que dans le texte *Mon projet,* l'islam n'est pas mentionné explicitement, mais seulement référé par allusion, *Notre projet* présente l'islam comme une menace pour la laïcité et les traditions françaises. On peut prendre les exemples pour lesquels il existe une large discussion dans le débat public en France, tels que le foulard islamique, les prières dans l'espace public, les aliments halal et l'abattage rituel (cf. FN 2012b : 105).

Le FN revendique un *Ministère de l'Intérieur, de l'Immigration et de la Laïcité*. Par cette combinaison, il est insinué que l'immigration menace la sécurité et la laïcité.

En comparant ces positions du FN avec celles des autres partis analysés, on peut constater plutôt un consensus en ce qui concerne l'opposition à l'abattage rituel, le financement de la construction de mosquées par des sources étrangères, le port du voile dans la fonction publique et l'opposition à l'adhésion de la Turquie à l'Union Européenne. Mais la représentation de l'islam n'est pas restreinte à ces prises de position qui produisent à l'ensemble une image négative.

Dans *Notre projet*, les musulmans sont présentés en plus comme dangereux à cause des influences de l'étranger. L'existence d'un impérialisme islamique est affirmé, et d'ailleurs, les musulmans sont associés à la criminalité, au tribalisme, à la féodalité et à l'islamisme (cf. FN 2012b : 12).

Aussi le DF associent l'islam avec des structures féodales (DF 2009 : 118) et la criminalité (DF 2009 : 9). Le PVV prétend défendre les droits des homosexuels contre l'islam. Mais seul le FN voit l'islam comme une menace pour la laïcité. Camus & Lebourg (2015) identifient dans cette préoccupation pour la laïcité avant tout une stratégie vers des groupes d'influence à l'intérieur du parti : « Le laïcisme prôné [...] par les lepéno-mariniste, est ainsi une arme interne de haute qualité pour marginaliser tout à la fois les nationaux-catholiques et les néopaïens d'affirmation völkisch » (Camus & Lebourg 2015 : 199).

Certains partis déclarent l'infériorité culturelle des musulmans. Selon l'AfD, les musulmans n'atteignent pas le même niveau de formation scolaire (cf. AfD 2016 : 42) et pour le DF :

(17) Mange af invandrerne er præglet af en religion, en kultur og vaner, som har gjort deres egne samfund fattige, ufrie og utålelige at leve i (DF 2009 : 9).
[Traduction : Beaucoup d'immigrés sont marqués par une religion, une culture et des coutumes qui ont rendu leur propre société pauvre, sans liberté et dans laquelle on ne supporte pas de vivre].

Souvent l'islam est présenté explicitement comme une religion culturellement très distante de la culture occidentale (cf. DF 2009 : 26 ; 63) et incompatible avec celle-ci (SD 2011 : 27). On y tire la conclusion que les musulmans seraient difficiles à intégrer, le DF parle même d'une impossibilité historiquement prouvée (sans prendre en considération des exemples nettement contraires à ses affirmations comme le cas des immigrés arabes en Amérique Latine[13]) :

(18) Det findes intet samfund i verden, hvor en fredelig integration af muslimer i en anden kultur har været mulig (DF 2009 : 22).
[Traduction: Il n'y a pas une seule société dans le monde, où une intégration pacifique des musulmans dans une autre culture ait été possible].

---

[13] Cf. p.ex. pour le Brésil : Hajjar (1985) e Truzzi (2005) ainsi que pour Cuba : Menéndez Paredes (1999).

Ce n'est pas seulement une étrangeté culturelle qui est avancée par ces partis, parfois l'islam est présenté comme une religion totalement différente :

> (19) no és una religió com qualsevol altra sinó completament diferent a totes les altres (PXC 2012 : 10).

On retrouve, non pas dans le programme politique du parti mais dans un article de débat, les affirmations suivantes du président des SD, Jimmie Åkesson :

> (20) Islam har ingen motsvarighet till Nya testamentet och inget allmänmänskligt kärleksbudskap (Åkesson 2009 : sans page).
> [Traduction : L'islam ne possède rien qui correspondrait au Nouveau Testament et aucun message d'amour du prochain universel].[14]

Le PVV nie à l'islam le statut de religion :

> (21) De islam is geen godsdienst maar een totalitaire ideologie (PVV 2012 : 37).
> [Traduction : L'islam n'est pas une religion, mais une idéologie totalitaire].

et revendique l'interdiction du Coran. Pour l'AfD, la seule présence de l'islam est considérée comme une menace (cf. AfD, 2016 : 48). Par contre, le NPD ne voit pas de problème dans la religion en tant que telle :

> (22) Eine besondere Gefahr für Identität und Kultur der Deutschen geht nicht vom Islam als Religion aus, sondern von der Islamisierung (NPD 2016 : 28).
> [Traduction : Ce n'est pas l'islam comme religion qui présente un danger important pour l'identité et la culture des Allemands, mais l'islamisation].

5. Bilan

Malgré les convergences dans les grandes lignes (pas d'antisémitisme explicite affiché, construction de l'islam comme menace et du christianisme, dans la plupart des cas, comme un héritage plutôt culturel), on

---

[14] Cf., par contre, Selçuk (2013 : 501–502) : « Amour du prochain (isl.) (turc : İnsan sevgisi): [...] Muhammad soulignât l'amour comme valeur fondamentale de la nature humaine en disant à ses amis 'Tant que vous n'aimez pas vraiment, vous n'êtes pas considérés comme croyants'» [notre traduction].

peut très clairement voir des nuances qui s'expliquent par les racines de chaque parti. Seul le PVV et le DF n'ont pas de racines dans des mouvements antisémites et ce sont deux partis qui montrent soit très clairement la solidarité avec Israël (PVV) soit une mention à l'héritage culturel commun du judaïsme et du christianisme (DF). Les autres partis marquent leurs distances par le silence (FN, SD, VB) ou par des hiérarchisations entre religions, comme dans le cas du FPÖ.

En ce qui concerne le christianisme en général, les partis reconnaissent son rôle historique pour la culture. Seulement au Danemark et en Suède, où depuis la Réforme les liens entre l'État et l'Église luthérienne suédoise et danoise ont été très étroits pendant des siècles, le christianisme est revendiqué comme une religion qui doit être privilégiée et qui possède un lien très fort avec l'identité nationale. La France est le seul pays où la laïcité est un sujet de débat. On voit donc que les discours de chaque société se reflètent aussi dans les discours d'extrême-droite sur la religion.

Dans tous les programmes analysés qui le mentionnent, l'image du christianisme n'est pas celle d'une religion vraiment vécue, mais d'un héritage plutôt muséal. C'est pour cela que l'image de l'islam dans les programmes contraste très clairement avec celle de la constitution *Nostra Aetate* du Concile Œcuménique Vatican II (et n'oublions pas que les conciles œcuméniques sont l'autorité suprême dans l'Église catholique). *Nostra Aetate* souligne dans le no. 3 les points en commun et les différences qui existent entre l'islam et le christianisme[15] ainsi que la responsabilité commune des chrétiens et des musulmans pour le monde :

> L'Église regarde aussi avec estime les musulmans, qui adorent le Dieu unique, vivant et subsistant, miséricordieux et tout-puissant, créateur du ciel et de la terre, qui a parlé aux hommes [...]. Même si, au cours des

---

[15] « Ils cherchent à se soumettre de toute leur âme aux décrets de Dieu, même s'ils sont cachés, comme s'est soumis à Dieu Abraham, auquel la foi islamique se réfère volontiers. Bien qu'ils ne reconnaissent pas Jésus comme Dieu, ils le vénèrent comme prophète ; ils honorent sa Mère virginale, Marie, et parfois même l'invoquent avec piété. De plus, ils attendent le jour du jugement, où Dieu rétribuera tous les hommes après les avoir ressuscités. Aussi ont-ils en estime la vie morale et rendent-ils un culte à Dieu, surtout par la prière, l'aumône et le jeûne » (Concile Vatican II (1965) : *Nostra Aetate* No. 3). En plus, la constitution *Lumen Gentium* souligne explicitement : « Mais le dessein de salut enveloppe également ceux qui reconnaissent le Créateur, en tout premier lieu les musulmans, qui professant avoir la foi d'Abraham, adorent avec nous le Dieu unique, miséricordieux, futur juge des hommes au dernier jour » (Concile Vatican II (1964) : *Lumen Gentium*, No. 16).

siècles, de nombreuses dissensions et inimitiés se sont manifestées entre les chrétiens et les musulmans, le saint Concile les exhorte tous à oublier le passé et à s'efforcer sincèrement à la compréhension mutuelle, ainsi qu'à protéger et à promouvoir ensemble, pour tous les êtres humains, la justice sociale, les valeurs morales, la paix et la liberté (Concile Vatican II (1965) : *Nostra Aetate* No. 3).

En plus, l'adhésion est déclarée à un christianisme aux traits muséaux (FN, AfD), à un christianisme considéré culturel (FPÖ), et même à un christianisme de dimension nationale qui renonce à sa dimension universelle (DF et SD)[16]. Il s'agit alors de l'adhésion à un christianisme qui est dépourvu de son cœur[17] et qui fait en réalité le jeu des islamistes fondamentalistes. Il faut rappeler dans ce contexte que la critique aux chrétiens, par, entre autres, Sayyid Qutb, l'un des penseurs du mouvement des Frères Islamiques égyptiens, est justement de ne pas mettre en pratique le message de l'Évangile dans la vie quotidienne (cf. Qutb 2007 [1949] : 37–55).

Bibliographie

Sources primaires

AfD (2016) : Programm für Deutschland: Das Grundsatzprogramm der Alternative für Deutschland beschlossen auf dem Bundesparteitag in Stuttgart am 30.04./02.05.2016. Berlin: Alternative für Deutschland, https://www.alternativefuer.de/wp-content/uploads/sites/7/2016/05/2016-06-27_afd-grundsatzprogramm_web-version.pdf (23/08/2016).

AfD (2017) : Wahlprogramm Bundestagswahl 2017. Berlin: Alternative für Deutschland, https://www.afd.de/wp-content/uploads/sites/111/2017/06/

---

[16] Cf. aussi Gonzalez (2012 : 11–12): « De façon très significative, le fait de parler de « racines chrétiennes » ou « d'héritage » ne signifie pas nécessairement que l'on choisit de devenir plus religieux : ici, ces notions indiquent plutôt que l'on ne souhaite pas assumer complètement le christianisme – en tout cas pas pour soi, au plan individuel. Par contre, la référence à l'identité religieuse peut se révéler utile dans certaines circonstances, en particulier lorsqu'il s'agit de s'opposer à des étrangers. On aboutit alors au paradoxe qui consiste à définir comme « chrétiennes », au plan politique, des nations dont les habitants ne se considèrent plus comme « chrétiens », autrement que sur une modalité « culturelle ». (Une modalité qui n'est pas sans rappeler les élucubrations de l'extrémiste Breivik.). »

[17] C'est la dimension universelle de l'amour de Dieu et ses implications pour l'éthique chrétienne. Cf. par exemple Waldenfels (1988 : 314–315) et Johnson (2007 : 82) : « God's love is revealed as universal – no one is left out, even the most socially outcast ».

2017-06-01_AfD-Bundestagswahlprogramm_Onlinefassung.pdf (06/08/2017).

Åkesson, Jimmie (2009) : «'Muslimer är vårt största utländska hot'». *Aftonbladet* (19 octobre 2009), debatt.

Dewinter, Filip (2009) : Inch'allah: de islamisering van Europa. Brussel, Egmont.

Dewinter, Filip (2010) : Inch'Allah? : die Islamisierung Europas. Graz, Aula.

Dewinter, Filip (2012) : Inch'allah: the islamisation of Europe. Brussel, Egmont.

DF (2009) : Dansk Folkepartis Arbejdsprogramm : dit land – dit valg. København: Dansk Folkeparti, http://www.danskfolkeparti.dk/pictures_org/arbejdesprog-net(3).pdf (21/08/2016).

FN (2012a) : Mon projet pour la France et les Français : Marine Le Pen ; la voix du peuple, l'esprit de la France, http://www.frontnational.com/wp-content/uploads/2012/03/projet-essentiel.jpg (21/08/2016).

FN (2012b) : Notre Projet : Programme politique du Front National, http://www.frontnational.com/pdf/Programme.pdf (21/08/2016).

FN (2017) : 144 engagements présidentiels : Marine 2017, https://www.marine2017.fr/wp-content/uploads/2017/02/projet-presidentiel-marine-le-pen.pdf (07/02/2017).

FPÖ (2011): Parteiprogramm der Freiheitlichen Partei Österreichs (FPÖ) beschlossen vom Bundesparteitag der Freiheitlichen Partei Österreichs am 18. Juni 2011 in Graz: Österreich zuerst, https://www.fpoe.at/fileadmin/user_upload/www.fpoe.at/dokumente/2015/2011_graz_parteiprogramm_web.pdf (21/08/2016).

Henkel, Michael (2016) : Der Islam: Fakten und Argumente. Erfurt, Fraktion der Alternative für Deutschland (AfD) im Thüringer Landtag.

LN-Calderoli, R. (2016) : « Notizie: Calderoli ad affaritaliani.it: Immigrazione, il Papa predica il catto-comunismo e guida il cieco Renzi nel fosso » [cité sur le site du LN du site: affaritaliani.it [en ligne] (16 août 2016, 15:24)], http://www.leganord.org/notizie/le-news/15469-calderoli-ad-affaritaliani-it-immigrazione-il-papa-predica-il-catto-comunismo-e-guida-il-cieco-renzi-nel-fosso (23/08/2016).

Lux, Stefan (s.d.) : Der Islam: Ursprung, Erscheinungsformen, Problematik; Ein Beitrag zur Frage: Gehört der Islam zu Deutschland? Berlin, NPD-Bundesvorstand (Profil; 14).

NPD (2016) : Arbeit, Familie, Vaterland: Das Parteiprogramm der Nationaldemokratischen Partei Deutschlands (NPD) beschlossen auf dem Bundesparteitag am 4./5.6.2010 in Bamberg, M[ecklenburg]-V[orpommern]-Edition, Mai 2016, http://www.npd-mv.de/parteiprogramm.pdf (21/08/2016).

PCX (2012) : Elections al Parlament de Catalunya 2012: programa electoral. Plataforma per Catalunya, http://www.plataforma.cat/download/programaelectoral2012.pdf (01/09/2016).

Perus (2015) : Sannfinländarnas invandringspolitiska program 2015, https://www.perussuomalaiset.fi/wpcontent/uploads/2014/04/ps_invandringspolitiska_2015.pdf (05/10/2016).

PVV (2012) : Hún Brussel, óns Nederland: verkiezingsprogramma 2012-2017, http://www.pvv.nl/images/stories/verkiezingen2012/Verkiezings Programma-PVV-2012-final-web.pdf (21/08/2016).

PVV (2017) : Concept verkiezingsprogramma 2017–2021, https://www.pvv.nl/images/Conceptverkiezingsprogrammma.pdf (03/02/2017).

SD (2011) : Sverigedemokraternas principprogram 2011, https://sverigedemokraterna.se/wp-content/uploads/2013/08/principprogrammet2014_webb.pdf (21/08/2016).

VB (2014) : Verkiezingsprogramma: Uw stock achter de deur; Vlaams Belang; echt.onafhangelijk, http://www.vlaamsbelang.org/files/20140318ProgrammaVerkiezingen2014.pdf (21/08/2016).

Références

Akkerman, T., de Lange, S. & Roodvijn, M. (2016) : « Into the mainstream? A comparative analysis of the programmatic profils of radical right-wing parties in Western Europe over time », in T. Akkerman, S. de Lange & M. Roodvijn (éds.), Radical right-wing populist parties in Western Europe: Into the mainstream? New York, Routledge : 31-52.

Arneth, M. (2013) : « Abraham (chr[istlich]) », in R. Heinzmann (éd.), Lexikon des Dialogs: Grundbegriffe aus Christentum und Islam, 2 vol. Freiburg, Basel, Wien, Herder : 32-33.

Backes, U. (2011) : « Extremismus in Frankreich », in E. Jesse & T. Thieme (éds.), Extremismus in Europa. Wiesbaden, VS Verlag für Sozialwissenschaften : 131-148.

Benveniste, A. & Pingaud, E. (2016) : « Far-right movements in France: the principal role of Front National and the rise of Islamophobia », in G. Lazaridis, G. Campani & A. Benveniste (éds.), The rise of the Far Right in Europe: populist shifts and 'Othering'. London, Palgrave Macmillan : 55-79.

BM.I (2017) : Nationalratswahlen 2017: endgültiges Endergebnis, https://wahl17.bmi.gv.at/ (10/12/2017).

Brink, R. van den, Cuartas, J. M. & Tanja, J. (1988) : Racisme in Frankrijk: Le Pen in het land van vrijheid, gelijkheid en broderschap. Amsterdam, De Balie.

Bruns, J., Glösel, K. & Strobl, N. (2016) : Die Identitären: Handbuch zur Jugendbewegung der Neuen Rechten in Europa. 2ème éd. Münster, Unrast.

Bundeswahlleiter (éd.) (2017a) : Ergebnisse frühere Bundestagswahlen: Stand August 2017. Wiesbaden, Bundeswahlleiter, https://www.bundeswahlleiter. de/dam/jcr/397735e3-0585-46f6-a0b5-2c60c5b83de6/btw_ab49_gesamt. pdf (31/08/2017).

Bundeswahlleiter (ed.) (2017b) : Wahl zum 19. Deutschen Bundestag am 24. September 2017. Heft 3: Endgültige Ergebnisse nach Wahlkreisen. Wiesbaden, Bundeswahlleiter, https://bundeswahlleiter.de/dam/jcr/3f3d42ab-faef-4553-bdf8-ac089b7de86a/btw17_heft3.pdf (03/12/2017).

Camus, J.-Y. & Lebourg, N. (2015) : Les Droites extrêmes en Europe. Paris, Seuil.

Chwala, S. (2015) : Der Front National: Geschichte, Programm, Politik und Wähler. Köln, PapyRossa.

Concile Vatican II (1964) : *Lumen Gentium*, traduction française, http://www.vatican.va/archive/hist_councils/ii_vatican_council/documents/vat-ii_const_19641121_lumen-gentium_fr.html (18/11/2018).

Concile Vatican II (1965) : *Nostra aetate*, traduction française, http://www.vatican.va/archive/hist_councils/ii_vatican_council/documents/vat-ii_decl_19651028_nostra-aetate_fr.html (31/08/2017).

Conseil Constitutionel (2017). Décision n° 2017-171 PDR du 10 mai 2017, http://www.conseil-constitutionnel.fr/conseil-constitutionnel/francais/les-decisions/acces-par-date/decisions-depuis-1959/2017/2017-171-pdr/decision-n-2017-171-pdr-du-10-mai-2017.148982.html (31/08/2017).

Delacambre, A. & Faye, O. (2016) : « Marine le Pen profite à plein de la « pipolisation » de la campagne: La participation de la candidate du FN à l'émission de M6 « Ambition intime » s'inscrit dans une stratégie de normalisation dans la durée ». *Le Monde* 22315 (12 octobre 2016) : 8.

Freitag, J. & Thieme, T. (2011) : « Extremismus in Schweden », in E. Jesse & T. Thieme (éds.), Extremismus in Europa. Wiesbaden, VS Verlag für Sozialwissenschaften : 329–343.

Funke, H. (2016) : Von Wutbürgern und Brandstiftern: AfD – Pegida – Gewaltnetze. Berlin, Verlag für Berlin-Brandenburg.

Gardell, M. (2011) : *Islamofobi*. Stockholm, Leopard.

González, Ph. (2012) : Le « christianisme » en héritage ? Réflexions autour d'un réveil identitaire, Conférences prononcées lors du rassemblement européen de Church and Peace, Bruxelles, du 26 au 28 avril 2012, http://sortirdelaviolence.org/ANCIEN/pdf/conference_1_philippe_gonzalez_2012-04.pdf (16/11/2018).

Grimm, M. & Kahmann, B. (2017). « AfD und Judenbild: eine Partei im Spannungsfeld von Antisemitismus, Schuldabwehr und instrumenteller Israelsolidarität », in St. Grigat (éd.), AfD & FPÖ: Antisemitismus, völkischer Nationalismus und Geschlechterbilder. Baden-Baden, Nomos (Interdisziplinäre Antisemitismusforschung; 7), 41–59.

Hajjar, C. F. (1985) : Imigração árabe: cem anos de reflexão. S[ão] Paulo, Ícone.

Häusler, A. (2013) : « Antimuslimischer Rechtspopulismus: ein Markenzeichen der modernisierten extremen Rechten in Europa », in: P. Bathke & A. Hoffstadt (éds.), Die neuen Rechten in Europa: zwischen Neoliberalismus und Rassismus. Köln, Papy Rossa : 155–175.

Heinisch, R. & Hauser, K. (2016) : « The mainstreaming of the Austrian Freedom Party: the more things change», in T. Akkerman, S. de Lange & M. Roodvijn (éds.), Radical right-wing populist parties in Western Europe: Into the mainstream? New York, Routledge : 73–93.

Holzler, W. I. (1994) : « Rechtsextremismus: Konturen, Definitionsmerkmale und Erklärungsansätze », in B. Bailer & W. Neugebauer (éds.), Handbuch des österreichischen Rechtsextremismus. Wien, Deuticke : 12–96.

Ickes, A. (2008) : Parteiprogramme: sprachliche Gestalt und Textgebrauch. Darmstadt, Büchner.

Ivaldi, G. (2016). « A new cause for the French radical right? The Front National and 'de-demonisation' », in T. Akkerman, S. de Lange & M. Roodvijn (éds.), Radical right-wing populist parties in Western Europe: Into the mainstream? New York, Routledge : 225–246.

Johnson, E. A. (2007) : Quest for the Living God : Mapping Frontiers in the Theology of God. New York, London, Continuum International.

Katar, M. (2013) : « Abraham (isl[amisch]) », in: R. Heinzmann (éd.), Lexikon des Dialogs: Grundbegriffe aus Christentum und Islam, 2 vol., Freiburg, Basel, Wien, Herder : 33–34.

Keil, S. I. (2003) : Wahlkampfkommunikation in Wahlanzeigen und Wahlprogrammen: eine vergleichende inhaltsanalytische Untersuchung der von den Bundestagsparteien CDU, CSU, SPD, FDP, B'90/Die Grünen und PDS vorgelegten Wahlanzeigen und Wahlprogrammen in den Bundestagswahlkämpfen 1957–1998. Frankfurt am Main, Berlin, Bern, Bruxelles, New York, Oxford, Wien, Lang.

Klein, J. (1996) : « Insider-Lesarten : einige Regeln zur latenten Fachkommunikation in Parteiprogrammen », in J. Klein & H. Dieckmannshenke (éds.), Sprachstrategien und Dialogblockaden: linguistische und politikwissenschaftliche Studien zur politischen Kommunikation. Berlin, New York, de Gruyter (Sprache, Politik, Öffentlichkeit; 7) : 201–209.

Kühnl, R., Rilling, R. & Sager, Ch. (1969) : Die NPD: Struktur, Ideologie und Funktion einer neofaschistischen Partei. 2ème éd. Frankfurt am Main, Suhrkamp.

Landesamt für Innere Verwaltung (2016). Wahl zum Landtag von Mecklenburg-Vorpommern am 4. September 2016: Endgültiges Ergebnis Landesliste (Zweitstimmen in %), http://service.mvnet.de/wahlen/2016_land/dateien/2016_land/htm/pdf/L_Proz_Zweit.pdf (31/08/2017).

Landeswahlleiterin (2016) : Wahl des 7. Landtages von Sachsen-Anhalt am 13. März 2016, https://www.statistik.sachsen-anhalt.de/wahlen/lt16/index.html (31/08/2017).

Leman, J. (2012) : « 'Flemish Interest' (VB) and Islamophobia: political, legal and judicial dealings », in: H. Ansari & F. Hafez (éds.), From the Far Right to Mainstream: Islamophobia in Party Politics and the Media. Frankfurt am Main, Campus : 69–90.

Lindroth, B. (2016) : Väljarnas hämnd: populism och nationalism i Norden. Stockholm, Carlsson.

Löbbert, R. & Machowecz, M. (2016) : « Gehört die Afd auf den Katholikentag ? ». Christ und Welt [en ligne] (25 mai 2016; 12h09), http://www.zeit.de/2016/23/leipzig-afd-katholikentag-streitgespräch (11/09/2016).

Menéndez Paredes, R. (1999) : Componentes árabes en la cultura cubana. Habana Vieja, Bolaño.

Ministère de l'Intérieur (2002) : Résultats de l'élection présidentielle 2002, https://www.interieur.gouv.fr/Elections/Les-resultats/Presidentielles/elecresult__presidentielle_2002/(path)/presidentielle_2002/index.html (31/08/2017).

Ministère de l'Intérieur (2017) : Résultats des élections législatives 2017, https://www.interieur.gouv.fr/Elections/Les-resultats/Legislatives/elecresult__legislatives-2017/(path)/legislatives-2017/FE.html (31/08/2017).

MIR (2017) : Consulta de resultados de elecciones, http://www.infoelectoral.mir.es/infoelectoral/min/ (31/08/2017).

Mudde, C. (2004) : « The populist Zeitgeist ». Government and Opposition 39,4 : 541–563.

Mudde, C. & Rovira Kaltwasser, C. (2015) : « Exclusionary versus inclusionary populism: comparing contemporary Europe and Latin America ». Government and Opposition 48,2: 147–174.

Müller, J.-W. (2016) : Was ist Populismus? Ein Essay. 3ème éd. Berlin, Suhrkamp (Edition Suhrkamp).

Nordlund, Linda (2016) : « Antisemitismen i SD-toppen ». Svenska Dagbladet [en ligne], http://www.svd.se/antisemistmen-i-sd-toppen/om/ledare (7 octobre 2016).

El País (2002) : « El líder de la Plataforma per Catalunya admite su ideología xenófoba y que se 'disfraza' de demócrata ». El País 9130 (26 mai 2002) : 31.

Perrone, L. (2010) : « 'Abraham, père de tous les croyants': Louis Massignon et l'Œcuménisme de la prière ». Proche-Orient Chrétien 60 : 100–133.

Qutb, Sayyid (2007) [1949] : Justicia social en el Islam, traduit par José Cepedello Boiso. Córdoba, Almurzara.

Rochtus, D. (2011) : « Extremismus in Belgien », in E. Jesse & T. Thieme (éds.), Extremismus in Europa. Wiesbaden, VS Verlag für Sozialwissenschaften : 35–50.

Schiedel, H. (2017) : « Antisemitismus und völkische Ideologie: Ist die FPÖ eine rechtsextreme Partei ?, in St. Grigat (éd.) AfD & FPÖ: Antisemitismus, völkischer Nationalismus und Geschlechterbilder. Baden-Baden, Nomos (Interdisziplinäre Antisemitismusforschung; 7) : 103–120.

Selçuk, M. (2013) : « Nächstenliebe (isl[amisch]) », in R. Heinzmann (éd.), Lexikon des Dialogs: Grundbegriffe aus Christentum und Islam, 2 vol. Freiburg, Basel, Wien, Herder : 501–502.

Shooman, Y. (2014) : „...weil ihre Kultur so ist": Narrative des antimuslimischen Rassismus. Bielefeld, Transcript.

Stögner, K. (2017) : « Angst vor dem « neuen Menschen »: zur Verschränkung von Atisemitismus, Antifeminismus und Nationalismus in der FPÖ », in St. Grigat (éd.) AfD & FPÖ: Antisemitismus, völkischer Nationalismus und Geschlechterbilder. Baden-Baden, Nomos (Interdisziplinäre Antisemitismusforschung; 7) : 137–161.

Truzzi, O. (2005) : Sírios e libaneses; narrativas de história e cultura. São Paulo, Companhia Editora Nacional (Série Lazuli Imigrantes no Brasil).

Valmyndigheten (2018) : « Valresultat 2018 », https://www.val.se/valresultat/riksdag-landsting-och-kommun/2018/valresultat.html (17/11/2018).

Virchow, F. (2016) : « >Rechtsextremismus<: Begriffe – Forschungsfelder – Kontroversen », in: F. Virchow, M. Langebach & A. Häusler (éds.), Handbuch Rechtsextremismus. Wiesbaden, Springer VS : 5–41.

Waldenfels, H. (1988) : Kontextuelle Fundamentaltheologie. 2ème éd. Paderborn, München, Wien, Zürich, Schöningh.

Wielenga, F. (2012) : « Das Ende der Stabilität und Toleranz? Rechtspopulismus in den Niederlanden », in A. Häusler & H.-P. Killguss (éds.), Das Geschäft mit der Angst: Rechtspopulismus, Muslimfeindlichkeit und die extreme Rechte in Europa. Köln, NS-Dokumentationszentrum der Stadt Köln : 43–53.

Winkler, J.R. (2000) : « Rechtsextremismus: Gegenstand – Erklärungsansätze – Grundprobleme » in W. Schubarth & R. Stöss (éds.), Rechtsextremismus in der Bundesrepublik Deutschland: eine Bilanz. Bonn, Bundeszentrale für politische Bildung : 38–68.

Wodak, R. (2016) : Politik mit der Angst: zur Wirkung rechtspopulistischer Diskurse. Wien, Hamburg, Konturen.

Woelki, R. M. (2017) : « Entschieden für Menschenwürde und Menschenrechte: Zur kirchlichen Haltung gegen Rechtspopulismus », in St. Orth & V. Resing (éds.), AfD, Pegida und Co: Angriff auf die Religion? Freiburg, Basel, Wien, Herder : 181–189.

Discursos populistas en la política española actual: el caso de *Podemos y Ciudadanos*

Esperanza R. Alcaide Lara
Universidad de Sevilla

1. Introducción

En España se ha llegado a una nueva era política, calificada por los medios como *del cambio*. Esta se inicia con la aparición de los llamados "partidos emergentes", que nacen en la situación de crisis económica y política que ha estado sufriendo el ciudadano, y que ha estado marcada por los casos de corrupción que afectan a los dos partidos mayoritarios, PP y PSOE. A ello, se une un hecho histórico: la tentativa de independencia de Cataluña a iniciativa del gobierno catalán.

Partidos como *Ciudadanos* (centro) o *Podemos*[1] (izquierdas) se erigen a sí mismos en *regeneradores* de una situación "catastrófica" para el ciudadano, con un discurso que recuerda mucho a los de conocidos líderes populistas europeos e hispanoamericanos[2].

---

[1] El lector advertirá que a lo largo del texto utilizo la denominación *Podemos*, aunque en las tablas de análisis aparecen *Unidos Podemos* o las siglas *U.P.* Esto es debido a que diferenciamos el partido al que pertenece el agente político analizado (*Podemos*) de la coalición en nombre de la que actúa siendo diputado (*Unidos Podemos*, constituida por *Podemos* y sus llamadas *Confluencias*).

[2] El hecho de incluir a ambos dirigentes, y por ende a sus partidos, en la etiqueta "populista" se debe a que, en la sociedad en general, ambos han sido igualados en este sentido: "Xavier Casals afirma que las formaciones de reciente formación tienen un componente populista porque sus discursos son esencialmente anti-establishment y las nuevas denominaciones son 'inclusivas y transversales' (Ciutadans, Foro Asturias Ciudadano), con 'valores' (Unión Progreso y Democracia, Compromís) o con imperativos (Podemos, Ganemos), de tal forma que 'el enunciado es el programa'" (Carretero, 2014).

Cómo citar este capítulo:
Alcaide Lara, E. R. 2019. "Discursos populistas en la política española actual: el case de *Podemos y Ciudadanos*". In: Françoise Sullet-Nylander, María Bernal, Christophe Premat & Malin Roitman (eds.). *Political Discourses at the Extremes. Expressions of Populism in Romance-Speaking Countries*. Stockholm Studies in Romance Languages. Stockholm: Stockholm University Press, pp. 83–104. DOI: https://doi.org/10.16993/bax.e. License: CC-BY

En este trabajo mi objetivo es analizar discursos de los dirigentes de ambos partidos, Albert Rivera y Pablo Iglesias, hoy con amplia representación en las Cortes Españolas, para delimitar si se ajustan a las características que Charaudeau (2009), entre otros, adjudicó a los discursos políticos populistas. Haremos un contraste entre las estructuras discursivas empleadas por ambos políticos, que tan buenos resultados electorales les han supuesto en las últimas campañas.

Metodológicamente, partimos de la siguiente afirmación de Charaudeau (2009: 260–261), que enclavamos en el Análisis de Discurso:

> el sentido que transmite un discurso depende del efecto que produce, dado que, en toda situación de comunicación, éste resulta del encuentro entre un sujeto hablante y un sujeto interpretante. [...]) El poder del lenguaje no está solamente en lo que dice, sino en lo que transmite.

Es el fenómeno de la *significancia*.

El corpus manejado está constituido básicamente por las intervenciones de Iglesias y Rivera recogidas en el *Diario de Sesiones del Congreso de los Diputados nº 4* de la XII Legislatura de las Cortes Españolas, perteneciente a la sesión de debate para la investidura de Mariano Rajoy como Presidente del Gobierno de España.

2. El marco del discurso político y populista

Según Charaudeau (2009), en el discurso político, el poder persuasivo de las palabras reside tanto en la fuerza del proyecto de idealidad social, el proyecto ideal que tiene en mente el político, del que son portadoras, como en su repercusión en la esperanza de los ciudadanos, sensibles a los valores, al carisma de las personalidades políticas y a la emoción situacional. Estas toman sentido a través de su enunciación, lo que hace que enfrentarse a un discurso político, y además juzgarlo como populista, obligue a analizarlo en el contexto socio-histórico en que aparece y en la situación de comunicación que genera cierto proceso enunciativo.

Para entender la relevancia de los actos persuasivos y sus efectos en la imagen del político, hemos de tener en cuenta las instancias comunicativas partícipes en el espacio público y, más concretamente, en el político. Siguiendo a Charaudeau (2009: 261), la palabra proferida en el espacio público se mueve entre tres instancias: una de producción, una de recepción y una de mediación, y su sentido depende del juego que se establece entre ellas.

La *instancia de producción* tiene carácter colectivo, pues, aunque esté encarnada por una sola persona, esta actúa siempre como representante de un grupo más o menos homogéneo (una institución, un partido, un sindicato, una asociación, una entidad informativa o comercial, etc.).

> Por lo tanto está legitimada por una especie de contrato social de comunicación, ya sea en su derecho de elogiar un proyecto político (para hacer votar o defender lo propuesto), en su derecho de justificar o defender una idea (para hacer adherir la opinión pública), en su "derecho de informar" (para alimentar la opinión ciudadana), o bien en su derecho de elogiar un producto (para hacer comprar) (Charaudeau 2009: 261).

Su actuación es absolutamente voluntaria, y su *reto* es su credibilidad y su capacidad de persuasión.

La *instancia de recepción*, dependiendo del tipo discursivo, en mi opinión, se presenta bajo diversas configuraciones, siendo, habitualmente, un público más o menos heterogéneo[3]. Según Charaudeau (2009), se erige en "destinatario-blanco" de una palabra que supuestamente lo implica según los objetivos que esta se marque: será beneficiario de un bien futuro de carácter político, social o comercial, o individuo amenazado por un peligro del que ha de protegerse. En ambos casos, «la instancia-blanco está ubicada en posición de *deber creer* que puede ser el agente de una búsqueda que le resultará beneficiosa» (Charaudeau 2009: 262).

En el espacio político, según este autor, la de recepción es una *instancia ciudadana*, con responsabilidad consciente en su papel de delegación de poder, y el derecho de observación de la acción política. En mi opinión, esta instancia está en la mente de todo político, incluso cuando parece que su destinatario es el partido adversario, pues el político está seguro de que sus adversarios físicos en el hemiciclo solo son los alocutarios[4] de un espacio teatralizado, el parlamento. A quien ha de llegar el enunciado, en las circunstancias de los discursos aquí analizados, es

---

[3] La heterogeneidad de esa instancia de recepción, que supone dirigirse a individuos con diversos niveles de instrucción, hace que la palabra que se desarrolla en el espacio público, según Charaudeau, haya de presentarse bajo el ropaje de la *simplicidad*, tanto en la sintaxis y el léxico, como en las estructuras argumentativas, "lo que conduce al orador a abandonar el rigor de la razón en favor de la fuerza de verdad de lo que está enunciando, diciendo no tanto lo que es verdadero, sino lo que él cree verdadero y que el otro debe creer verdadero" (2009: 262). Se trata no de la verdad, sino de la *veracidad*.

[4] Para los conceptos de *locutor/alocutario* y *enunciador/destinatario*, cf. Ducrot (1986: 193-217).

al ciudadano (*la gente* que diría Iglesias, líder de *Podemos*), a quien el político no pierde de vista, sobre todo en un parlamento que parece en ese momento abocado a unas nuevas elecciones:

> 1. Este debate no va a cambiar lo que vamos a votar las 350 personas que ocupamos estos escaños, *pero puede que lo escuche la gente verdaderamente importante, la que está afuera*. (Iglesias, 21[5])
> 2. *Hay muchas familias que nos están viendo*, en las que el padre, la madre, en definitiva, el núcleo familiar, está en el paro, y no tiene ingresos. [...] Otra novedad que *muchos padres y madres que nos estén viendo* seguro que querrán que se ponga en marcha en esta legislatura, la baja por maternidad [...]. (Rivera, 42)

Entre las instancias ya citadas, y con la función de ponerlas en contacto, se encuentra la *de mediación*:

> es instancia de producción de una escenificación y construye por consiguiente una instancia destinataria que no coincide necesariamente con la precedente. Además, debe ser legitimada en su papel de transmisor de información, lo cual genera ciertas exigencias de responsabilidad (Charaudeau 2009: 262).

En el espacio político y, en concreto en el parlamentario, los medios de comunicación desempeñan un papel fundamental. Podemos hablar incluso de que actualmente tienen un gran peso social como aparato de *(re)producción ideológica*.

Dentro del espacio público, el político presenta una peculiaridad: a la instancia de producción, de recepción y de mediación, se le une la *instancia adversa*, el adversario político, que, en el debate parlamentario, desempeña el rol discursivo fundamental de *alocutario*, que rivaliza con la primera (*instancia política de producción*). Ambas desarrollan un juego de poder.

La siguiente imagen (Alcaide Lara, 2017) representa gráficamente lo que hemos expuesto:

---

[5] Los números que encontramos junto al nombre del locutor del fragmento discursivo corresponden a la página en que lo encontramos en la versión escrita del Diario de Sesiones anteriormente citado, al que pertenecen las intervenciones analizadas en este trabajo.

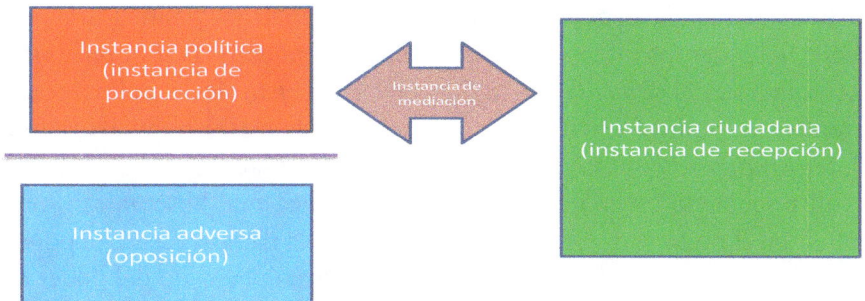

Figura 1. Representación del esquema comunicativo del discurso parlamentario. *Copyright: Esperanza R. Alcaide Lara. License:* CC BY

En este entramado, el político, para persuadir al ciudadano, debe poner en práctica estrategias comunicativas de imagen[6], incidiendo en la veracidad, credibilidad y atractivo de su discurso, y buscando conmoverlo para lograr su adhesión[7].

3. El discurso populista

No podemos ocuparnos en este momento del concepto de populismo en sí mismo. Es notable, y de ello dan buena cuenta los investigadores[8], la confusión que rodea a este término. Nos atendremos a las definiciones más comunes de este.

El populismo es, según el *Dictionnaire Larousse*, la «idéologie politique de certains mouvements de libération nationale visant à libérer le peuple sans recourir à la lutte des clases»[9]. En español, el término *populismo* entra en el *Diccionario Manual de la Lengua Española* de

---

[6] Cf. Hernández Flores (2013) y Alcaide Lara (2014).
[7] Este escenario triádico (instancias política, adversa y ciudadana) se compone de tres momentos discursivos, a juicio de Charaudeau (2009: 263): «1) probar que la sociedad se encuentra en una situación social juzgada de desastrosa de la que el ciudadano es la primera víctima; 2) determinar la fuente del mal y su responsable (adversario); 3) anunciar finalmente qué solución puede ser aportada y quién puede ser su portador».
[8] Cf. Aboy Carlés, (2001).
[9] *Populisme* (2017): http://www.larousse.fr/dictionnaires/francais/populisme/62624?q=populisme#61919 [consultado 25/ 03/2017]. Somos conscientes de que no son las acepciones de los diccionarios las mejores fuentes para definir de forma científica lo que actualmente significa *populismo*, pero nuestra intención es ofrecer una definición cercana a la que maneja el ciudadano cuando los distintos políticos se acusan unos a otros de *populistas*. Es decir, la que forma parte de su acervo cotidiano.

la Real Academia Española en 1985 como "doctrina política que pretende defender los intereses y aspiraciones del pueblo" (s.v. *populismo*). Actualmente, el *Diccionario de la Lengua Española* lo define como «tendencia política que pretende atraerse a las clases populares» (s.v. *populismo*, http://dle.rae.es/?id=TfyMi6t [consultado 25/03/2017].

El populismo es una forma de hacer política que busca alcanzar o influir en el poder y que, además, no es ajeno a la democracia[10]. Se ponen en práctica una serie de estrategias de conquista o ejercicio del poder en un marco democrático, pero de una manera exacerbada que da paso a la fascinación por un ideal. No obstante, tiene un halo de ilicitud. Más que un sustantivo que nombra una ideología o una forma de hacer política, *populismo* es una etiqueta que, incluso entre aquellos que, siendo expertos analistas como es Iglesias (politólogo), toma un valor insultante:

> 3) Solo mencionan a la Unión Europea y a la OTAN y apuestan por una errática y torpe estrategia de lucha contra el terrorismo *basada en el populismo punitivo* y en las intervenciones militares, que se han demostrado ineficaces. (Iglesias, 24)

Iglesias ataca a su adversario (el Sr. Rajoy, candidato a la Presidencia del Gobierno de España), tachándole de "populista" en algunas de sus actuaciones. Algo que debemos tener muy en cuenta a la hora de estudiar el discurso populista es la relación que, como en todo discurso, existe entre la palabra y la acción. Puede ocurrir que un discurso tildado de populista pueda esconder actos que no lo son, y actos que sí lo son podrían ocultarse en palabras no susceptibles de este calificativo. Sería interesante, pues, constatar si hay una correspondencia absoluta entre ambos. En nuestro caso, solo podremos constatar el grado de *populismo* en los discursos de ambos dirigentes, y observar si sus movimientos y actos discursivos se corresponden con los usos y prácticas lingüísticas reconocidas como propias del discurso populista por los especialistas (vid. Bolívar 2009 y 2013, o Charaudeau 2009, entre otros).

A pesar de los numerosos "apellidos" que los movimientos populistas han tenido a lo largo de su historia (*nacionalistas, clasistas, neoliberales, etnicistas*, etc.), estos tienen puntos en común, que comprobaremos si son compartidos por los partidos que centran este trabajo:

---

[10] Laclau (1978), Dorna (2006), Charaudeau (2009), entre otros, defienden que el *populismo* es parte de la democracia, a pesar de que se asocie habitualmente a las dictaduras tanto de izquierdas como de derechas (de hecho, a manera de insulto en España, los políticos del PP acusan manifiestamente de *populista* a Podemos por su conexión con el gobierno de Chávez en Venezuela, para el que han trabajado sus dirigentes).

1. Nacen siempre en una situación de crisis social (económica, identitaria y moral, de cambio de régimen político). Es el caso de Podemos[11] y Ciudadanos[12].
2. Presencia de un líder carismático fuerte, sin un programa político propiamente dicho, sino que promete romper con las prácticas del pasado y terminar con la corrupción y devolver su poder al pueblo. Salvo el aspecto del programa político, que sí tienen, al menos formalmente, ambos partidos, el resto de las características sí se da en Iglesias y Rivera. Iglesias es un ejemplo de ello a través de su discurso:

> 4) Llegamos aquí empujados por la gente, diciendo verdades como puños, y hoy constituimos un espacio político más amplio que reconoce la diversidad y la plurinacionalidad de nuestra patria y que, tarde o temprano, gobernará. *Me enorgullece haber contribuido a hacerlo posible* [...]. (Iglesias, 25)

---

[11] Podemos, partido político español de izquierdas, fundado en enero de 2014 y liderado por Pablo Iglesias. Nace del *Movimiento 15M*, movimiento ciudadano formado a raíz de la manifestación del 15 de mayo de 2011, convocada por diversos colectivos. Después de esta, unas cuarenta personas decidieron acampar en la Puerta del Sol de Madrid espontáneamente, como forma de protesta pacífica, con la intención de promover una democracia más participativa alejada del bipartidismo PSOE-PP y del dominio de bancos y corporaciones, así como una «auténtica división de poderes» con la intención de mejorar el sistema democrático.

Cuatro meses después de su formación, participó en las elecciones europeas de 2014, logrando cinco escaños (de 54) con el 7,98 % de los votos. Se convirtió en el cuarto partido más votado de España. En los primeros veinte días de inscripción, reunió más de 100 000 miembros, convirtiéndose en el tercer partido en número de afiliados, y en octubre ostentaba ya el segundo lugar, con más de 200 000. También llegó a aparecer como el primer partido del país en intención directa de voto, según las encuestas. En las elecciones generales (20 de diciembre de 2015), Podemos es la tercera fuerza política en el Parlamento.

[12] Ciudadanos (C's) nació de la plataforma cívica *Ciutadans* de Catalunya, creada el 7 de junio de 2005 en Barcelona por un grupo de quince intelectuales, profesores universitarios y profesionales de diversos campos. En su manifiesto titulado *Por la creación de un nuevo partido político en Cataluña*, se declararon opuestos a lo que consideraban como la imposición del nacionalismo catalán desde diversos ámbitos del poder en Cataluña, lo que calificaron como «nacionalismo obligatorio». El nuevo partido decidió denominarse *Ciudadanos-Partido de la Ciudadanía*, en castellano, con el fin de reafirmar que su ámbito de actuación es el de toda España, si bien en las comunidades autónomas con más de una lengua oficial se usa indistintamente el nombre en ambos idiomas oficiales. Con posterioridad, Albert Rivera, su líder, afirmó que escogieron la palabra «ciudadanos» como nombre del partido porque les gustaría ser «ciudadanos del mundo».

Rivera se presenta como jefe de partido. Los folletos de su campaña lo erigen en líder carismático, al que se le atribuyen incluso frases de carácter sentencioso:

Imagen 1. Campaña electoral de Ciudadanos, Elecciones Generales Españolas 2016. *Copyright: Ciudadanos. Licence: CC BY-NC-ND*

3. El populismo no es ideológicamente homogéneo. En el propio Podemos, no hay una línea ideológica uniforme: a veces se han definido como marxistas, otras socialistas, o simplemente de izquierdas[13]. Ciudadanos está próximo a la derecha por lo que respecta a la economía (liberalismo, cercanía con el mundo empresarial), pero cercano a la izquierda en los valores sociales (aborto, matrimonio entre personas del mismo sexo, etc.). La siguiente tabla resume lo anteriormente dicho:

Tabla 1. Rasgos comunes de actuación. *Copyright: Esperanza R. Alcaide Lara. License: CC BY*

Rasgos de actuación	Iglesias(UP)	Rivera (C's)
Nace en una situación de crisis social	+	+
Presencia de un líder carismático fuerte	+	+
No homogéneo ideológicamente	+	+

---

[13] Entre sus filas tenemos a representantes más radicalizados (Pablo Iglesias mismo), izquierdistas más moderados (Íñigo Errejón), antiguos miembros de la coalición Izquierda Unida, ideólogos poco definidos (Juan Carlos Monedero), militares (como independientes, el caso de José J. Rodríguez, que, por instancias del Ministerio de Defensa, pasa a la situación de "retiro" del Ejército por comparecer a las elecciones en las filas de Podemos), y antiguos dirigentes de la extinta Alianza Popular –germen del actual PP, fundada por Manuel Fraga Iribarne, ministro de Francisco Franco– como Jorge Verstrynge.

4. Características del discurso populista

Tanto en el populismo de izquierdas como en el de derechas, el discurso tiene un denominador común: una retórica simplista y esencialista, con fuerte base y contenido emocional en torno a temas como la inmigración, la violencia, la inseguridad, el paro en las familias, etc.

Igual que cualquier discurso, el populista utiliza estrategias persuasivas con el objetivo de captar al destinatario, pero valiéndose de factores simbólicos que afectan más a la emoción[14] que a la razón. En este sentido, uno de sus recursos más peculiares, el exceso de carácter emocional (quizás el que le separe del discurso político general), consigue atrapar al pueblo sin que este sospeche[15]. Tanto Podemos como Ciudadanos hacen uso de este recurso. Iglesias a través de sus discursos y la escenificación de estos. Sin ir más lejos en la Sesión de Investidura (fallida) para la Presidencia del Gobierno Español, celebrada en el Congreso de los Diputados español el 2 de marzo de 2016, cuyo candidato era el socialista Pedro Sánchez, Iglesias protagonizó dos episodios que pueden ejemplificar este aspecto: tras acabar su intervención, levanta el puño izquierdo, como los dirigentes y militantes de la izquierda en sus actos de partido, lo que no es normal en la cámara[16]. Y, tras este gesto, Iglesias y Domenech (portavoz de *En Comú Podem*, confluencia de Podemos en el Congreso español) emulan, tras terminar su intervención el segundo, el "beso" que, en 1979, protagonizan dos líderes comunistas en el aniversario de la fundación de Alemania del Este como estado comunista: Breznev (URSS) y Honecker (RDA)[17].

Rivera, más comedido, escenifica el "exceso emocional" a través de sus palabras:

> 5) [...] la verdad es que es un orgullo subir a esta tribuna y representar a tres millones y medio de españoles. Es un honor estar aquí, en esta casa donde han pasado tantas cosas de la historia de España, donde se han sentado

---

[14] Lo emocional es esencial para entender el éxito de la comunicación en la política de determinados líderes, así como de los regímenes populistas, algo ya señalado desde la retórica aristotélica hasta nuestros días (cf. Kienpointner 2008).

[15] Al respecto de la emoción en el discurso, Charaudeau afirma: «Recurrir a efectos emocionales es constitutivo de todo discurso político, pero toma un carácter particularmente exacerbado en el discurso populista» (Charaudeau 2011: 12).

[16] Puede visionarse esta imagen en el siguiente enlace https://www.elperiodico.com/es/politica/20160302/discurso-iglesias-investidura-sanchez-4942600

[17] La imagen la tenemos en el siguiente enlace del diario *El País*: https://elpais.com/elpais/2016/03/02/tentaciones/1456916488_017972.html

hombres de Estado, donde ha habido debates importantísimos y donde se forjó el debate, el diálogo, la concordia, durante la transición. (Rivera, DSCD, 11, 3, 34[18])

En este ejemplo, Rivera habla del "orgullo" de representar a esos millones de españoles que le han votado, del "honor" de estar sentado en un lugar lleno de historia, y hace referencia al papel de las Cortes, sede del Parlamento, en un momento histórico, el de la transición, que propició el paso, en paz, de una dictadura a la actual democracia española. Palabras cargadas de emoción y que intentan despertar la emoción en el interlocutor, que, en este caso, dado el carácter televisado del acto institucional, no es el adversario propiamente, sino la ciudadanía.

El discurso populista tiene un marco común de escenificación, que pasamos a estudiar en relación a los líderes que nos ocupan.

4.1. Situación de crisis y victimización

Se presenta una situación social de la que es víctima única y exclusivamente el pueblo. De esta forma, este manifestará un estado de fuerte insatisfacción y resentimiento, que será explotado por el populista con estrategias como:

- Hablar de la situación económica haciendo hincapié en las cargas sociales que pesan sobre las empresas, las situaciones de precariedad de los trabajadores (paro, despidos) y de la distancia cada vez mayor entre ricos y pobres, el empobrecimiento de la nación.
- Hablar de la decadencia moral de la nación, la pérdida de las referencias identitarias, la pérdida de civismo y el relajamiento del vínculo social.
- Victimización del ciudadano, víctimas de la inseguridad o el desamparo de las instituciones. Se trata de crear angustia en el ciudadano.

Ejemplos:

6) Que ustedes sigan gobernando será un desastre para la gente corriente. Con ustedes a los mandos del Gobierno ha aumentado el número de *ciudadanos en riesgo de pobreza*, así como el número de *hogares que no llegan a*

---

[18] Este ejemplo pertenece al *Diario de Sesiones nº 3 de la XI Legislatura*.

fin de mes y ya casi la mitad de las *familias españolas no se pueden permitir ni siquiera una semana de vacaciones.* (Iglesias, 22)

> 7) Este es un gran país, sin duda, [...] pero es un país que en el mundo globalizado tiene riesgos y oportunidades, y si nos quedamos quietos, si no nos movemos, [...] si dejamos que España se bloquee mientras otros avanzan, *perderemos oportunidades; oportunidades de mejora, de modernización, de políticas sociales, de regeneración de reformas institucionales.* (Rivera, 39)

Vemos que, a través de las estructuras en cursiva, en ambos casos, se hace referencia a situaciones de gran insatisfacción, de pobreza, no solo presente sino también futura en el caso de Rivera, que repercuten directamente en el ciudadano.

4.2. La causa del mal y los culpables

Se trata de denunciar a los culpables: la clase política y las élites aisladas del pueblo (patronal, ricos, empresarios... la "casta" de Iglesias), las instituciones que han perdido toda autoridad y la burocracia, fuente de todos los males:

> 8) Hablar de su gestión es hablar de corrupción; la corrupción está en los genes de su partido, señor Rajoy, desde que lo fundaran los exministros vinculados al más corrupto de los regímenes que han existido en España (Aplausos-Protestas). (Iglesias, 33)

> 9) Nuestra gente son las mujeres que tienen que sacar adelante solas a su familia o que tienen que atender sin ayudas, por culpa de su Gobierno, a un familiar dependiente. (Iglesias, 22)

> 10) En definitiva, que no se escapen aquellos que pagaron muy poquito, mucho menos de lo que dice la ley, lo que ha hecho que muchos otros tengan que pagar mucho. (Rivera, 41)

La causa del mal, el culpable, suele designarse vagamente. Se le presenta oculto en las sombras, manejando a la sociedad a su antojo y a escondidas, acechando para atacar y provocar más víctimas sin compasión: la clase política, las élites económicas, los corruptos, los cobardes, los tecnócratas, los "lobbies", las mafias, los grupos de interés (los capitalistas), la oligarquía, los enemigos exteriores (la inmigración, los extranjeros, los refugiados, las grandes potencias). En esto Iglesias es un maestro, no así Rivera:

> 11) Seguro que si hoy se lo pusiéramos fácil, señor Rajoy, *los señores del IBEX 35* dejarían de considerarnos unos peligrosos populistas y darían la orden de que se nos tratara mejor. (Iglesias, 22).

> 12) Hablaba usted ayer de la soberanía, precisamente en el aniversario de la reforma constitucional del artículo 135 que *pactaron ustedes con el Partido Socialista sin consultar a los ciudadanos.* Decía usted ayer que el derecho a decidir corresponde al pueblo español, cuando *usted es responsable de haber entregado ese derecho a la señora Merkel y a los poderes financieros.* (Iglesias, 22)

> 13) Ustedes han naturalizado la corrupción como una forma de gobierno en la que *mandan los que no se presentan a las elecciones.* (Iglesias, 33)

Las instituciones son también culpables de lo que ocurre, porque alejan a los políticos de los problemas del ciudadano, del pueblo:

> 14) En estos meses incluso nosotros mismos hemos experimentado cómo *esta institución* aleja a sus miembros de los problemas de la calle, pero, por suerte, la política no es solamente esto, señor Mariano Rajoy. (Iglesias, 21)

> 15) Durante los últimos *Gobiernos del señor Zapatero y del señor Rajoy* en este último mandato, [...]) sobre todo no ha habido sensibilidad hacia algunas de las reformas y algunos de los asuntos que los españoles reclamaban. (Rivera, 38)

4.3. La exaltación de valores propios

Claros son los siguientes ejemplos, en los que tanto Iglesias como Rivera se presentan como representante de la clase de políticos que escucha al pueblo y que es inquebrantable en sus principios:

> 16) Pero *nosotros no somos así* [...]: *a nosotros no se nos compra, ni cedemos a las presiones ni a los insultos de los poderosos y sus asalariados.* (Aplausos) Nadie, absolutamente nadie en España concibe la posibilidad de que nosotros vayamos a renunciar a nuestros principios y a faltar a nuestra palabra poniéndoselo fácil a usted. (Iglesias, 22)

> 17) Los españoles votaron cambios, [...] y *Ciudadanos lo entendió*. Entendió que había que pedir cambios pero que no había cambios sin diálogos y sin acuerdos. (Rivera, 38)

Al mismo tiempo, se hace hincapié en la falta de valores del contrario o adversario (enemigo):

18) Tampoco hablan ustedes de los refugiados por los que habitualmente *lloran lágrimas de cocodrilo sin cumplir jamás sus compromisos*. (Iglesias, 24)

19) Señor Rivera, ya se lo dije en un debate: *usted no es de izquierdas ni de derechas; usted es de lo que haga falta y de lo que le ordenen desde arriba, porque usted no manda ni siquiera en su partido*. Le iba a decir a usted que es *la marioneta gatopardiana de las élites*, pero creo que me entenderá mejor si le digo *que es usted el chicle de MacGyver del régimen: vale usted para todo*. (Aplausos). [...] Y es que lamento informarle que su papel en nuestra historia se está agotando. Ustedes nacieron para frenar el cambio y para ser la *muleta de lo viejo*. [...] me temo que la burbuja naranja se está desinflando y este intento de investidura fallida va a dejarles a ustedes ocupando el papel que les corresponde. *Es lo que tiene ser el chicle de MacGyver: dura lo que dura*. (Iglesias, 24)

20) *Los españoles no se han equivocado, se equivocarán aquellas señorías que piensen con la calculadora electoral y en sus intereses de partido o, lo que es peor, en sus intereses personales*. (Rivera, 38)

Al igual que cualquier discurso político, el populista debe proponerse un proyecto de "idealidad social" en que se muestren valores que se suponen representantes de la base del vínculo que nos une como miembros de la comunidad social:

21) La respetabilidad no la da hacer trucos en el Parlamento ni tragarse los sapos que imponen los ricos. La respetabilidad en política la da poder mirar a tu gente a la cara y decirles: yo estoy aquí por ti y para ti. Nuestra gente es la gente corriente, la gente de los barrios y pueblos de este país de países (Rumores). Nuestra gente se levanta temprano a trabajar, a buscar trabajo, a sacar su pequeño negocio adelante. Nuestra gente son los jóvenes que han tenido que emigrar y los que se han tenido que quedar padeciendo el paro y la precariedad. Nuestra gente son las familias desahuciadas, los abuelos y abuelas que estiran su pensión para ayudar a sus hijos y a sus nietos. Nuestra gente son las mujeres que tienen que sacar adelante solas a su familia o que tienen que atender sin ayudas, por culpa de su Gobierno, a un familiar dependiente. (Aplausos). Nuestra gente son las maestras y maestros, los profesionales de la sanidad, los ciudadanos de uniforme que muchas veces se ven obligados a trabajar sin chalecos antibalas. Nuestra gente son los estudiantes sin becas. Y esa es la gente a la que queremos poder mirar a la cara con orgullo, y esa gente sabe, incluso si no nos vota, que nosotros no traicionamos nuestra palabra ni nuestros principios. (Iglesias, 22)

22) [...] yo les digo una cosa: no me veo capaz de mirar a los ojos a los españoles y decirles que por la política de la ejecutiva de mi partido, o por mi sillón, o por no sé qué carguillo, este país no se pone en marcha. (Rivera, 39)

El populista se sumerge en la historia y en las tradiciones para dar con lo auténtico, lo verdadero, lo más puro. El objetivo es reconstruir la identidad destruida por la crisis, por el enemigo, identidad que reparará el mal existente, con lo que el pueblo recuperará su protagonismo. Un potente recurso en este sentido es hacer creer que todo es posible enseguida (ahora) y que el milagro del cambio es realizable, activándose la esperanza:

> 23) Nosotros no queremos la respetabilidad que da el reconocimiento de los poderosos; al contrario, como dijo el fundador del Partido Socialista, merecer el odio de los que envenenan al pueblo es la mayor de las honras. Y nosotros tenemos la suerte de que los poderosos nos honran cada día (Aplausos). (Iglesias, 22)

Es también característico de este tipo de discurso señalar medidas vagas para terminar con la crisis (entre otras, aumentos de penas carcelarias, bajadas de impuestos sin reparar en consecuencias, aumentos de salarios para trabajadores y funcionarios, menores cargas fiscales para las empresas), lo que incide en la exaltación de los valores propios. La diferencia entre Iglesias y Rivera es que el primero lo expone bajo el signo del miedo (*si gobiernan ustedes, todo empeorará*) y el segundo de la esperanza (*si gobiernan con nuestro apoyo, todo cambiará*), lo que también es lógico dado que, en el contexto del corpus analizado, uno es contrario a la investidura del candidato Rajoy y el otro está a favor para desbloquear el problema del (des)gobierno de España:

Tabla 2. Perspectivas desde la que tratan los temas los dos agentes. *Copyright: Esperanza R. Alcaide Lara. License: CC BY*

Iglesias	Rivera
Trata de forma explícita, pero vaga, los temas que preocupan al ciudadano bajo el signo del **miedo:**	*Trata de forma explícita, pero vaga, los temas que preocupan al ciudadano bajo el signo de la* **esperanza:**
Corrupción	Corrupción
Endurecimiento de las reformas laborales	Paro y reforma del modelo laboral
Políticas sociales (salario mínimo interprofesional, plan de renta garantizada, complemento salarial, violencia de género)	Pobreza infantil

Iglesias	Rivera
Pensiones	Educación
Sanidad pública gratuita	Reformas en el mundo judicial
Política territorial	Reforma del Senado y otras instituciones para recortar la burbuja política
Los refugiados	Pérdida de oportunidades por el bloqueo del gobierno
La inmigración	Premio a las energías limpias. No al impuesto al sol
	Persecución del fraude

4.4. El líder

El líder proyecta una imagen de autenticidad, transparencia y potencia, que se traduce en actuaciones contundentes, irónicas, no exentas de insultos, y posturas contrarias a todo lo que ha significado una mala praxis de los adversarios, y, por supuesto, al servicio del pueblo: romperá con el pasado y salvará a la sociedad.

> 24) Llegamos aquí empujados por la gente, diciendo verdades como puños, y hoy constituimos un espacio político más amplio que reconoce la diversidad y la plurinacionalidad de nuestra patria y que, tarde o temprano, gobernará. Me enorgullece [...] que, a pesar de todas las dificultades, en mi país haya hoy una opción política con posibilidades de gobernar que se enfrente a ustedes, señor Rajoy. (Iglesias, 25)[19]

> 25) Y les digo una cosa: quien aspire a ser presidente de su país –y yo aspiro a serlo– no puede ser un obstáculo para su país [...] el cambio ha llegado al Congreso y estoy convencido de que algún día llegará al Gobierno (Aplausos). (Rivera, 40)

El proceso que sigue el líder en su discurso es:

Estigmatización de un mal → purificación → milagro: transformación inmediata de la realidad social.

---

[19] En este ejemplo, podemos observar incluso ese proceso de polarización social de la que hablan Chumaceiro (2006) o Bolívar (2013) con respecto al discurso chavista en Venezuela. Rivera pretende una sociedad plural, no polarizada, consecuencia lógica de su posición en este debate: "Yo quiero jugar a unir los puntos, porque diferencias en una democracia siempre las habrá; es más, es sano, es bueno que haya diferencias" (Rivera, DSCD, 12, 4, 39).

26) En la última legislatura el Partido Popular indultó, por ejemplo, a los corruptos del caso Treball, de Unió, y nosotros no estamos de acuerdo con esa política. Por eso obligamos también al Partido Popular a firmar y acabar con los indultos, porque habían indultado también por corrupción política. También con los aforamientos del Gobierno y del Legislativo. En definitiva, los privilegios ante la justicia no los queremos ni para nosotros. Por eso lo hemos firmado y queremos que todo el mundo vaya al juez natural y no tenga privilegios ante la justicia. (Rivera, 44)

Gráficamente:

Tabla 3. Proceso del discurso del "líder". *Copyright: Esperanza R. Alcaide Lara. License: CC BY*

Estigmatización de un mal	Purificación	Milagro: transformación inmediata de la realidad social
En la última legislatura el Partido Popular indultó, por ejemplo, a los corruptos del caso Treball, de Unió, y nosotros no estamos de acuerdo con esa política.	Por eso obligamos también al Partido Popular a firmar y acabar con los indultos, porque habían indultado también por corrupción política. También con los aforamientos del Gobierno y del Legislativo.	En definitiva, los privilegios ante la justicia no los queremos ni para nosotros. Por eso lo hemos firmado y queremos que todo el mundo vaya al juez natural y no tenga privilegios ante la justicia.

4.5. Resultados

Lo dicho se refleja gráficamente en la siguiente tabla:

Tabla 4. Escenarios compartidos por los dos agentes. *Copyright: Esperanza R. Alcaide Lara. License: CC BY*

Escenarios del discurso populista	Iglesias (UP)	Rivera (C's)
Situación de crisis y victimización	+	+
Causa del mal y culpables	+	+
Exaltación de valores propios	+	+
Denostación de la falta de valores del adversario	+	+
El líder: "el representante del pueblo".	+	+

5. La retórica populista

Podemos resumir las características más generales de la retórica populista encaminada a conmover, mediante el empleo de fórmulas destinadas a captar al ciudadano en los siguientes puntos:

- Registro sencillo y comprensible.
- Estilo no estereotipado, con marcas originales.
- Uso y abuso de las nominalizaciones.
- Modalidades que expresan evidencia.
- Palabras que remiten al miedo, la decadencia, la desesperación o a la esperanza.
- Argumentaciones reducidas a la relación causa efecto.
- Práctica de la amalgama en la descripción de los actos de agresión mezclando actos mayores y actos menores, las causas con las desgracias.
- Recurrencia a cifras y porcentajes para respaldar sus palabras sin posibilidad de verificación.

Ejemplos de esto los tenemos en la forma en la que Iglesias nombra al pueblo (*la gente, la calle*), cómo se dirige a sus adversarios[20], o el léxico popular empleado (casi vulgar, poco adecuado para el escenario en que se mueve)[21]. Las intervenciones con tintes humorísticos son también frecuentes en ambos políticos:

> 27) Este hombre le decía a mi amigo periodista que si los de Unidos Podemos queríamos ganar en respetabilidad, deberíamos facilitar su investidura, señor Rajoy. No se alboroce usted, no vamos a seguir la recomendación de este hombre. (Iglesias, 21-22)

---

[20] A Ciudadanos los llama *la naranja mecánica*; con Rajoy, candidato a la presidencia, utiliza formas de tratamiento peyorativas e ironizantes: "la política no es solamente eso, *señor Mariano Rajoy*" (Iglesias, 21). Con bastante frecuencia cae incluso en el insulto, lo que empobrece el diálogo democrático. Sobre este aspecto dice Bolívar (2009: 32): «toda transformación o cambio es posible en gran parte gracias a la palabra que, en el diálogo democrático, debe ser respetuosa del otro, de su imagen personal, política y cultural. La lucha por el poder pasa por el discurso y los modelos políticos, dominantes o no, se construyen con la palabra» Sobre el insulto en el discurso político, cf. Fairclough (2000), Martín Rojo (2000), Ilie (2001) y Bolívar (2009 y 2013).

[21] «Espero de corazón que su *cabreo* no fuera una sobreactuación» (22) o «y además no recogen medidas para evitar las muertes *en el tajo*» (23).

28) Yo sé que usted es más partidario de hombres de Estado como Otegi[22], pero yo soy mucho más partidario de hombres de Estado como Suárez[23] y González (Aplausos). (Rivera, 44)

Otro aspecto es el posicionamiento del orador populista: la imagen proyectada de un *Yo* que se afirma potente, voluntario y comprometido, representado a menudo por un *Nosotros* que incluye al líder y a su partido y partidarios. A veces prefiere referirse a sí mismo bajo la tercera persona de "teatralización", autodesignándose como el protagonista de una acción salvadora:

29) (Señor Sánchez) no sé si recuerda usted que desde esta tribuna *le advertí* de los peligros de la "hipoteca naranja"[24] (Rumores). *Supongo que estará de acuerdo conmigo* en que no han sido los socios más fiables ni más leales a la vista de lo que estamos viendo hoy. (Iglesias, 25)

30) Usted sabe que vamos a votar contra su candidatura y sabe que nos va a tener enfrente siempre, pero hoy *quiero recordarle* por qué. Ayer se atrevió usted a reivindicar la soberanía y el constitucionalismo; usted, que representa a un partido fundado por ministros de una dictadura cuya fundación de pensamiento se llamó durante años Cánovas del Castillo (Rumores), una respetable figura que despreciaba el sufragio universal. Usted, líder de la tradición conservadora que arranca en el ¡Vivan las caenas!, habló ayer de 1812. Usted no es de *la Pepa*[25], señor Rajoy, ni de ninguna Constitución. Usted es más de la carta otorgada, otorgada por la señora Merkel (Aplausos). (Iglesias, 22)

31) *Me indignó* escucharle decir ayer que hace falta un Gobierno que tranquilice a los inversores y a los socios europeos. Lo que hace falta es un Gobierno que dé la cara por la gente, señor Mariano Rajoy. (Aplausos) (Iglesias, 24)

---

[22] Arnaldo Otegi, conocido dirigente de Herri Batasuna, brazo político de la banda terrorista ETA.
[23] Adolfo Suárez, expresidente del Gobierno de España, considerado el gestor de la transición española de la dictadura franquista a la actual democracia.
[24] Con "hipoteca naranja", Iglesias hace un juego de palabras, utilizando el nombre del producto ofertado por la entidad ING Direct, el concepto *hipoteca* y el color naranja que identifica a la formación política Ciudadanos, para hacer referencia a las cargas que le supondría a Sánchez, candidato a la presidencia del Gobierno de España, el apoyo de Rivera (Ciudadanos).
[25] Así se nombra a la Constitución de 1812, aprobada en Cádiz el 19 de marzo de ese año. Este día se celebra la festividad de San José, cuyo diminutivo es el masculino *Pepe* y el femenino *Pepa*. De ahí que se nombre como *la Pepa*.

32) Por eso, señorías, *no subo a esta tribuna, como otros*, para hacer de comentaristas de la realidad, de comentaristas del verano. Este verano algunos han estado comentando la realidad –a pesar de ser ya diputados y no solo activistas– *y otros nos hemos dedicado a trabajar* [...]. (Rivera, 38)

Se hace uso de fórmulas contrastivas, para señalar las diferencias entre *nosotros* y los adversarios, la idea *No somos iguales*:

33) Algunos de nosotros irrumpimos en la política española sin estar en esta Cámara y quizás por eso comprendemos que lo verdaderamente importante está ahí fuera (la gente)[26]. (Iglesias, 21)

34) Esa es la *diferencia entre los gurús que venden humo y los que somos capaces de proponer* políticas sociales que se pueden pagar. (Rivera, 40)

El populista es desmesurado incluso en la producción corporal, vocal y gestual, que casi se puede calificar *de barricada*:

35) A muchos de ustedes les ofendió que alguno de nosotros levantáramos el puño en esta Cámara, que por tanto tiempo fue sumisa a la corrupción, a la mentira y a la cobardía. Hay símbolos que para ustedes son viejos. Yo pienso, como Carlo Levi, que el futuro tiene el corazón antiguo y que hay gestos que rinden homenaje a lo mejor de nuestra historia, de nuestra patria y de nuestros pueblos. Ayer se conmemoraba el Día Internacional de los Desaparecidos, y España encabeza el siniestro ranquin europeo en número de fosas comunes; en el mundo solo nos supera Camboya. Que no triunfe nunca el olvido: porque fueron somos, porque somos serán *(El señor Iglesias Turión levanta el brazo derecho con el puño cerrado.- Aplausos de las señoras y los señores diputados del Grupo Parlamentario Confederal de Unidos Podemos- En Comú Podem – En Marea, puestos en pie)*. (Iglesias, 25)

Lo observado en nuestro corpus nos lleva a los siguientes resultados:

Tabla 5. Rasgos lingüísticos presentes en los discursos de Iglesias y Rivera. *Copyright: Esperanza R. Alcaide Lara. License: CC BY*

Rasgos lingüísticos	Iglesias (UP)	Rivera (C's)
Registro sencillo y comprensible	+	+
Estilo no estereotipado	+	+

---

[26] "Una estrategia muy productiva del discurso populista es la de presentar al líder como un político poderoso cuya fuerza proviene del pueblo hasta el punto de fundirse en una sola 'alma'" (Bolívar 2013: 145).

Rasgos lingüísticos	Iglesias (UP)	Rivera (C's)
Uso abusivo de las nominalizaciones	+	-
Modalidades que expresan evidencia	+	+
Palabras que remiten a emociones	+	-
Registro familiar (vulgar)	+	-
Argumentaciones reducidas a causa efecto	+/-	+/-
Práctica de la amalgama en la descripción	+	+
Recurrencia a cifras y porcentajes sin verificación	-	-
Posicionamiento del orador (líder potente)	+	+
Producción corporal, vocal y gestual de mitin	+	-

6. Conclusiones

Ni la escenificación ni los escenarios de ambos oradores españoles distan mucho en la práctica discursiva de Podemos y Ciudadanos, los dos nuevos partidos, o partidos emergentes en España. En este sentido, si Iglesias se muestra más identificado con el pueblo, la gente, la "idealidad social (*yo y el pueblo*), y recurre más a la historia para defender actitudes puras, Rivera hace más hincapié en su misión de político que va a velar por el bien, que va a conseguir erradicar la corrupción, y que va a restablecer el bienestar social. De ahí que, según estos datos, si el discurso de uno es populista, el del otro, por tanto, también, y viceversa. Pero habrá que preguntarse si estos rasgos no son comunes al discurso político general actual, al menos en España.

Sí se diferencian en los rasgos que hemos dado en llamar "más puramente lingüísticos". No en vano, Rivera, abogado de profesión, y maestro en la Oratoria, ha sido reconocido como el político español actual que mejor comunica. Su estilo es tranquilo, pausado y correcto, a la vez que cercano. En cambio, Iglesias, politólogo, profesor de Universidad, hace gala de unos usos lingüísticos más cercanos a lo electoralista o propagandístico que a lo parlamentario. En este sentido, volvemos a las palabras del principio: *El poder del lenguaje no está solamente en lo que dice, sino en lo que transmite* (Charaudeau 2009). Según esto, ambos políticos comparten un trasfondo discursivo populista, pero Iglesias lo evidencia más en sus formas, mucho más exacerbadas y excesivas, que Rivera, más distanciado como comunicador en su rol de político. Rivera proyecta una imagen de político que trabaja para el ciudadano y por el ciudadano; Iglesias quiere ser el pueblo que trabaja para el pueblo. Esto es lo que nos dicen (transmiten) sus palabras.

Referencias

Aboy Carlés, G. (2001). "Repensando el populismo" *XXIII Congreso Internacional Latin American Studies Association, Washington D.C.*, 6 al 8 de septiembre de 2001. http://lasa.international.pitt.edu/Lasa2001/AboyCarlesGerardo.pdf

Alcaide Lara, E. R. (2014). "La relación argumentación-(des)cortesía en el discurso persuasivo". *Sociocultural Pragmatics* 2 (2), 223-261.

Alcaide Lara, E. R. (2017). "'Invitar' en el discurso parlamentario: la atenuación como 'trampa'". *Lingüística Española Actual* 39 (2), 177-197.

Bolívar, A. (2009). "'Cachorro del imperio' versus 'Cachorro de Fidel': los insultos en la política latinoamericana". *Discurso & Sociedad* 2(1), 1-38.

Bolívar, A. (2013). "La construcción discursiva de la revolución bolivariana. Polarización y manipulación en la campaña electoral de 2012". *Temas de Coyuntura* 67, 131-163.

Carretero, R. (2014). "¿Qué es el populismo y quién es populista en España?" (http://www.huffingtonpost.es/2014/09/21/populismos_n_5809776.html) [consultado 14 /05/2016].

Charaudeau, P. (2009). "Reflexiones para el análisis del discurso populista". *Discurso y Sociedad* 3(2), 253-279.

Charaudeau, P. (2011). "Las emociones como efectos del discurso". *Versión* 26, 97-118.

Chumaceiro, I. (2006). "Bolívar en el discurso de toma de posesión de tres presidentes venezolanos", en M. Sedano, A. Bolívar & M. Shiro (comps.), *Hacer lingüística. Homenaje a Paola Bentivoglio*. Caracas: Universidad Central de Venezuela, 645-655.

Dictionnarie Larousse: http://www.larousse.com/es/diccionarios/frances [consultado 25/03/ 2017].

Dorna A. (2006). *Médiatiques* 38, Bulletin d'information de l'Observatoir du récit médiatique, Louvain-la-Neuve.

Ducrot, O. (1986). *El decir y lo dicho. Polifonía de la enunciación*. I. Agoff (tr.) Buenos Aires: Paidós.

Fairclough, N. (2000). "Dialogue in the public sphere", en S. Sarangi & M.Coulthard (eds.), *Discourse and Social Life*. London: Longman, 170- 184.

Hernández Flores, N. (2013). "Actividad de imagen: caracterización y tipología en la interacción comunicativa". *Sociocultural Pragmatics* 1(2), 175–198.

Hernández Flores, N. (2014). "Imagen individual, imagen de grupo y la imagen de los otros en la construcción de una identidad política: el discurso del candidato español Pablo Iglesias". *Workshop Political discourse in Romance-speaking countries: linguistic and social science perspectives (ROMPOL I)*, 9–11/10/2014. Universidad de Estocolmo.

Ilie, C. (2001). "Unparliamentary language: insults as cognitive forms of ideological confrontation", en R. Dirven, R. Frank & C. Ilie (eds.), *Language and ideology II. Descriptive cognitive approaches*. Amsterdam: John Benjamins, 235–263.

Kienpointner, M. (2008). "Impoliteness and emotional arguments". *Journal of Politeness Research* 4 (2), 243–265.

Laclau, E. (1978). *Política e ideología en la teoría marxista*. México, Siglo XXI.

Martín Rojo, L. (2000). "Enfrentamiento y consenso en los debates parlamentarios sobre la política de inmigración en España". *Oralia* 3, 113–148.

Montero, M. (2003). "Retórica amenazante y crisis de gobernabilidad en Venezuela". *Discurso y Sociedad* 4(3), 37–56.

Real Academia Española (2017). *Diccionario de la Lengua Española* [versión en línea: http://dle.rae.es].

¿Quién es el pueblo? La exclusión de las minorías en la campaña electoral 2015 en España[1]

Ana Ruiz-Sánchez y Manuel Alcántara-Plá

Wor(l)ds Lab – Universidad Autónoma de Madrid

1. Introducción

El presente trabajo analiza la presencia de las minorías en las cuentas de la plataforma de *microblogging* Twitter de los principales partidos políticos y candidatos que concurrieron a las elecciones generales en España en 2015. El discurso político de los últimos tiempos muestra señales claras de radicalización y ofrece visiones de la sociedad simplistas y homogeneizadoras. La red europea Radical Awareness Network (RAN) advertía recientemente de que «la polarización está aumentando en las sociedades europeas, creando una base fértil para procesos de radicalización a través del aumento de quejas, del pensamiento 'nosotros contra ellos' y de incidentes que incitan al odio y la violencia» (RAN 2017). En este contexto, resulta interesante estudiar la presencia de lo socialmente minoritario en ese «nosotros» formulado como «el pueblo» y, de esta forma, ver el grado de reconocimiento de la heterogeneidad social, de sus matices y el grado de polarización.

---

[1] El trabajo presentado en este capítulo forma parte del proyecto de investigación *Estrategias de encuadre y articulación del discurso político en 140 caracteres*, financiado por el Ministerio de Economía y Competitividad español en su programa de I+D (FFI-2014-53958-P). Más información sobre él en www.worldslab.eu.

Los autores agradecen al resto de miembros del grupo de investigación Wor(l)ds Lab de la UAM su trabajo y comentarios dentro de este proyecto. Su ayuda ha sido inestimable en la labor de comprender mejor el corpus y, por lo tanto, ha posibilitado que lleváramos a cabo la investigación descrita en estas páginas. También agradecemos los comentarios de los revisores anónimos, que mejoraron sin duda el texto final.

Cómo citar este capítulo:
Ruiz-Sánchez, R. & Alcántara-Plá, M. 2019. "¿Quién es el pueblo? La exclusión de las minorías en la campaña electoral 2015 en España". In: Françoise Sullet-Nylander, María Bernal, Christophe Premat & Malin Roitman (eds.). *Political Discourses at the Extremes. Expressions of Populism in Romance-Speaking Countries*. Stockholm Studies in Romance Languages. Stockholm: Stockholm University Press, pp. 105–124. DOI: https://doi.org/10.16993/bax.f. License: CC-BY

Si bien la noción de *populismo* es aún objeto de discusión científica, existe un consenso sobre la centralidad del concepto «el pueblo» dentro del discurso político reciente en Europa. Resulta por tanto fundamental analizar, como parte de los procesos de resemantización de la noción de pueblo, quién o quiénes constituyen el pueblo como destinatario principal del discurso y, por ende, quién no lo constituye. Este dato es especialmente relevante ya que los populismos, sean de derechas o izquierdas, se caracterizan por ser excluyentes[2]. La lógica populista implica una polarización que concibe al otro como enemigo: «Además de ser antielitistas, los populistas siempre son antipluralistas. Los populistas aseguran que ellos –y solo ellos– representan al pueblo» (Müller 2016). Si, como afirma la lingüista Adriana Bolívar (2016), el populismo impone, no coopera, es importante identificar aquellos colectivos que quedan excluidos del discurso político, puesto que serán probablemente quienes más sufran dicha imposición, e incluso corran mayor riesgo de ser estigmatizados. Observar cómo se conforma dicho concepto en las redes sociales ayuda a comprobar la validez de la asociación frecuente entre el uso de las nuevas tecnologías y los procesos de regeneración democrática (Mancera y Pano 2013, Fuchs 2014), que algunos teóricos contraponen a las corrientes populistas y al discurso pseudopolítico (Gallardo 2016). La hipótesis a validar afirma que en tanto que herramienta de intercambio comunicativo horizontal, la red genera un discurso político con mayor permeabilidad a la composición compleja de la sociedad, y facilita una mayor participación y mayor transparencia. Para responder a todas estas cuestiones, fijamos nuestra mirada en el discurso político en redes sociales, en concreto la red de *microblogging* Twitter, mantenido por los diferentes partidos políticos y sus candidatos en España durante la campaña electoral de las elecciones generales de 2015.

---

[2] Véase la advertencia del politólogo Antonio Antón en su análisis del populismo: «En el plano discursivo, a efectos de expresar una 'hegemonía' representativa (totalizadora), una parte se apropia del todo y no reconoce a otra parte. Nominalmente no existe. Es una práctica habitual poco democrática y antipluralista pero que no hay que confundir con la exclusión total de los derechos de esa parte no mencionada y la imposición totalitaria, coactiva y violenta de su destrucción política (o física). La visibilidad en el lenguaje de un sujeto, del pueblo o parte de él, así como su reconocimiento discursivo tienen gran importancia simbólica y cultural. No nombrarlo o considerarlo subsumido en otro nombre es una deficiencia democrática que genera desigualdad e indefension.» (Antón 2015: 20).

2. Twitter como objeto de estudio

Twitter es una herramienta más dentro de un sistema híbrido de medios de comunicación (Chadwick 2013), pero se ha perfilado en la actualidad como el canal oficial de comunicación política más atractivo, en detrimento de formas más institucionales, lo que explica el interés creciente de su análisis. Es ya frecuente que los políticos e incluso cargos de gobierno comuniquen sus decisiones, criterios, opiniones y rectificaciones en esta red de *microblogging* en vez de con las habituales y más formales notas de prensa o comparecencias públicas. Este complemento de los medios tradicionales (Chadwick 2013) se aprecia especialmente con la llegada de Donald Trump a la Casa Blanca, quien comunica muchas de las decisiones relativas a la formación de su gobierno y sus criterios de actuación a nivel global a través de *tuits*. Esto supone una modificación respecto al patrón anterior: si Twitter en la era Obama constituía un instrumento de comunicación fundamental en campaña electoral, Trump consigue centrar en sus tuits el interés político mundial, al normalizar su uso en la comunicación política incluso fuera del periodo electoral.

El análisis del discurso político en Twitter cuenta con tradición bibliográfica en el sur de Europa. No obstante, de los estudios publicados se colige que nuestros políticos en general desperdician las posibilidades de este nuevo medio. Comunican con esta nueva herramienta de la misma forma que lo han hecho siempre en medios tradicionales (Aragón *et al.* 2013, Zamora & Zurutuza 2014, López-García 2016) y se aprecia todavía una escasa, aunque creciente, interacción con sus destinatarios (Alcántara-Plá 2020, Zugasti & Sabés 2015, Padilla 2015, Congosto 2015), que podría resultar clave para avanzar en la construcción de un concepto de *pueblo* democrática, plural, inclusiva y, por tanto, totalizadora. Sin embargo, y como veremos en este estudio, actualmente esta escasa permeabilidad coincide con la escasa presencia de las minorías en el discurso electoral en Twitter.

Por esta razón, queremos averiguar de qué forma los candidatos construyen la noción de *pueblo* por este medio y en qué medida las minorías son consideradas en ella.

3. Método

Abordamos la investigación centrándonos en la selección léxica y en las estrategias de encuadre, para lo que nos hemos apoyado en conceptos de la teoría de la articulación (Howarth 2005) y de la semántica de marcos (Fillmore 1982, Langacker 1991, Huckin 2002). Como se ha mencionado, el acercamiento es empírico, utilizando como objeto de estudio los tuits publicados en las cuentas de los cinco partidos políticos principales (PP, PSOE, Podemos, Ciudadanos, IU) y sus candidatos en las elecciones generales de diciembre de 2015, del 4 al 20 de dicho mes.

Las diez cuentas suman 16.306 mensajes, que hemos estudiado con una metodología híbrida cuantitativa y cualitativa (Partington *et al.* 2013) dada la elevada cantidad de textos de los que extraer información relevante. Por un lado, obtenemos cuáles son las palabras más frecuentes en términos absolutos y en comparación con las otras cuentas. Por otro, analizamos con un enfoque cualitativo posterior la perspectiva desde la que se presentan las diferentes minorías. En ambos casos buscamos recuperar los marcos semánticos que se comunican asumiendo un paralelismo entre la frecuencia elevada de coaparición de conceptos y su relación dentro de un mismo marco semántico.

Esta equiparación entre el concepto de frecuencias de coaparición (típico de la lingüística de corpus) y de los marcos (de la semántica) es posible porque estos últimos se definen como la estructuración del conocimiento fundamentada en la experiencia (Barsalou 1992). Una parte fundamental de tal experiencia es la que acontece lingüísticamente, por lo que la repetición en el discurso de dos conceptos en los mismos contextos (los mismos mensajes en el caso de nuestro corpus) terminaría por afianzarlos como vinculados en el conocimiento y, por lo tanto, como miembros de un mismo marco.

El corpus fue obtenido automáticamente con un programa que registraba, gracias a la API de Twitter, los tuits en el momento de su publicación. Esta API ofrece los mensajes en el formato estándar JSON con toda la información etiquetada (momento en que fue publicado, datos del emisor, número de *retuits*, etc.). Por este motivo, el corpus fue reducido a los textos y enlaces publicados, que después fue etiquetado morfológicamente con el software Freeling (Padró & Stanilovsky 2012). El etiquetado de tipos de palabras fue utilizado para desambiguar palabras homógrafas. Las frecuencias y las colocaciones se obtuvieron posteriormente con el programa Antconc (Anthony 2014) y con programas realizados en NLTK-Python (Bird *et al.* 2009) dentro de nuestro proyecto.

Aunque todas las cuentas analizadas tuvieron una actividad intensa del 4 al 20 de diciembre, las frecuencias de publicación varían de unas a otras de forma importante. Izquierda Unida es el partido que más utilizó Twitter con 5.348 tuits, seguido por Podemos (4.552), PSOE (1.905), Ciudadanos (1.659) y PP (1.048). Se observa, por lo tanto, una correlación que va desde los partidos de ideología de izquierda y con más tuits a los de derecha con menos tuits. Sin embargo, la misma correlación no tiene lugar con los candidatos. Pedro Sánchez (PSOE) publicó 523 mensajes, seguido por Mariano Rajoy (PP) con 488, Albert Rivera con 318, Alberto Garzón (IU) con 298 y Pablo Iglesias (Podemos) con 166. El corpus de trabajo suma 16.306 tuits y 244.346 palabras (incluyendo enlaces y emoticonos), lo que supone una longitud media de 15 palabras por tuit.

Al planificar este estudio surgieron dos dificultades metodológicas: cómo definir «minoría» y cómo determinar su relevancia social, de manera que quedara fundamentada la necesidad de su presencia en el discurso político electoral en Twitter.

En relación con la primera cuestión, el *Diccionario de la Lengua Española* nos ofrece una definición cuantitativa: «[una minoría es] parte de la población de un Estado que difiere de la mayoría de la misma población por la raza, la lengua o la religión». Por su parte, Wirth define minoría como «todo grupo de personas que a causa de ciertos rasgos físicos o culturales recibe un trato diferente o desigual al que se otorga a los demás miembros de la sociedad en que vive y que se siente, por tanto, objeto de una discriminación colectiva.» (Wirth 1945: 347). Según este autor, el rasgo relevante no lo constituye el número de personas, sino el poder relativo que el grupo tiene en la sociedad. Partiendo de ambas definiciones, consideramos minorías junto a los colectivos señalados por la RAE, a aquellos sectores de la población que presentan menor poder y visibilidad y, como consecuencia, menor acceso a derechos fundamentales, entre ellos y de manera notable, al derecho a la igualdad. Conforme a ambas fuentes, centramos la pregunta en torno a la presencia de los colectivos (y términos de búsqueda) que exponemos a continuación:

En primer lugar, estudiamos minorías desde el punto de vista histórico, como es el caso de las llamadas minorías religiosas de notorio arraigo (en España: judíos, protestantes/evangélicos y musulmanes), afectadas directamente por el desarrollo legislativo de la libertad religiosa y de conciencia en el país. Las búsquedas en el corpus se hicieron a través de las raíces «catolic-», «cristian-», «islam», «judí-», «musulmán», «protestant-», «semít-» y «religió-», y también buscamos apariciones de «libertad de conciencia».

Otra minoría histórica relevante en la sociedad española la forman ciertos grupos étnicos identificados como tales, especialmente los colectivos gitano, marroquí y rumano. Las búsquedas en el corpus se hicieron a través de las raíces «etni-», «gitan-», «marroq-», «ruman-» y «racis-».

En relación con esta última, integramos también búsquedas que nos ayudaran a ver el discurso general sobre migración y extranjería, colectivos que representan al Otro por excelencia y conforman las minorías más visibles en la sociedad española actual, que localizamos a través de un marco muy amplio con los términos «extranjer-», «frontera», «guerra», «refug-», «inmigra-», «Mediterráneo», «migra-» y «siri-». Dada la reciente asociación en el discurso político de la cuestión migratoria con la radicalización violenta, incluimos también «terror-» como raíz de búsqueda.

Otras minorías presentes en el estudio son el colectivo homosexual, con «gay», «hetero-», «homo-», «maric-» y «orientación»; el ámbito de la mujer y las cuestiones de género con los términos de búsqueda claves «fem-», «mujer», «género» y «sexo». Interesante resulta también el discurso sobre discapacidad, buscado a través de los términos «discapacidad» y «diversidad funcional».

Por último, del enfoque de estudios culturales, tomamos las nociones de centro-periferia para identificar los colectivos presentes en la periferia como minorías (Kühn 2015). Hemos investigado cuál era el discurso en torno al mundo rural, que pertenece a un ámbito periférico en el contexto actual, donde el mundo se formula desde y para lo urbano. Utilizamos las búsquedas «agricult-», «campo», «pueblo» y «rural».

4. Análisis y resultados

Las frecuencias encontradas en el corpus de 16.306 tuits son las mostradas en la siguiente tabla:

Tabla 1. Términos de búsqueda y número de tuits. *Copyright: Ana Ruiz-Sánchez y Manuel Alcántara-Plá. Licencia: CC BY*

Religión	18
ateo (1), catolic- (0), crist- (0), evang- (0), islam- (0), jud- (0), laic- (13), libertad de conciencia (0), musulm- (2), protest- (0), relig- (2), semit- (0)	
Refugiados / Inmigrantes	245
frontera (6), guerra (33), human- (20), inmigra- (8) Mediterráneo (2), emigra- (57), refug- (14), siri- (5), terror- (75)	

Racismo / Xenofobia	5
etni (1), gitan- (4), marroq- (0), racis- (0) ruman- (0)	
Diversidad funcional	3 (discapacidad)
Homosexualidad	10
gay (0), hetero (2), homo- (0), LGTB (6), maricón (1), orientación (1)	
Mundo rural	154
agricult- (6), campo (1), pueblo (137), rural (10)	
Mujer	446
fem- (100), género (67), mujer (271), sexo (6)	

4.1. Religión, minorías religiosas y libertad de conciencia

El discurso sobre religión, libertad de conciencia y minorías religiosas, es decir, sobre uno de los derechos humanos de primera generación (derecho civil), no existe en nuestro corpus. En los 18 *tuits* recogidos, no se cita ninguna religión de notorio arraigo, ni siquiera la católica mayoritaria, a excepción de dos *tuis* referidos a la población musulmana. De ellos, uno se produce en el marco del terrorismo y el otro es una propuesta de refuerzo de diálogo con dicho colectivo, que constituye en la actualidad la minoría religiosa con mayor visibilidad en España.

Diez de los *tuits* que contienen la raíz «laic-» fueron emitidos por Izquierda Unida y los tres restantes por el PSOE. La laicidad se formula en los siguientes términos:

1. La escuela debe ser *laica* – en un marco que se completa con los adjetivos «pública», «gratuita», «educativa», «inclusiva» y «de calidad».
2. La completa separación de Iglesia – Estado. Este último ha de ser, según los *tuits* de Izquierda Unida (2), «laico», «feminista», «ecologista», «justo» y «republicano». El marco del PSOE varía: «España laica», «social» y «federal».

Desde la consideración del tema como derecho fundamental de la persona, solo dos partidos le dedican un *tuit*. El PSOE expresa su compromiso de garantizar la libertad religiosa en el marco de un estado laico con una escuela laica; y el PP, por su parte, dice garantizar el derecho de los padres a educar a sus hijos conforme a sus convicciones religiosas.

Entre todos los mensajes analizados, destacan dos de IU por los marcos que construyen. El primero asocia la violencia de género al patriarcado, que se entiende como fruto de la educación religiosa:

(1) [IU] #Feminismo Nos matan por ser mujeres, fin del patriarcado País laico Religión en el ámbito privado #GarzónEnMadrid

El segundo enumera diversos atributos como complementarios para el votante de izquierdas, incluyendo entre ellos el ateísmo:

(2) [IU] #Soy maricón, rojo, ateo, anticapitalista, feminista y republicano, porque son luchas complementarias @shangay #GarzónEnMadrid

4.2. Refugiados e inmigración

Solo encontramos ocho tuits dedicados a la inmigración y dos de ellos son el mismo repetido. Todos menos uno, del PSOE, fueron publicados por Izquierda Unida. Tratan varios temas: la exclusión de los inmigrantes de los servicios públicos, el maltrato que han sufrido por parte del actual gobierno y la necesidad de una política europea más abierta.

(3) [IU] @agarzon denuncia la exclusión d inmigrantes d la sanidad y los precios impagables de los posgrados #ServiciosPúblicosUniversales #elDBT

(4) [IU] Nos expulsan de la sanidad por ser inmigrantes, de la universidad por ser hijos de la clase trabajadora. @agarzon #GarzónEnZaragoza

(5) [IU] Hay que abrir Europa a refugiados, inmigrantes y que cierre las puertas a Merkel y sus políticas @MarinaAlbiol #GarzónEnMadrid aplausos

Una característica llamativa de estos mensajes es la mezcla de asuntos aparentemente dispares. La exclusión de los inmigrantes de la sanidad, los precios de los posgrados y las políticas de Angela Merkel tienen relación solo si pensamos en un marco mucho mayor que el de la problemática de la inmigración.

Aunque la campaña electoral tenía lugar de forma paralela a la crisis de refugiados provocada por la guerra en Siria, este tema tampoco tiene protagonismo en el corpus, con apenas 14 *tuits* (Ciudadanos es el único partido que no lo nombra ni una sola vez)[3]. En ellos, Izquierda Unida

---

[3] La ausencia de este tema es tan llamativa que nos ha llevado a analizarla como fenómeno de silenciamiento intencionado en Alcántara-Plá y Ruiz-Sánchez (2017).

(4 *tuits*) se suma a la campaña internacional «#refugeeswelcome», el PSOE (3 *tuits*) critica las políticas del gobierno en esta materia mientras que el PP (1 *tuit*) y Mariano Rajoy (3 *tuits*) publican mensajes en inglés desde reuniones de la Unión Europea.

Pedro Sánchez (1 *tuit*) y Podemos (3 *tuits*) sí expresan sus opiniones. El primero lo hace compartiendo un enlace a una entrevista que le realizaron para ACNUR, donde se habla extensamente de los refugiados, y Podemos se compromete a cambiar las políticas del país.

> (6) [Podemos] Vamos a ser referente en Europa de los derechos, la paz y la acogida de refugiados q huyen de la guerra @OviedoTaboada #PodemosEnAsturies

Como veíamos en la tabla con los datos cuantitativos, la inmigración y los refugiados suman un número considerable de tuits porque hemos considerado aquellos que trataban cuestiones relacionadas (en el discurso político) como el terrorismo (75), la emigración de los españoles (57), la guerra (33), la raíz «human-» (20), las fronteras (6), Siria (4) y el Mediterráneo (1). El terrorismo es un tema desgraciadamente tradicional en las campañas electorales españolas por el caso vasco, pero en nuestro corpus aparece en un marco que incluye «musulmán», «yihad», «Turquía», «bombardeo de países» y «coordinación entre miembros de la UE». Se trata, por lo tanto, de referencias internacionales. En 45 de los 75 tuits, se habla de la lucha contra el terrorismo y de las políticas necesarias para ello; 11 mensajes son reacciones directas al ataque terrorista contra la embajada española en Kabul, que tuvo lugar en plena campaña, el 12 de diciembre.

La presencia de «guerra», la raíz «human-» y las fronteras es engañosa. A pesar de que pensamos que estarían relacionados con la situación en Siria dado el contexto, lo cierto es que solo 4 de las 33 apariciones de «guerra» y 2 de las 44 de «human-» cumplían esta relación. La primera se utiliza normalmente como concepto general (20) y en referencia a la Guerra civil (4) mientras que la segunda se refiere sobre todo a «derechos humanos» (12), «capital humano» (9) y «humanidad» (7). En cuanto a las fronteras, solo hay dos tuits, ambos del PP, uno enlazando a una intervención en la UE y otro criticando «la imposición por parte de la UE para controlar la frontera de España».

Como vemos, Siria estuvo ausente en la campaña. De hecho, solo aparece la raíz «siri-» en 5 tuits repartidos entre PP (1), Rajoy (2) e IU (2). Los publicados por Mariano Rajoy y su partido son un buen ejemplo del discurso del gobierno con respecto a la crisis de los refugiados:

no es un problema que ellos puedan resolver, sino que la responsabilidad es de la UE.

(7) [PP/Mariano Rajoy] Resolver la situación de los refugiados sirios es de humanidad. Debe actuarse desde el origen es el gran reto de la #UE #BCNTribunaRajoy

IU, por su lado, lo incluye en una enumeración de «intervenciones militares» que censura como «amenaza para la paz» y pide un acuerdo estratégico con el gobierno sirio para combatir al *Daesh*.

4.3. Racismo y xenofobia

Solo 5 tuits tematizan la diversidad étnica; 4 son de Podemos y uno de IU, pero todos coinciden en celebrar la posible elección de las primeras representantes de otra raza u origen a las instituciones de gobierno. Es interesante señalar que, en ambos casos, se trata de mujeres y, por lo tanto, doblemente discriminadas.

(8) [IU] Una mujer árabe se presenta por primera vez al Senado en España, en candidatura @Unidadpopular @agarzon @iunida https://t.co/TQg6wP4c0a

(9) [Podemos] Por fin las mujeres gitanas estamos aquí, representando un papel diferente al que siempre nos han asociado @MariaJose20D

El resto de etnias y nacionalidades quedan invisibilizados, a pesar de tener una presencia muy significativa en la sociedad española actual.

4.4. Diversidad funcional

Los términos de búsqueda utilizados fueron «discapacidad» y «diversidad funcional». A la tematización de la diversidad funcional se dedican solo 3 *tuits*, uno emitido por IU y los otros dos por el PP. Este último responde al uso de Twitter para publicitar la agenda del candidato, en este caso, la visita a un centro de discapacidad. En los otros dos se establece un marco donde se identifica al colectivo de discapacitados como colectivo oprimido, sin señalar responsables o causas ni de la opresión ni de la posible liberación:

(10) [IU] .@MarinaAlbiol: Debemos luchar por un #NuevoPaís que no oprima al sector de la discapacidad #NuevoPaísFeminista

4.5. Homosexualidad

Solo encontramos 10 *tuits* y, como con los colectivos anteriores, constata que apenas se produce conversación relevante durante la campaña electoral. La heterosexualidad se asocia con la heteronormatividad en el siguiente *retuit* de IU:

> (11) [IU] Vivimos en un sistema social heteronormativo que establece la heterosexualidad como norma, en un régimen social, político y económico

Interesante resulta también es el marco del siguiente *tuit*:

> (12) [IU] impone el heteropatriarcado, impone la opresión y la discriminación a las mujeres y a las personas que viven orientaciones sexuales

El marco que se establece es el de opresión y discriminación, producido por la percepción/realidad expresada con un término («heteropatriarcado») que se extiende a un colectivo que se nombra de forma eufemística. Aunque todo ser humano tiene una orientación sexual, aquí la expresión identifica al colectivo LGTB que es el discriminado. La práctica totalidad de los *tuits* que contienen el término LGTB alaban los programas electorales de IU y Podemos sin debate o cita de sus propuestas.

Por último, hay que señalar el *tuit* citado previamente en el apartado sobre diversidad religiosa, que genera un perfil propio de votante de IU que incluye el rasgo de «maricón»:

> (13) [IU] Soy maricón, rojo, ateo, anticapitalista, feminista y republicano, porque son luchas complementarias @shangay #GarzónEnMadrid

Con él se acentúa el marco de reivindicación del mensaje, al usar un término utilizado con frecuencia en castellano como insulto connotado aquí de manera positiva.

4.6. Mundo rural

El temor a la invisibilidad de lo rural en el discurso y en la acción política tiene su reflejo en un *tuit* compartido por Alberto Garzón (IU):

> (14) [IU] #YoaGarzon porque es el único que defiende #UnNuevoPais para todos y todas. Espero que no te olvides de la gente del campo @agarzon

No le falta razón. La búsqueda realizada sobre el mundo rural en el corpus arroja solo 154 ejemplos. Seis de ellos hacen referencia a la «agricultura», uno al «campo», 137 al «pueblo» –donde es necesario desambiguar el término– y 10 son enunciados donde se cita el adjetivo «rural».

La agricultura se construye en estos *tuits* dentro de un marco económico relacionado con la agricultura ecológica, sector de innovación vinculado con las áreas de medioambiente, salud, tecnología, turismo y economía. También aparece como beneficiario de la banca pública en un *tuit* de IU:

> (15) [IU].@agarzon: La banca pública es esencial para sectores como las renovables o la agricultura ecológica #AlbertoGarzónEnLaSER

Este marco económico presenta a los agricultores como víctimas y con escasa agentividad tanto en el discurso de la izquierda como en el de la derecha. Son objetos de acciones, pero no sujetos. IU publica:

> (16) [IU] Hay que defender a los/as agricultures/as del saqueo de las grandes distribuidoras @agarzon #GarzónEnMálaga

Mientras que el PP:

> (17) [PP] Me importa mucho la España rural. Seguiremos defendiéndola de quienes quieren acabar con ella. Estamos con los agricultores #EspañaEnSerio

Solo uno de los *tuits* presenta una acción concreta –aunque también controvertida– relevante para el mundo rural. Mariano Rajoy publica:

> (18) [Mariano Rajoy] Hemos dado la batalla en la defensa de la agricultura y la ganadería. La PAC y el acuerdo en materia de pesca un gran ejemplo #VotaEnSerio

De los diez tuits donde aparece el término rural, seis son emitidos por Podemos y dos responden a la decisión del partido en la provincia de Soria de iniciar la campaña en una localidad del ámbito rural. El marco en que se encuadra el discurso asocia lo rural con la necesidad de dignificarlo, de rescatarlo, de no olvidarlo, de recuperarlo, víctima de recortes y en peligro. Este marco confirma de nuevo la falta de agentividad, reducido en el siguiente *tuit* de Podemos a la función de origen y base para el futuro:

> (19) [Podemos] Sin raíces no hay futuro. Con el mundo rural, Podemos @arieljereznova #PodemosRemontada https://t.co/H7QCocXoR4

Hemos señalado que «pueblo» es el término que más se repite (137 veces), pero que la cifra es engañosa por las múltiples acepciones relevantes que tiene la palabra en esta campaña electoral. En un trabajo reciente, la filósofa Marina Garcés (2016) hablaba de una «triple sombra» de la palabra: «por un lado, como garante de la Constitución española. Por otro, como expresión de la "voluntad de un pueblo", el catalán, que afirma su soberanía. Y finalmente, como sujeto de procesos de ruptura con el poder político y económico capitalista, a partir de movimientos y candidaturas de unidad popular» (Garcés 2016: 73). Los dos partidos que más lo utilizan en nuestro corpus son los de ideología de izquierdas y lo hacen, por lo tanto, en este último sentido. Podemos lo nombra 73 veces e IU 51, frente a su escasez en el PP (6), Ciudadanos (5) y PSOE (2). El siguiente es un ejemplo de Podemos:

> (20) [Podemos] Unos tienen a los bancos, nosotros tenemos pueblo. #PodemosRemontada https://t.co/nrewrwxyqU

Este uso genera marcos por sí mismos muy interesantes, pero que no están relacionados con el mundo rural. Solo 20 *tuits* con «pueblo» se refieren al tema que nos ocupa, normalmente relacionados con la ciudad, que sigue siendo la referencia. Los siguientes dos mensajes de Podemos son una muestra de cómo se mencionan los pueblos con intención inclusiva:

> (21) [Podemos] En las ciudades, en los pueblos, ya ha comenzado el cambio. Hay que llevarlo a todos los rincones del país @PamPololos #EnMareaPodemosVG

> (22) [Podemos] Que salga la ilusión a las calles de nuestro pueblo o ciudad. Tuitea tu foto o vídeo con el *hashtag* #CallesMoradas

Aparece pueblo en un marco de identidad social como en los siguientes mensajes de IU y Podemos:

> (23) [IU] Porque somos los del pueblo, los de la calle, los del barrio #VotaGarzonPrimo

> (24) [Podemos] Que emoción estar aquí ante más de 7000 personas. Orgullo de nuestro pueblo. Si se puede #ZaragozaContigo

También lo encontramos en clave nacionalista, como en los tres mensajes siguientes, de signo opuesto, publicados por Ciudadanos el primero y Podemos los demás:

> (25) [C's] .@Albert_Rivera Hasta el último pueblo del País Vasco es tan español como la Castellana #BilbaoCiudadana https://t.co/8zrwfNgqP9

(26) [Podemos] Cuando se construye el futuro, el derecho a decidir de los pueblos forma parte del acuerdo democrático @Pablo_Iglesias_ #XaviPabloAda

(27) [Podemos] Estamos orgullosos de vivir en un país plurinacional y que el protagonismo lo tengan los pueblos @Pablo_Iglesias_ #PodemosRemontada

Interesante resulta el *tuit* de IU que genera un marco de relación intergeneracional rural con recursos básicos, confirmando la imagen tradicional. Obsérvese que se genera en relación con el *hashtag* #AbuelasConGarzón:

(28) [IU] Oye @agarzon que dice mi abuela que pases por el pueblo a saludarla, que te invita a huevos fritos #AbuelasConGarzón https://t.co/7hlrUGa4GR

Un *tuit* de Podemos incluye el neologismo «pueblear» asociado al *hashtag* #PuebloPatriaPodemos y parece que con el sentido de «recorrer pueblos»:

(29) [Podemos] #PuebloPatriaPodemos Pueblo a pueblo puebleando la comarca de Calatayud https://t.co/KQfvEOVtCt

Varios de los *tuits* obedecen a los usos más frecuentes de las redes sociales en campaña (López-García 2016): publicitar líderes, lemas y equipos, señalando el lugar geográfico en el que se encuentran, como en estos del PSOE y Podemos:

(30) [PSOE] Con el #equipodelcambio de mi pueblo #Calvia #VotaPSOE https://t.co/bGORBIiQ1q

(31) [Podemos] En el centro de mi pueblo #CallesMoradas para iniciar el cambio con #Podemos https://t.co/FsvTqULpJH

Si bien las poblaciones rurales están presentes como lugares geográficos, el mundo rural y sus preocupaciones solo aparecen en nueve mensajes. Siete de ellos fueron publicados por los dos partidos de derechas: seis de ellos pertenecen al tema de la supresión de diputaciones y ayuntamientos en zonas rurales.

(32) [PP] Estamos radicalmente en contra de cerrar pueblos y ayuntamientos @pablocasado_ #LMElecciones https://t.co/IgobLDr7Xm

(33) [Rivera] Rivera pide a la 'vieja política' que no 'engañe' diciendo que C's quiere eliminar pueblos https://t.co/OgVmvYPJ82 https://t.co/5x31sm4QF8

Además del problema de estas supresiones, Podemos agradece a la tercera edad su colaboración en la campaña:

> (34) [Podemos] Sin su ayuda no llegarían las papeletas de #Podemos en mi pueblo #ConMiAbuPodemos https://t.co/3ZoQDjBtYr

Por último, llegamos al único *tuit* que implica una propuesta de actuación concreta para el mundo rural:

> (35) [Podemos] Tenemos que apostar por un modelo de desarrollo en este país que fomente lo pequeño comercio, escuelas en pueblos, etc @Pablo_Iglesias_

Como vemos tras analizar los ejemplos, la aparente mayor presencia del mundo rural con respecto a las otras minorías es un espejismo. La palabra «pueblo» es relativamente frecuente, pero casi siempre con acepciones políticas no rurales.

4.7. Mujer y género

En un país donde las mujeres eran el 50,9% de la población en 2016, según señala el Instituto Nacional de Estadística, en nuestro corpus se le dedica el 2.7% de los mensajes a la reivindicación de los derechos fundamentales de esta minoría subjetiva. Es una deuda todavía pendiente que, según se reconoce en este *tuit*, incapacita para el futuro:

> (36) [Podemos] La nueva política es con las mujeres. Feminicemos la política. Porque si hay mujeres en las cimas, las niñas soñarán.

Aparecen 446 términos relativos al campo que hemos definido como «Mujer». De ellos 100 tienen la raíz «fem-», la palabra «género» se repite 67 veces, «mujer» 271 y en 6 *tuits* aparece la palabra «sexo» en la acepción relacionada con el género.

Por partidos, de mayor a menor frecuencia, citan el término «mujer» IU (89), Podemos (73), PSOE (51), Ciudadanos (22) y PP (3). No coincide el orden, sin embargo, con el de los líderes: Sánchez (PSOE, 19), Rivera (Ciudadanos, 6), Garzón (IU, 3), Iglesias (Podemos, 3) y Rajoy (PP, 2).

Las reivindicaciones que se repiten son las medidas contra la violencia de género, la igualdad frente a los hombres formulada de manera general, acabar con la discriminación laboral y obtener una mayor representatividad política. Destaca el énfasis que se hace en la participación de la mujer en la causa política. Esta aparece como argumento de la fundamentación originaria de los partidos y como visibilización de una política paritaria real frente a otras candidaturas. Lo primero es un tema muy recurrente en IU, que crea un *hashtag* intergeneracional propio #abuelascongarzon:

> (37) [IU] Por las mujeres dignas y luchadoras en las que reconocemos nuestro pasado y marcan nuestro futuro #AbuelasConGarzón https://t.co/MCyOpbGlOb
>
> (38) [IU] Por esas miles de mujeres q como Matilde Landa sufrieron cárceles franquistas #AbuelasConGarzon es un bello homenaje https://t.co/cyJ3vbAKOl

La idea de la visibilización de la paridad es clara en el siguiente *tuit* del PSOE:

> (39) [PSOE] Somos el partido de las mujeres. Tenemos 26 mujeres cabeza de lista de 52 circunscripciones. Podemos 19. PP 15. Ciudadanos 11 #VotaPSOE

También es interesante que los propios partidos denuncien la falta de coherencia entre el discurso político y la realidad de la mujer:

> (40) [C's] Porque en la España que soñamos, los hombres y las mujeres no solo diremos que somos iguales, ¡lo seremos de verdad! https://t.co/gVtMjDFMbv
>
> (41) [IU] #elDBT @agarzon Las mujeres han salido a la calle, pero los hombres no han entrado en casa.
>
> (42) [Podemos] Y dale con mandar mensajes a las mujeres para que eviten la violencia machista. Oye @pablocasado_ dile a los hombres que dejen de matarnos!

El análisis de la palabra «género» señala con claridad hacia un problema: de los 67 tuits del corpus, 55 se centran exclusivamente en la expresión «violencia de género» o en las variantes de «violencia machista» y «violencia doméstica» (esta última criticada en el *tuit* 44):

> (43) [Podemos] En @hora25 @Clara_Serra_explicando las medidas de @ahorapodemos contra la violencia machista y a favor de la igualdad de género
>
> (44) [PSOE] Rajoy como Ciudadanos también habla de "violencia doméstica". Señor Rajoy es violencia de género #CARAaCARA2015 #PedroPresidente

Fuera de esta expresión, Izquierda Unida es el partido que más insiste en haber incorporado la consideración del género en su programa, relacionando el machismo con la lógica liberal:

(45) [IU] .@MarinaAlbiol: Viendo la brecha salarial, vemos que vivimos en una sociedad desigual de clase y desigual de género. #NuevoPaísFeminista

5. Conclusiones

Los datos analizados en este capítulo son fruto del estudio cuantitativo y cualitativo de la presencia de las minorías en la campaña electoral en la red de *microblogging* Twitter. Como hipótesis de partida, entendíamos dicha presencia como indicador fundamental del carácter inclusivo o excluyente del «pueblo», concepto clave en la noción de *populismo*. Los resultados extraídos del análisis de los 16.306 tuits, emitidos por las cuentas de los cinco partidos más votados (PP, PSOE, Podemos, Ciudadanos e IU) y de sus respectivos candidatos durante la campaña electoral de diciembre de 2015, revelan las deficiencias del discurso político en España desde una perspectiva incluyente.

Hemos agrupado los colectivos minoritarios en torno a siete categorías fácilmente reconocibles por su importancia histórica y social. Su presencia en el corpus es apenas perceptible: 446 fueron sobre mujer y género; 258 sobre la cuestión migratoria o refugio; 18 sobre minorías religiosas, libertad religiosa o de conciencia, centrados casi exclusivamente (14) en la defensa de la laicidad; el mundo rural está presente en 17 tuits, habiendo sido necesario desambiguar el concepto «pueblo» en 137 más para precisar si aludía al referente rural o al concepto político; 10 sobre el colectivo LGTB; 4 sobre etnias (gitana y árabe) y solo tres sobre el tema de la diversidad funcional. Estos números confirman el carácter excluyente de los discursos políticos en Twitter y su escasa permeabilidad en relación con la presencia de las minorías sociales.

En cuanto al análisis cualitativo, nos muestra que estas pocas apariciones no se centran en los problemas de estos colectivos. La perspectiva desde la que se escriben es electoralista, lo que se refleja en que no se concede agentividad a las minorías, sino que se convierten, en el mejor de los casos, en objetos sobre los que se van a aplicar acciones. La complejidad de su situación se reduce además a aspectos muy concretos, típicos de la mirada que se les impone desde la norma. Las religiones, por ejemplo, quedan reducidas a la necesidad de que la educación y todo lo público sea laico; la diversidad étnica solo se muestra a través de un logro particular, el de dos mujeres que pueden llegar al parlamento y al senado; la orientación sexual se plantea como contraposición frente a la heteronorma; el mundo rural se cita para incorporarlo al conjunto de potenciales votantes; los asuntos de género se limitan a mensajes contra la violencia machista y a una incorporación a la política, no concretada, de una «visión feminizada». Los buenos propósitos de incorporar a la sociedad el sentir de estas minorías se explicitan en algunos casos, pero no se llevan a la práctica en estos mismos mensajes.

La conclusión de este trabajo es que las minorías apenas están presentes. No hay discurso sobre ellas ni sobre sus reivindicaciones específicas. Por lo tanto, no se percibe que este medio de comunicación, teóricamente más horizontal, haga más permeable el discurso de los partidos políticos, lo que se suma a la falta de conversación con sus seguidores (Alcántara-Plá 2020). Es previsible que dicha falta de representatividad dificulte la participación de las minorías en el debate, sobre todo en una sociedad como la española donde, por la idiosincrasia de la propia historia democrática del país, dichas minorías carecen en su mayoría de representación parlamentaria suficiente. Una mayor consideración en el debate político en las redes sociales sería un factor clave en la construcción de una sociedad incluyente, éticamente sana y preparada para desarrollar estrategias adecuadas contra toda forma de radicalización.

Bibliografía

Alcántara-Plá, M. & Ruiz-Sánchez, A. (2017). «Not for Twitter: Migration as a silenced topic in 2015 Spain General Election», en M. Schröter & Ch. Taylor (eds.), *Exploring Silence and Absence in Discourse: Empirical Approaches*. Londres: Palgrave Macmillan, 25–64.

Alcántara-Plá, M. (2020). «Usos políticos de las redes sociales en campaña electoral», en B. Gallardo (ed.), *Mutaciones discursivas en el siglo XXI: la política en los medios y las redes*. Valencia: Tirant Lo Blanch.

Anthony, L. (2014). *AntConc* (Version 3.4.4) [Computer Software] Tokyo, Waseda University, available from http://www.antlab.sci.waseda.ac.jp.

Antón, A. (2015). La teoría populista: Lógica política y ambigüedad ideológica. Ponencia en el X Congreso Vasco de Sociología y Ciencia política, Bilbao, Universidad del País Vasco. [file:///C:/Users/AR4ECF~1.501/AppData/Local/Temp/teoria_populista.pdf], (último acceso 15/11/2016).

Aragón, P., Kappler, K. E., Kaltenbrunner, A., Laniado, D. & Volkovich Y., (2013). «Communication dynamics in twitter during political campaigns: The case of the 2011 Spanish national election». *Policy & Internet* 5 (2), 183–206.

Barsalou, L. W. (1992). «Frames, concepts, and conceptual fields», en A. Lehrer & E. Feder Kittay (eds.), *Frames, Fields, and Contrasts*. Nueva York: Lawrence Erlbaum, 21–74.

Bird, S., Klein, E. & Loper, E. (2009). *Natural Language Processing with Python*, O'Reilly: Boston.

Bolívar, A. (2016). «The discursive construction of authoritarian populism». Plenary lecture at the *Workshop on Political Discourse and the Extremes in the Romance Speaking countries: Linguistic and Social Science Perspectives*. Stockholm University, 20–21 October 2016.

Chadwick, A. (2013). *The hybrid media system: politics and power*. Nueva York: Oxford University Press.

Congosto, M. (2015). «Elecciones Europeas 2014: Viralidad de los mensajes en Twitter en las Campañas Electorales». *REDES- Revista hispana para el análisis de redes sociales*, 26 (1), 23–52.

Fillmore, Ch. J. (1982). *Frame semantics. Linguistics in the Morning Calm*. Seoul: Hanshin Publishing Co.

Fuchs, Ch. (2014). *OccupyMedia!* Londres: Zero Books.

Gallardo, B. (2016). *Pseudopolítica: el discurso político en las redes sociales*. Valencia: Universidad de Valencia.

Garcés, M. (2016). *Fuera de clase. Textos de filosofía de guerrilla*. Barcelona: Galaxia Gutenberg.

Howarth, D. (2005). «Applying Discourse Theory: The Method of Articulation». *Discourse Theory and European Politics: Identities, Policy and Governance*. Londres: Palgrave Macmillan.

Huckin, T. (2002). «Textual silence and the discourse of homelessness». *Discourse and Society* 13 (3), 347–372.

Kühn, M. (2015). «Peripheralization: Theoretical Concepts Explaining Socio-Spatial Inequalities». *European Planning Studies*, 23/2, 367–378.

Langacker, R. W. (1991). *Foundations of Cognitive Grammar. Descriptive Application*. Stanford: Stanford University Press.

López-García, G. (2016). «"Nuevos" y "viejos" liderazgos: la campaña de las elecciones generales españolas de 2015 en Twitter». *Communication & Society* 29 (3), 149–167.

Mancera, A. & Pano, A. (2013). *El discurso político en Twitter*. Barcelona: Anthropos.

Müller, J.W. (2016). «El populismo necesita enemigos; la democracia requiere oposición». *Letras Libres* [http://www.letraslibres.com/mexico-espana/el-populismo-necesitaenemigos-la-democracia-requiere-oposicion], (último acceso 15/11/2016).

Padilla, M. S. (2015). «La argumentación política en twitter». *Discurso & Sociedad* 9 (4), 419- 444.

Padró, Ll. & Stanilovsky, E. (2012). «*FreeLing 3.0:* Towards Wider Multilinguality». *Proceedings of the Language Resources and Evaluation Conference (LREC)*.

Partington, A., Duguid, A. & Taylor, Ch. (2013). *Patterns and Meanings in Discourse*. Amsterdam: John Benjamins.

RAN. (2017). *Civil Society Empowerment Programme* (Ex ante paper). Bruselas: RAN-European Comission.

Wirth, L. (1945). «The Problem of Minority Groups», en R. Linton (ed.), *The Science of Man in the World Crisis*. Nueva York: Columbia University Press, 347–372.

Zamora, R. & Zurutuza, C. (2014). «Campaigning on Twitter: Towards the "Personal Style" Campaign to Activate the Political Engagement During the 2011 Spanish General Elections». *Comunicación y Sociedad* 27 (1), 83–106.

Zugasti, R. & Sabés, F. (2015). «Los *issues* de los candidatos en Twitter durante la campaña de las elecciones generales de 2011». *Zer* 20 (38), 161–178.

Using modality, achieving 'modernity', portraying morality: Marine Le Pen's (adverbial) stance in interviews

Fabienne Baider
University of Cyprus

1. Marine Le Pen's new ethos and shifting discursive strategies

The 'dediabolisation' campaign of Marine Le Pen, leader of the Front National since 2011, led to a new perception of her party by both journalists and the public: formerly described as extreme-right, the party is now described as populist, a more neutral qualification. In fact, the party has been described as "modernized/ professionalized" in the mainstream press as well as in academic research (Shields 2013; Mayer 2013). Politically, Le Pen's more flexible approach to many sensitive social issues (abortion, gay marriage, etc.) contrasts with her father's stances, and even contradicts them: when he denounced civil servants as 'loafers', she promoted the need for a welfare state. Like many far-right leaders in Europe, the FN leader has therefore opted for a type of 'newspeak' referring to 'cultural differentiation' in order to avoid a racially discriminatory tone. On the personal side, she is seen as radically different from her father, and has been described by her enemies as having a better temper, and even as being "simple, reassuring and efficient" (Schneiderman 2011).[1] She has then opted for another FN leader's ethos and has adopted new discursive strategies (Williams 2011;

---

[1] « Heureux caractère au demeurant, pas de risque de se faire mordre la main dans un mouvement de colère, comme avec le père. [...] La sympathie qu'inspire cette bonne fille au rire franc et spontané. [...] La Chine fait peur. L'Europe ne rassure pas [...] Pour le peuple français anxieux, Marine Le Pen propose sa recette. *Simple, réconfortante, efficace.* » (Daniel Schneiderman, *Libération*, 4 avril 2011).

How to cite this chapter:
Baider, F. 2019. "Using modality, achieving 'modernity', portraying morality: Marine Le Pen's (adverbial) stance in interviews". In: Françoise Sullet-Nylander, María Bernal, Christophe Premat & Malin Roitman (eds.). *Political Discourses at the Extremes. Expressions of Populism in Romance-Speaking Countries*. Stockholm Studies in Romance Languages. Stockholm: Stockholm University Press, pp. 125–147. DOI: https://doi.org/10.16993/bax.g. License: CC-BY

Shields 2013; Mayer 2013). Her electorate success has been attributed in equal parts to the social and economic circumstances favoring the extreme movements in Europe, as evidenced by the 2017 election in Austria and to this shift in the emotional and discursive stance. The party has found favour in a new electorate, especially among women (who used to be extremely reluctant to vote for the Front National) as well as among the working and lower middle classes (Mayer 2013, Mauger and Pelletier 2017). However, while the arguments of the former president of the National Front, J.-M. Le Pen, have been the subject of much research (Le Bart 1998; Bonnafous 2001; Amossy 2010, among others), the discursive strategies of Marine Le Pen have not yet raised the same interest, and the few studies that do exist diverge in their conclusions. Some maintain that her speeches demonstrate an overwhelmingly negative tone (Schields 2013; Mayer 2013; Falzone and Lassalle 2013), for example, describing France as being assaulted by barbarians invasions, rural France being ravaged by an invisible enemy and taxmen being 'vultures practicing selective taxation'.[2] Baider et al. (2014, 2015), however, have suggested that in her *interviews*, even if the discourse can be described as hyperbolic, Le Pen strove to focus as well on the Self (i.e., Marine Le Pen, the party, the Nation, the people) and positive emotions (dignity, pride, empathy, hope). This signalled a shift from her father's negative feelings (contempt, fear, threat) focused on the Other (the migrant, the left-winger, the elite, etc.), in his speeches and interviews (Amossy 2010).[3] The present work continues to examine Marine Le Pen's strategies as revealed in interviews and debates, and specifically how the use of adverbial modality seems to help her build a strong argument (*a positive ethos*) directed toward her conclusion (*a legitimate, credible leadership*). More precisely, we analyse how the most common adverbs used in her interviews (when compared to her ordinary speech), i.e. *d'ailleurs* and some – *ment* adverbs, reveal how her discourse is a purposeful strategy, one that will allow her to be perceived as 'présidentiable', i.e., a charismatic, competent and credible politician.

In the first section of this article we describe our theoretical framework and the key concepts underlying this study (populist discourse, ethos and modality within the functional grammar), and in the second

---

[2] *Villages ravagés par un ennemi invisible, les vautours de la taxation sélective.*
[3] This does not mean, of course, that the use of emotions such as fear and anger is absent in her discourse strategy.

we present our data, methodology of analysis and quantitative findings. The last section focuses on the qualitative analysis of *d'ailleurs* and the most frequent – *ment* adverbs in her interviews.

2. Theoretical framework

Our study is framed by three concepts: the definition of populist discourse and how it can be characterized linguistically; the concept of ethos, i.e., the presentation of oneself, which is especially important for a politician; the concept of modality, which we will limit here to the use of modal adjuncts.

2.1. Proximity and authority as a populist discursive stance

According to many discourse analysts (van Dijk 1998; Charaudeau 2005; Jagers and Walgrave 2007; Cambon 2007), a legitimate leader for a party described as 'populist' tends to frame his/her discourse within two ideological oppositions: the innocent people vs. the corrupted elite, and the natives vs. the immigrants. Leadership style for a populist leader can also be described as twofold: on the one hand, *authoritarianism* prevails in the leadership, hence Marine Le Pen's use of powerful formulas, and her dynamic demeanor and tone of voice; on the other hand, the trait of *proximity* must also be part of the discourse strategies, since the leader is supposed to represent the people. At the same time, Charaudeau (2005: 52) explained that it is primarily through verbal confrontations, and the way politicians express their adversarial posture that they present their credibility and legitimacy; in fact, they often do so by attacking the opponent's credibility and legitimacy, which are central qualities to leadership as we shall see in our next section. Confrontations can be managed at two levels: at the level of discourse, via the *content* and *form* of statements; at the level of the interactions and exchanges, via the *behavior* and the *management of the exchanges*. Indeed, it is in their public appearances that politicians use speech and body language to convince and persuade their audience, and where they build their key political stances. These include, proximity and authority which will be achieved in part linguistically with the use of modality (Lewis 2004; Hyland 2005; Simon-Vandenbergen and Aijmer 2005; Simon-Vandenbergen 2007), which in this paper will be focused on the strategic use of adverbs (among the various modal lexico-grammatical means that can achieve such an aim). We will show that such lexical items are an intrinsic part of the discursive management of the exchanges both in form and content; this management further includes face work and the management of ethos.

2.2. Credibility and ethos of a 'présidentiable' candidate

The word *ethos* can be defined and used in a variety of ways, and as such it has been the topic of numerous studies in rhetoric, pragmatics, discourse analysis and sociology (Goffman 1973; Perelman and Olbrechts-Tyteca 1992; Amossy 1999, 2010, 2014; Charaudeau 2011). Barthes (1962) reworked the philosophical definition of ethos to redefine it as the means employed to be perceived as credible, i.e., to demonstrate the qualities of wisdom (*phronesis*), sincerity (*arête*), and benevolence (*eunoi*). In Barthes' words, the speaker should convince an audience to "follow him/her" (*phronesis*), "to believe him/ her" (*arete*), "to love him/ her" (*eunoia*). Amossy has also suggested that credibility is core to the notion of ethos (2014: 13), defining ethos as "the image the speaker builds of himself/ herself to ensure his/ her credibility" (1999: 127). Indeed in the context of the word *presidential*, a recent study of lexical frequencies in the French press has proposed a semantic profile of the lexical unit in which credibility is very much present, along with legitimacy, competence and experience (Baider, 2015). Therefore, we will work with the hypothesis that such qualities (credibility, legitimacy, experience and competence) would be those that Marine Le Pen aims to convey in her public exchanges. Such qualities can be understood in terms of face work theory as proposed in previous studies focused on face work and political discourse (Bull 2008; Bull and Fetzer 2010), face being defined by Goffman (1967: 5), as "the positive social value a person effectively claims for himself by the line others assume he has taken during a particular contact". Upholding positive face, understood as "essentially the need to be well regarded by others" (Bull and Fetzer 2010:160), is the first objective in the context of political interviews or debates since the approval of the politician 'ultimately depends on the approval of a majority of people in their own constituency' (Bull and Fetzer 2010:161). This face work could be understood as 'branding' (Amossy 2014: 20). The process of branding argumentation strategies used to oppose arguments is also key to their success. Modality is thus a choice that plays a key role insofar as it ensures a "dialogic orientation" that serves the politician's purpose. For a populist leader, the modality balances two main ideological opposites, already mentioned in our previous section: authority and proximity.

2.3. Modality framing credibility

The credibility of a populist leader will be framed by his/her authority/ proximity stance, both positions that are realized by the so-called "burden of proof qualifiers" (Tseronis 2009: 11). Indeed, in order to convince, one needs to put forward arguments to back up one's claim, i.e.:

> the burden of proof is the obligation for the one who has advanced a standpoint to assume responsibility for it and thereby to provide argumentation in support of it, answering the questions of the other party (Tseronis 2009: 11).

According to Halliday (2004: 48) functional grammar and adverbials phrases such as 'on the other hand', 'moreover', etc., may be used in paratactic clauses as these can help the speaker expand and build an argument for an alternative and more favorable conclusion for the party or to strengthen one's position in the debate. We will see that such a strategy allows Marine Le Pen to express value judgements, assessments and feelings (Baider 2017), or what Biber et al. (1999: 72) define as a stance. Such a lexical strategy is also described by Halliday and Matthiesen (2004: 422) as a modality, which is an expression of indeterminacy conveyed by a modal operator such as a verbal group or a modal adjunct. Expansion clauses (see Halliday and Matthiessen 2004: 395 *in passim*) especially, linked by a logical-semantic relation to another clause, can help elaborate judgements. These modal adjuncts can be modal auxiliaries or the result of "the interplay of lexical means including modals nouns, adjectives and adverbs" (Traugott 2010; Szczyrbak 2017: 91). They build an epistemic stance, claiming or confirming "an alignment with or dis-alignment from other utterances" (Szczyrbak 2017: 94). While *elaboration* clauses specify or describe the meaning expressed beforehand with exemplification, description (exposition) or clarification, *extension* clauses "extend the meaning of another [clause] by adding something new to it"; they can be additive, adversative or alternative (Halliday and Matthiesen 2004: 396–422 for the explanation). An *enhancement* clause qualifies the meaning of another clause by specifying "time, place, manner, cause or condition" and is thereby temporal, concessive, conditional, etc. Such markers of expansion may be "multivalent". They also construct or transform relationships between the speaker and the addresses: *of course* or *certainly* may create relationships of solidarity, while *indeed* and *clearly* may create relationships of power and authority (Szczyrbak 2017: 97), both important objectives for a populist leader for whom the opposite ideologies of proximity and of authority are key to leadership. Adverbs such as *extrêmement* are also core to modality, and central to argumentation (Biber et al. 1999: 72) as they allow evaluation of people and events; they express strength of commitment through a more or less intense epistemic or affective attitude (Aijmer 2007: 330).

In summary, in discourse, modal adjuncts express probability, orientation, polarity, etc., and contribute to 'a dialogic orientation'. They are linguistic devices that help a politician present the values expected by the audience, and may, at the same time, underscore such values for the opponent. On the interactional level, 'comment adjuncts' in particular allow the speaker to build an interpersonal relationship and express his/her own point of view, his/her "commitment to or an evaluation of the propositional content" (Molinier and Levrier 2000; Simon-Vandenbergen and Aijmer 2007: 263).

These discursive strategies will, therefore, be used to build a relationship based on the authority of the speaker while demonstrating the speaker's proximity to the audience.

3. Data, methodology, results

In this section we present the data explored, as well as the corpus linguistics approach adopted to classify the modal adjuncts framing Marine Le Pen's discourse. In the final subsection (3.3), we present the most frequent linguistic units and select certain of these for further analysis.

3.1. Data and methodology

Corpora allow the researcher to uncover what is probable and typical, as well as what is unusual about the phenomenon observed (Grisot and Moeschler 2014: 13, cited in Szczyrbak 2017: 96). Studying a politician's public performances is important in order to understand his/her stance. We collected data in two different files: speeches (39,583 words) and interviews (32,020 words)[4] given by the FN leader between 2004–2016 (Annex 1 provides details of the themes explored in the interviews and debates):

- 10 speeches made by Marine Le Pen since 2011 and her presidency of the FN, available on the FN site[5] or YouTube;

---

[4] When reading the results in section 3.1.3, this slight difference in number of words is considered.
[5] http://www.frontnational.com/

- 15 interviews and debates which took place since 2004, available publicly (e.g., on YouTube), the most recent (2011 onwards) transcribed for the purpose of this study or already transcribed for previous studies. Recent interviews include a 2015 interview in New York, and an interview with Arlette Chabot in 2016 after Brexit.[6]

We used corpus linguistics to explore frequencies, which gives us a global reading and enables us to identify the lexical units with the highest frequency in both files. We then identified the most frequent lexical units that could be categorized as modality, and considered these as salient and framing the discourse (cf. Giora 2003 for the concept of salience). To understand their role in the argumentative strategies, we went back to the KWIK abstract (concordances) to arrrive at a broader reading of the dialogic sequence embedding the lexical unit. We focus on the role of each frequently used modal adjunct adopting the categories described in our theoretical summary (functions of expansion, enhancement, etc.), so as to develop hypotheses about the motivation underlying such lexical choices.

3.2. Differences in the two corpora

Lexical item frequencies were quite similar in both files, as we can see in the six tables below. Most dissimilarities could be attributed to two different genres: interviews are more or less spontaneous exchanges, while a speech is a text read aloud in a less spontaneous style. We could even say that speeches are staged performances: the text is prepared in advance, sometimes by someone other than the leader, and is often read.[7]

In Table 1, we see that the words embodying the fundamental ideas of the Front National discussed in section 1.1 are found in both data; these include the concepts of Nation (*France, français, pays*) and nativism (*immigration*). Although specific social categories (*paysans/* farmers, *travailleurs/* workers) are very much present in Marine Le Pen's speeches, these are merged under the generic *gens* 'people' in the interviews, denoting a less formal register:

---

[6] For long interviews we limited our transcription to the first 20 minutes.
[7] On a personal note, having listened to a number of speeches and interviews of Marine Le Pen, I found her style when giving speeches to be very constrained, both in intonation and gestures; her 'free style,' on the other hand, makes her an interesting debater and interviewee.

Table 1. Most frequent nouns. *Copyright: Fabienne Baider. License: CC BY*

Category	Lexical unit	Interviews		Speech	
Nouns		Occ.	Perc.[8]	Occ.	Perc.
	France, français	234	41.5	552	51.5
	politique	76	13.5	170	16.0
	pays	60	10.5	130	12.0
	Immigration	49	8.5	81	7.5
	Europe	41	7.5	59	5.5
	gens	38	6.5	8	0.5
	gouvernement	34	6.0	32	3.0
	liberté	29	5.0	65	6.0

Table 2. Most frequent pronouns. *Copyright: Fabienne Baider. License: CC BY*

Category	Lexical unit	Interviews		Speech	
Pronouns		Occ.	Perc.	Occ.	Perc.
	Je, moi	612	46.5	338	24.0
	Nous, notre	242	18.5	842	60.5
	vous, votre	457	35.0	213	15.5

With regard to pronouns (Table 2), there is quite naturally a high frequency of *I* and *you* in interviews and a strong preeminence of *we* in the speeches, with the audience as the main addressee.

In the interviews the most frequent verbs of modality (Table 3), i.e., those expressing the politician's standpoint, are, unsurprisingly, *je pense, je crois*. In contrast, the modality of obligation (*il faut, nous devons*) is the most frequent in speeches, since here the politician calls for (her) changes in politics, the word *politique* being also more frequent in speeches than in interviews (cf. Table 1).

---

[8] The percentages were calculated on the total number of units present in each column and the numbers were rounded down.

Table 3. Most frequent verbs. *Copyright: Fabienne Baider. License: CC BY*

Category	Lexical unit	Interviews		Speech	
verbs		Occ.	Perc.	Occ.	Perc.
	Faut, devoir (devons…)	94	32.5	124	56.5
	Crois, pense	119	41.5	26	12.0
	pouvoir (peut, etc.)	74	25.5	69	31.5

Table 4. Most frequent adverbs (without –ment adverbs). *Copyright: Fabienne Baider. License: CC BY*

Category	Lexical unit	Interviews		Speech	
		Occ.	Perc.	Occ.	Perc.
Adverbs	Plus, moins	127, 26	13.5, 3.0	311, 45	25.0, 36.5
	Tout, rien	122, 34	13.0, 3.5	119, 64	9.5, 5.0
	bien	90	9.5	119	9.5
	comme	73	8.0	145	11.5
	très	69	7.5	50	4.0
	même (quand même, etc.)	67	7.0	122	10.0
	aujourd'hui	55	6.0	66	5.5
	oui, *non*	53, 93	5.5, 10.0	29, 77	2.5, 6.0
	peu, beaucoup	45, 42	5.0, 4.5	29, 24	2.5, 2.0
	jamais	29	3.0	32	2.5

With regard to adverbs,[9] there is an almost systematically greater use in speech rather than in interviews, except for *très, peu, beaucoup,* and the expected more frequent use of *oui / non* (see Table 4).

Among the conjunctions we found one unusual frequency: the adverbial phrase *d'ailleurs* was used 63 times in interviews compared to 14 times in speeches, and represents the greatest disparity between speeches and interviews (Table 5). In this way, therefore, we might describe it as a 'marker' in Marine Le Pen's *spontaneous* speech. The

---

[9] We separated the adverbial phrases and the conjunctions (see Table 5).

Table 5. Most frequent conjunctions and adverbial phrases. *Copyright: Fabienne Baider. License: CC BY*

Category	Lexical unit	Interviews		Speech	
Conjunction Adverbial phrase		Occ.	Perc.	Occ.	Perc.
	mais	265	51.5	172	45.5
	alors	75	14.5	82	22.0
	parce (que)	70	14.0	54	14.5
	d'ailleurs	63	12.0	14	3.5
	car	30	6.0	44	11.5
	puisque	12	2.0	10	2.5

adverbial phrase has not been the subject of specific research except in Baider (2017) and in the next section we will explore the functions of such an adjunct.

Finally, in terms of the adverbs ending in *–ment*, and taking into consideration the slight difference in total word frequency for the two corpora, there are almost twice as many adverbs in interviews as in speeches (Table 6). The most salient adverbs for interviews are *totalement, exactement,* évidemment, and these will be also be analysed in the next section.

We decided to analyse only the interviews, as their higher frequency of adverbs use may signal a space where politicians are more spontaneous in building their stance. As mentioned above, we will focus on the unusual frequency of *d'ailleurs* and the most frequent adverbs (*totalement, exactement* and évidemment), and will analyse their function as (interactional) stance markers: we look at how they help the speaker guide the audience towards her own take of the event, person or idea expressed or implied, that is, how she manages the dialogic orientation of the interaction thanks to these adverbs.

4. Modal adjuncts framing a populist discourse

In section 2.3 we delineated the analytical categories we used to assess the functional use of the adverbial phrases. Although all modal adjuncts under study can be analysed as building an ethos of authority and proximity, *d'ailleurs* functions more frequently to background an argument, while the *–ment* adverb tend to foreground it.

Table 6. Most frequent adverbs in –ment for each corpus. *Copyright: Fabienne Baider. License: CC BY*

Adverbes in –ment> 5	Interviews	Speech + proportionate figure expected
Totalement	24	15 => (31)
Seulement	7	19 => (10)
Exactement, précisément	16, 1	7, 9 =>(20)
Évidemment	14	19 = > (23)
Effectivement	13	5 => (17)
Notamment	13	11 => (15)
Probablement	11	7 => (14)
Absolument	9	11
Justement	10[10]	7 => (18)
Parfaitement	8	6 => (10)
Extrêmement	7	5 => (9)
Particulièrement	7	9
Clairement	6	10 => (8)
Éventuellement	6	2 => (8)
Également	5	8
Systématiquement	4	9
Tellement	3	11 => (4)
Largement	3	8 => (4)

4.1. *D'ailleurs*: building the 'proximity' and authority arguments

Given the frequency of *d'ailleurs*, we can infer its importance to Le Pen's discursive and interactional strategies for appealing to her audience. Indeed, on a linguistic level, the adverbial phrase fulfils the role of a multivalent marker of expansion, ultimately building the authority and proximity positions on an interactional level.

---

[10] Some adverbs such as *justement* are frequent in the earlier interviews, but not in the most recent ones (i.e., 2011 onwards), even though journalists use the adverb in their questions or comments. We decided therefore not to study the adverb.

4.1.1. A "qualifier of burden of proof": the competence argument

In an earlier study (Baider 2017), we described how Marine Le Pen uses *d'ailleurs* to emphasize criticisms, conclusions and explanations that concern party fundamentals, such as its anti-EU or anti-American stance. In this section we show how this word acts as a typical qualifier of burden of proof, if we adopt Steronis's (2009) definition:

- It is an extra element structurally detached and peripheral to the main constituent of a sentence;
- It supplies extra information that is not directly essential to the understanding of core meaning of what is being said;
- It facilitates the understanding of what is said and / or relates what is said to the context in which is it said and therefore adds coherence to the discourse. (2009: 26)

Indeed, we found that *d'ailleurs*:

- is structurally detached and peripheral to the main constituent of a sentence;
- adds an extra element of information;
- this extra information is not or does not seem to be directly essential to the debate, but in our case, plays an important role in the politician's strategy.

Our data indicate that the adverbial phrase most frequently functions linguistically as a marker of expansion, generally *emphasizing* the link between the previous clause and whatever follows the adverb, whether the link is an extension, an enhancement or an elaboration. In example (1) below, *d'ailleurs* puts the emphasis on the adverb *là*, which represents the idea in the preceding paragraph related to the fight against terrorism, and links fight with what follows *d'ailleurs*, the specificity of the Front National. Thus, the clause functions as a concluding addition to the previous paragraph, a role that is not listed in Halliday and Matthiesen's list:

> 1. C'est pourquoi nous proposons aujourd'hui, *à la différence des partis de l'UMPS*, et dans un esprit de responsabilité, une réponse globale, qui va bien au-delà, sans la sous-estimer bien entendu, de la simple lutte anti-terroriste. Notre réponse entend s'attaquer par tous les bouts aux dimensions extrêmement variées des défis posés par l'islamisme radical. *Je pense que c'est là d'ailleurs la spécificité la plus importante de la contribution du FN.*

In example (2), *d'ailleurs* emphasizes a clause that elaborates on the preceding one discussing the potential moratorium on the 1905 law (that guarantees secularity), which is described as *contresens total* (total nonsense); in fact, it gives an example of that nonsense: Sarkozy's apparent attempt to introduce communitarianism in the Constitution. It subsequently highlights Sarkozy's (supposed) folly and enhances her credibility (*je n'oublie pas*):

> 2. La laïcité doit être fermement défendue: je ne fais pas partie de ces voix [...], qui demandent un « aménagement » ou un « moratoire » sur la loi de 1905: ce serait un contre-sens total, une victoire des communautaristes sur la République française. Je n'oublie pas, d'ailleurs, la mission que Nicolas Sarkozy avait confiée à Simone Weil pour intégrer le communautarisme dans la constitution et que celle-ci avait refusée.

On the argumentative level both examples reveal how the phrase functions to provide proof of her competence as leader of the FN: in example (1) the adverbial phrase introduces the important conclusion that her party is and has the only answer to terrorism; and in example (2) her political opponent is associated with a nonsensical law (*contresens total*) and confirms her wisdom as a leader.

Competency can also be proven more indirectly, as inferred by her management of turn-taking and her body language. Indeed, an important objective of politicians in discussions or debates is to control the theme of the verbal exchange in order to foreground their agenda and avoid embarrassing moments that could endanger their credibility. In example (3) below, Marine Le Pen faces strong opposition from the journalist with regard to her support for the Syrian President Bashar al-Assad. In order to cut short these accusations and preempt a potential politically dangerous question, Marine Le Pen uses an embedded clause containing *d'ailleurs* ('and as a matter of fact you can multiply this kind of adjective'). She describes the Syrian president with, we would argue, a rather axiologically neutral adjective (*autoritaire*), clarifying that the journalist can 'multiply' such an adjective that in fact he has not actually used. This expansion elaborates her choice of the adjective, stressing the fact that compared to ISIS, Assad is the lesser of two evils:

> 3. Jst : Madame le Pen, il faut dire que que [sic] Bachar al Assad reste au pouvoir ? C'est la meilleure solution ?
> MLP : écoutez c'est la moins pire toujours. Voyez-vous, je dis clairement, parce que moi, je n'ai pas l'habitude de faire de langue de bois, entre fondamentalistes islamiques et un pouvoir certes autoritaire (et vous pouvez

d'ailleurs multiplier ce genre d'adjectifs) mais laïc qui était capable de préserver les minorités ethniques et les minorités religieuses [...].[11]

This embedded clause also allows her to convey her power in relation to the journalist, since she indirectly admonishes him not to pursue qualifications, which he never even made. It not only defuses further debate (and therefore further questions from the journalist on the topic), but allows the politician to reject further arguments as futile, using the rather derogatory lexical unit *multiply* and the expression *this kind of*.

The phrase *d'ailleurs* functions here as a marker of expansion, stressing the most important argument of the speaker. These expansions are used to prove her competence and credibility.

4.1.2. Proximity argument

The use of *d'ailleurs* also allows the speaker to add comments that support her *proximity* stance, building a positive ethos with the addressees. In example (4) the adverbial phrase allows her to stress:

- a clause in which she flatters the journalist, which may also serve to promote/ build a positive image of the politician (polite, courteous);
- a clause stating her forthrightness and responsibility as a political leader, emphasizing her clairvoyance;
- a clause showing her empathy for the 'French people' and their supposed feelings, all the while implicitly putting forward the argument of referendum, a fundamental tenet of the FN.

4. Jst: Vous êtes, vous faites partie de millions et de plus d'amis sur Facebook, qui soutiennent le bijoutier de Nice.
MLP: Non, je n'ai pas cliqué sur une pétition. Non, à la différence de beaucoup de Français, j'ai la possibilité d'exprimer (*je vous remercie d'ailleurs pour cette invitation*) ma position sur ce sujet. *J'ai été d'ailleurs très claire, responsable politique et avocate que je suis*, et j'ai expliqué que j'avais de la sympathie pour l'homme dont je comprenais l'exaspération, mais qu'évidemment, *comme beaucoup de Français d'ailleurs*, je n'ai pas d'empathie [...].

In example (5) below, *d'ailleurs* is embedded in a clause referring to the official tribute to the police forces, a tribute organized by the government. In this case, *d'ailleurs* expresses a consequence of actions

---

[11] *Grand rendez-vous d'Europe1*, septembre 2013

described in a previous clause, a function that is not described in Halliday and Matthiesen (2004). The presence of *d'ailleurs* puts the focus on the words *Nation* and *tribute*, indirectly expanding Marine Le Pen's own tribute to the law enforcement (*que j'ai bien entendu immédiatement félicitées*). We could argue that the proximity stance here is found in the parallelism between *Marine Le Pen* congratulating the police and the *Nation* giving their respects to the law enforcement, a populist leader representing the people:

> 5. Les forces de l'ordre, que j'ai bien entendu immédiatement félicitées vendredi dernier, sont parvenues à mettre un terme en un temps record aux exactions des terroristes islamistes. La Nation leur a d'ailleurs rendu hommage dimanche, de façon très émouvante.

We will now discuss the *–ment* adverbs, which are very frequent among the lexical units, focusing on how most of these adverbs serve to fulfill the burden of proof as well, but qualitatively.

4.2. Adverbs in *–ment*: commitment and evaluation

We used Halliday's typology (2004) to classify the adverbs and analyse how they convey commitment to and evaluation of the propositional content (Molinier and Levrier 2000; Simon-Vandenbergen and Aijmer 2007: 263). We categorized the most frequent adverbs in our data as comment adjuncts; these are core to the constructed meaning of utterances and serve to convey the speaker's point of view.

4.2.1. Evaluative function

Most of the adverbs belong to the *asseverative* category (see Table 7). As the word *asseverative* implies, these adverbs are used to strongly declare that the speaker is telling the truth, important for a leader and disarming to the opponent. We focus on the two most frequent adverbs, évidemment and *exactement*.

Exactement is often used with performative verbs (such as *to explain*), engaging the audience to listen further to a detailed explanation, or encouraging the audience to hearing proof of the argument. For example:

> a. *je vais vous expliquer exactement comment cela va se passer,* […]
> b. *ce sont exactement les mêmes chiffres au point que d'ailleurs* […]

Table 7. Most frequent comment adjuncts. *Copyright: Fabienne Baider. License: CC BY*

	Comment adjunct > 5 occurrences	
Propositional	*évidemment* (13)	asseverative
	clairement (6)	asseverative
	notamment (13)	asseverative
	exactement (15)	asseverative
	probablement (11)	asseverative
	particulièrement (7)	asseverative
Speech functional	*Effectivement* (13)	factual

As a matter of fact, the burden of proof announced implied by these adverbs very often refers to the Front National's fundamental policies: in example (6) this means the necessity of recovering borders, and in example (7) that the Socialist party and the Conservative party (the UMPS for the FNists) work with the same immigration figures, despite the claim that they would apply different policies regarding immigration:

> 6. On ne peut remettre en cause un accord que si on retrouve la maîtrise de notre frontière ; je vais vous expliquer *exactement* comment cela va se passer. Donc tous les grands humanistes qui veulent la révocation des accords du Touquet […] (Interview LCI, 29/06/16)

> 7. Ce sont *exactement* les mêmes chiffres au point que d'ailleurs, au point que d'ailleurs, monsieur Valls avait dit en arrivant je compte faire comme monsieur Sarkozy […]

By using these adverbs the speaker conveys an absoluteness regarding the evaluation of the propositional content; moreover, these adverbs also compel the addressee to accept this certainty and follow or understand the Front National reasoning which led to such certainty.

Similarly, the adverb *évidemment* puts forward conclusions and inferences, which are actually 'not obvious' despite the use of *évidemment*; most often it accompanies the introduction of a new topic related to the main argument, i.e., expanding on it. The use of the adverb forces the addressee to accept the speaker's reasoning, as seen in example (8) below, where Marine Le Pen presents the worsening of 'the problem of illegal immigration' as an obvious consequence of Albania entering the EU, inferring that anyone from Albania (once it is in the EU) will be a potential illegal immigrant, conveniently ignoring the Schengen agreement of freedom of movement[12]:

> 8. [...] l'Albanie c'est très intéressant, l'Albanie qui *va bien évidemment aggraver le problème* de l'immigration clandestine.

In example (9), the speaker forces the audience to accept an equivalence between the concepts of 'nation' and 'border'. If one does not challenge the *évidemment*, he/she accepts the reasoning of a populist discourse, i.e. the FN conclusion that, within the Schengen area, countries are no longer nations:

> 9. [...] c'est ainsi, je crois que l'histoire démontre que les français ont raison de réclamer le retour de la protection de la nation et *qui dit nation dit évidemment frontières* [...]

If the adverb *exactement* foregrounds fundamental tenets of the Front National, the adverb *évidemment* presents hypotheses as obvious conclusions, without having offered any argument for such conclusions, i.e., presenting the speaker's prejudices as well-known truths, as a *fait établi*.

4.2.2. Commitment function

Other adverbs frequently used in her interviews fall into the category 'mood adjunct of intensity' (see Table 8), and most have a high value of intensity (Halliday 2004).

Table 8. Most frequent adjuncts of intensity. Copyright: Fabienne Baider. License: CC BY

Mood adjunct of intensity in Marine Le Pen interviews > 5 occurrences		
Degree	Total	High
Counter-expectancy	*Totalement (24), absolument, (9) parfaitement (8) extremement (7),* Exceeding	Limiting *Seulement (7)*
Total	48	7

---

[12] An EU citizen cannot be an illegal immigrant *a fortiori* in an EU member state. Maybe Marine Le Pen had another idea in mind. We also note the irony in her use of *intéressant*.

Halliday (2004) posits that adverbs of intensity *deepen* the expectations of the addressee; they demonstrate a high commitment by the speaker on the one hand, while they demand a similarly strong engagement from the addressee, on the other hand.

The adverb *totalement* in examples (10) and (11) below focuses on the negative and polarized adjectives *superficielle* and *défaillante*. They foreground Marine Le Pen's arguments against the EU developed in the rest of the paragraph, arguments that are the burden of proof for such assertiveness. Once again, certain cognitive shortcuts are required to accept the linguistic parallelisms deployed in these quotations: in example (10) a pro-EU / anti-EU new divide in French political parties is stated to have replaced the left / right divide. This new divide is rephrased to become the people who believe in France/ those who do not believe in it:

> 10. Bon il y un autre phénomène [...] c'est que je ne crois pas à la fracture entre la droite et la gauche, je pense qu'elle est *totalement superficielle* et que la vraie fracture aujourd'hui est entre la nation et le mondialisme, c.à.d. entre ceux qui croient à la France et ceux qui n'y croient plus.

In example (11) the '*nous avons vu*' explicitly reveals a 'taken-for-granted' strategy, presenting a personal opinion as a generally known or agreed upon fact, and making the proposition less arguable (Sbisà 1999)[13]:

> 11. Il faut arrêter de compter sur les autres ; nous avons vu que l'UE était *totalement défaillante* dans ce domaine, que l'ouverture totale des frontières en l'espèce est une véritable folie. Depuis des années nous réclamons la suspension, et en ce qui me concerne définitive, de Schengen et je crois que chaque jour qui passe révèle que nous avons raison de réclamer cette mesure de protection au minimum

In the quotes above we can observe that not only does the adverb highlight the arguments to come, but it also foregrounds the argumentative force of the speech: in example (11) *totalement défaillante* (totally useless) is further developed by the accumulation of lexical units echoing the argumentative force of the adverb (*ouverture totale, véritable folie, suspension definitive, au minimum*) in parallel with the party's immense

---

[13] Intonation plays a role in this call to engagement, since Marine Le Pen tends to stress most adverbs. With *d'ailleurs* she tends to mark a pause after the adverb (Baider 2017).

effort to stop this utter incompetence (*depuis des années, chaque jour qui passe, réclamons*).

To summarize this section, we have found that both intensity modal adjuncts and comment adjuncts function to foreground the argument, summarizing the reasoning or argument that will follow. They invite listeners to engage with the dialogue on the argumentative level, and because of this prerequisite engagement, adverbs guide the audience to agree with the FN leader's position (Hyland 2005: 176). This guidance has the potential to serve as an 'authority' stance.

5. Final remarks

The adverbials investigated in this paper, *d'ailleurs* and *–ment* adverbs, can be described in Marine Le Pen's discourse as her personal stance markers, and as characteristic features of her discursive style. They function as consistent discursive devices and contribute to an articulate, clear-headed leadership ethos. We have observed that *d'ailleurs* often functions in our data as a marker of expansion, backgrounding the preceding clause, stressing consequences or examples to justify the argument just put forward[14]. The most frequent *–ment* adverbs, in contrast, summarize the speech to come, i.e., foregrounding the arguments to be developed. On the theoretical level we could therefore suggest that the expansion functions could include *emphasis*, as illustrated in example (4); the extension category could include a *conclusive* category (not only additive), as observed in example (1); the enhancement function could include the *consequence* category as shown in example (5). Going back to Goffman theory we would also conclude from the analysis of our data that these adverbs and in particular the adverb *d'ailleurs* fulfill the three basic kinds of facework as defined by Goffman (1955, 1967) and as described in Bull and Fetzer (2010:158): an avoidance process (avoiding potentially face-threatening acts by taking the floor or guiding the conversation), a corrective process (giving a proof for a redressive act), and making points (the most used by Marine Le Pen). Not only are they valuable persuasive devices, but they also contribute to the construction of a power relationship with the addressees (Simon-Vandenbergen and Aijmer 2007: 55–56), "stamping a personal authority" (Hyland 2005: 176), a *sine qua non* for a populist leader.

---

[14] *D'ailleurs* could also be analysed as an evidential since it fulfils the four conditions stipulated by Anderson (1986: 274).

The often-hyperbolic stance observed in this study intensifies moralistic statements and conveys a feeling of emergency, a useful emotion for a politician who can then posit herself as a self-proclaimed savior of the nation, who will take her moral duty to heart (Amossy 2010).

References

Aijmer, K. (2007). "Modal adverbs as discourse markers: A bilingual approach to the study of *indeed*". In J. Rehbein, C. Hohenstein, & L. Pietsch (eds.), *Connectivity in grammar and discourse*, 329–344. Amsterdam/Philadelphia: John Benjamins.

Amossy, R. (2010). *La présentation de soi. Ethos et identité verbale*. Paris: Presses universitaires de France.

Anderson, L. B. (1986). "Evidentials, paths of change, and mental maps: Typologically regular asymmetries". In W. Chafe W. & J. Nichols (eds.), *Evidentiality: The linguistic coding of epistemology*, 273–312. Norwood: Ablex.

Baider, F. (2015). "Évaluation de la présidentiabilité", *Mots. Les langages du politique* 108, 103–128.

Baider, F. (2014). "Hybrid Strategic Identities as Gendered Resources in French Politics", *Communication Papers* 3, 91–102.

Baider, F. (2017). "*D'ailleurs*, point d'orgue dans le discours de Marine le Pen", *La Linguistique* 50 (1), 87–107.

Biber, D., et al. (1999). *Longman grammar of spoken and written English*. Harlow: Longman.

Bonnafous, S. (2001). "L'arme de la dérision chez J.-M. Le Pen". *Hermès, La Revue* 29, 53 – 63.

Bull, P. (2008). "Slipperiness, evasion and ambiguity": Equivocation and facework in non-committal political discourse. *Journal of Language and Social Psychology* 27 (4), 324–332.

Bull, P & Fetzer, A. (2010). "Face, Facework and Political Discourse". *Revue internationale de psychologie sociale* 23 (2), 155–185.

Cambon, E. (2006). "Le Pen disant *Le Pen* ou la construction du chef charismatique par lui-même". In D. Banks (ed.), *Aspects linguistiques du texte de la propagande*, 31–42. Paris: L'Harmattan.

Charaudeau, P. (2005). *Le discours politique. Les masques du pouvoir*. Paris: Vuibert.

Charaudeau, P. (2011). "Réflexions pour l'analyse du discours populiste". *Mots* 97, 101–116.

Falzone, M. & Lasalle, A., (2013). "La construction de l'ethos de la politicienne Marine Le Pen dans une émission d'affaires publiques". *Revista ContraPonto*, 3, 143–166.

Grisot, C., & Moeschler, J. (2014). "How do empirical methods interact with theoretical pragmatics?". In J. Romero-Trillo (ed.), *Yearbook of Corpus Linguistics and Pragmatics 2014: New empirical and theoretical paradigms*, 7–33. Dordrecht: Springer.

Hyland, K. (2005). "Stance and engagement: A model of interaction in academic discourse". *Discourse Studies* 7 (2). 173-192.

Jagers, J. & S. Walgrave (2007). "Populism as Political Communication Style: An Empirical Study of Political Parties' Discourse in Belgium". *European Journal of Political Research* 46: 319-345

Lauerbach, G. (2004). "Political interviews as hybrid genre". *Text* 24 (3), 353–397.

Le Bart, C. (1998). *Le discours politique*. Paris: PUF.

Mauger, G. & W. Pelletier (eds.) (2017). *Les classes populaires et le FN. Explications de vote*. Vulaines sur Seine: éditions du Croquant.

Mayer, N. (2013). "From Jean-Marie to Marine Le Pen: Electoral Change on the Far Right". *Parliamentary Affairs* 66 (1), 160–178.

Molinier, C. & F. Levrier (2000). *Grammaire des adverbes: description des formes en –ment*. Librairie Droz.

Sbisà, M. (1999). "Ideology and the persuasive use of presupposition". In J. Verschueren (ed.), *Language and Ideology: Selected Papers from the 6th International Pragmatics Conference*, 492–509. Antwerp: International Pragmatics Association.

Szczyrbak, M. (2017). "Modal Adverbs of Certainty in EU Legal Discourse: A Parallel Corpus Approach". *Yearbook of Corpus Linguistics and Pragmatics* 5, 91-115.

Shields, J. (2013). "A Change of Style or of Substance?" *Parliamentary Affairs* 66 (1), 179–196.

Simon-Vandenbergen, A.-M. & K. Aijmer (2007). *The Semantic Field of Modal Certainty: A Corpus-based Study of English Adverbs*. Berlin/New York: Mouton de Gruyter.

Simon-Vandenbergen, A.-M. & K. Aijmer (2005). "The discourse marker *of course* in British political interviews and its Flemish and Swedish counterparts: A comparison of persuasive tactics". In A. Betten & M. Dannerer (eds.), *Beitraege zur Dialogforschung. Selected Papers from the 9th IADA Conference Salzburg 2003*, 105–112. Tóbingen: Niemeyer.

Traugott, E. C. (2010). "Dialogic contexts as motivations for syntactic change". In R. A. Cloutier, A. M. Hamilton-Brehm & W. A. Kretzschmar (eds.), *Variation and change in English grammar and lexicon*, 11–27. Berlin/ New York: Mouton de Gruyter.

Tseronis, A. (2009). *Qualifying standpoints. Stance adverbs as a presentational device for managing the burden of proof*. Utrecht: LOT.

Van Dijk, T. A. (1998). "Opinions and ideologies in the press". In A. Bell & P. Garrett (eds.), *Approaches to Media Discourse*, 21–63. Oxford: Blackwell.

Annex 1 - Interviews

1. Marine Le Pen «je défends la France des oubliés», 22.04.2015, (Interview in New-York par Laurence Haïm.), https://www.youtube.com/watch?v=Jsdy70-SbBM
2. Clash : Marine Le Pen en pleine forme ! Le piège Leonarda, octobre 2013, http://www.youtube.com/watch?v=nYXete-s2Tg3.
3. Marine Le Pen sur les Roms : «il faut tous les renvoyer» – 26.09.2013, http://www.youtube.com/watch?v=hY81GZlYBqo,
4. Marine Le Pen casse la baraque: invitée chez Ruquier, 19.02.2012, https://www.youtube.com/watch?v=sJN5CuFjhF8
5. Arlette Chabot, with Brexit (LCI, 29/06/16, 8h15), http://www.tv-replay.fr/redirection/29-06-16/actualites-lci-lci-11720767.html
6. Le Pen in the EU Parliament, 9.07.2015, https://www.youtube.com/watch?v=rz_h4RfVrvc
7. Énorme performance de Marine Le Pen face à des rafales de questions... http://www.youtube.com/watch?v=VTBbTDMSLuM
8. Marine Le Pen and the Roms : "to sen them back", 26.09.2013, http://www.youtube.com/watch?v=hY81GZlYBqo
9. Marine le Pen casse la baraque: invitée chez Ruquier Feb 19, 2012, https://www.youtube.com/watch?v=5Y3OnrtRwGo
10. LCI, 31.03.2005, with P.-L. Séguillon http://www.le-pen.info
11. RTL, 14.12.2005, http://www.le-pen.info
12. LCI , 12.02. 2004, Anita Hausser.
13. RTL, 26.08.2004, http://www.le-pen.info
14. Anita Hausser. LCI, 22.03.2004, http://www.le-pen.info
15. Gérard Leclerc, 18.04.2003, http://www.le-pen.info

16. Le Grand Jury RTL - LCI, 26.01.2003, Cohen Patrick, Séguillon Pierre-Luc, http://www.le-pen.info
17. Gérard Leclerc 18.04. 2003, http://www.le-pen.info
18. Ruth Elkrief 19.11.2002, http://www.le-pen.info
19. RTL, 18.11. 2002, http://www.le-pen.info

Annex 2 -
1. Meeting in Nantes, 25.03.2012, http://www.marinelepen2012.fr
2. Aymeric Chauprade, Paris, 19.05.2014, http://www.frontnational.com/categorie/discours/
3. Intervention au parlement européen (2014), https://www.youtube.com/watch?v=UhWMkQq1vXo
4. Marine Le Pen alerte les Français : nos libertés sont en péril ! 30.01.2014, http://www.frontnational.com/categorie/discours/page/3/
5. Discours du 1er mai 2015, http://www.frontnational.com/categorie/discours/page/3/
6. Marseille UDT 2015, http://www.frontnational.com/categorie/discours/page/2/
7. Nanterre, 16.01.2015, after Charlie, https://www.youtube.com/watch?v=n3DZECyVWqI
8. After Charlie 19.01.2015
9. GAD : une catastrophe annoncée, (Brittany crisis)
10. Suite aux attentats, Marine Le Pen présente l'analyse du Front National et ses propositions sur youtube

Populisme d'extrême droite en France: une analyse de la communication non verbale de Marine Le Pen

Morgane Belhadi
Université Sorbonne Nouvelle, Paris 3

1. Introduction

De 1980 à nos jours, le Front National a complètement changé sa stratégie communicationnelle, désormais incarnée par Marine Le Pen. Cette dernière, qui a remplacé en 2011 son père à la tête du FN avec succès, entend modifier l'image du parti d'extrême droite pour le rendre plus acceptable.

Cet article a pour objet l'évolution de l'image de Marine Le Pen à travers l'analyse de deux débats : le premier datant de 2002 l'oppose à Julien Dray suite à l'accession de Jean-Marie Le Pen au second tour de l'élection présidentielle pour la première fois de l'histoire du parti, le second débat confronte la désormais candidate aux présidentielles de 2012 à Jean-Luc Mélenchon, lequel est souvent qualifié de populiste d'extrême gauche.

Cette étude sera conduite par le biais de la communication non verbale, c'est-à-dire la manière dont les individus se présentent en termes de gestuelle, de posture, d'expressions faciales et de tenue vestimentaire. En effet, malgré sa complexité d'analyse et sa polysémie, la communication non verbale joue un rôle non négligeable dans la mise en scène, la constitution de l'*ethos* et de l'image publique des responsables politiques et leur processus de persuasion et, à plus forte raison, auprès des *leaders* populistes, qui fondent leur rhétorique sur des images et phrases frappantes.

Comment la communication non verbale s'est-elle développée dans le champ de la communication politique ? Que dit-elle de la stratégie

---

Comment citer ce chapitre :
Belhadi, M. 2019. « Populisme d'extrême droite en France : une analyse de la communication non verbale de Marine Le Pen ». In: Françoise Sullet-Nylander, María Bernal, Christophe Premat & Malin Roitman (eds.). *Political Discourses at the Extremes. Expressions of Populism in Romance-Speaking Countries*. Stockholm Studies in Romance Languages. Stockholm: Stockholm University Press, pp. 149–174. DOI: https://doi.org/10.16993/bax.h. License: CC-BY

politique de Marine Le Pen en tant que représentante d'un parti souvent qualifié de populiste et d'extrême droite ? Pour mieux le comprendre, nous explorerons les différents apports théoriques sur le non verbal en politique, avant d'analyser un corpus audiovisuel qui permettra de vérifier son influence croissante et, *in fine*, de mieux saisir le virage discursif opéré par le FN, devenu Rassemblement national (RN) depuis le 1er juin 2018.

2. Communication non verbale et communication politique : éléments de définition et apports disciplinaires

La communication non verbale renvoie à l'image que l'on donne de soi à travers l'apparence physique. Dans une acception plus étroite, elle concerne les éléments visuels physiques susceptibles d'ajouter, de compléter ou de contredire le sens de l'énoncé émis. Elle a ainsi pour objet l'analyse de la « posturo-mimo-gestualité » (Cosnier 1984), dimension inhérente au physique d'un individu et au message qu'il porte.

Expressive, dialogique, performative et symbolique, elle fait plus qu'accompagner la parole et, loin d'aller de soi, elle est à la fois psychologiquement, socialement et culturellement construite. En outre, l'histoire de la politique ne peut se penser sans sa portée symbolique qui se mesure à des mots, mais aussi à un style, une attitude, des gestes et des images mémorables. Bien avant l'essor des médias, le politique a toujours été en représentation (Abélès 2007).

Au XXe siècle, le psychologue américain Paul Ekman (1975, 1976) reprend l'idée darwinienne de l'universalité des émotions et en dénombre sept – la haine, la colère, le dégoût, la peur, la joie, la tristesse et la surprise – qui enclenchent selon lui les mêmes mouvements musculaires du visage pour tous les individus.

Le psycholinguiste David McNeill (1992), quant à lui, persuadé que la parole ne peut se penser sans la gestuelle en tant qu'expression des pensées de l'individu, conduit une expérience sur plusieurs sujets aux profils variés qui doivent décrire l'extrait d'un dessin animé qu'ils ont visionné : chacun décrit la même scène en des termes similaires mais avec des gestes différents, selon leurs préférences personnelles, mais aussi en fonction des moments de la scène qu'ils estiment les plus marquants ou pertinents. Il identifie enfin ce qu'il appelle le « *growth point* », soit la synchronie, la simultanéité et l'unité entre le discours, la pensée et le geste du locuteur.

Adoptant un angle plus large, anthropologues et sociologues décident, pour leur part, d'explorer le non verbal par le prisme du contexte socio-culturel, à l'instar du sociologue canadien Erving Goffman. Celui-ci décrit de manière édifiante le fonctionnement des interactions sociales dans les situations les plus ordinaires, les rites, règles et normes implicites et explicites qui y sont à l'œuvre (l'« ordre » de l'interaction). « Par interaction (c'est-à-dire l'interaction face à face), on entend à peu près l'influence réciproque que les partenaires exercent sur leurs actions respectives lorsqu'ils sont en présence physique immédiate les uns des autres » (Goffman 1973 : 44). Ainsi, chaque acteur – au sens dramaturgique du terme – de l'interaction ajuste son comportement en fonction de l'interprétation qu'il tire de la situation, de l'image qu'il se fait de l'autre, et se constitue une « face », c'est-à-dire une identité publique. Pour ce faire, il travaille sa « façade », soit tout l'« appareillage symbolique » mobilisé pour instaurer sa propre représentation (décor, apparence physique, gestuelle, etc.). Cette « face » est plus ou moins maîtrisée, cohérente, maintenue, car certaines informations – provenant généralement de l'incongruence entre ce que le corps manifeste et ce que le verbal exprime – peuvent échapper à la vigilance de l'acteur ou relever de son inconscient.

À la suite de Goffman, nombre d'auteurs vont travailler sur plusieurs moments de communication, dans une approche interactionnelle parfois doublée d'une approche multimodale. Dans le domaine de la linguistique, Patrick Charaudeau (1995) observe que les interactants établissent ce qu'il appelle un « contrat de communication » au cours duquel ils opèrent trois stratégies discursives : la légitimation, la crédibilité et la captation (séduire, captiver, toucher l'affect, susciter l'émotion du destinataire). Or, nous verrons que notre corpus audiovisuel rend clairement compte du « choc » des *ethos*, des luttes pour la reconnaissance et l'existence de chaque débatteur (Charaudeau 1993) et de son ambition d'occuper l'espace médiatique en conjuguant ces trois stratégies discursives de la manière la plus satisfaisante possible tout en cherchant à dévaloriser le concurrent (Poggi, D'Errico, Vincze 2011).

Toujours dans le champ de la linguistique, alors que dans les années 1950 l'anthropologue Ray Birdwhistell (Winkin 1984) présentait la kinésique, modèle complexe inspiré de la linguistique descriptive, mais difficilement applicable, Geneviève Calbris (2003) propose une méthode d'analyse générale des gestes coverbaux – expression qu'elle reprend du psychologue Jacques Cosnier (1984). Elle va s'en servir pour étudier la gestuelle de Lionel Jospin, dans une approche sémio-linguistique qui prend en considération les travaux antérieurs sur le non verbal, notamment ceux de David McNeill. Elle ouvre ainsi la voie pour une recherche sur la communication non verbale des acteurs politiques.

Ce bref panorama permet de mieux saisir le rôle accordé, directement ou indirectement, à la communication non verbale dans la sphère scientifique, qu'il s'agisse, selon la préoccupation et l'approche des auteurs, de mieux comprendre les comportements humains et relations sociales, ou de décrypter le langage multimodal des politiques. Voyons à présent comment ces méthodes s'illustrent, à travers l'analyse d'un corpus audiovisuel.

3. La communication non verbale en action : analyse de l'*ethos* de Marine Le Pen

3.1. Choix du corpus audiovisuel et questionnements

Le débat télévisé, « mode fondamental d'expression et d'élaboration du politique » (Jacquin 2011 : 45), semble le mieux à même de rendre compte de la mise en confrontation des idées, la plupart du temps antagoniques, de deux ou plusieurs politiques et de leur manière d'interagir et de défendre leur *ethos*. En effet, le débat suppose nécessairement une confrontation, soit l'« opposition d'au moins deux points de vue sans pour autant que les énonciateurs qui les prennent à leur charge ne s'orientent vers la possibilité d'un accord [...], la présence d'un tiers garantissant la présence et le maintien du désaccord » (Jacquin 2011 : 45), encourageant éventuellement la polémique pour rendre le débat plus attractif et spectaculaire. Si point de polémique n'est créée dans nos deux extraits, la confrontation et la scénographie qui l'accompagne provoquent néanmoins une tension « dramatique » forte, pour filer la métaphore théâtrale, qui va grandement influer sur les comportements – verbaux et non verbaux – des participants : dans les deux séquences audiovisuelles, Marine Le Pen suscite chez ses deux contradicteurs la colère – involontairement semble-t-il, concernant Julien Dray qu'elle tente d'apaiser – et leur détermination à affaiblir l'*ethos* de celle-ci.

Ainsi, comme l'ont bien souligné à leur manière Charaudeau et Goffman, au cours de l'interaction, le but de chaque débatteur est double : affirmer son identité par plusieurs techniques et stratégies discursives, la « co-construire » (Constantin de Chanay et Turbide 2011) selon les réactions du camp adverse et de la réception, et, par contraste, décrédibiliser l'autre, lui faire « perdre la face ».

Mais la félicité du débat et de l'interaction ne peut être assurée qu'en conformité à des règles, normes et attentes spécifiques connues et acceptées de toutes les instances – politique, médiatique et citoyenne (Charaudeau 2002) pour le bon fonctionnement de l'émission – prises de parole contrôlées, thèmes imposés, courtoisie, clarté des propos tenus – dont le modérateur se fait le garant.

3.2. Méthodologie de l'analyse

Trois auteurs principaux ont retenu notre attention : Geneviève Calbris (2003), David McNeill (1992) et Paul Ekman (1975, 1976), dont les concepts qui semblaient les plus pertinents ont été adaptés aux extraits choisis. Quatre éléments sont considérés : la tenue vestimentaire, la scénographie filmique, et surtout les expressions faciales et les gestes coverbaux. Est écartée de l'analyse la prosodie que l'on range dans la catégorie paraverbale.

Les gestes coverbaux peuvent remplir différentes fonctions : une fonction redondante, de substitution de la parole et que Ekman nomme les « emblèmes », une fonction de complément (ce sont les « illustrants »), ou bien la manifestation d'une gêne, par exemple, dans le cas de gestes d'auto-contact de démangeaison (qu'on appellera les « manipulatoires »).

Ils sont l'expression de plusieurs degrés d'abstraction du discours (McNeill 1992) : les « *iconic* », les « *metaphoric* », les « *deictic* » et les « *beats* », quatre gestes qui peuvent se superposer et sont répartis différemment dans l'espace, à proximité du locuteur (« *center-center* ») ou éloignés (« *extreme periphery* »). Les « *iconic* » font référence à « un événement concret, un objet, ou une action auquel le discours se réfère simultanément » (McNeill 1992) ; les « *metaphoric* » créent des images abstraites donc entretiennent un lien analogique et symbolique avec ce qui est dit ; les « *deictic* » permettent de désigner quelque chose ; et les « *beats* » se traduisent souvent par de petits mouvements des mains ou de la tête et rythment le discours ou la conversation.

Inspirée de la sémiologie et de la psycholinguistique, avec en toile de fond la communication politique, la méthode repose sur plusieurs étapes : isoler les gestes et les mouvements faciaux les plus récurrents ou significatifs dans un premier temps, puis les restituer dans la totalité du mouvement effectué et la situation d'énonciation afin d'éviter l'écueil de la description et de l'isolement du non verbal du contexte.

Nous donnons au contexte un sens élargi, en tant qu'il concerne plusieurs canaux de communication :

- la configuration physique du plateau ou « dramaturgie proxémique » (Jacquin 2011 : 49) : dans les extraits étudiés, un voire

deux journalistes modérateurs dominent une table qui sépare les deux invités politiques, le plateau est de taille moyenne, et le public situé en arrière-plan pour renforcer l'intimité et la dimension spectaculaire et interactionnelle de l'émission ;
- le contexte visuel filmique : dans les extraits étudiés, les plans les plus fréquents sont le plan d'ensemble et le plan rapproché qui cadre les participants jusqu'aux épaules, l'usage du *split screen* et du gros plan qui ne montre que le visage pour renforcer la confrontation et la dramatisation du débat ;
- les composantes physiques du mouvement corporel étudié : la main, le regard, la bouche, le bras, le buste, plusieurs de ces éléments à la fois, son orientation, sa séquentialité (sa rythmique et son apogée), comprendre que le mouvement corporel a souvent un effet d'annonce, qu'il précède la parole et est lui-même souvent annoncé par le regard ;
- le contexte politique, médiatique et la situation d'énonciation : sujet sur lequel porte l'extrait, liens entre le verbal et le non verbal, mode de diffusion – ici en direct – et enfin statuts et positionnements de l'instance télévisuelle, qui, par ses choix scénographiques, journalistiques, idéologiques et économiques et son intentionnalité, conditionne « le regard spectatoriel » (Esquenazi 1999 : 18) en tentant d'identifier les attentes du téléspectateur « *lambda* » ;
- la réception : comment le débat a-t-il été reçu, compris ?

Cette méthodologie s'achève par les inévitables limites pratiques posées à l'analyse. En effet, il est difficile de repérer les micro-expressions identifiées par Ekman comme les mimiques du visage qui durent moins d'une seconde et sont quasiment invisibles à l'œil nu. Les techniques de filmage privilégient les cadrages resserrés, lesquels tronquent souvent les gestes effectués par les mains, qui sont pourtant très souvent sollicitées. De plus, les techniques de cadrage peuvent influencer de manière positive ou négative le « regard spectatoriel » sur le débat et ainsi renforcer ou affaiblir l'*ethos* du politique, d'où la grande susceptibilité des candidats et de leurs équipes au sujet des modalités de mise en scène des débats présidentiels d'entre-deux-tours en particulier. Enfin, le format bidimensionnel de l'écran télévisé produit un écart sur la perception visuelle et la réception, par rapport à la réalité, qui, elle, est tridimensionnelle.

3.3. Extrait de *Mots croisés*, émission spéciale sur « La montée du populisme », présentée par Arlette Chabot, France 2, 27.05.2002

Notre corpus audiovisuel a été conçu pour vérifier l'évolution entre 2002 et 2012 de la dimension non verbale de Marine Le Pen dans un contexte de montée spectaculaire des populismes en Europe, mais aussi afin d'examiner les interrogations suivantes : comment se construit l'interaction, y compris lorsqu'elle n'est pas voulue (refus de débattre de Le Pen dans le deuxième extrait) ? En quoi la communication non verbale peut constituer une ressource non négligeable, particulièrement s'agissant du deuxième débat ? Enfin, quels sont les apports de la communication non verbale à la compréhension de ces deux extraits et plus généralement à l'analyse interactionnelle et multimodale d'un débat politique télévisé ?

Le premier extrait, dont l'intégralité peut être visionné aux archives de l'Institut National de l'Audiovisuel (InaTHÈQUE) à la Bibliothèque nationale de France à Paris, est issu de *Mots croisés*, émission diffusée sur France 2, qui apparaît pour la première fois en 1997, après le Journal télévisé de 20h. A partir de 2001, elle est programmée en deuxième partie de soirée, suite à la création de l'émission *Complément d'enquête* qui commence à 20h50. L'émission qui nous intéresse est consacrée au populisme. Y cohabitent des invités issus de milieux différents (intellectuels, journalistes et politiques). Après plusieurs discussions et reportages sur le sujet, arrive le débat, animé par Arlette Chabot, entourée de plusieurs intervenants : Marine Le Pen, Roselyne Bachelot, Julien Dray, Olivier Besancenot, Dominique Wolton et George-Marc Benamou, écrivain-journaliste. La séquence que l'on va étudier confronte Julien Dray à Marine Le Pen et dure trois minutes.

Le débat s'ouvre sur un Julien Dray tendu : ses sourcils sont froncés, ce qui provoque des rides verticales, son regard est fixe, ses lèvres pressées l'une contre l'autre, et son visage ruisselle. Il semble déterminé à démonter l'argumentation de Marine Le Pen, ce qui n'a pas échappé à la principale intéressée. Mais plutôt que de se montrer offensive, en accord avec sa stature imposante qui rappelle celle bien connue de son père, Marine Le Pen tente une stratégie de la séduction dans le but de l'apaiser. Calme et à l'écoute, ses gestes sont ouverts vers l'extérieur (vers la « périphérie extrême » pour reprendre David McNeill), la tête en avant en direction de son contradicteur. Elle opère également un mouvement de balancier du buste de l'arrière vers l'avant comme si elle s'avançait vers lui pour mieux le convaincre. Enfin, elle lui adresse de fréquents regards, pour l'impliquer plus fortement. Or, l'on sait combien le regard joue un rôle important dans l'interaction (Constantin de Chanay, Kerbrat-Orecchioni 2017) : selon qu'il est orienté vers le délocuté ou le modérateur-journaliste, furtif ou insistant, incluant le délocuté ou l'excluant – ici, manifestement, il est un incluant et appuyé à l'intention de Dray –, il n'aura pas la même incidence sur l'interprétation de la situation d'énonciation et la structuration des *ethos* des deux débatteurs.

Julien Dray possède alors un capital politique et une visibilité médiatique plutôt faibles et est critiqué par son train de vie. Mais son expérience, son appartenance au Parti socialiste et son implication dans la fondation de SOS Racisme font de lui un redoutable opposant aux idées conservatrices du Front National, accusé, entre autres, de populisme et de racisme.

L'enjeu de « dédiabolisation » est donc de taille pour Marine Le Pen, qui, afin de se légitimer tout en se victimisant, n'hésite pas à déplorer : « J'en ai marre d'être traitée de raciste, je ne suis pas raciste ! ». Le passage du « nous », employé antérieurement, relatif au parti frontiste, au « je », lui permet de s'impliquer personnellement et de se mettre en avant. Elle adresse également des regards successifs aux autres invités ainsi qu'à Arlette Chabot, afin de les impliquer personnellement, voire, peut-être, de les accuser eux aussi de l'avoir traitée de « raciste » par le passé. Cette stratégie semble être appuyée par les mouvements de caméra avec un gros plan sur son profil, un plan sur Julien Dray puis sur Olivier Besancenot, lesquels ont respectivement les yeux baissés, comme s'ils se sentaient visés par ses propos.

Néanmoins, Marine Le Pen ne parvient pas complètement à masquer son malaise : elle tente par exemple d'interrompre Julien Dray, avant de consentir sans grande résistance à lui céder la parole, et elle cligne des yeux très souvent – au calme, une personne normale cligne des yeux en moyenne toutes les cinq secondes (Mery 2014) –, signe de stress.

Si nous visionnons l'émission plus loin, le contraste avec Olivier Besancenot est saisissant. Sans utiliser le moindre mot, simplement à travers son visage, Marine Le Pen lui exprime tout son dédain et sa condescendance : elle soupire, souffle, détourne le regard pour feindre le désintérêt et l'ennui face au discours de Besancenot, mais aussi pour créer une sorte de connivence avec les autres invités dont on peut entendre les objections en hors champ pendant que Besancenot s'exprime. On peut donc ici parler de délocution excluante ; l'objectif est de montrer qu'elle ne le reconnaît pas comme contradicteur sérieux, malgré la forte progression qu'il a réalisée dans les suffrages exprimés en 2002 (4,25 % au lieu des 0, 5 % prédits), mais loin derrière Jean-Marie Le Pen (17,79 % des voix au second tour). La différence d'*ethos* est donc significative. Olivier Besancenot exerce une profession de facteur, bien loin du monde politique, il se positionne en *outsider*, à l'extrême gauche (il est alors membre du parti LCR, la Ligue Communiste Révolutionnaire) et emploie un registre de langue courant voire familier, fondé sur le *pathos*, l'appel à l'émotion et à l'indignation. À l'inverse, Julien Dray, malgré sa colère et sa détermination manifestes, construit son argumentation sur des idées rationnelles, le *logos*. Marine Le Pen n'est donc pas intimidée par Olivier Besancenot.

Voyons à présent quelques traits non verbaux marquants de Marine Le Pen qui se manifestent au cours de cet extrait :

Ses gestes sont organisés : lorsqu'elle dit « «Je vous ai compris». Alors on nous a fait le coup en 88, 95, et on nous fait le coup en 2002 », ses mains se répartissent en fonction de la date évoquée (à gauche, à droite, au centre) afin de renforcer son propos et de le rendre d'autant plus intelligible et concret : on retrouve ici la fonction des gestes « *iconic* » identifiés par David McNeill (1992).

On reconnaît également un geste que Calbris (2003) avait repéré chez Lionel Jospin : la main en pointeau dirigée vers le ciel, qu'elle qualifiait de « Pyramide ». Le Pen en fait la même utilisation que Jospin, c'est-à-dire pour préciser sa pensée, mettre en avant un élément de son discours qui lui paraît essentiel : « Or cette souffrance [éprouvée par les Français], vous l'avez méprisée, vous l'avez bafouée ». Ce geste fonctionne en congruence avec sa parole puisque, sur le plan verbal, elle utilise le démonstratif « cette » et le pronom personnel « l' » qui remplace la « souffrance », tout en insistant sur la première syllabe des verbes « mépriser » et « bafouer ». Cette construction grammaticale, corroborée par le geste de la Pyramide dont les doigts sont dirigés vers le haut, semblent indiquer la « souffrance » et servent ainsi sa rhétorique, qui consiste à mettre en avant le peuple et à montrer son empathie pour lui. L'adresse directe à un « vous » abstrait – mais l'on peut supposer qu'il s'agit du système politico-médiatique et des partis de gouvernement dont Le Pen souhaite s'extraire – suggère que seul le Front National serait capable d'écouter la « souffrance » du peuple et d'y mettre fin.

De même, lorsqu'elle déplore que ne soient pas évoqués certains sujets sensibles (« Quid de l'immigration, quid de l'Europe, quid de la corruption »), elle réitère le geste de la Pyramide qu'elle agite (« beat », McNeill 1992) à chaque fois qu'elle prononce le mot « quid » pour scander son propos aux plans verbal et non verbal et créer un effet d'insistance et d'accumulation. Elle poursuit : « Si c'est si simpliste que cela ce que propose le Front national, eh bien vous allez facilement faire comprendre aux Français qu'ils ont tort » en effectuant le geste de ce que Calbris (2003) appelle le « Livre entrouvert », qui se caractérise par le fait d'ouvrir les mains, paumes dirigées vers le haut. Aussi qualifié de « Palm Up Open Hand » (PUOH) par McNeill (1992), ce geste métaphorique permet à Marine Le Pen de souligner avec ironie la fausse « simplicité » et « facilité » – élément abstrait, d'où le rôle joué par le geste métaphorique – avec laquelle ses adversaires vont « faire comprendre aux Français qu'ils ont tore [d'adhérer aux idées du Front national] ».

Enfin, un élément caractéristique de la personnalité de Le Pen et de sa rhétorique populiste est sans doute son ironie, qui lui permet d'instaurer une distance et de creuser le clivage[1] par rapport à son adversaire tout en le dévalorisant. Caractéristique essentiellement verbale, l'ironie trouve ici son corollaire sur le plan non verbal. En effet, Le Pen fronce fréquemment les sourcils pour imiter les propos de ses concurrents et mettre en doute leur cohérence. Au moment où Julien Dray affirme que le Parti socialiste est favorable à une part de proportionnelle, elle esquisse un faux sourire, qui fonctionne comme une antiphrase (Kerbrat-Orecchioni 2013 : 52) des propos tenus par Dray : si les commissures des lèvres sont bien élevées comme dans les vrais sourires, il n'y a pas de patte d'oie qui se dessine.

3.4. Extrait de l'émission *Des paroles et des actes*, présentée par David Pujadas, France 2, 23.02.2012

Malgré le caractère technique et pointu qu'elle revêt, *Des paroles et des actes*, née en 2011, opère une sorte de synthèse des genres télévisés. Cette émission conserve un caractère éminemment sérieux dans la pure tradition des émissions politiques, avec des aspects spectaculaires, comme c'est le cas des émissions d'infodivertissement. Il s'agit notamment des modes de filmage, tels que le *split screen*, qui renforcent la dramatisation et la mise en confrontation, des temps de parole limités comme dans les débats présidentiels, des sondages révélés à la fin, des questions du public, et de l'évaluation des prestations des invités par les journalistes ; on note aussi des nouveautés pour mieux servir l'intérêt démocratique et informationnel du téléspectateur (le *fact-checking*).

---

[1] Rabatel qualifie d'ailleurs l'ironie de « raillerie clivante qui oppose Moi/Nous [...] vs. Eux », comme le rappelle Kerbrat-Orecchioni (2013 : 49).

A dix ans d'intervalle – 2002 et 2012 –, le changement d'apparence de Marine Le Pen est manifeste. Ce changement participe clairement d'un travail sur son « appareillage symbolique » pour satisfaire aux exigences du parti alors en pleine rénovation : un *brushing* parfaitement maîtrisé (cheveux coupés mi-longs, couleur blonde éclaircie), une importante perte de poids, des tenues et un maquillage plus élégants et discrets attestent de sa volonté de s'afficher plus moderne et dynamique, sans pour autant renoncer à des éléments de continuité de l'idéologie frontiste pour préserver le noyau dur de son électorat : la blondeur, courante dans les partis d'extrême droite européens, une chaîne en or ornée d'une croix chrétienne, une tenue un peu grande pour elle qui renforce sa stature imposante, probablement en écho à celle de son père.

Ce changement de *look* est survenu en 2004, au moment des élections européennes et à l'approche du référendum de 2005 sur la Constitution européenne. De plus, Marine Le Pen a changé de statut en 2011, accédant à la présidence du Front National, et en 2012, elle se présente pour la première fois à une élection présidentielle. Le travail sur son apparence est donc concomitant de son entreprise de conquête du pouvoir à l'échelle nationale et européenne et l'émission que nous choisissons de traiter représente donc un enjeu pour elle.

À l'occasion de l'élection présidentielle de 2012, *Des paroles et des actes* a consacré chacune de ses émissions à un candidat, dont celle du 23 février à Marine Le Pen. L'émission est composée de trois parties : dans la première et la dernière, des journalistes posent des questions à l'invité sur son programme économique, politique et social, sur son image puis sa prestation ; la deuxième partie est un duel opposant deux politiques. Habituellement d'une durée de quarante minutes, il s'agit ici de deux duels de vingt minutes chacun – l'un face à Henri Guaino, représentant de Nicolas Sarkozy, l'autre à Jean-Luc Mélenchon, alors président du Front de gauche. L'imposition de deux duels plutôt qu'un fait suite à la demande de la frontiste qui souhaitait être confrontée à un représentant de son « niveau électoral », les sondages plaçant Mélenchon derrière elle à la présidentielle.

Le deuxième duel, que nous allons donc analyser et qu'il est possible de visionner en entier sur le site de vidéos en ligne YouTube, donne à voir deux candidats issus de partis extrêmes qualifiés de populistes. Avant même de connaître l'issue du débat, l'horizon d'attente du téléspectateur d'assister à une émission spectaculaire et à rebondissements, se trouve fortement conditionné, compte tenu des rapports antérieurs plutôt houleux entre les deux débatteurs, qui ont multiplié les attaques *ad hominem* par médias interposés.

A l'entrée de Mélenchon sur le plateau, la tension s'installe donc rapidement : celui-ci affiche d'emblée sa détermination et sa concentration sur les sujets qu'il a choisi d'aborder, comme l'attestent l'expression de son visage – froncement des sourcils, index accusateur (« *deictic* »), regard fixe et déterminé, beaucoup de mouvements de main en direction de Marine Le Pen pour l'impliquer et l'accuser – et le contenu de son propos. « Ce qui nous séparera nos deux courants », phrase incorrecte grammaticalement, est toutefois révélatrice de sa pensée, soulignant combien tous deux s'opposent aussi bien sur le plan des idées (« nos deux courants ») que des personnalités (« nous séparera »). Cette dualité se retrouve dans la scénographie de l'émission qui renforce la dramatisation du débat, en cohérence avec l'horizon d'attente du public : on trouve plusieurs *split screen* séparant Mélenchon à droite et Le Pen à gauche, plans rapprochés et zooms sur les visages pour donner à voir les réactions de chacun et accentuer le suspense.

Comme dans l'extrait de 2002, l'ironie de Le Pen passe par le mime pour dévaloriser son adversaire : « Vous êtes un peu le Paul Amar des temps modernes, dit-elle à David Pujadas. Vous auriez pu nous donner, peut-être, une paire de gants de boxe [en référence au débat opposant Jean-Marie Le Pen et Bernard Tapie en 1994 au cours duquel le présentateur, Paul Amar, leur avait fourni une paire de gants de boxe]. D'ailleurs, Mélenchon a tout de suite parlé de combat de boxe, de me traîner, je crois, d'un bout à l'autre du ring avec ses dents peut-être ». Ses derniers mots s'accompagnent de gestes et de mouvement de balancier de son buste pour mimer le combat sur le ring, face à un Mélenchon sourcils froncés, interloqué. Or, cette référence au débat de son père et au monde de la boxe, fondée sur le conflit physique et non sur le conflit des idées, visent pour Marine Le Pen à dévaloriser son adversaire et à montrer que le statut de victime de son parti n'est pas récent (1994). Ce moment participe de la dramatisation du duel, servant les ambitions de la chaîne de rendre le débat attractif, et pas seulement technique. Là encore, les rapports entre télévision et politique sont à considérer si l'on veut comprendre le contexte dans lequel s'inscrit l'émission.

Ironie et victimisation se doublent d'une stratégie de l'évitement, qui n'est pas sans lien avec le fait que Marine Le Pen est créditée de plus de voix dans les sondages que Jean-Luc Mélenchon, ce qui la met en position de force et lui permet d'afficher une attitude condescendante à l'égard de celui-ci. L'usage du verre d'eau à plusieurs reprises au cours de l'extrait, le refus de regarder Mélenchon, le fait de feindre de lire des titres disposés sur sa table – qui ne sont autres que *La Voix du Nord*, quotidien lié à une région dans laquelle l'implantation du FN s'accroît, et *Le Point* titrant « Qui ment le plus ? » entre les candidats de droite et de gauche – sont autant d'indicateurs non verbaux et visuels qui soulignent le mépris et le désintérêt affichés par Le Pen.

Comme le rappelle Marlène Coulomb-Gully, « la politique à la télévision, c'est d'abord de la télévision » (2001 : 11) : ici, l'émission semble soutenir cette stratégie, quoique involontairement peut-être, à travers ses différents choix de filmage. Plutôt que de filmer Mélenchon, qui déploie une argumentation méthodique pour dénoncer le programme du FN, la caméra montre les réactions d'ennui de Le Pen lorsqu'elle fait mine de réorganiser ses papiers. Sa volonté de faire diversion et de dévaloriser la parole de son adversaire se révèle payante puisque c'est ce que l'on voit à l'écran. De plus, elle est la seule des deux invités à bénéficier d'un quasi très gros plan (son front et son menton sont tronqués) au cours de l'émission. Enfin, dans un plan, la caméra crée une illusion optique, donnant l'impression que Le Pen est au sommet d'un triangle imaginaire dont Mélenchon et Pujadas seraient la base, alors qu'en réalité, c'est Pujadas, en arbitre du débat, qui domine l'espace. Le mode de filmage et la « dramaturgie proxémique » construisent donc un « regard spectatoriel » qui ne correspond pas nécessairement à la configuration réelle du plateau et qui peut influencer le téléspectateur dans son jugement du débat.

Or, malgré une stratégie bien affûtée, Le Pen se sent-elle si à l'aise dans cette posture ? On note quelques signes de nervosité et de stress : elle cligne beaucoup des yeux, cherche à faire diversion du sujet que Mélenchon tente d'imposer et le regarde très peu (ce qu'il lui reproche d'ailleurs à plusieurs reprises), lui préférant Pujadas situé à sa droite, sans doute pour créer un effet excluant de Mélenchon et une coalition avec le modérateur-journaliste. De plus, elle regarde dans le vide à sa gauche, passe sa main dans ses cheveux, alors qu'ils n'obstruaient pas son champ de vision, elle effectue des mouvements de balancier sur sa chaise qui rendent sa position instable et agitée. On note aussi qu'elle ravale sa salive lorsque Mélenchon arrive et se gratte le nez pendant qu'il déclare par exemple : « Si j'étais un leurre vous n'auriez pas si peur », ou bien elle garde les bras croisés pendant une bonne partie de l'argumentation de Mélenchon, ce que l'on peut interpréter comme un mécanisme de défense et de rejet à l'égard de son contradicteur. L'objectif de ce dernier est de déclencher la colère de la frontiste, mais elle se contrôle, afin d'assurer sa domination sur lui et sur l'ensemble du débat : « L'émission m'est consacrée », disait-elle au début du duel.

En outre, si sa première intervention où elle exprimait son refus de débattre était préparée, il semble que les suivantes le soient moins. Au plan verbal, on note beaucoup d'hésitations, de « euh » et de pauses, ce qui n'était pas le cas dans l'extrait de 2002. Ses gestes métaphoriques donnent des indications vagues sur les concepts qu'elle énonce verbalement. Tel est le cas lorsque ses mains dessinent un cercle aux contours imprécis, tandis qu'elle cite, parmi les « candidats suscités par Nicolas Sarkozy », Jean-Louis Borloo, Christine Boutin ou Frédéric Nihous, qui sont selon elle autant de « leurres ».

Quant à Mélenchon, malgré ses sourires ironiques et ses traits d'humour pour maintenir la « face », sa détermination initiale et sa virulence se couplent d'un visage exprimant la colère une fois qu'il a compris que le débat n'aurait pas lieu. A la fin du duel, la colère se double de mépris car il réplique en la regardant avec hauteur, narines dilatées et lèvres pincées : « un cirque [mot employé un peu avant par Le Pen pour qualifier le cadre du débat] dont vous êtes le clown Madame ».

Mais il décide aussi de tirer profit de ce « non-débat » pour démonter le programme du Front National et accroître sa visibilité et son *ethos* : « votre mépris me laisse indifférent [...] vous ne m'impressionnez d'aucune manière ». Dans ce passage, Marine Le Pen, mal à l'aise, cligne des yeux dix fois à la seconde puis baisse les yeux, avant de les rediriger rapidement vers Mélenchon, pour masquer sa gêne.

Lorsqu'il l'accuse de faire un commerce des mères porteuses avec l'adoption prénatale que son programme préconise, elle feint le doute en fronçant des sourcils, mais cette expression n'accompagne pas de démenti verbal : afin de respecter son objectif de ne pas débattre et de maintenir le rôle (au sens goffmanien du terme) qu'elle s'était assigné, elle s'appuie quasi exclusivement sur sa communication non verbale, au point de ne pas pouvoir défendre ses idées ni de contredire Mélenchon. Son rôle paraît « surjoué », non conforme aux attentes du public et de l'instance télévisuelle d'assister à un débat classique de confrontation des idées. Sa stratégie montre ici ses limites et fut d'ailleurs plutôt mal perçue par la presse.

4. Conclusion : apports et limites de la communication non verbale en politique

La communication non verbale, dimension inhérente à l'expression du politique, a connu une forte expansion dès les années 1960 avec la télévision, l'avènement du marketing, et dans les années 1980 du *media-training* qui permet aux politiques de s'entraîner pour réussir les prestations médiatiques. Elle est donc bel et bien intégrée à la communication politique. Toutefois, plusieurs questions restent en suspens, comme le fait de savoir s'il existe une communication non verbale propre à chaque idéologie politique, ou relative à une communication plus globale que l'on pourrait trouver dans d'autres domaines que la politique.

Par ailleurs, malgré les propositions de plus en plus nombreuses sur le plan théorique et empirique, il demeure difficile de l'analyser et de mesurer sa réception auprès du public du fait du contexte, du rôle de l'instance télévisuelle et journalistique qui conditionnent l'intervention du politique.

Ensuite, le statut de la communication non verbale pose problème : pas encore discipline scientifique à part entière en France, elle s'inscrit plutôt dans une pratique professionnelle qui ne prend pas encore en charge son contenu théorique : les spécialistes de la communication s'appuient sur la PNL (programmation neuro-linguistique) et la synergologie, deux modèles à la scientificité douteuse, ou sur leur savoir-faire personnel, leurs intermédiaires (acteurs, psychologues, professeurs de chant, entre autres), les envies et les personnalités de leurs clients politiques.

Enfin, elle soulève plusieurs paradoxes. Le politique doit satisfaire l'exigence de vérité, d'honnêteté, paraître naturel... tout en ayant préalablement fourni un travail conséquent et en lissant certains aspects de la réalité. Se pose pour lui deux questions : doit-il privilégier, selon sa personnalité et/ou son idéologie, le *pathos* avec des gestes pleins d'emphase et de lyrisme... au risque peut-être d'être considéré comme incapable de modération et de dompter ses passions ? Ou à l'inverse, est-il plus astucieux de se concentrer sur la maîtrise de ses émotions et de ses gestes, pour paraître calme et diplomate... mais au risque de l'obsession du contrôle, de donner une image froide et une communication cadenassée ?

Ses effets sont donc à double tranchant lorsque son utilisation est mal pensée, inadaptée aux circonstances ou à la personnalité du politique. Dans le cas de Marine Le Pen, sa communication non verbale devient pour elle un véritable outil stratégique de dédiabolisation, séduction, modernisation et féminisation de son parti, tout en préservant des éléments de continuité historique et filiale avec le parti. Mais cet outil trouve ses limites lorsque dans l'extrait de 2012, elle choisit de s'inscrire moins dans le *logos* et l'argumentation comme le fait Mélenchon, que dans le *pathos*, la victimisation et l'évitement du débat en tentant de se désengager de l'interaction. Comme l'écrivait Goffman : « Lorsque des individus se trouvent réunis en des circonstances qui n'exigent pas que des paroles soient échangées, ils s'engagent néanmoins, qu'ils le veuillent ou non, dans une certaine forme de communication [...] Même si un individu peut s'arrêter de parler, il ne peut s'empêcher de communiquer par le langage du corps » (Winkin 1984), ce qui rejoint le fameux axiome de Paul Watzlawick : « On ne peut pas ne pas communiquer ».

Ainsi, quelle que soit la composante non verbale adoptée, cette étude montre combien il est indispensable au politique d'afficher une posture et une stratégie claires, et une image se voulant la plus naturelle et constante possible pour ne pas laisser penser qu'il est dénué de conviction. Elle révèle également que le travail de Marine Le Pen sur sa communication non verbale s'inscrit dans un changement stratégique plus large visant à transformer le visage du FN (éliminer les éléments perturbateurs, lisser l'image de la candidate pour lui donner l'allure d'une présidentiable, adapter son discours localement), une attitude qui peut s'observer chez d'autres partis populistes européens.

Annexe 1 :

Tableau récapitulatif des éléments non verbaux effectués par Marine Le Pen, en lien avec le contexte de filmage et la situation d'énonciation (2002). Copyright : Morgane Belhadi. License: CC BY

Descriptions	*Significations*
Stature imposante, longs cheveux blonds	Respect des critères de beauté du FN
Gestes ouverts, buste en avant	Calme et écoute
Julien Dray : regard fixe, sourcils froncés	Colère et détermination
Mains de Marine Le Pen disposées à gauche, à droite, au centre	Organisation temporelle des gestes : 1988 (passé), 1995 (passé), 2002 (présent de l'énonciation)
Main en pointeau (Pyramide)	Caractère essentiel de quelque chose, ici la « douleur éprouvée par les Français »
Clignement d'yeux, détournement du regard	Gêne face à Julien Dray

Descriptions	Significations
Froncement des sourcils, faux sourires	Ironie
Soupirs, détournement du regard, regards vers les autres invités	Mépris, ennui face à Olivier Besancenot
Filmage : plans rapprochés, *split screens*	Renforcement de la dramatisation du face-à-face, mise en avant des réactions de chacun

Annexe 2 : Transcription verbale et non verbale de l'extrait étudié (2002)

Codifications :

- Entre crochets : indications scéniques et non verbales
- Surligné : mots ou parties de mots qui sont accentués et provoque un ralentissement dans le rythme du discours
- Points de suspension : pauses dans le discours ou moments d'interruption par un autre locuteur

AC (Arlette Chabot s'adressant à Marine Le Pen) Vous, pour vous, vous profitez de quoi ? C'est-à-dire que tous les partis traditionnels selon vous ne parlent pas des sujets ou pas bien des sujets qui intéressent les Français, et vous, vous ramassez tout, quoi, c'est ça ?

MLP (Marine Le Pen) [Ne regarde pas AC, tourne la tête] Ecoutez, le problème n'est pas là. C'est que, les partis traditionnels [visage face caméra, regard dans le vide] comme vous les appelez, parlent de la souffrance du peuple français comme d'un argument [regard vers AC] électoral. Le côté « Je vous ai compris » [regard dans le vide, face caméra], alors on nous a fait le coup [regard vers AC] en 88 [mains positionnées à gauche], en 95 [mains positionnées à droite], et on le refait en 2002 [mains positionnées au centre]. Or, cette souffrance [zoom caméra], vous l'avez bafouée [main en pointeau/beat], vous l'avez ridiculisée [main en pointeau/beat], vous l'avez méprisée [main en pointeau/beat]. C'est vous [sourcils froncés imitant les adversaires] qui avez dit des Français qui avaient peur [main en pointeau qui s'ouvre pour désigner la « peur »] de l'insécurité que, euh, c'était un sentiment d'insécurité, que c'était un fantasme, euh, qu'ils étaient repliés sur eux-mêmes [démenti de la tête, sourcils levés]. Ça n'est pas vrai ; ils vivaient une situation <u>ré</u>elle, et <u>encore</u> aujourd'hui vous les rejetez. Et <u>encore</u> aujourd'hui, vous allez faire en sorte avec vos petites magouilles électorales d'<u>exclure</u> <u>20 %</u> des Français d'une représentation à l'Assemblée nationale. Voilà !... [split screen : Julien Dray retire la main de sa bouche, essaye de parler] Voilà la situation...

JD [Julien Dray l'interrompt, sourcils froncés] ... Vous me permettez que je vous pose une question ? Où est la magouille électorale quand on demande une confrontation d'idées ?

MLP La magouille éle... Ah non mais attendez ! [mains dirigées vers JD, se rejoignent] La confrontation des idées, ch'suis parfaitement d'accord avec vous ! Moi [mains d'auto-contact] je suis scandalisée...

JD [interrompt MLP] ... Moi je propose, moi je propose... Moi, j'vais vous dire [MLP essaye de parler] Attendez deux secondes, je finis ! Moi, vous savez c'qui m'a posé problème dans l'élection présidentielle ? C'est que y ait ... eu à aucun moment donné [doigt accusateur] ce débat entre les différents candidats en tête à tête ou à deux ou à trois. Et ça, et ça, ça pose un problème [MLP essaye de parler] parce que à ce moment-là, le citoyen effectivement ne peut pas s'y retrouver [regards furtifs alternativement vers AC et vers MLP] et il ne peut pas se faire une idée. Et vous voulez, vous m'parlez d'insécurité ? Ce que j'ai regretté – vous tombez à pic –, j'ai regretté <u>justement</u>, de pas pouvoir avoir un face à face [sourcils froncés] avec un leader de l'opposition ou <u>même</u> [il désigne MLP de la main] avec un leader du Front national <u>sur ces problèmes</u> [MLP hoche la tête de haut en bas] d'insécurité. Moi je l'ai, vous savez, au Conseil régional, avec vos amis [il désigne à nouveau MLP de la main], régulièrement nous débattons de ces questions-là. Je suis pas sûr qu'ils sortent toujours vainqueurs de ce débat.

MLP Ecoutez, Monsieur Dray... [JD essaye de parler] Monsieur Dray, si je puis me permettre de terminer [doigt dirigé vers le haut] [AC essaye de parler] Si je puis me permettre, si je puis me permettre... Le seul problème, le seul problème [poing agité de manière saccadée/beat], c'est qu'aujourd'hui l'insécurité qui vous intéresse, c'est l'insécurité <u>électo-rale</u>... [JD soupire, il semble objecter, voix inintelligible] Voilà, quand je parle des magouilles...

JD ... C'est une formule !

MLP Mais non !! Quand je parle des magouilles, c'est que vous êtes en train, vous êtes en train, vous êtes en train de préparer l'élection de députés de gauche [mains jointes] … à, à l'UMP [JD en hors champ : Tant mieux ! Tant mieux pour la gauche!] Tant mieux pour vous ! Tant mieux pour vous ! … Mais est-ce que c'est tant mieux pour les Français ? [JD en hors champ : Pour les salariés] Est-ce que c'est tant mieux pour les Français qui, une nouvelle fois, qui ne vont pas être représentés à l'Assemblée nationale ! [JD et AC essayent de parler] Moi, j'suis d'accord avec Monsieur Besancenot [bras désignant OB = Olivier Besancenot] [plan sur Olivier Besancenot qui l'écoute, impassible]

AC Aah !

MLP … sur la proposition de la proportionnelle. Voilà ! Pour que l'Assemblée nationale soit enfin représentative de l'intégralité du peuple français [JD essaye de parler] et de sa plus grande part, c'est-à-dire celle du Front national…

JD … Eh bien, vous voyez, si vous aviez lu le programme du Parti socialiste, nous sommes pour une dose de proportionnelle !

MLP Oui, j'ai appris ça [sourcils froncés], mais vous changez souvent d'avis en fonction de vos intérêts [sourire ironique]

JD Non, non, pas du tout, on change pas d'avis, on pense justement, y compris pour que tous les courants, en créant les conditions de stabilité… [inintelligible]

[…]

MLP […] [s'adressant à Roselyne Bachelot qui accuse le FN et les populismes de proposer des solutions « simplistes »] Le fond du débat ! Quid [main en pointeau/beat] de l'immigration, quid [main en pointeau/beat] de l'Europe, quid [main en pointeau/beat] de la corruption [regard adressé à tous ses interlocuteurs], parlons de, des… des propositions ! Si c'est si simpliste que cela ce que propose le Front national, eh bien vous allez [mains formant un livre entrouvert en direction de ses interlocuteurs] facilement faire comprendre aux Français qu'ils ont tort. Voilà, c'est aussi simple que cela ! On nous fait, aujourd'hui, on se fait traiter de racistes à tout bout de champ ! [sourcils froncés, regard vers AC] Moi [regard face caméra] j'en ai marre [sourcils froncés + hochement de la tête de droite à gauche] de m'faire traiter de raciste. Voilà ! Moi je ne suis pas raciste et je ne suis pas xénophobe, je le dis tout net ! [plan sur JD, plan sur OB : ils ont tous les deux les yeux baissés] Et ni moi, ni l'électorat du Front national, ni d'ailleurs les Français dans leur ensemble sont ni [gros plan sur le visage de MLP de profil] racistes, ni xénophobes. Ce qu'ils demandent, c'est <u>juste</u> ce qu'<u>ont</u> la majorité des autres pays du <u>monde</u>. C'est les conditions d'accès qu'ont les Etats-Unis, c'est les conditions d'accès qu'ont la Nouvelle-Zélande, alors <u>par</u>lons-en de cela ! Est-ce que c'est honteux, <u>honteux</u> …, que les Français puissent déterminer <u>qui</u> rentre dans leur pays, <u>quand</u>, pour y faire quoi, <u>com</u>bien de temps ? [une spectatrice en arrière-plan de MLP hoche la tête positivement] Est-ce que c'est honteux ? Voilà !

Annexe 3 :

Tableau récapitulatif des éléments non verbaux effectués par Marine Le Pen, en lien avec le contexte de filmage et la situation d'énonciation (2012). Copyright : Morgane Belhadi. License : CC BY

Descriptions	Significations
Coupe, maquillage, tenues plus modernes, vêtements amples, allure imposante, chaîne ornée d'une croix	Changement de « look » depuis 2004 : conquête du pouvoir, séduction, modernisation, avec des éléments de continuité de l'idéologie frontiste.
Faux sourires	Ironie
Verre d'eau, lecture de journaux	Stratégie de l'évitement, montrer sa position de force dans les sondages, conquête du pouvoir (cf. changement de « look »)
Clignement d'yeux, détournement du regard, mouvement de balancier du buste, « manipulatoires » (action de se gratter le nez, de passer la main dans ses cheveux)	Gêne (face à Jean-Luc Mélenchon)
Croiser les bras	Auto-défense, refus de débattre mais aussi position de repos car action effectuée sur un temps long
Poings serrés côte à côte	Geste asynchronique par rapport au terme « leurre », ou bien mise en confrontation de deux concepts
Réaction de Jean-Luc Mélenchon : regard fixe et sourcils froncés ; puis narines dilatées, regard hautain et lèvres pincées	Colère et détermination ; puis colère et mépris

Descriptions	Significations
Filmage : *split screens*, zoom sur les visages ; quasi gros plan de Marine Le Pen et illusion d'optique (Marine Le Pen semblant « dominer » David Pujadas et Jean-Luc Mélenchon)	Renforcement de la dramatisation du face-à-face, mise en avant des réactions de chacun. Filmage en faveur de Marine Le Pen

Annexe 4 : Transcription verbale et non verbale de l'extrait étudié (2012)

DP (David Pujadas) Bonsoir, Jean-Luc Mélenchon.

JLM (Jean-Luc Mélenchon) Bonsoir.

DP Soyez le bienvenu.

JLM Bonsoir, madame. [Il s'assoit et regarde MLP]

MLP (Marine Le Pen) Bonsoir Monsieur [regard et sourire ironique furtifs vers JLM avant de le détourner pour prendre son verre d'eau]

DP Vous avez 20 minutes pour débattre. C'est vous qui commencez, Jean-Luc Mélenchon.

JLM Oui ... Tout à l'heure, madame Le Pen, vous vous êtes donné à bon compte le beau rôle à propos de l'égalité entre hommes et femmes. Et ce qui nous séparera, nos deux courants, ... depuis toujours et pour longtemps, ... c'est que nous nous sentons, nous, les militants de l'égalité humaine par-delà toutes les différences. Et tout à l'heure, au hasard d'une question, vous déclarez euh : « Oui, je suis pour l'égalité entre les hommes et les femmes. » Mais, madame, la première égalité, et vous le savez, c'est de pouvoir disposer librement de soi, de son corps. Or, vous [doigt accusateur/beat + deictic], vous êtes pour [doigt accusateur/beat + deictic] supprimer le remboursement [doigt accusateur/beat + deictic] par la Sécurité sociale de l'interruption volontaire de grossesse. Ce qui signifie que ce droit [MLP prend son verre d'eau], qu'aujourd'hui vous ne combattez plus – il n'y a plus un seul bulletin de vote dans notre pays contre le droit à l'avortement. Mais vous [doigt accusateur sur MLP, MLP avale une gorgée tout en reposant son verre, visage tourné vers DP] voulez le réserver seulement à celles qui en ont les moyens [elle pose son index et son pouce sur son menton, tête à moitié tournée vers JLM] Je dénonce cette hypocrisie [même posture de MLP, tête et regard baissés]. Et...

DP Votre réponse, Marine Le Pen.

MLP [regard vers DP] D'abord, monsieur Pujadas, j'aimerais quand même vous dire quelque chose, parce que c'est un peu facile. [elle prend son inspiration, visage en direction de JLM mais regard baissé] Je voudrais vous dire que les...

JLM Ce n'est pas à moi que vous voulez parler ?

MLP ... Français attendent un débat serein et constructif lors cette élection présidentielle... [regard baissé] parce que ... les enjeux qui sont ceux de notre pays sont extrêmement importants. Or, ... en organisant ce débat, vous ne répondez pas aux attentes des Français [regard dans le vide]. Vous ne les ... entendez pas, d'ailleurs on se pose la question de savoir s'ils vous intéressent – à part peut-être pour l'audimat qu'ils apportent [regard vers DP]. Parce que [regard à nouveau baissé], on voit bien que ce débat a été organisé uniquement pour euh ... une logique commerciale. Ooon, vous êtes un peu le Paul Amar des temps modernes, hein [regard vers DP]. Vous auriez pu nous donner peut-être [elle remet une mèche sur le côté] une euh paire de gants de boxe, d'ailleurs [main dirigée vers JLM, regard toujours vers DP] Monsieur ... Mélenchon a tout de suite parlé d'un combat de boxe, de me traîner, je crois, d'un bout à l'autre du ring, avec ses dents peut-être ? [mouvement de balancier, sourcils froncés] Et vous êtes tombé dans ce, cette politique-spectacle, dans cette politique, euh [regard de face, dans le vide]...

JLM Vous ne voulez pas me répondre ?

MLP ...commerciale, ...

JLM Vous allez faire durer ça, combien de temps ?

MLP ... qui est

JLM Hé ! je suis là. [rires sur le plateau, plan sur JLM]

MLP ... profondément ...

DP Attendez, Jean-Luc Mélenchon.

MLP Monsieur Pujadas

JLM Quand vous tombez sur un contradicteur qui n'est pas complaisant, [**MLP** Profondam...] c'est fini. Hein ? Vous n'êtes plus là, vous.

MLP ... profondément, heu

DP Attendez, Jean-Luc Mélenchon. Laissez parlez Marine Le Pen, puis moi, je dirai également un mot.

JLM D'accord.

MLP ...profondément déshonorant. Parce qu'on est aussi sur le service public, euh, et que imposer un adversaire à quelqu'un qu'on invite dans une émission, ça ne s'est jamais vu, ça ne s'est jamais fait, contrairement à ce que vous avez pu dire, vous ou votre patron [regards alternativement vers DP ou de face, dans le vide]. Euh, et, euh, je trouve ça, euh, je trouve qu'une fois de plus, c'est un ... une méthode qui m'est euh réservée. On sait comment s'est passé [regard tourné vers la droite, dans le vide, tout en passant sa main dans les cheveux] le premier « Des paroles et des actes », d'ailleurs là aussi, il y a eu une méthode qui m'a été réservée, après on a changé, euh, le show.

[...]

JLM [...] Cette dame [MLP] [...] a décidé que les femmes qui resteraient à la maison auraient droit à 80 % du SMIC. Combien ça fait, monsieur Pujadas ? Ça fait 878 euros. [...] Autrement dit, cette dame a inventé quelque chose qui, sous prétexte de renvoyer les femmes à la maison – ce à quoi nous sommes totalement opposés –, en plus les arnaque. Et vous l'avez entendu tout au long de la campagne : sitôt qu'elle tombe sur quelqu'un qui est en état de lui résister, de lui montrer que ce qu'elle raconte, ce ne sont que des fumées dangereuses, stimulatrices de haine, alors elle joue avec ses papiers comme elle est en train de le faire en ce moment, elle regarde ailleurs parce qu'elle a peur – et elle a bien raison.

[Monologue de JLM au cours duquel il critique la position du FN sur les étrangers, les femmes et la proposition de créer un salaire parental, mouvements de caméras alternativement sur lui et sur MLP qui lit ostensiblement le journal puis fait mine de rassembler ses notes]

DP On va demander à Marine Le Pen...

JLM Vous ne voulez toujours par répondre ?

DP ... si elle souhaite tout de même s'exprimer sur le salaire parental, cette proposition dont vous dites qu'elle ne verrait le jour que si elle était possible financièrement. Donc, est-ce que c'est pour vous un moyen d'émanciper les femmes, de reconnaître ce travail à domicile, ou au contraire est-ce qu'il n'y a pas un risque d'enfermement dans le rôle de mère de famille ?

MLP Monsieur Pujadas, je vous ai exprimé – mais s'il faut que je le dise cinq fois, je le dirai cinq fois – que je n'entendais pas débattre avec Monsieur Mélenchon…

JLM Me reste-t-il du temps monsieur Pujadas ? [rires dans l'assistance] Pour vous faire de nouvelles révélations quant au programme…

DP Là il en reste un peu à Marine Le Pen.

MLP … car il est, Monsieur Pujadas, un leurre. J'veux dire, quel est l'intérêt…

JLM Si j'étais un leurre, vous n'auriez pas si peur.

MLP Je vais vous dire une chose : on s'est rendu compte qu'il y avait d'autres leurres, d'ailleurs, dans cette campagne présidentielle. Il y a des leurres qui abandonnent avant, hein, c'est le cas de tous les candidats suscités par Nicolas Sarkozy et qui euh, sur ordre euh, abandonnent leur candidature parce que Nicolas Sarkozy est en danger, et donc euh, ils l'abandonnent à la demande de monsieur Sarkozy. C'est monsieur Borloo euh, c'est monsieur Nihous euh, c'est madame euh euh Boutin, c'est monsieur Morin, bon, euh, ce sont… [geste imprécis des mains]

JLM Monsieur Sarkozy lui-même, qui est d'accord avec vous sur l'essentiel.

MLP C'est ce qu'on appelle des leurres. Et puis, il y a les leurres qui sont censés servir à à à tromper une partie de l'électorat pour rapporter docilement en réalité au candidat euh au au second tour les voix. Et ça, c… c'est le rôle de monsieur Mélenchon. Or euh, je ne peux pas discuter avec un leurre.

JLM Mais discutez avec monsieur Pujadas ! Répondez-lui, madame, allons !

MLP Je ne peux discuter qu'avec un vrai candidat, quelqu'un qui a un vrai projet.

Bibliographie

Abélès, Marc (2007). *Le spectacle du pouvoir*. Paris : L'Herne, coll. Carnets de l'Herne.

McNeill, David (1992). *Hand and Mind: What Gestures Reveal about Thought*. Chicago, Londres : The University of Chicago Press

Bonicco, Céline (2007). « Goffman et l'ordre de l'interaction : un exemple de sociologie compréhensive », *Philonsorbonne* [En ligne] http://philonsorbonne.revues.org/102 Consulté le 30.11.17

Burger, Marcel, Jacquin, Jérôme & Micheli, Raphaël (eds) (2011). *La parole politique en confrontation dans les medias*. Bruxelles : De Boeck.

Calbris, Geneviève (2003). *L'expression gestuelle de la pensée d'un homme politique*. Paris : CNRS Éditions.

Charaudeau, Patrick (2002). « A quoi sert d'analyse le discours politique ? », in *Análisi del discurs polític*, Barcelone : IULA-UPF.

Charaudeau, Patrick (1995). « Ce que communiquer veut dire », in *Revue des Sciences humaines*, 51.

Charaudeau, Patrick (1993). « Le contrat de communication dans la situation classe », in J.-F. Halte et al., *Interactions: actualité de la recherche et enjeux didactiques*. Paris : CRELEF J.F.

Cosnier, Jacques & Brossard, Alain (eds) (1984). *La communication non verbale*. Neuchâtel, Paris : Delachaux et Niestlé, coll. Textes de base en psychologie.

Coulomb-Gully, Marlène (2001). *La démocratie mise en scènes. Télévision et élections*. CNRS Communication.

Constantin de Chanay, Hugues & Kerbrat-Orecchioni, Catherine (2017) « Regard et deixis personnelle : l'adresse dans les débats d'entre-deux-tours des élections présidentielles françaises », *Langue française* 193, 93–108.

Constantin de Chanay, Hugues & Turbide, Olivier, « Les discours politiques. Approches interactionnistes et multimodales » (2011). *Mots. Les langages du politique* 96 [En ligne] http://mots.revues.org/20170 Consulté le 02.12.17.

Esquenazi, Jean-Pierre (1999). *Télévision et démocratie. La politique à la télévision française, 1958–1990*. Paris: Presses universitaires de France.

Ekman, Paul & Boucher, Jerry ID. (1975). « Facial Areas and Emotional Information », *Journal of Communication* 25, n°5, pp. 21–29. http://onlinelibrary.wiley.com.ezproxy.univ-paris3.fr/doi/10.1111/j.14602466.1975.tb00577.x/pdf Consulté le 06.03.2016.

Ekman, Paul (1976). "Movements with Precise Meanings", *Journal of Communication* 26, 3, 14–26. http://onlinelibrary.wiley.com.ezproxy.univ-paris3.fr/doi/10.1111/j.14602466.1976.tb01898.x/pdf Consulté le 06.03.2016.

Goffman, Erving (1973). *La mise en scène de la vie quotidienne. 1. La présentation de soi*. Paris : coll. *Le sens commun*. Les Éditions de Minuit.

Jacquin, Jérôme (2011). « Orientation interactionnelle et multimodale vers l'activité de 'débattre'. Analyse d'un extrait de débat public », *Mots. Les langages du politique* 96 http://mots.revues.org/20336 Consulté le 03.12.17.

Kerbrat-Orecchioni, Catherine (2013). « Humour et ironie dans le débat Hollande-Sarkozy de l'entre-deux-tours des élections présidentielles (2 mai 2012) », *Langage et société* 146, 49–69.

Mery Marwan (2014). *Vous mentez ! Détecter le mensonge, démasquer les menteurs*, Paris : Eyrolles

Pasquier, Sylvain (2008). « Le corps chez Goffman », in *Revue du Mauss permanente.*

Poggi, Isabella, D'Errico, Francesca & Vincze, Laura (2011). « Discrediting moves in political debates », in *Second International Workshop on User Models for Motivational Systems: the affective and the rational routes to persuasion.* Girona, Spain: Springer LNCS, 84–99.

Winkin, Yves (1984). *La nouvelle communication.* Paris : Seuil, coll. Points-Essais.

Vidéographie

Extrait de l'émission *Mots croisés*, France 2, 27.05.2002, durée : 2h. Consulté sur place le 20.01.15 aux archives de l'Institut National de l'Audiovisuel (InaTHEQUE, Bibliothèque nationale de France, Paris)

Extrait de l'émission *Des paroles et des actes*, France 2, 23.02.2012, durée : 2 h 51, durée du duel Marine Le Pen/Jean-Luc Mélenchon : 24 mn, durée du premier extrait : « 3 mn 02, durée du second extrait : 7 mn 18. https://www.youtube.com/watch?v=wsxnmPa39yU Consulté le 03.12.18.

Ideología y configuración descortés de la imagen de Pablo Iglesias y otros políticos de Podemos en los medios de comunicación españoles

María Bernal
Stockholm University

1. Introducción

El panorama político español fue testigo durante 2014 de una situación convulsa propiciada por la aparición de Podemos como partido político que en solo cuatro meses avanzó de su creación en enero de 2014 a la obtención de cinco escaños en las elecciones al Parlamento Europeo de mayo del mismo año. Posteriormente, Podemos subió rápidamente cotas en las medidas de intención de voto (CIS, julio de 2014[1]) y resultó la tercera fuerza política en las elecciones de diciembre de 2015 y de junio de 2016 (en esta última ocasión en la coalición Unidos Podemos con los partidos de izquierda Izquierda Unida y Equo).

Frente a este nuevo actor en el panorama político español[2], el posicionamiento discursivo elegido por parte de representantes tanto de la política como de los medios de comunicación trató a menudo la presentación de la imagen de Pablo Iglesias, líder de Podemos, desde el escarnio y la ridiculización (cf. Bernal 2014): ataques a su imagen personal y profesional con apodos peyorativos como "el Coletas",

---

[1] Indicadores del barómetro del Centro de Investigaciones Sociológicas.
Abril de 2014: http://www.cis.es/cis/opencms/ES/11_barometros/indicadores.html
Abril de 2017: http://www.cis.es/cis/opencms/ES/11_barometros/Indicadores_PI/documentos/B606050010a.html

[2] Véase Alcaide (en este volumen) para una comparación entre los estilos discursivos de rasgos populistas de los líderes de los partidos "emergentes" Podemos (Pablo Iglesias) y Ciudadanos (Albert Rivera).

Cómo citar este capítulo:
Bernal, M. 2019. "Ideología y configuración descortés de la imagen de Pablo Iglesias y otros políticos de Podemos en los medios de comunicación españoles". In: Françoise Sullet-Nylander, María Bernal, Christophe Premat & Malin Roitman (eds.). *Political Discourses at the Extremes. Expressions of Populism in Romance-Speaking Countries. Stockholm Studies in Romance Languages.* Stockholm: Stockholm University Press, pp. 175–200. DOI: https://doi.org/10.16993/bax.i. License: CC-BY

"friki"[3], "miserable" (debate televisivo *Al rojo vivo*), "estrella catódica" (J. González, *ABC*[4]), "Iglesias opta por la *koleta borroka*"[5]; críticas a su ropa "barata y descuidada"[6], y se le achaca poca higiene (en el diario *La razón*). También se han realizado ataques a su imagen política llamando a Iglesias "populista mamarracho"[7] y "el rojeras más mediático del país" (F. Marhuenda[8]) y estableciendo paralelismos entre Podemos y las campañas informativas nazis y comunistas, así como su afinidad a regímenes totalitarios –el chavismo de Venezuela– y al terrorismo –ETA– (columna de opinión del diario *ABC*; blog de Esperanza Aguirre[9], política del Partido Popular, cf. § 5.1).

En este trabajo analizamos una muestra de diferentes tipos de discurso de la escena mediática (Charaudeau 2005), como columnas de opinión y extractos de debates televisivos, con el objetivo de profundizar en el uso estrategias discursivas de descalificación del adversario político. Considerando las actividades de imagen como estrategias argumentativo-discursivas (Bravo 2015), nos centraremos en actividades de ataque a la imagen personal de Pablo Iglesias y de otros integrantes del partido Podemos como muestra de una descortesía de fustigación (Kaul de Marlangeon 2005) basada en insultos (Bolívar 2005) y argumentos falaces de corte emocional, como los argumentos *ad hominem* (Kienpointner 2008). Estas estrategias, que suponen una suerte de demonización de Podemos y sus miembros, han sido usadas predominantemente por políticos y simpatizantes de la derecha; el fin político ulterior que vislumbramos, en lo que se podría llamar descortesía ideológica de fustigación, es el descrédito del partido Podemos,

---

[3] Fórum Europa con José Juan Toharia y Pedro Arriola, en http://ponss.blogs.uv.es/2014/09/14/friki-de-armas-tomar/ (cf. Pons 2014).

[4] 27 de mayo de 2014. https://www.libertaddigital.com/espana/2014-05-27/marhueda-quiere-echar-a-el-coletas-de-la-sexta-1276519730/

[5] En un juego de palabras con *kale borroka*. http://www.elmundo.es/opinion/2016/10/21/5809151b268e3e2f698b46e4.html

[6] En 'La Gaceta. La información *alternativa*': "Pablo Iglesias se compra la ropa en Alcampo", http://www.gaceta.es/josef/pablo-iglesias-compra-ropa-alcampo-26052014-1838 26/05/2014
"Las pulseras de cuero de Pablo Iglesias le llegan ya al codo": http://www.elmundo.es/loc/2016/10/29/5813727ce5fdea116f8b4590.html

[7] Intereconomía, en http://ponss.blogs.uv.es/2014/09/14/friki-de-armas-tomar/ (cf. Pons 2014).

[8] https://www.estrelladigital.es/articulo/television/razon-carga-atresmedia/20140528111920197950.html

[9] Esperanza Aguirre esperanza.ppmadrid.es/el-populismo/

denominado *partido post-crisis* por García Agustín (2015), quien lo ubica entre el populismo y el radicalismo.

La hipótesis de partida es que el lenguaje y el modo de tratamiento en el ámbito político español se ha ido volviendo más agresivo y violento desde hace unos años, con la aparición de los partidos emergentes Podemos y Ciudadanos como hito importante: "En España, con la nueva era política *del cambio*, nacen *Ciudadanos* y *Podemos*, que se presentan como *regeneradores* de una situación 'catastrófica'" (Alcaide Lara 2016, cursivas en el original). Sin embargo, el modo de dirigirse y de tratar la comunidad política, y también periodística, a uno y a otro partido no es similar: el partido de centro-derecha Ciudadanos y su líder Albert Rivera, con una imagen profesional atildada y cuidada, se presentan ideológicamente como una alternativa a la derecha del Partido Popular, desde el sistema, y no han sido objeto del descrédito basado en ataques personales. El partido post-crisis Podemos (García Agustín 2015), Pablo Iglesias y sus miembros, con sus ideas y actitudes anti-sistema, son vistos como rebeldes e irrespetuosos con las formas habituales en el mundo político[10] y como un riesgo que, desde las posturas más encontradas, hay que desacreditar a toda costa, aun acudiendo al escarnio y la ridiculización[11].

Es necesario puntualizar que los debates políticos no están exentos, ni antes ni ahora, de comportamientos que en otra situación serían vistos como descorteses y que caen dentro de las expectativas de confrontación pertinentes en la situación discursiva (Blas Arroyo 2003, 2010). A modo de ejemplo, Blas Arroyo (2003) muestra la existencia de agresividad y descortesía en los debates entre Felipe González (PSOE) y José María Aznar (PP), ambos candidatos presidenciales en las elecciones de 1993. Aznar acusó a González de faltar a la verdad: "Mire, vuelve usted y perdóneme que se lo diga, porque no se lo quiero decir con ningún ánimo agresivo, ni mucho menos ofensivo, señor González a faltar a la verdad..." (Blas Arroyo, 2003: 404). La acusación de mentir –faltar a la verdad– en un debate electoral no es ajena al objetivo del político de descalificar a su adversario con tal de quedar en mejor posición. Sin

---

[10] http://www.lavanguardia.com/de-moda/moda/celebrities/20141123/54420091317/pablo-iglesias-politico-coleta-que-arrasa-con-su-estilo.html

[11] Hecho del que, efectivamente, se hacen eco algunas publicaciones en clave de humor: http://viejuna.eljueves.es/2014/05/30/rtve_vetara_aparicion_hombres_con_coleta_perilla_todos_sus_programas.html. Podemos se considera objeto de una campaña de hostigamiento como lo denuncia en: http://podemos.info/prensa/comunicado-de-podemos-sobre-la-noticia-de-el-pais/

embargo, esa acusación expresada con diferentes estrategias de atenuación contrasta con la acusación de Pedro Sánchez (PSOE) a Mariano Rajoy (PP) en un debate previo a las elecciones generales de diciembre de 2015: "porque el presidente, señor Rajoy, tiene que ser una persona decente y usted no lo es" (con énfasis prosódico en 'usted' y señalando con el dedo a Rajoy); esto es, sin atenuación y atacando a la persona en lo que es un valor socioculturalmente de gran importancia en la sociedad española, la decencia (Bernal, e. p.).

2. Unos apuntes sobre Podemos

Podemos nació, desde posturas de la izquierda anticapitalista, como una fuerza de participación y empoderamiento ciudadanos, según informa el partido en su página web: "Podemos es un método para el protagonismo popular y ciudadano. Queremos que nuestro programa se conforme a través de la participación de la ciudadanía y los Círculos Podemos. Nadie sabe mejor qué es lo que necesitamos que los ciudadanos que día a día sacan adelante el país" (http://podemos.info/circulos/). Las raíces de Podemos se encuentran en las movilizaciones y protestas emprendidas el 15 de mayo de 2011 en Madrid, conocidas como el Movimiento del 15-M[12], *los indignados*, como consecuencia de la crisis económica y las políticas de austeridad del partido en el Gobierno, Partido Popular, que plantearon el cuestionamiento del sistema bipartito de gobierno así como la protesta ante las desigualdades sociales y la corrupción (García Agustín 2015). En este sentido, el nuevo discurso político de Podemos hizo uso de términos que resultaron de gran calado, como "la casta", para referirse a esa clase política –y corrupta– alejada de los deseos y necesidades del pueblo[13].

La participación de los políticos de Podemos en diferentes medios de comunicación fue profusa en sus comienzos, incluso a través de programas de televisión de producción propia (*La tuerka*), además de acudir a diversos programas de debate y tertulias televisivas. Otro aspecto novedoso en un partido político español fue el hecho de recurrir a la financiación compartida (*crowdfunding*) como modo de afrontar

---

[12] Véase Pérez Vicente (2013) para un análisis retórico del lenguaje utilizado en pancartas y carteles del 15-M.

[13] Para una caracterización del discurso populista, véase Charaudeau (2009), y, más concretamente sobre el discurso populista de Podemos, véase García Agustín (2015) y Alcaide Lara (2016 y en este volumen).

determinados gastos y facilitando, de este modo, que los simpatizantes del partido contribuyeran al proyecto común.

En cuanto al espectro ideológico, Podemos se ubica en el ala izquierda republicana y nace con el anhelo de convertirse en una alternativa fuerte frente a Izquierda Unida (partido liderado en la actualidad por Alberto Garzón). Como apunta Hernández Flores (2014 y en este volumen), Pablo Iglesias, doctor en Ciencias Políticas y profesor universitario en sus inicios como líder de Podemos, construye su identidad política sobre la base de la asesoría en comunicación, y, aparte de su discurso externo hacia los políticos y la ciudadanía, elabora un discurso interno cuyo destinatario principal son sus compañeros de izquierdas:

> para los cuales crea una serie de roles y de espacios que van desde un espacio ideológico tradicional y muy politizado donde estaría la vieja izquierda de grandes ideales que nunca llega a proclamarse victoriosa en contiendas electorales, y la izquierda igualmente cargada de ideología pero con un objetivo pragmático, que es el defendido por Iglesias: acercarse a un electorado mayoritario que no es de extrema izquierda, ni siquiera de izquierdas, pero al que, debido a un contexto de crisis política, social y económica, con la corrupción en primer plano, se puede acceder mediante las ideas de izquierdas. (Hernández Flores, en este volumen).

3. Materiales y método

Abordaremos en un análisis cualitativo las estrategias discursivas relativas a la configuración de la imagen de los políticos de Podemos en dos textos principales procedentes de políticos conservadores y que consisten en comentarios realizados por Celia Villalobos y por Esperanza Aguirre, miembros del Partido Popular:

a. Esperanza Aguirre (presidenta del Senado entre 1999 y 2002, presidenta de la Comunidad de Madrid entre 2003 y 2012, entre otros cargos políticos): columna de opinión publicada en el diario conservador *ABC* y en su blog personal que contiene paralelismos entre Hitler e Iglesias/Podemos (§ 5.1; Apéndice 1).
b. Celia Villalobos, vicepresidenta primera del Congreso de los Diputados desde 2011 hasta finalizar la XI Legislatura el 3 de mayo de 2016 (http://www.pp.es/celia-villalobos), comentarios sobre la higiene personal al referirse a las rastas (*dreadlocks*) de Alberto Rodríguez, diputado del partido Podemos: "que las lleven limpias y no me peguen los piojos" (§ 5.2; Apéndice 2).

Concretamente, el análisis de los textos consiste en identificar la presencia de argumentos *ad hominem* y *ad populum,* como muestras de argumentos falaces, de carácter destructivo y mayormente relacionados con la descortesía (cf. § 3.1 y 4.1), así como las actividades de imagen social (que pueden afectar, además de a la faceta personal, al rol profesional y social). Atenderemos también al efecto social del tratamiento de la imagen en los textos analizados y a su repercusión en diferentes planos. En este sentido, propone Bolívar (2005: 280), al estudiar los insultos en el discurso político venezolano, el uso del "macro-diálogo" y los "macro-intercambios", para describir los procesos discursivos involucrados en las prácticas políticas; así, metodológicamente, es posible abordar las acciones y las reacciones a ellas.

4. Conceptos teóricos

El discurso político, además del objetivo informativo, tiene, en palabras de Fernández Lagunilla (1999: 48), un carácter *agitativo,* ya que busca conseguir una reacción positiva en el destinatario haciendo que se adhiera al emisor en nombre de una idea o de una norma para el bien común. Según esta autora, las estrategias argumentativas principales son la seducción y la persuasión, que apelan, respectivamente, a la emoción –los sentimientos– y al intelecto del destinatario. En el contexto político, los fines estratégicos de la argumentación, indica Fuentes Rodríguez (2011), son dos: realizar la tarea de oposición con respecto a los otros (el exogrupo) y crear una imagen "para vindicarse ante el endogrupo"; en este sentido, la descortesía resulta en los procesos de argumentación un mecanismo de uso estratégico.

Partiendo de la definición de *estrategia discursiva* como "el modo en el que las expresiones gestionan el discurso con una determinada finalidad comunicativa" (Bravo, 2015: 58), integraremos las actividades propiamente argumentativas y las actividades de imagen, que se plasmarán en un análisis en dos niveles: temático y socioemocional (Bravo, 2015: 71). Ya Bravo (1999), analizando el transcurso de unas negociaciones, observó el uso de argumentos *ad hominem* como desaprobaciones personales, esto es, amenazas a la imagen social de los oponentes en un sentido tanto grupal como individual. Retomaremos estos aspectos a lo largo de este apartado.

Alcaide Lara (2014: 251) plantea una relación biunívoca entre dos estrategias discursivas, la argumentación y la (des)cortesía, sin relación de subordinación *a priori* entre ambas. Esta autora aporta ejemplos del debate parlamentario donde la imagen personal del contrincante queda absolutamente afectada de modo negativo, legitimándose el acto descortés a través de los argumentos. En tipos de discurso marcadamente persuasivos, es la estructura argumentativa la que sirve para apoyar y legitimar la actividad descortés (Alcaide Lara 2014), pudiéndose "utilizar estrategias (des)corteses para argumentar y, por ende, persuadir, o estructuras argumentativas para reforzar nuestras actividades de (des)cortesía. En cualquier caso, el fin último es la persuasión de nuestro destinatario." (cf. Halmari y Virtanen 2005).

4.1. Discurso ideológico

Para van Dijk (2003), las ideologías son las creencias fundamentales de un grupo y de sus miembros, que fundamentan sus prácticas sociales y que no incluyen las normas y valores socioculturales de un grupo (el "fundamento común"), ya que son creencias compartidas y no cuestionadas. Las ideologías "suelen generar diferencias de opinión, conflictos y luchas" (van Dijk, 2003: 23). El discurso ideológico responde a la siguiente estrategia básica (van Dijk, 2003: 57): "Hablar de Nuestros aspectos positivos / Hablar de Sus aspectos negativos". La presentación positiva propia y negativa del otro caracteriza el *cuadrado ideológico*, cuyos principios son aplicables al análisis de todas las estructuras del discurso (van Dijk, 2003: 58):

- Poner énfasis en Nuestros aspectos positivos.
- Poner énfasis en Sus aspectos negativos.
- Quitar énfasis de Nuestros aspectos negativos.
- Quitar énfasis de Sus aspectos positivos.

Para ello, el énfasis en los significados se hace mediante mecanismos léxicos y semánticos, el uso de determinadas estructuras proposicionales, la sintaxis, la argumentación (argumentos falaces) y las figuras retóricas. La dimensión social de todo discurso (van Dijk, 2003: 75) también debe ser considerada.

4.2. Argumentos emocionales destructivos

Las acusaciones desde el ataque a cualidades y valores personales constituyen el núcleo de la argumentación *ad hominem*, conectando estos argumentos falaces con la descortesía (Kienpointner 2008; Alcaide Lara 2014). Las emociones se definen como procesos psicológicos experimentados como sentimientos fuertes, ya sean positivos como el amor y el afecto, o negativos como el odio y el miedo (Kienpointner, 2008: 246). Respecto a los argumentos falaces, indica este autor que son movimientos argumentativos no cooperativos ya que "fallacies block the general goal of finding a joint resolution to a conflict of opinion by reasoning" (Kienpointner, 2008: 247) e indica que no todos los argumentos emocionales son falaces: ya Aristóteles reconocía las emociones –*pathos*– como modo legítimo de persuasión.

En lo que atañe a la descortesía, especialmente los argumentos *ad hominem* (ataques personales que cuestionan las capacidades físicas y mentales, combinados con insultos y términos despectivos; acusaciones de parcialidad inherente y permanente[14]; reproches sobre la pertenencia a un grupo social que, según el hablante, tiene características negativas) y los argumentos *ad populum* (acudir a lo que la mayoría o un determinado grupo piensa) tienden a ser falaces y groseros. Kienpointner (2008: 249) llama *"destructive" emotional arguments* a los argumentos que son falaces y descorteses, en los que las estrategias de descortesía son usadas para agravar el impacto de los argumentos falaces al amenazar la imagen social de los oponentes.

A modo de ejemplo, observemos una muestra de comentarios que se inmiscuyen en la esfera privada, el aspecto físico y el aseo personal de Pablo Iglesias, que aparece en el siguiente extracto de una columna de opinión publicada en el diario *La Razón* (cf. Bernal 2016):

Alfonso Ussía (periodista). El Coletas. 12 agosto 2014. larazon.es[15]
Ya eurodiputado, lo primero que tendría que hacer el Coletas es frecuentar más su lavado. El lavado de las coletas, su signo de identidad, símbolo piloso de los indignados, si bien su indignación ha tenido que menguar en estos últimos meses, tan productivos en la recepción de los emolumentos tertulianos de las cadenas de televisión capitalistas. Nada tiene que ver el comunismo radical y estalinismo orgánico con el champú. Si no desea adquirirlo en comercio del ramo, puede perfectamente solicitarlo en los salones de maquillaje y peluquería de la Cuatro y de La Sexta, sus cadenas de televisión preferidas y a las que debe su éxito en las elecciones al Parlamento europeo. No obstante, y para dar ejemplo a sus compañeros de grupo, entre los que destaca el futurible Jiménez-Villarejo, haría

---

[14] Kienpointner (2008: 253) aporta un ejemplo en que se acusa al oponente de mentiroso diciendo que su principal lealtad no es para con la verdad ("Cardinal Newman's claims were not to be trusted because, as a Roman Catholic Priest, (Kingsley alleged) Newman's firs loyalty was not the truth".

[15] http://www.larazon.es/opinion/columnistas/el-coletas-GD6489118

bien en adquirirlo en un supermercado, porque 17.000 euros mensuales no dan para mucho, pero sí para un buen lote de champú, incluso de champú importado, de champú francés, que dejaría más ligeras, volanderas y leonas sus preciosas coletillas. [...] Al menos, que las lleve lavadas, aseadas, lacadas y acariciables.

En este pasaje se critican, temáticamente, varios aspectos:

- Iglesias no ha sido consecuente con el mensaje del movimiento del 15M ("su indignación ha tenido que menguar"), creando la implicatura de que su compromiso con *los indignados* ha disminuido.
- Iglesias cobra por participar en los debates televisivos; comulga así con las grandes cadenas de televisión y con el capitalismo ("la recepción de los emolumentos tertulianos de las cadenas de televisión capitalistas"), constituyendo ello una contradicción respecto a los ideales anticapitalistas que maneja el partido.
- El éxito en las elecciones al Parlamento Europeo de debe a la profusión en debates y programas de televisión ("la Cuatro y de La Sexta, sus cadenas de televisión preferidas y a las que debe su éxito en las elecciones al Parlamento europeo"), no a sus ideas políticas.
- El sueldo de Iglesias como parlamentario europeo es muy alto, 17.000 euros; no podemos dilucidar si se trata de una errata o que el autor ha escrito adrede una cifra que casi multiplica por diez la retribución que le corresponde como eurodiputado.

El aspecto que permea todo el texto es la argumentación *ad hominem*: las alusiones al aseo personal de Pablo Iglesias, o, más bien, a la falta de aseo ("frecuentar más su lavado", "un buen lote de champú", "sus preciosas coletillas", "que las lleve lavadas, aseadas..."), lo cual corresponde a una estrategia de ataque basada en la desacreditación de las cualidades personales en relación al aspecto físico, esto es, sobrepasa lo meramente ideológico y político, ya que marca a la persona como sucia y –por extensión– como poco deseable socialmente.

Un aspecto destacado en los estudios sociopragmáticos es la necesidad de atender al efecto social que producen los comportamientos comunicativos en general y las posibles amenazas a la imagen social en particular. Según Bravo (2015: 52), "los *efectos sociales* de las actividades de imagen dependen del posicionamiento relativo de auditorios presentes y virtuales en relación a la disputa entre dos tesis antagónicas", esto es, además de las partes involucradas en el evento comunicativo también otros *auditorios virtuales* interpretan significados extradiscursivos relacionados con las actividades de imagen.

Dado el carácter del discurso que nos ocupa, un modo de incorporar al análisis cuál es la interpretación por parte de esos auditorios virtuales es realizar una *consultación espontánea* (Kaul de Marlangeon 2015; Bernal 2016) a través de los foros donde, a continuación de la noticia, columna de opinión u otros textos expuestos en los diarios digitales, se manifiestan los lectores. Así podemos observar que en la columna de opinión anterior se registraron 186 comentarios el mismo día de su publicación, el 12 de agosto de 2014[16]; en este caso, los lectores (el alias se muestra entre paréntesis al principio del ejemplo, presentado literalmente) recalcan el carácter maleducado y el escarnio:

- (Lola). Que cosa mas maleducada el ussia. Y tanto periodista preparado en paro...Que Pena...
- (Tristam Shandy). Esa lengua con aliento a orinal de Ussía destila mucho odio, impotencia y rabia. Y ya se sabe, que cuando uno contesta con tanta acritud es porque se siente agredido. Hasta ahí llega el triunfo del coletas, que sin él dirigirse a él, tiene Ussía que rebajarse al escarnio propio de un patio de instituto. No sólo ha quedado bien retratado, encima ha hecho válida la frase de Diogénes de Sínope que dice que el insulto deshonra a quien lo infiere, no a quien lo recibe. Y al haber recurrido al ad hominem, encima admite que su programa político es invatible [sic] y que por eso no te atreves a atacarlo. Tanto libro leído para esto, Ussía.

4.3. Imagen social y descortesía por fustigación

La noción de *imagen básica,* desarrollada por Bravo (1999), se refiere a la imagen sociocultural reconocida por los miembros de un determinado grupo social, por ejemplo, el ideal de sinceridad en las sociedades mediterráneas. La imagen social básica tiene, según esta autora, dos vertientes: por un lado, la *imagen de autonomía* respecto a lo que dis-

---

[16] En una consulta realizada a la misma página el 10 de octubre de 2017 se observa un solo comentario: "Vaya falta de respeto...A lo de Pablo Iglesias dicen muchos que no se le puede llamar política, pero... ¿a esto se le puede llamar periodismo? Góngora y Quevedo eran más sutiles y originales. Aquí no cabe la sátira cuando hay tanta parcialidad." http://www.larazon.es/opinion/columnistas/el-coletas-GD6489118: NosoyJulioIglesiassoymileuri

tingue al individuo del grupo, y, por otro lado, la *imagen de afiliación*, respecto a los deseos de identificación con el grupo (cf. Bravo, 2003: 106). En la dialéctica individuo-grupo, los contenidos concretos de estas imágenes dependen de los contenidos socioculturales compartidos en la sociedad en cuestión. En la sociedad española, algunos contenidos de la configuración de la imagen de autonomía serían la expresión de *autoafirmación* y *autoestima* "el ser original y consciente de las buenas cualidades propias" (Bravo, 1999: 168), y, para la imagen de afiliación, las muestras de *afecto* y *confianza*, entendiendo la confianza como *familiaridad* e *intimidad*.

En un contexto profesional como es el político es importante también la noción de imagen de rol (Bravo, 2004: 29) cuyos contenidos se plasman según los diferentes roles desempeñados cotidianamente. Tanto la imagen básica como la imagen de rol vienen definidas social, cultural y situacionalmente (Bravo 1999).

Relacionando las actividades de imagen con la descortesía, Kaul de Marlangeon (2005) apunta tanto a la *afiliación exacerbada* al grupo como a la *refractariedad* (una autonomía exacerbada, que también acude a la descortesía), que se concretan en una *descortesía de fustigación* a través de recursos como el reproche in crescendo, la corrección sin suavizadores, el comentario descalificador, el zaherimiento, la tergiversación, la estrategia de situarse en el papel de víctima, de burla y de insulto, los vocativos lesivos de imagen y la escalada descortés.

En la dinámica entre grupos, Kienpointner (1997: 271) denominó *descortesía inter-grupal* (*inter-group rudeness*) a las estrategias descorteses del grupo mayoritario (*in-group*, o endogrupo) para degradar a los miembros de otros grupos (*out-groups*, o exogrupo). En el macro-diálogo político, apunta Bolívar (2005: 280) de acuerdo con Chilton y Schäffner (2000: 304–306), la descortesía merece una atención especial porque "tiene un valor ideológico y puede usarse con diferentes funciones estratégicas en la interacción política, tales como la *coerción*, la *resistencia*, la *oposición* y la *protesta*, el *encubrimiento*, la *legitimación* y la *deslegitimación*" (cursivas en el original).

5. Análisis

Procedemos a continuación al análisis de las dos situaciones elegidas, en las que incluimos su repercusión en varios niveles de alcance, presentándolas, por lo tanto, como macro-intercambios:

5.1. Macro-intercambio 1: Esperanza Aguirre (PP)

A) Texto de Esperanza Aguirre. **El populismo** – Blog Esperanza Aguirre esperanza.ppmadrid.es/el-populismo/

El texto (cf. Apéndice) que nos ocupa apareció publicado en el blog de Esperanza Aguirre, entonces presidenta del Partido Popular de la Comunidad de Madrid, y también como columna de opinión en el diario *ABC*, de orientación política conservadora. El texto va acompañado de una ilustración donde se muestra una figura de hombre que pretende representar a Pablo Iglesias, con perilla y coleta, vestido con camisa blanca, corbata anudada informalmente y pose desenfadada, con las manos en los bolsillos. Tanto la cara de la figura como el círculo que es el logotipo del partido Podemos, aparecen en blanco. Consideramos que esta imagen funciona como paratexto visual que añade información al texto (Bravo e. p.): Iglesias y Podemos se muestran como vacíos de contenido y como alternativa política inexistente.

El impacto persuasivo de asemejar a Podemos con los nazis y los comunistas (Goebbels y Wützenberger, "genios de la maldad") que realiza Aguirre responde al argumento mencionado por Kienpointner (2008: 256): "As guilt by association *ad hominem* attacks rely on the membership of a person within ethnic, social or political group for their persuasive impact". En este caso, Aguirre apela a las emociones negativas de los lectores frente a ciertos grupos afirmando que Ellos (Podemos) son diferentes de Nosotros: los políticos del PP, los demócratas, los partidarios del bipartidismo, los políticos "de toda la vida", respecto a los cuales, en cualquier caso, Podemos constituiría el polo opuesto. Si pensamos en el cuadrado ideológico de van Dijk (2003) (cf. § 4.1), se pueden observar en la Tabla 1 las siguientes estrategias para "hablar de Nuestros aspectos positivos" y "Hablar de Sus aspectos negativos":

Así, en los contenidos bajo "Quitar énfasis de Sus aspectos positivos", lo que podría ser considerado positivo (tener éxito, conseguir adeptos, mostrar pasión) es revertido a circunstancias negativas: la gente que los cree lo hace de mala fe, el uso exitoso de la propaganda se debe a prácticas nazis, la intensidad se iguala a maldad.

La repercusión de esta columna de opinión se puede observar en varios niveles, que mostramos a continuación, como parte del "macro-intercambio":

Tabla 1. Análisis según los conceptos del "cuadrado ideológico" (van Dijk 2003). *Copyright: María Bernal. Licencia: CC BY*

Poner énfasis en Nuestros aspectos positivos	Poner énfasis en Sus aspectos negativos
• hemos aprendido de la historia • sabemos de los peligros de este tipo de movimientos • no creemos que los argumentos simplistas y falaces se descalifiquen solos • sabemos que sus argumentos han sido desprestigiados por la historia • no reaccionamos de modo irresponsable • no nos da pereza debatir • sabemos que el comunismo solo trae crimen y miseria • seguimos los cauces democráticos • no nos cansamos de discutir (rebatir) los argumentos mentirosos • amamos la libertad y conocemos los peligros de la demagogia populista • creemos en la Constitución, como garante de nuestros derechos	• desprecian y vituperan a los partidos existentes • se presentan como los salvadores de la patria, con soluciones simplistas • todo lo que dicen los populistas es mentira • sus argumentos son falaces y demagógicos • no son partidos nuevos • representan tradiciones antiguas y fracasadas • nunca solucionan los problemas, en ningún sitio • conocen muy bien las técnicas de propaganda del nazismo y del comunismo (implicatura: siguen esas pautas) • si tienen éxito es por el uso adecuado de la propaganda • Iglesias usa argumentos falaces en la cuestión de ETA; usa argumentos etarras • desprecia la Constitución ("papelito"); desprecia a los partidos democráticos • no siguen los cauces democráticos
Quitar énfasis de Nuestros aspectos negativos	**Quitar énfasis de Sus aspectos positivos**
Circunstancias que exceden al partido, son ajenas: • crisis económica profunda, paro • desconfianza de la gente hacia los partidos tradicionales • 'menor' intensidad apasionada, pero que hay que superar	• pueden conseguir que alguna gente los crea, aunque sea "de buena fe" • pueden tener mucho éxito (si usan hábilmente la propaganda //paralelismo inmediato con Hitler) • quienes muestran una apasionada intensidad son los peores

B) Acciones legales de Podemos.

Podemos, sintiéndose objeto de una campaña de hostigamiento y difamación, inició acciones legales contra Esperanza Aguirre por vincular al partido con la banda terrorista ETA y contra el director del diario El Mundo, Eduardo Inda, por acusarle de financiación ilegal proveniente del régimen chavista de Venezuela[17]. Para afrontar las costas del proceso, acudió a la ayuda económica de los simpatizantes del partido mediante *crowdfunding*[18], recabando una cantidad muy superior al objetivo (169% Conseguido, 16.961 €, Recaudado). El partido emitió comunicados en la prensa y colgó la información en su página web[19].

La denuncia contra Aguirre fue desestimada (resolución de 3 de junio de 2015):

El País: 29/07/2015. **La Audiencia rechaza la demanda de Podemos contra Aguirre**

> Los magistrados consideran que las palabras de la presidenta del PP, que vinculó a la formación de Pablo de Iglesias con ETA y el chavismo, fueron dichas en un "contexto político"

C) Respuesta de Iglesias.

Por otro lado, Iglesias respondió a Esperanza Aguirre en los medios al comentario de afinidad con Goebbels: "el aliado de Goebbels fue Franco, el 'padre político del PP'"

> MADRID, 16 Jul. (EUROPA PRESS)[20] - El líder de Podemos, Pablo Iglesias, ha respondido este miércoles a la presidenta del PP de Madrid, Esperanza Aguirre, diciéndole que "si de alguien era aliado Goebbels era del gobierno español de Franco", al que ha calificado de "padre político de Aguirre y del PP". En una entrevista en Cuatro recogida por Europa Press, Iglesias ha respondido así a las palabras de Aguirre, que ha dicho que Podemos ha aplicado las "técnicas de propaganda" de los "genios de la maldad", en referencia a los propagandistas del comunismo y el fascismo. El eurodiputado ha recordado que Franco envió a la División Azul a pelear junto a los

---

[17] Ya en 2017 Iglesias perdió el juicio porque la juez encontró veraz y contrastada la acusación. https://okdiario.com/espana/2017/04/18/iglesias-pierde-juicio-inda-noticia-cuenta-banco-offshore-veraz-920141

[18] "Para poder financiarnos sin depender de los bancos ni de los poderes económicos, apostamos desde el inicio por desarrollar herramientas de financiación innovadoras y participativas inspiradas en los valores de la economía colaborativa, de manera que proponemos que la ciudadanía sea copartícipe de la financiación de los proyectos. Estas herramientas son las colaboraciones, los *crowdfundings* y los microcréditos (https://podemos.info/financiacion/)

[19] http://podemos.info/prensa/comunicado-de-podemos-sobre-la-noticia-de-el-pais/

[20] http://www.europapress.es/madrid/noticia-iglesias-responde-aguirre-aliado-goebbels-fue-franco-padre-politico-pp-20140716142442.html

nazis en la Segunda Guerra Mundial y ha reprochado a Aguirre que nunca haya "condenado ni renegado del Franquismo". Iglesias achaca las críticas de Aguirre al "miedo de la casta porque se les acaba el chollo".

Las reacciones fueron amplias en las redes sociales, tanto a favor como en contra de Iglesias y de Aguirre, contribuyendo a la polarización de las opiniones y posturas.

En el nivel socioemocional, y respecto a la imagen social de grupo involucrada en estos intercambios, predomina la que afecta al desempeño del rol profesional –político, en este caso– tanto individual como del grupo (cf. Bravo 2015: 64). En este sentido, cada uno cumple con la imagen de afiliación de grupo respecto a su partido, reafirmando las características de su grupo como tal. En los contenidos de autonomía de grupo, las características que identifican al propio grupo –el propio partido- frente al otro se observan en la Tabla 2:

Tabla 2. Contenidos de la imagen social de grupo. *Copyright: María Bernal. Licencia: CC BY*

Imagen involucrada: Autonomía de grupo	Aguirre/PP	Iglesias/Podemos
Imagen de *autonomía* en cuanto al *rol situacional* político → Aguirre/PP hacia Iglesias/Podemos	• Aguirre y su partido son políticos reputados, defensores de la verdad, garantes de la democracia y, por ende, de los derechos humanos	• descrédito como político/s: mentirosos, falaces, demagógicos, no respetan la Constitución, incapaces de aportar soluciones, afinidades peligrosas para la sociedad (terrorismo etarra), desprecian los cauces democráticos y, por ende, no respetan los derechos humanos
Imagen de *autonomía* en cuanto al *rol situacional* político → Iglesias/Podemos hacia Aguirre/PP	• Aguirre y el PP son franquistas y nunca han renegado de ese pasado franquista • Franco apoyó a Hitler con el envío de la División azul • tienen miedo de Podemos	• Aguirre y el PP se desmarcan de cualquier pasado franquista o de afinidad al nazismo • son una alternativa válida que va a cambiar las cosas ("a la casta se les acaba el chollo") • son consecuentes con sus ideas y emprenden acciones legales para defenderse

5.2. Macro-intercambio 2: Celia Villalobos (PP)

Como mencionamos anteriormente, el ataque a la imagen personal de Pablo Iglesias y otros diputados de Podemos, señalando un descuido de la apariencia física y la higiene, fue muy frecuente en los inicios de Podemos como partido político pero siguieron prolongándose en el tiempo. El ataque *ad hominem* fue realizado también por Celia Villalobos, con una larga carrera política dentro de las filas del PP y vicepresidenta primera del Congreso de los Diputados desde 2011 hasta mayo de 2016, hacia el diputado de Podemos por Santa Cruz de Tenerife, Alberto Rodríguez, durante la sesión constitutiva de la XI Legislatura de las Cortes Generales el 13 de enero de 2016.

A) Comentarios de Celia Villalobos
Celia Villalobos, en una tertulia del programa *La Mañana* (Televisión Española), se expresó sobre el diputado Alberto Rodríguez, que llevaba rastas, de la siguiente manera: "Que las lleven limpias y no me peguen piojos"[21].

> *El País*: Celia Villalobos: "No me importan las rastas, pero limpias y sin piojos"[22]
> "A mí que un diputado de Podemos, o que fuera del PP o de donde fuera, lleve rastas, pues yo tengo sobrinos y familiares y chavales que llevan rastas, **a mí con que las lleven limpias, para que no me peguen un piojo, me parece perfecto**", ha dicho en una entrevista en el programa *La Mañana* de TVE. Ante la polémica desatada por sus palabras, la vicepresidenta ha vuelto a comentar el tema horas más tarde para defenderse: "tengo en mi familia chicos jóvenes que llevan rastas bastante más largas que este diputado".

Si bien Villalobos aparenta tolerancia, al decir que a ella no le importa que los diputados lleven rastas, actualiza la idea de poca higiene no solo de la persona concreta (Alberto Rodríguez), sino que también lo hace extensivo a todos los que llevan rastas con el uso del plural (*lleven, peguen*). Consideramos que es un caso evidente de ridiculización a través de argumentos *ad hominem* (Kienpointner 2008) y de descortesía de fustigación (Kaul de Marlangeon 2005), usada estratégicamente por Villalobos –incluso se apoya en su propia familia para justificar la

---

[21] http://www.vozpopuli.com/actualidad/nacional/Celia_Villalobos-Congresos-Podemos-Rastas-Alberto_Rodriguez-Congreso-PP-diputados-rastas_0_880411954.html

[22] https://politica.elpais.com/politica/2016/01/14/actualidad/1452784714_645528.html

descortesía– como descrédito y desmerecimiento profesional del adversario: no solo su imagen personal queda afectada sino que su imagen de rol como político queda también en entredicho (alguien que no sabe comportarse con unos mínimos criterios aceptados en la sociedad, puede quedar cuestionado para desempeñar un rol público).

Pensamos que aquí la estrategia básica, siguiendo a van Dijk (2003), es la presentación positiva propia y negativa del otro en los siguientes términos:

Tabla 3. Presentación de la imagen según los conceptos del cuadrado ideológico (van Dijk 2003). *Copyright: María Bernal. Licencia: CC BY*

Hablar de Nuestros aspectos positivos	Hablar de Sus aspectos negativos
• tolerante y abierta • por implicatura: yo sí soy limpia y no tengo piojos, soy respetuosa con el decoro que exige el cargo público	• ser sucio, poco deseable socialmente • por extensión, poco adecuado para ejercer cargo público

B) Eco en la prensa

Las palabras de Villalobos fueron ampliamente recogidas por los medios de comunicación; a modo de ejemplo, entre otros en *ABC*[23], *El Mundo*[24], *El País*[25], *La Vanguardia*[26]. Hubo numerosas reacciones en las redes sociales, siendo uno de los temas más comentados en Twitter. Algunos políticos de Podemos se expresaron así (*El País,* 18 enero 2016):

- Miguel Ardanuy (diputado de Podemos en la Comunidad de Madrid): "Ojalá el partido de Celia Villalobos estuviera la mitad de limpio que mis rastas".
- Rita Maestre (Ahora Madrid/Podemos, portavoz del Ayuntamiento de Madrid): a Celia Villalobos se le debería presuponer buena

---

[23] http://www.abc.es/espana/abci-villalobos-no-importa-diputados-podemos-lleven-rastas-siempre-esten-limpias-201601141341_noticia.html
[24] http://www.elmundo.es/espana/2016/01/14/56978fc446163fc7298b45ca.html
[25] http://politica.elpais.com/politica/2016/01/14/actualidad/1452784714_645528.html
[26] http://www.lavanguardia.com/politica/20160114/301399358568/celia-villalobos-rastas-piojos.html

educación como a cualquier cargo público que hable en representación de los ciudadanos.
- Íñigo Errejón (Podemos): "lo que lastra la higiene de un grupo parlamentario es la corrupción".

Algunos comentarios recogidos por los medios de comunicación por parte de políticos del PP y periodistas afines a su ideología van en una línea diferente, desde insistir en el argumento *ad hominem* hasta quitarle importancia achacándolo a una broma:

- Pilar Cernuda, periodista conservadora, tertulia de la cadena de televisión Antena 3 *Espejo Público*: "Un poquito de limpieza, que en el hemiciclo conviven muchas personas juntas". "Digo lo que vi y lo que olí. Hace falta limpieza, que sí. La progresía no está reñida con el baño ni con la ducha"[27].
- Rafael Hernando, portavoz del Grupo Popular en el Congreso: "es una forma simpática de hablar, no tiene más trascendencia"[28].

C) Reacción de Alberto Rodríguez
Alberto Rodríguez se expresó así en su cuenta de Twitter[29]: "A pesar de sus abucheos, gritos e insultos, no consiguieron callar las voces del cambio. Es imparable y lo saben". Otros comentarios suyos en la prensa han sido que los políticos de Podemos "eran foco de atención por ser precisamente eso, diversos y plurales, como la sociedad a la que representan" y culpa al "circo político-mediático" de la polémica provocada por sus rastas[30]. Dijo también que no le interesaba ese debate: "hay mucha gente en este país que lo está pasando muy mal, que necesita medidas urgentes, y en eso nos queremos centrar". Su estrategia argumentativa es abundar en la diferencia de Podemos respecto a los partidos tradicionales y presentar una imagen de partido preocupado por las cuestiones realmente importantes.

Concluimos este breve análisis con los aspectos socioemocionales relacionados con la imagen de grupo (el partido propio, endogrupo,

---

[27] http://www.elmundo.es/espana/2016/01/14/56978fc446163fc7298b45ca.html
[28] http://www.malagahoy.es/malaga/Celia-Villalobos-rastas-limpias-piojos_0_990201684.html
http://www.abc.es/espana/abci-alberto-rodriguez-diputado-lucha-clases-entre-rastas-201601150745_noticia.html
[29] Alberto Rodríguez @Alber_Canarias
[30] https://politica.elpais.com/politica/2016/01/15/actualidad/1452875642_240852.html

frente al partido adversario, exogrupo). Como en el macro-intercambio anterior, las actividades de afiliación para con el propio grupo se puede observar en los dos partidos. Observamos en la Tabla 4 las actividades relacionadas con la imagen de autonomía:

Tabla 4. Contenidos de la imagen social de grupo. *Copyright: María Bernal. Licencia: CC BY*

Imagen involucrada: *Autonomía de grupo*	Villalobos/PP	Rodríguez/Podemos
Imagen de *autonomía* en cuanto al *rol situacional* político → Villalobos/PP hacia Rodríguez/Podemos	• ella y su partido son limpios, respetuosos con las formas y el decoro • ella es tolerante • no hay ataques sino una forma simpática de hablar (broma)	• son sucios • irrespetuosos con las formas • poco aptos para ejercer cargos públicos
Imagen de *autonomía* en cuanto al *rol situacional* político → Rodríguez/Podemos hacia Villalobos/PP	• el PP es un partido sucio, la suciedad reside en la corrupción • Villalobos no tiene buena educación, no es apta para representar a los ciudadanos • quieren acallar las voces del cambio, se centran en nimiedades, no en los problemas de la gente	• se interesan por los problemas reales de la gente • representan la diversidad que hay entre los ciudadanos • por implicatura, ellos no son corruptos como el PP • son la alternativa del cambio

Consideramos que, si hace unos años un político –José Bono, entonces Presidente del Congreso– le afeaba a otro político que no llevara corbata[31], la escalada hasta tildar de sucio a un adversario político es patente.

6. Conclusiones

En este trabajo nos hemos propuesto profundizar en el estudio de las estrategias discursivas de descalificación del adversario político, para

---

[31] http://www.20minutos.es/noticia/1115538/0/corbata/miguel-sebastian/jose-bono/

lo que hemos considerado las actividades de imagen como estrategias argumentativo-discursivas (Bravo 2015), los argumentos falaces de corte emocional, argumentos *ad hominem* (Kienpointner 2008), y hemos atendido a las características del discurso ideológico (van Dijk 2003). Concretamente, nos hemos centrado en actividades de ataque a la imagen personal de Pablo Iglesias y de otros integrantes del partido Podemos como muestra de una descortesía de fustigación (Kaul de Marlangeon 2005) basada en insultos (Bolívar 2005).

La hipótesis de partida es que, en los últimos años, en el ámbito político español se ha recrudecido el lenguaje volviéndose más agresivo y violento; pensamos que a ello ha contribuido la aparición de Podemos como partido post-crisis enfrentado a los valores de los partidos políticos tradicionales. Hemos analizado muestras de diferentes discursos de la escena mediática (Charaudeau 2005), como columnas de opinión, comentarios realizados en debates televisivos, etc., con el objetivo de observar algunas estrategias que suponen una suerte de demonización de Podemos y sus miembros y que persiguen su descrédito político. Hemos mostrado, sobre todo por parte de políticos y periodistas de orientación ideológica conservadora, algunas amenazas orientadas a la imagen del político/de los políticos de Podemos, no solo en lo concerniente a la ideología política y actuación conforme a ella, sino que hacen una descalificación personal inmiscuyéndose en la esfera privada, su aspecto físico y su aseo personal.

Nos ha parecido relevante también mostrar repercusiones y consecuencias para reflejar mejor la dialéctica en torno a las situaciones bajo análisis (macro-intercambios); especialmente, el caso de la descortesía se puede considerar en gran medida como una cadena de actos de carácter dialógico: a un insulto o comportamiento descortés le sigue una reacción. En nuestro análisis hemos mostrado la reacción de Podemos a los insultos; en un trabajo de mayor alcance sería pertinente abordar también si los insultos desde posiciones conservadoras pueden responder a un uso agresivo y sexista del lenguaje por parte de Pablo Iglesias (por ejemplo, al llamar "la menina" a la vicepresidenta del Gobierno entre 2011 y 2018, Soraya Sáenz de Santamaría). La difusión de las noticias, los comentarios y foros en las nuevas redes sociales, y en otros contextos mediáticos hacen que se propicien y agudicen las afinidades políticas. Este trabajo es una contribución modesta que necesitaría de más estudios para profundizar en la imbricación entre argumentación y descortesía en el campo político.

Referencias

Alcaide Lara, E. (2014). "La relación argumentación-(des)cortesía en el discurso persuasivo." *Sociocultural Pragmatics. An International Journal of Spanish Linguistics*. Volume 2, Issue 2, 223–261. https://doi.org/10.1515/soprag-2014-0008

Alcaide Lara, E. (2016). "Discursos populistas en la política española actual: el caso de *Podemos* y *Ciudadanos*". Workshop *Political discourse in romance speaking countries: linguistic and social science perspectives* (ROMPOL II), 9-11/10/2016. Universidad de Estocolmo.

Bernal, M. (2014). "'Lo primero que tendría que hacer el Coletas es frecuentar más su lavado'. Ridiculización y fustigación como posicionamiento en los medios ante la imagen de Pablo Iglesias, líder de Podemos". Workshop *Political discourse in romance speaking countries: linguistic and social science perspectives* (ROMPOL I), 19-21/10/2014. Universidad de Estocolmo.

Bernal, M. (2016). "Actividades de imagen respecto al tema de la corrupción en una interacción entre Iglesias (Podemos) y Villalobos (PP)". En Dumitrescu, D. & Bravo, D. (eds.), *Roles situacionales, interculturalidad y multiculturalidad en encuentros en español*, 155–178. Buenos Aires - Estocolmo: Dunken.

Bernal, M. (forthc., 2019). "*'Yo creo que ese día me equivoqué*". ¿Atenuación o reafirmación en el discurso de los políticos españoles?" *Sociocultural Pragmatics. An International Journal of Spanish Linguistics*.

Blas Arroyo, J. L. (2003). "'Perdóneme que se lo diga, pero vuelve usted a faltar a la verdad, señor González': form and function of politic verbal behaviour in face-to-face Spanish political debates". *Discourse & Society* 14:4, 395–424.

Blas Arroyo, J. L. (2010). "La descortesía en contextos de telerrealidad mediática. Análisis de un corpus español". En Orletti, F. & Mariottini, L. (eds.), *Descortesía en español. Espacios teóricos y metodológicos para su estudio* (2010). Universidad Roma Tre - Programa EDICE, 183–208.

Bolívar, A. (2005). "Descortesía y confrontación política". En Bravo, D. (ed.), *Estudios de la (des) cortesía en español. Categorías conceptuales y aplicionea a corpora orales y escritos* (273–297). Buenos Aires - Estocolmo: Dunken.

Bolívar, A. (2008). "Cachorro del imperio" versus "cachorro de Fidel": los insultos en la política latinoamericana. *Discurso y Sociedad* 2(1) 1–38. www.dissoc.org

Bravo, D. (1999). "¿Imagen "positiva" vs. imagen "negativa"? Pragmática socio-cultural y componentes de *face.*" *Oralia*, 2, 155–184.

Bravo, D. (2015). "Pragmática sociocultural para el análisis social del discurso. Actividades de imagen como estrategias argumentativo-discursivas en situación de testimonio judicial". En Bravo, D. y Bernal, M. (eds.), *Perspectivas sociopragmáticas y socioculturales del análisis del discurso* (pp. 49–90). Programa EDICE. Buenos Aires: Dunken.

Bravo, D. (2016). "Aplicaciones de la Pragmática Sociocultural. Actividades de imagen y expresiones de subjetividad en una entrevista de la BBC de Londres al presidente de Ecuador, Rafael Correa". En Dumitrescu, D. & Bravo, D. (eds.), *Roles situacionales, interculturalidad y multiculturalidad en encuentros en español* (pp. 111–141). Programa EDICE. Buenos Aires: Dunken.

Bravo, D. (forth.). "Actividades de imagen como estrategias argumentativo-discursivas en textos de prensa en Argentina". *III Simposium Internacional EDiSo. Desigualdad y nuevos discursos sociales.* 28-30/06/2017, Universitat Pompeu Fabra, Barcelona.

Chilton, P. y Schäffner, C. (2000). "Discurso y política". En van Dijk, T. (ed.), *El discurso como interacción social. Estudios sobre el discurso II. Una introducción miltidisciplinaria*, 297–329. Barcelona: Gedisa.

Consejo de Investigaciones Sociológicas (2014). *Avance de resultados del estudio 3033 Barómetro de Julio de 2014.* Recuperado el 14/08/2014 de: http://www.cis.es/cis/export/sites/default/-Archivos/Indicadores/Informes/2014/InformeIndicadoresJulio2014.pdf

Consejo de Investigaciones Sociológicas (2017). http://www.cis.es/cis/opencms/ES/index.html

Charaudeau, P. (2005). *Le discours politique. Les masques du pouvoir.* Paris: Vuibert.

Charaudeau, P. (2009). Reflexiones para el análisis del discurso populista. *Discurso y Sociedad* 3(2): 253–279. http://www.dissoc.org/ediciones/v03n02/DS3(2)Charaudeau.html

Fernández Lagunilla, M. (1991). *La lengua en la comunicación política I: El discurso del poder.* Madrid: Arco Libros.

Fuentes Rodríguez, C. (2011). Argumentación, (des)cortesía y género en el discurso parlamentario. *Tonos Digital. Revista de estudios filológicos* 25. Accesible en http://www.um.es/tonosdigital/znum25/secciones/estudios-11c-catalina_fuentes,_(2013,_tonos_25).htm

García Agustin, Óscar (2015). Podemos som postkrise-parti: Mellem populisme og radikalisme. *Arbejderhistorier* 1, 34–57.

Halmari, H. y Virtanen, T. (eds.) (2005). *Persuasion Across Genres. A linguistic approach.* John Amsterdam/Philadelphia: Benjamins Publishing Company. 59–102.

Hernández Flores, N. (2013). Actividad de imagen: caracterización y tipología en la interacción comunicativa. *Sociocultural Pragmatics. An International Journal of Spanish Linguistics*. Vol 1, Issue 2, 175–198. https://doi.org/10.1515/soprag-2012-0012

Hernández Flores, N. (2014). "Imagen individual, imagen de grupo y la imagen de los otros en la construcción de una identidad política: el discurso del candidato español Pablo Iglesias." Workshop *Political discourse in romance speaking countries: linguistic and social science perspectives* (ROMPOL I), 19-21/10/2014. Universidad de Estocolmo.

Kaul de Marlangeon, S. (2003). [1992] "La fuerza de la cortesía-descortesía y sus estrategias en el discurso tanguero de la década del ´20." Programa EDICE. Publicación electrónica www.edice.org. 1–27.

Kaul de Marlangeon, S. (2005). "Descortesía intragrupal-crónica en la interacción coloquial de clase media-baja del español rioplatense". En Murillo Medrano, J. (ed.), *Actas del II Coloquio del Programa EDICE*. 165–179.

Kaul de Marlangeon, S (2008). "Tipología del comportamiento verbal descortés en español". En Briz, A. *et al.* (eds.), Actas del III Coloquio Internacional del Programa EDICE *Cortesía y conversación: de lo escrito a lo oral*. Valencia, 2008.

Kienpointner, M. (1997). "Varieties of rudeness. Types and functions of impolite utterances." *Functions of Language* 4:2, 251–287.

Kienpointner, M. (2008). "Impoliteness and emotional arguments." *Journal of Politeness Research* 4, 243–265.

Pérez Vicente, N. (2013). "El lenguaje político del 15-M: Hacia una nueva retórica de la indignación." *Signa* 22, 569–594.

Pons, S. (2014). "Blog. El lenguaje (Des)de la crisis." https://www.lavozdegalicia.es/noticia/opinion/2014/06/02/friki/0003_201406G2P14993.htm

Van Dijk, T. A. (2003). *Ideología y discurso*. Barcelona: Ariel.

Apéndice.

El populismo

Esperanza Aguirre. 14 de julio de 2014. *Publicado este lunes 14 de julio en La Quinta de ABC* http://esperanza.ppmadrid.es/el-populismo/ [recuperado el 14 de diciembre de 2018]

El escritor suizo Friedrich Dürrenmat acertó plenamente cuando dijo: «Tristes tiempos estos en los que hay que luchar por lo que es evidente». Estas palabras me vienen a la cabeza cada vez que tengo que enfrentarme dialécticamente a adversarios políticos que defienden posiciones, ideas o doctrinas que hace ya muchos años que la Historia ha descalificado.

Esto me está ocurriendo últimamente con Podemos, sus mensajes, sus ideas y sus propuestas. Algunos, entre los que parece que hay bastantes personas de izquierda, e incluso algunas de derecha, dicen que Podemos es un partido nuevo que puede traer soluciones innovadoras para los graves problemas que España tiene hoy planteados.

Es verdad que en España la clase política está hoy desacreditada. Y también es verdad que, en muchos países donde se da este descrédito, surgen partidos que declaran que ellos son los únicos verdaderamente limpios y que proponen soluciones aparentemente muy sencillas para todos los problemas difíciles. A estos partidos se les suele agrupar bajo la etiqueta de «populistas». Porque lo que hacen es excitar los sentimientos más inmediatos del pueblo en dos direcciones. Primero, desprecian, insultan y vituperan a los partidos existentes. Y después, se presentan como los salvadores de la patria a base de proponer a los ciudadanos soluciones muy simplistas, que explican el mundo como si fuera una película de buenos y malos. Los «buenos», naturalmente, son ellos. Y los «malos», también naturalmente, los que no piensan como ellos.

Si los populistas hacen eso con habilidad y usan los adecuados mecanismos de propaganda, pueden tener éxito. Y, a veces, mucho éxito. La ascensión al poder de Hitler es un ejemplo bastante perfecto de este proceso. La Alemania de los años treinta estaba inmersa en una profundísima crisis económica, los partidos políticos de la República de Weimar no eran capaces de solucionar la crisis y se perdían en constantes querellas entre ellos, y por último, pero muy importante, Hitler contaba con Goebbels, que era un genio de la propaganda política.

Sin llegar a extremos tan dramáticos como el de Alemania, podemos encontrar procesos parecidos en muchos otros países. Sin ir más lejos ahora mismo los estamos contemplando, con más o menos variaciones, en algunos países hispanoamericanos.

No importa que todo lo que dicen los populistas sea mentira. No importa que no sean partidos para nada nuevos, sino representantes de tradiciones políticas muy antiguas y fracasadas. Como tampoco importa que sus soluciones no hayan solucionado nunca ningún problema allá donde se han aplicado. Basta con que consigan que haya gente que se lo crea. Y siempre puede haber quien lo haga. Incluso, de buena fe.

Porque se dan algunas de las condiciones para la aparición de un partido de estas características es por lo que ha surgido en España Podemos. Estamos inmersos en una crisis económica muy profunda que ha mandado al paro a millones de ciudadanos, que les ha empobrecido y que ha disminuido de una forma tremenda las oportunidades de todos y, sobre todo, de los jóvenes. Al mismo tiempo, la confianza en los partidos tradicionales se ha colocado bajo mínimos. Y, además, los políticos de Podemos han demostrado conocer muy bien las técnicas de propaganda que crearon y desarrollaron en los años treinta Willy Münzenberg y Joseph Goebbels. Münzenberg y Goebbels eran alemanes, los dos eran más o menos de la misma edad, los dos fueron unos genios de la maldad, los dos acabaron mal, y los dos tienen una importante cuota de responsabilidad en el triunfo de las dos ideologías más nefastas de la Historia: el comunismo y el nazismo.

La aparición de Podemos, si algo hemos aprendido de la Historia, no es tan sorprendente. Lo que sí puede ser imperdonable es que en España los que sabemos de los peligros de este tipo de movimientos reaccionemos con la irresponsabilidad con que lo hicieron los que, en Argentina, decían «Cristina no tiene carisma», o, en Ecuador, «Correa es una anécdota irrelevante», o, en Venezuela, «a Chávez, en cuanto toque poder, se lo come Estados Unidos».

Y eso puede ocurrir si creemos que los argumentos demagógicos, simplistas y falaces que utilizan los de Podemos se descalifican solos. Eso puede ocurrir si nos da pereza debatir con ellos porque consideramos que sus argumentos están absolutamente desprestigiados por la Historia. Porque, efectivamente, da mucha pereza tener que demostrar que el comunismo, del que los de Podemos se declaran hijos, sólo ha traído crimen y miseria allá donde se ha aplicado. Pero hay que hacerlo. Como hay que insistir en que cuando Iglesias afirma que «el terrorismo de ETA tiene explicaciones políticas» está utilizando los mismos falaces argumentos de los etarras para justificar sus 858 asesinatos. Porque, desde hace casi cuarenta años, en España existen cauces democráticos para defender todas las posiciones políticas. Y nada podrá justificar nunca esos asesinatos. También hay que denunciar que utiliza los argumentos de los etarras cuando llama «papelito» a la Constitución de 1978, la que, precisamente, le garantiza a él y a todos nuestros derechos. O cuando desprecia a todas las fuerzas políticas democráticas de los últimos cuarenta años y tiene el desparpajo de afirmar que solo la izquierda vasca y ETA se dieron cuenta de que esa Constitución no instaura unas reglas del juego democráticas.

Puede ser muy cansado y aburrido tener que discutir argumentos tan simples y mentirosos, pero hay que hacerlo.

No se nos pueden olvidar nunca los versos de Yeats, el gran poeta irlandés que tuvo el Premio Nobel: «The best lack all conviction, while the worst / Are full of passionate intensity». («Los mejores carecen de toda convicción, mientras que los peores están llenos de una intensidad apasionada»). Nosotros, los que amamos la libertad y sabemos de los peligros de la demagogia populista, también tenemos que demostrar que estamos llenos de esa apasionada intensidad.

El silencio como discriminación discursiva de lo indígena Análisis socio-cognitivo de libros escolares mexicanos[1]

Alba Nalleli García Agüero
University of Bern

1. Introducción

La educación escolar, además de instruir, tiene entre sus principales objetivos moldear el imaginario colectivo, formar identidades, unificar la ideología, reproducir el sistema y crear lealtad hacia el gobierno en turno. Los libros escolares han sido una herramienta eficaz para alcanzar estos objetivos (Gilbert 2003; Cabanel 2007; Narvaja de Arnoux 2008).

En México, los libros de texto ofrecidos por el gobierno de manera gratuita (Libros de Texto Gratuitos, a partir de aquí LTG) aparecieron en 1960. Uno de sus principales objetivos fue el de reforzar la cohesión ideológica en concordancia con los intereses del Estado. Para ello, se recurrió a la formación de un sentimiento de identidad nacional y a la construcción discursiva y difusión de un prototipo de «mexicano». Aun cuando en los primeros libros despunta la intención de incluir al indígena dentro del modelo identitario, esta figura no logra estar dentro de la categoría por motivos ideológicos. Las preguntas a las que queremos responder en este artículo son, en primer lugar, ¿qué mecanismos textuales e icónicos son utilizados en la construcción de la figura del indígena en contraste con la del modelo prototípico de mexicano en los primeros LTG? y, en segundo lugar, ¿cuáles fueron las razones por las

---

[1] Agradezco los comentarios sobre esta contribución a la Prof. Dr. Sabine Pfleger (UNAM), Prof. Dr. Yvette Bürki (Universität Bern), así como del Lic. Miguel Ángel García Aguirre.

Cómo citar este capítulo:
García Agüero, A. N. 2019. "El silencio como discriminación discursiva de lo indígena Análisis socio-cognitivo de libros escolares mexicanos". In: Françoise Sullet-Nylander, María Bernal, Christophe Premat & Malin Roitman (eds.). *Political Discourses at the Extremes. Expressions of Populism in Romance-Speaking Countries*. Stockholm Studies in Romance Languages. Stockholm: Stockholm University Press, pp. 201–222. DOI: https://doi.org/10.16993/bax.j. License: CC-BY

que el indígena fue silenciado discursivamente en las siguientes generaciones de LTG?

Aunque parezca que los libros escolares no forman parte de los discursos políticos, en muchos casos, como hemos apuntado arriba, han contribuido a impartir los conocimientos oficiales que los gobiernos necesitan inculcar en los ciudadanos. El hecho de que en México los LTG sean entregados desde 1960 de manera gratuita y sean obligatorios para todos los niños mexicanos, los convierte en una herramienta de dominación ideológica utilizada por el gobierno mexicano –el cual fue de derecha hasta 2018– para diseñar un modelo compartido de nación.

En este estudio tomaremos en consideración tres generaciones de LTG que correspondieron a tres reformas educativas a partir de las cuales se modificaron los planes de estudio y los materiales escolares. Los manuales analizados, pertenecientes a la primera generación son *Mi libro de primer año* y *Mi cuaderno de trabajo de primer año* (1960). De la segunda generación de libros tomamos en cuenta *Español primer grado* y *Ciencias Sociales primer grado* (1972), *Mi libro de primero. Parte I* y *Parte II* (1984). Como parte de la tercera generación analizamos el *Libro integrado primer grado* (1994).

Debido a su potencial como transmisores de ideologías, los materiales educativos han sido objeto de estudio de diferentes fenómenos sociales entre los que se encuentran la conformación y representación de identidades nacionales (Gilbert 2003; Cabanel 2007; Narvaja de Arnoux 2008). Aunque los estudios anclados en perspectivas lingüísticas son aún escasos, recientemente se observa un interés por abordar el estudio de libros escolares desde un enfoque crítico discursivo (Atienza Cerezo 2007; Chine 2011; Taboada 2011; Rodríguez Gómez 2011; D'Alessandro 2014; Oteíza 2014; Zullo 2014).

Así como las investigaciones anteriores, la presente contribución se enmarca dentro del Análisis Crítico del Discurso. Más específicamente, inscribimos este trabajo en los Estudios Críticos del Discurso (CDS, por sus siglas en inglés), los cuales ponen especial interés en ofrecer herramientas de análisis que permitan demostrar y explicar el posible impacto cognitivo de determinadas estrategias discursivas y los objetivos sociales y políticos que se buscan a través de ellas[2]. Uno de los principales representantes de los CDS es Teun van Dijk, quien ha desarrollado un modelo socio-cognitivo (cf. van Dijk 1985, 2000, 2002, 2008) sobre el

---

[2] Sobre la postura epistémica de los CDS defendida por van Dijk (año), *cf.* http://www.discourses.org/projects/cda/

cual nos basamos para tratar el tema de la construcción del esquema de identidad grupal. Así pues, a diferencia de los estudios arriba citados, la novedad de este análisis de tipo cualitativo reside en la incorporación de herramientas de análisis de la Lingüística Cognitiva (Lakoff & Johnson 1980; Lakoff 1987) y de la semiótica social (Kress & van Leeuwen 1996) que nos ayudarán a responder a nuestras preguntas de investigación. En otras palabras, este marco teórico de cariz socio-cognitivo nos servirá para demostrar cómo se manifiestan en los libros ciertas estrategias lingüísticas e icónicas y cuál es el impacto cognitivo que estas tienen en la fijación de representaciones ideologizadas como lo son la figura del indígena y la del mexicano prototípico.

2. El carácter socio-cognitivo de la identidad

La identidad es un fenómeno social y cognitivo activamente construido, negociado y resistido a través del discurso (Benwell & Stokoe 2006: 3–4). La identidad de un individuo está conformada por varias facetas, las cuales se despliegan de acuerdo a la situación interaccional y a los objetivos de los hablantes (Goffman 1959). Una de estas facetas es la identidad social. Dentro de la psicología social, Tajfel (1981: 225) define la identidad social como «[...] that part of the individual's self-concept which derives from his knowledge of his membership in a social groups (or groups) together with the value and emotional significance attached to that membership». Dicho de otro modo, este conocimiento del individuo sobre su pertenencia a un grupo es un reconocimiento, es decir, aceptación de él mismo como miembro de un colectivo con el que se identifica. Tal admisión proviene de la internalización y aceptación de ciertas ideas. En efecto, van Dijk (1998: 128) afirma que la identidad grupal está fundamentada en una ideología, es decir, en «axiomas» de creencias sociales. En este sentido, la identidad (tanto grupal como individual) comprende una dimensión social, porque se construye a partir de la interacción con otros (Goffman 1959) y es elaborada y negociada a través del discurso (Benwell & Stokoe 2006; De Fina 2007); pero también posee una dimensión cognitiva porque se cimienta en creencias personales y compartidas (van Dijk 1998).

Así pues, van Dijk (1998: 121) afirma que las ideologías constituyen «the basis of group identity, that is, the fundamental propositions that pertain to more or less stable evaluations about 'our' group's membership criteria, activities, goals, norms and values, social resources and especially our position in society and the relations with special other groups».

De acuerdo con el lingüista holandés, tales creencias están organizadas en un esquema de autorrepresentación grupal estructurado por ciertas categorías fijas, las cuales representan los aspectos esenciales del grupo, a saber: propiedades definitorias, actividades, objetivos, valores, relaciones con otros grupos y recursos (van Dijk 1998: 69-70, 129; 2000: 17). En otras palabras, la ideología que sostiene la identidad de un grupo está organizada en un esquema que encierra creencias, conocimientos y actitudes que permiten a los integrantes de un colectivo responder a las preguntas sobre quiénes son, cómo son, cuáles son los criterios para pertenecer a su grupo, cuáles son los objetivos y valores comunes, y cómo se relaciona su grupo con otros colectivos.

Este esquema de autorrepresentación grupal constituye un *Modelo Cognitivo Idealizado* (MCI) noción introducida en la Lingüística Cognitiva por George Lakoff (1987: 68-71). Los MCI son representaciones mentales abstractas y generalizadoras, es decir, conocimientos interrelacionados a partir de los cuales entendemos y formulamos conceptos, pero son idealizados en tanto que suelen no ajustarse a la realidad. Existen conceptos complejos o abstractos formados por la aglutinación de diferentes modelos cognitivos (o *dominios*, según Taylor 1995: 142), los cuales son llamados *Cluster Models* (Lakoff 1987: 74).

Una noción tan compleja y abstracta como la de identidad nacional puede ser conceptualizada a partir de un conglomerado de modelos mentales (Lakoff 1987) o categorías cognitivas (Lakoff 1987: 69; van Dijk 1998) que son asumidas por el colectivo nacional.

3. El modelo mental del prototipo de mexicano en las tres generaciones de LTG

Los LTG han contribuido a la consolidación del esquema mental compartido de la identidad mexicana. A través de ellos, el gobierno ha difundido las propiedades axiomáticas que componen la autorrepresentación grupal, es decir, la ideología que define «el ser mexicano». De acuerdo a nuestro análisis basado en la Lingüística Cognitiva, estas creencias se han transmitido a partir de ocho modelos o categorías mentales que aparecen en mayor o menor medida en las tres generaciones de libros: la familia, el territorio, la patria, la historia, el civismo, la cultura, el fenotipo y «el otro».

El modelo mental de la *familia* comprende a la madre, al padre y a los hijos (en muy pocas ocasiones aparecen los abuelos y los tíos). Todas las generaciones de libros representan a los padres como responsables de los cuidados de los hijos, sin embargo en la primera generación estas figuras adquieren otras propiedades que se difuminan más tarde: la madre es la principal responsable de las labores del hogar y está supeditada al padre, el cual tiene la responsabilidad del mantenimiento económico de la familia. Los hijos, por su parte, ayudan y aman a sus padres de manera religiosa, actitud que desaparece a partir de la segunda generación de libros.

El modelo del *territorio* indica que México es la región geográfica donde nacieron y viven los mexicanos. Tal modelo se despliega en todos los manuales. El modelo de la *patria* implica que México es el hogar que alberga y protege a los mexicanos y que a su vez estos honran, defienden, aman y trabajan por ella. Este segundo modelo aparece constantemente en la primera generación, mientras que en el resto de los libros se le hace alusión solo a través del Himno Nacional y la bandera de México. El modelo *histórico* de la primera generación propone que los mexicanos tienen un pasado mítico forjado por los ancestros fundadores y los héroes nacionales cuyas acciones ayudaron a construir la patria. Sin embargo, a partir de los libros de los setenta este modelo cambia radicalmente: ya no serán los héroes nacionales los que propicien los cambios históricos, sino que estos se deberán a las acciones de las fuerzas sociales. El modelo *cívico*, indicador de los valores morales y comportamientos que el mexicano pone en acto, es aludido con mucha insistencia en los libros de 1960; sin embargo, se desdibuja drásticamente en la segunda generación. Es decir, mientras que los primeros manuales proponen que el mexicano es solidario, honrado, trabajador, respeta y ama al prójimo, es valiente y heroico (*cf.* Libro de Lectura, a partir de aquí LL, 1960: 170-171; 182-183), los libros de los setenta y ochenta solo presentan una alusión a la ayuda mutua como un valor universal pero no la adjudican al comportamiento de los mexicanos. La propiedad cívica se retoma de manera un poco más clara en la última generación aunque tampoco se abren campos mentales que hagan pensar esta cualidad como distintiva de la comunidad mexicana. El modelo *cultural* supone que el mexicano participa en determinadas prácticas sociales como ceremonias y celebraciones, que conoce el folklor nacional y consume comida mexicana. Según nuestro análisis, el elemento cultural es más marcado en los primeros libros, disminuye en la siguiente generación y se retoma con un mayor número de ejemplos en la última. El modelo *fenotípico* es planteado únicamente de manera icónica. Los niños de las imágenes, tanto en los dibujos como en las fotografías presentan en su mayoría las mismas características: son mestizos de piel morena clara, pelo oscuro y portan vestimenta adecuada a la ciudad.

Aparecen también, pero en pocas ocasiones, imágenes de niños con una tez un poco más oscura o con vestimenta que corresponde a la usada en el campo. Uno de los procesos que comprende la autocategorización grupal es la determinación del *otro* en oposición al *nosotros* (van Dijk 2011). El modelo del *otro* planteado por los primeros manuales comprende al indígena, del que hablaremos a continuación, y al español, representado negativamente por los conquistadores del siglo XVI. Estas figuras, así concebidas desaparecen en los libros posteriores.

En todos los libros, la categoría de mexicano es construida paulatinamente a lo largo de las lecturas, es decir, se van planteando los modelos cognitivos con un orden específico, de modo que los niños puedan forjar el MCI a partir de conocimientos para él familiares. Así, se comienza por el reconocimiento de la identidad *yo-niño*; luego se pasa al ámbito de la familia, que posteriormente servirá como metáfora de patria; se prosigue con el modelo cívico; se arriba al modelo cultural para culminar con modelos más complejos como los de la patria y la historia.

4. El modelo cognitivo idealizado del indígena en la primera generación de LTG

Los modelos cognitivos de la familia, el territorio, la patria, la historia, el civismo, la cultura, el fenotipo y «el otro» contienen las creencias que sustentan la identidad colectiva y dan respuesta a las preguntas sobre lo que significa pertenecer al grupo. A partir de la reiteración[3] continua de las características arriba citadas, los libros establecen el prototipo de mexicano.

A pesar de que en México la población indígena ha representado un porcentaje significativo de la población total (10.4% en 1960; 7.8% en 1970; 7.6% en 1990)[4], el MCI de mexicano que presentan los libros de

---

[3] La psicóloga cognitiva Eleanor Rosch (1978), cuya teoría de prototipos ha sido acogida dentro de la LC, demostró que mientras más prototípico fuera un elemento, más alta era su frecuencia y el orden de mención en el discurso. Observó también que el orden y rapidez de aprendizaje de un elemento por parte de los niños dependía de la mayor o menor cercanía que este tuviera con el prototipo. Finalmente, comprobó que la velocidad con la que un elemento se asignaba a una categoría dependía también de su centralidad dentro de la categoría (Rosch 1978: 13–14).

[4] Fuente: http://cedoc.inmujeres.gob.mx/documentos_download/100782.pdf. Aunque los porcentajes provienen de fuentes oficiales, es preciso decir que no se puede contar con cifras precisas, ya que siempre se ha subestimado la población indígena de México. Navarrete Linares (2008: 14) explica que antes del año 2000 solo se había considerado como indígenas a los hablantes de una lengua indígena

Fig. 1a-b. *Modelos cognitivos constituyentes de la figura del indígena (LL, pp. 150-151)* « Niño indio ». Mi libro de primer año. 1962. Ilustradores: Oswaldo Barra, Alberto Beltrán, Jorge Best, Ángel Bracho, Antonio Cardoso, Enrique Carreón, Andrea Gómez, Rafael Jarama, Juan Madrid, Manuel Salinas, Rosendo Soto, Raúl Velázquez y Mariana Yampolsky. Public domain / Libros de Texto Gratuitos. CONALITEG / SEP. https://historico.conaliteg.gob.mx/content/restricted/libros/carrusel.jsf?idLibro=344

texto no ha comprendido este sector de la sociedad. Si bien la primera generación de libros editada de 1960 a 1972 habla del indígena en sus últimas páginas, lo muestra como una figura cuyas características no corresponden con las del mexicano prototípico. En efecto, *Mi libro de primer año* crea dos MCI paralelos, uno para el mestizo (mexicano prototípico) y otro para el indígena.

Como en el caso del MCI de mexicano, el del indígena se construye mediante ciertos modelos cognitivos evocados por el texto y las imágenes (Fig. 1). Tales modelos son la *vida rural* («Niño indio de los llanos»;

y se excluía a los menores de 5 años por no ser hablantes fluidos de sus idiomas. A partir del 2000, para subsanar esa subestimación se ha incluido a los menores de 5 años que viven en hogares donde uno de los padres o abuelos habla una lengua indígena. Además, se ha añadido el criterio identitario, esto es, se ha considerado dentro de la población indígena a aquellos que se consideren como tales.

«Niño indio de los bosques»); el modelo del *territorio* («todos los niños de América»); el modelo del *conocimiento-ignorancia* («yo te enseñaré a leer»; «tenemos sed de aprender, pues la ignorancia esclaviza y se es libre en el saber», LL, 1960: 172–173). Además, visualmente se evoca el modelo *fenotípico*, el cual contrasta con el del prototipo: se observa un niño cuyo color de piel es más oscuro, viste pantalón de manta, sandalias, camisa de cuello semialto e incluso lleva un tipo de peinado específico.

Debido a que el manual está dirigido a niños, las imágenes juegan un papel muy importante para la transmisión de conocimientos. La figura del indígena está representada por un niño indio que aparece en cuatro ocasiones, tres de las cuales es mostrado acompañado del mestizo prototípico. Según la semiótica social (Kress & van Leeuwen 2006), todos los elementos que componen la imagen, así como el lugar donde están posicionados, connotan significados abstractos como emociones, relaciones sociales, relaciones de poder, etc. Por lo tanto, la colocación de las figuras del mestizo y del indígena en el espacio visual resulta determinante para la construcción y concepción de ambos MCI.

En las tres ocasiones en que aparecen los dos personajes juntos, el niño indígena es colocado a la derecha y/o por debajo del niño prototípico (Figs. 1, 2, y 3). Esta colocación tiene implicaciones cognitivas importantes, ya que debido a nuestra experiencia corpórea y cultural, lo que está arriba lo relacionamos con lo inalcanzable, lo ideal, lo bueno. Todo lo contrario expresa la orientación *abajo* (Lakoff y Johnson 1980: 51). Asimismo, por nuestra experiencia de lectura en el mundo occidental, la orientación a la izquierda representa lo *conocido*, lo *familiar* mientras que la orientación derecha representa lo *nuevo*, lo *desconocido*, lo *problemático* y *refutable* (Kress & van Leeuwen 2006: 181–185).

Así pues, en la única generación de libros donde aparece el indígena, este se encuentra en una colocación inferior al niño prototípico que, al estar por encima, se le relaciona metafóricamente con lo ideal. Además, la posición que adopta este niño expresa una actitud paternalista hacia el niño indígena, sugiriendo con ello la inferioridad del último (Figs. 1 y 2).

A nivel lingüístico, al indígena no se le da agentividad dentro de la oración, sino que actúa como paciente. Por ejemplo, en la lectura «Niño indio» (Fig. 1), recibe los efectos de la acción del niño prototípico: «Niño indio, niño indio, yo te enseñaré a leer» (LL 1960: 151). De esta manera, el niño más blanco se identifica mediante el pronombre de primera persona *yo* evidenciando y enfatizando al agente que actúa sobre el paciente, lo cual se refuerza además por medio de la imagen que, como se mencionó arriba, sugiere la invalidez del indígena.

Fig. 2 y 3. *Fig. 2: Colocación del indígena en el espacio visual. Actitud paternalista del mexicano prototípico (LL, p. 172).* « La patria ». Mi libro de primer año. 1962. *Fig. 3: Colocación del indígena en el espacio visual con respecto al mexicano prototípico (LL, p. 180).* « El himno nacional ». Mi libro de primer año. 1962. *(Fig 2 y 3):* Ilustradores: Oswaldo Barra, Alberto Beltrán, Jorge Best, Ángel Bracho, Antonio Cardoso, Enrique Carreón, Andrea Gómez, Rafael Jarama, Juan Madrid, Manuel Salinas, Rosendo Soto, Raúl Velázquez y Mariana Yampolsky. Public domain / Libros de Texto Gratuitos. CONALITEG / SEP. https://historico.conaliteg.gob.mx/content/restricted/libros/carrusel.jsf?idLibro=344

En suma, las características que conforman el MCI de indígena comprenden un individuo del campo, ignorante, vulnerable, indefenso, que vive también en territorio americano, de piel más oscura, que viste de un modo particular y que es inferior al prototipo.

Lingüísticamente, la primera generación de libros pareciera mostrar la voluntad de incluir al niño indígena dentro de la categoría de *mexicano*, sin embargo, este objetivo no es logrado. Esta intención se puede observar en el uso del deíctico inclusivo *nosotros* usado por uno de los personajes de la lectura «La Patria», cuyas características corresponden a las del MCI del indígena (Fig. 2): «En mi pueblo pensamos lo mismo. La tierra, nuestras cosas y nosotros formamos la patria» (LL 1960: 173). A pesar de que en esta lectura –por única ocasión– se le da voz al indígena para sugerir que también es parte del colectivo nacional, termina siendo excluido: mientras que a los demás personajes se les asigna un nombre (Héctor, Raúl, María, Luis), el personaje que enuncia esta expresión es identificado solo como «otro compañero [que] viene de un pueblo lejano» (LL 1960: 172). Así, se abre el modelo de la lejanía, de lo extraño, de lo no identificable y con ello el indígena queda desubjetivizado. Un ejemplo a nivel icónico del intento fallido de incluir al indígena se encuentra en las páginas dedicadas al Himno Nacional donde se ven tres niños, dos de ellos ostentan características del mexicano prototípico mientras que, nuevamente, a la derecha de la imagen, en el lado de lo desconocido, se encuentra el niño indígena (Fig. 3). Todos estos contrastes a nivel icónico y verbal entre el niño prototípico y el indígena hacen que se conceptualice a este último como «el otro».

5. El silencio: la desaparición discursiva del indígena en los LTG

El discurso de los primeros libros que fueron establecidos como gratuitos y obligatorios en 1960 construyó un modelo de mexicano que persistió más tarde en los materiales publicados entre 1972 y 1994. Aunque la primera generación de libros comprendió al indígena en su discurso, este nunca figuró dentro del esquema identitario y, a partir de la edición de 1972, desapareció del panorama discursivo.

De acuerdo con Fairclough (1995: 2), cada propiedad del texto es potencialmente ideológica, desde el vocabulario, la sintaxis, las convenciones de cortesía, el estilo, hasta la ausencia de elementos en el texto. En este sentido, la desaparición de un elemento textual tiene también un significado e implicaciones importantes para la percepción del discurso, por tal motivo, la elisión del indígena en los LTG merece nuestra atención.

El indígena es silenciado discursivamente en los LTG, e indudablemente, este hecho ha tenido repercusiones en la conformación del modelo mental de identidad mexicana. Pero, ¿cuáles son los motivos de este silencio discursivo? Las razones por las que desaparece el indígena son de naturaleza político-ideológica.

Las ideologías de los diferentes regímenes, que legitimaron y reprodujeron el sistema y que conformaron del esquema mental de identidad nacional, se ubicaron en contextos socioeconómicos diferentes y cambiaron según las circunstancias históricas. Los LTG son espejo de dichos cambios. La primera generación de libros surgió de la necesidad de responder al crecimiento industrial y económico alentado por el programa desarrollista del presidente Adolfo López Mateos (1958-1964). La reforma educativa promulgada durante su mandato sentó las bases ideológicas a partir de las cuales serían escritos los manuales. La reforma buscaba alcanzar los «grandes propósitos nacionales», es decir, mitigar las desigualdades y formar una nación por medio de la unidad de todos los mexicanos (Torres Barreto 2007: 338). Específicamente, se buscaba fomentar el amor a la patria, la conciencia de solidaridad internacional, la independencia y la justicia. No se puede olvidar que el telón de fondo en el que fueron realizados los libros eran el contexto de la posguerra; el mundo bipolar (bloque capitalista *vs* bloque socialista) representado por la Guerra Fría; el crecimiento poblacional y urbano que vivió el país en los sesenta (aunque el sector rural seguía teniendo una fuerte presencia en la vida cotidiana y en la economía nacional); la creciente inversión estadounidense; y la reciente Revolución Cubana que había ganado muchos simpatizantes en México y había sido la causa por la que el gobierno de EE. UU. desarrolló la política «Alianza para el Progreso», instituida por el gobierno mexicano. Pero tampoco se deben olvidar los ideólogos y productores textuales: por un lado, Jaime Torres Bodet, dos veces secretario de educación (1943-1946 y 1958-1964) y director general de la UNESCO (1948-1952), cuyas ideas y decisiones tuvieron gran impacto en el ámbito educativo. Fue autor de la reforma al artículo constitucional[5] que concierne la educación en México, diseñador del *Plan nacional para el mejoramiento y la expansión de la educación primaria en México,* y promotor de los libros que por primera vez serían gratuitos y obligatorios para todos los niños mexicanos (LTG). Por otro lado, el escritor y político elegido como director de la institución que se encargaría de elaborar los LTG (CONALITEG), Martín Luis Guzmán. Su participación en la Revolución mexicana como asesor político del general Francisco Villa marcó también los primeros libros: la ideología revolucionaria, defensora del reconocimiento de las garantías sociales de campesinos y obreros y trasmisora de una serie de símbolos patrios a los que se atribuía la esencia de la mexicanidad, se puede observar desde las portadas de los manuales[6].

Ante las circunstancias históricas que dictaban el fortalecimiento de una identidad nacional muy precisa, el ideario revolucionario patriótico

---

[5] En 1946 Torres Bodet promovió una reforma que modificó significativamente el contenido del artículo 3° constitucional (artículo que establece los lineamientos de la educación en México). Con dicha reforma se confirmó el control del Estado sobre la educación, el laicismo como principio educativo, pero, además, se retomó del enfoque positivista y se introdujeron los conceptos de nacionalismo, democracia, mexicanidad y solidaridad internacional como metas del sistema educativo (Melgar Adalid 1998: 466).

[6] Es de señalar que el general Francisco Villa, uno de los héroes nacionales de la Revolución agrarista de 1910, no se reivindicaba como indígena y tanto menos lo hacía su ejército, a diferencia del otro general paradigmático, Emiliano Zapata, jefe del ejército Libertador del Sur que estaba integrado por miles de indígenas que se reconocían y se reivindicaban como tales.

y las ideas de respeto y cordialidad hacia otros pueblos para mantener la paz, derivadas de la experiencia de Torres Bodet en la UNESCO, justifican el lugar discursivo que se le dio al «niño indio», como es denominado en esta generación de libros.

La segunda generación de LTG (1972-1994) surge a raíz de una reforma educativa llevada a cabo por el presidente Luis Echeverría Álvarez en 1972. La nueva propuesta educativa fue una de las medidas tomadas para tratar de calmar el gran descontento social que había dejado la feroz represión del movimiento estudiantil de 1968[7] a cargo el mandatario anterior Gustavo Díaz Ordaz. Además de la reforma educativa, otra de las estrategias que usó el gobierno de Echeverría (también de derecha) para intentar convencer a la sociedad mexicana de que su mandato representaba un claro rompimiento con la gubernatura precedente fue el diseño de una política exterior sin precedentes en México (Shapira 1978). Echeverría hizo grandes esfuerzos para promover la solidaridad entre los países del Tercer Mundo con el fin de cambiar la estructura del sistema económico internacional y romper la dependencia económica principalmente con EUA. Esta medida de corte populista le serviría para legitimar su régimen mediante el llamado pluralismo ideológico. En efecto, Echeverría asistió a innumerables foros en los que fungió como defensor de los países tercermundistas, quienes teniendo características ideológicas, culturales y sociales distintas deseaban reconfigurar el sistema económico internacional (Lezama Juárez s/f). Finalmente, otra de las estrategias que atrajeron la atención de los sectores que el mandatario estaba interesado en convencer (universitarios, intelectuales y otros personajes del campo progresista) fue la de establecer una estrecha relación con el gobierno socialista de Salvador Allende, acción que resultó un tanto provocadora para EUA

---

[7] El Movimiento del 68 fue una movilización inicialmente estudiantil secundada por amplios sectores populares que surgió en julio de 1968 como reacción a las violentas represiones que estudiantes habían sufrido por parte del gobierno de Díaz Ordaz. La protesta se concretó en demandas sociales de democracia y libertad, con lo cual ganó una inmensa cantidad de seguidores. Las manifestaciones y actos de protesta amenazaban la estabilidad social así como la imagen de México, sobre todo cuando el mundo tenía la mirada puesta en el país por las Olimpiadas que se inaugurarían el 2 de octubre. Ante esta situación, el presidente Díaz Ordaz (con su sucesor Echeverría Álvarez a la cabeza de la secretaría de gobernación) decidió exterminar el movimiento mediante una represión armada el mismo día de la inauguración de las Olimpiadas. Hasta la fecha no se conoce el número exacto de las víctimas, principalmente estudiantes asesinados y desaparecidos ese día.

pero que para la izquierda mexicana sería una señal de pluralismo ideológico y de apertura democrática (Lezama Juárez s/f).

La reforma educativa, los nuevos libros y las políticas demagógicamente progresistas y populistas que adoptó Echeverría calmaron los ánimos sobre todo de una parte del sector intelectual, directamente afectado e indignado por la represión del 2 de octubre de 1968.

El reajuste ideológico que necesitaba el nuevo gobierno se vio reflejado en los LTG: la visión nacionalista y heroica de los libros de los sesenta cedió el paso a una de tipo «tercermundista». En efecto, la visión «hacia adentro» que se observa en la primera generación de libros corresponde con la política de aquel periodo de tipo aislacionista que desvinculó la economía del país del entorno internacional con el objetivo de propiciar el crecimiento interno y la estabilidad económica. En contraste, en los libros de los años setenta se aprecia una visión «hacia fuera» que corresponde a la estratégica política exterior progresista que adoptó el gobierno para fomentar el desarrollo y la estabilidad del país (Shapira 1977).

A diferencia de los primeros libros, realizados por maestros de primaria, la elaboración de los libros de los setenta fue encargada a grupos de trabajo conformados por intelectuales e investigadores (historiadores, antropólogos, sociólogos, lingüistas) de las más reconocidas universidades mexicanas. El involucramiento de este sector en la producción de los LTG, así como los valores que proponía la pregonada apertura democrática y la visión tercermundista, fueron factores que contribuyeron a disminuir, en cierta medida, el descontento generado cuatro años atrás.

De esta manera, los libros de texto fueron concebidos desde un enfoque social, populista y tercermundista: los productores plasmaron una visión de la realidad en la que los cambios ya no se debían principalmente a la intervención de los héroes nacionales, sino a las acciones de las fuerzas sociales (Torres Barreto 2007: 128), es decir, el pueblo se volvió protagonista y motor de los procesos históricos. Dicho enfoque, sin embargo, fue muy criticado por la derecha mexicana quien protestó contra los materiales educativos tachándolos de «marxistas» y «comunistas» (Villa Lever 1988: 169–200).

Así pues, desde este enfoque que volteaba la mirada hacia otras naciones y que coincidía con la política del gobierno concentrado en establecer y consolidar relaciones internacionales con países subdesarrollados, una figura como la del indígena mexicano ya no cumple una función importante para el desarrollo de la identidad nacional.

Fig. 4a-b *Visión tercermundista de los LTG de 1972-1994.* « Niños de otros países ». Ciencias Sociales. Primer grado. Ilustradores: Constanza Cervera, Miguel Ángel Espinoza, Silvana Cervera, Selva Riemann, Benjamín Orosco, José A. Consuegra, Ernesto Padrón, Kentha Wagner, Moisés Sierra, Francisco Sil, Antonio Zamora, Paul Robert, César Mora, Jack Seligson. Public domain / Libros de Texto Gratuitos. CONALITEG / SEP. https://historico.conaliteg.gob.mx/content/restricted/libros/carrusel.jsf?idLibro=62

La tercera y última generación (1994–2000) objeto de nuestro análisis comprende los materiales que se produjeron a partir de una nueva reforma educativa realizada en 1992. Los nuevos LTG surgen en el marco de una abierta política neoliberal que apunta a la globalización capitalista. Diez años después de la aparición de la segunda generación de libros, el populismo, estandarte del echeverrismo, es desacreditado: a partir del gobierno de Miguel De la Madrid (1982–1988) y a raíz de la grave crisis económica que sufrió México en los ochenta, se atribuyó al populismo la deficiencia fundamental de la política gubernamental, lo cual sirvió para reprimir e ignorar demandas populares (Torres Barreto 2007: 107). El proceso de transformación del modelo nacional, de nacionalista-populista a neoliberal, comenzado por De la Madrid fue consolidada por el siguiente mandatario, Carlos Salinas de Gortari, quien impuso el esquema neoliberal globalizado en todos los ámbitos: económico, político, ideológico y educativo. Bajo la ideología neoliberal, la educación se concibe como una mercancía, como una empresa que debe mostrar su eficiencia –eficacia y rentabilidad en términos económicos– para la producción de capital (Caponi & Mendoza 1997). Por esta razón, dicen Caponi y Mendoza (1997: 31), la educación se ajusta a un modelo tecnocrático: «se trata de entrenar mano de obra hábil pero acrítica, por ello, se jerarquizan los campos tecnológicos en detrimento de lo humanístico, ético y social».

El gobierno del presidente Ernesto Zedillo (1994–2000) no solo mantuvo, sino que amplió el modelo neoliberal. Durante su mandato se publicó la tercera generación de LTG, producto de la reforma educativa

Fig. 5. *Representación visual del modelo fenotípico en los LTG de 1994.* « Los paisajes y la gente de México ». 1994. Libro integrado. Primer grado. Ilustradores: José Trinidad Camacho Orozco (Trino), Alain Espinoza mendoza, Hermilo Gómez Avelardi, Mauricio Gómez Morín Fuentes, María Elena Jiménez Huerta, María del Carmen Miranda Diosado, Leonid Nepomniachiy-Lívova, Felipe Saldarriaga Gutiérrez, Maribel Suárez Sitges, Felipe Ugalde, Trini Vangheluwe, Emilio Watanabe/Helia Bonilla. Public domain / Libros de Texto Gratuitos. CONALITEG / SEP. https://historico.conaliteg.gob.mx/content/restricted/libros/carrusel.jsf?idLibro=138

de 1992. Los ajustes a los planes y programas que marcaron los lineamientos para la producción de los libros pretendían incorporar a los individuos en la revolución de los conocimientos, resguardar valores y tradiciones de la nacionalidad y competir exitosamente con las naciones de vanguardia (Torres Barreto 2007: 326). Así pues, en los libros de texto de esta generación se observa el interés por fomentar el sentimiento de identidad nacional y una moral ciudadana pero en concordancia con el credo neoliberal; asimismo, se muestra un intento por legitimar las transformaciones económicas y sociales emprendidas por el gobierno salinista (Torres Barreto 2007: 326). Además, es llamativo el cambio radical que experimentó el discurso icónico, esto es, en esta generación desaparecen los dibujos de tipo realista y las fotografías y en cambio se privilegia el uso de la caricatura como medio ilustrativo. De este modo, se desdibuja el modelo fenotípico propuesto por los otros manuales y se plantea un individuo ambiguo, sin características específicas (Fig. 5).

En el marco de una política educativa de corte neoliberal que tiene como propósito legitimar el orden social, político y moral establecido; que mira hacia el exterior inculcando la competencia con otras naciones; que aumenta la distancia entre sectores sociales, una figura como la del indígena, no tiene lugar.

6. Últimas reflexiones: la posición del indígena en la sociedad mexicana

A pesar de que en México la población indígena ha representado un porcentaje significativo de la población total[8], el indígena siempre ha tenido un lugar secundario dentro de la sociedad mexicana. Se le ha considerado como antítesis de modernidad y realmente nunca se le ha incluido en el proyecto nacional. No se ha reconocido ni respetado la identidad de los pueblos indígenas, al contrario, se les ha querido incorporar a la sociedad mexicana despojándolos de sus costumbres, sus lenguas, sus sistemas normativos, sus territorios en un afán de unificación nacional[9].

---

[8] A nivel mundial, México ocupa el 6° lugar en cuanto a existencia de culturas y lenguas indígenas vivas. Existen estados en los que la población indígena es muy densa, tal es el caso de Oaxaca. Según el censo de población realizado por el INEGI en el 2010, el estado ocupa el primer lugar nacional en número de pueblos indígenas y el 58% de la población oaxaqueña se considera a sí misma como indígena (García Aguirre 2013).

[9] Esta situación de profunda discriminación y explotación de los pueblos indígenas se encuentra en la raíz de lo que fue el levantamiento armado indígena del Ejército

El prejuicio racial ha sido parte implícita de la cultura mexicana desde la conquista. Hoy en día, dice Latapí (1998: 171), el racismo sigue presente y permea todos los ámbitos sociales; se aprecia en las aspiraciones, los juicios, valores y conductas, el lenguaje, los insultos, los ideales de belleza y los imaginarios colectivos. Tal ideología racista, que margina al indígena, que lo ningunea, le roba agentividad, es decir, que lo desubjetiviza, ha sido fomentada por los medios de comunicación. Como hemos tratado de dilucidar, este racismo se encuentra también en los LTG y es fomentado tanto por el discurso icónico y verbal como por el silencio discursivo que omite al indígena.

Si bien algunos gobiernos mexicanos han demostrado cierto interés por los pueblos indios al ofrecerles una educación más acorde con sus identidades (mediante, por ejemplo, libros de texto en diferentes lenguas indígenas), es de resaltar que esta educación bilingüe y bicultural ha carecido de una planeación y métodos pedagógicos satisfactorios (Latapí 1998: 173). A raíz de la rebelión indígena zapatista de 1994[10],

---

Zapatista de Liberación Nacional (EZLN) el 1 de enero de 1994, curiosamente el mismo día en el que el gobierno del presidente Salinas de Gortari firmaba el Tratado de Libre Comercio de Norteamérica (EUA-Canadá-México) con el cual se abrieron las puertas al neoliberalismo y la globalización.

[10] El levantamiento armado indígena del EZLN (1 de enero de 1994) se da en un contexto sociopolítico mundial y nacional muy especial. Por un lado, la propia elección de Carlos Salinas de Gortari (a partir de aquí CSG) como presidente de la República (fines de 1988) fue altamente cuestionada en su legitimidad, existiendo claros elementos que muestran que dicha elección fue producto de un descarado fraude electoral. Por el otro, CSG representó a lo largo de su administración sexenal (1988-1994) la imposición plena en México del modelo capitalista neoliberal mundial, expandido por Estados Unidos y sus aliados europeos, inmediatamente después de la caída final del bloque socialista encabezado por la extinta URSS, en 1989, proceso que eufemísticamente fue denominado como «globalización». Siendo parte de una generación de jóvenes políticos educados en universidades norteamericanas, CSG impuso un modelo de desarrollo basado en la paternal rectoría del Estado que se avocó a la expansión y modernización de la infraestructura nacional, a la transformación gradualista de un México rural a un México urbano y al lento crecimiento del mercado interno; todo ello basado en un asistencialismo populista y el control político a toda costa.

Dos acciones tomadas por CSG en aras de esta «modernización» socioeconómica e integración al mercado mundial aceleraron el clandestino crecimiento del movimiento armado indígena: a) la contrarreforma al artículo 27° constitucional –símbolo fundamental del mayor logro alcanzado por la Revolución Mexicana agrarista de 1917– que no sólo significó el término del reparto agrario sino que abrió al mercado las tierras de propiedad social (ejidos y bienes comunales indígenas) que hasta ese momento habían sido constitucionalmente invendibles, inembargables e imprescriptibles; y b) la discusión, elaboración y firma del Tratado de Libre Comercio de Norteamérica (EUA, Canadá y México) (TLCAN), mediante el cual el Programa de Desarrollo Educativo señaló la importancia de combatir en la educación cualquier forma de racismo y de reconocer que la riqueza y vitalidad de la identidad nacional se basa en la diversidad étnica y cultural de México (Latapí 1998: 173-174). Sin embargo, estas afirmaciones se han quedado en el papel y no se han promovido medidas concretas para eliminar el racismo a través de la escuela, institución que, por su carácter de transmisor eficaz de ideologías, podría contribuir a la erradicación de actitudes racistas y discriminatorias en la sociedad.

7. Conclusiones

Aunque parezca que los libros escolares no forman parte de los discursos políticos, este análisis trae a la luz que los LTG mexicanos reflejan las ideologías de los gobiernos que los produjeron: de la perspectiva nacionalista de los primeros libros se pasa a una visión populista-tercermundista antes de moverse a una ideología neoliberal, como lo muestra la última generación de libros que analizamos. Estos libros y el entero sistema educativo mexicano han jugado un papel fundamental para la transmisión y reproducción de la ideología que está a la base de la identidad nacional. Esto es, los LTG han conformado un modelo cognitivo de mexicano en el que, por razones socio-políticas que aquí se han desarrollado, no se ha considerado al indígena.

---

se abrieron totalmente las fronteras para el ingreso de cualquier tipo de mercancías libres de todo gravamen y para la irrupción de inversión extranjera directa, libre de limitación fiscal y legal.

Sin embargo, los libros de texto emitidos en la reforma educativa de CSG, tergiversan y silencian estos hechos. Por ejemplo, Young (1998: s/n) denuncia que en el libro *El hombre en la historia 3* elaborado a fines del sexenio de CSG «aplaude su programa Solidaridad, comentando que con él se reformó el concepto anterior de la Revolución Mexicana como un proyecto estadista de inversión, justicia y progreso dirigido hegemónicamente por el gobierno, para dar mayor participación a los individuos y empresas particulares [...] siendo que –para la mayoría de analistas críticos, dicho programa no benefició en nada a la mayoría de campesinos pobres y pequeños agricultores». Por lo que se refiere al enfoque que se le dio en los libros de texto al levantamiento zapatista, Young (1998: s/n) advierte que «[e]l retrato es comprensivo y evita toda crítica del Presidente [CSG]. No sólo omite la codicia, la corrupción y el autoritarismo de su sexenio, también lamenta que un hombre tan honesto y honorable tuviera que "sufri[r] varios reveses" como la rebelión zapatista. Aunque la mayoría de los intelectuales que estudian América Latina consideran que este movimiento fue un acontecimiento monumental en la historia reciente de México, el evento recibe apenas una frase en el texto, mismo que lamenta que sucediera».

El indígena aparece en los materiales de 1960 pero, a nivel verbal, es desagentivizado. De las seis ocasiones en que aparece, solo en una se le otorga voz y en el resto se presenta como paciente. Su representación, tanto icónica como verbal fomenta la idea del «indio» como antítesis del progreso y la civilización, y se le trata desde una posición paternalista deferente, de arriba hacia abajo. Esta figura es invisibilizada en las siguientes generaciones de libros, lo cual ha tenido repercusiones en la construcción ideológica de la representación grupal. En efecto, los LTG han jugado un papel primordial en la construcción y difusión del esquema de identidad mexicana y al no hacer mención de los pueblos indígenas los eliminan del MCI que representa el esquema de autorrepresentación colectiva. Esta omisión ha contribuido al desarrollo de una ideología racista y ha fomentado la discriminación hacia los pueblos indígenas.

Finalmente, concordamos con van Dijk (1997: 67) cuando dice que «si existe una situación en la que las cogniciones sociales se adquieren y se cambian es a través del discurso educativo», por tal razón podemos sostener que el sistema escolar sería una herramienta útil para erradicar los prejuicios raciales que silencian a los pueblos indígenas. Sin embargo, para lograr esto habría primero que, como afirma Latapí, revisar a fondo el proyecto de país y «descartar para siempre las fantasías modernizadoras, profundamente racistas, de los funestos gobiernos neoliberales» (Latapí 1998: 174).

Bibliografía:

Atienza Cerezo, E. (2007). « Discurso e ideología en los libros de texto de ciencias sociales ». *Discurso & Sociedad* 1 (4), 543–574.

Ávila, R. (coord.) (1984). *Mi libro de primero. Parte I.* México: Comisión Nacional de los Libros de Texto Gratuitos, SEP.

Ávila, R. (1984). *Mi libro de primero. Parte II.* México: Comisión Nacional de los Libros de Texto Gratuitos, SEP.

Benwell, B. & Stokoe, E. (2006). *Discourse and identity.* Edinburgh: Edinburgh University Press.

Cabanel, P. (2007). *Le Tour de la nation par des enfants. Romans scolairs et espaces nationaux (XIX-XX siècles).* Paris, Berlin (coll. « Histoire de l'education »).

Caponi, O. & Mendoza, H. (1997). « El neoliberalismo y la educación ». *Acta odontológica venezolana* 35, 26–33.

Chapela Mendoza, L. M. (1994). *Libro Integrado. Primer grado.* México: Comisión Nacional de los Libros de Texto Gratuitos, SEP.

Chine, D. (2011). « La Révolution mexicaine racontée aux enfants ». *Caravelle* 97. Toulouse: Presses Universitaires du Midi, 15–30.

D'Alessandro, S. (2014). « Las representaciones del pasado reciente en los textos escolares de Historia en Paraguay ». *Discurso & Sociedad* 8 (1), 37–56.

de Fina, A. (2007). « Group identity, narrative and self-representations », en A. de Fina, D. Schiffrin & M. Bamberg (eds.), *Discourse and Identity.* New York: Cambridge University Press, 351–375.

Domínguez Aguirre, C. & León González, E. (1960). *Mi libro de primer año.* México D. F.: Comisión Nacional de los Libros de Texto Gratuitos, SEP.

Domínguez Aguirre, C. & León González, E. (1960). *Mi cuaderno de trabajo de primer año.* México D. F.: Comisión Nacional de los Libros de Texto Gratuitos, SEP.

García Aguirre, M. A. (2013). *La situación actual de los pueblos y comunidades indígenas y negroafromexicanas de Oaxaca, Cuadernos Temáticos Populares.* México: Secretaría de Asuntos Indígenas. Gobierno del Estado de Oaxaca.

Goffman, E. (1959). *The Presentation of Self in Everyday Life.* Harmondsworth: Penguin.

Gilbert, D. (2003). « Emiliano Zapata: Textbook Hero », *Mexican Studies/ Estudios Mexicanos* 19, 1. University of California Press, Universidad Nacional Autónoma de México, University of California Institute for Mexico and the United States, 127–159.

Kress, G. & van Leewen, T. (2006) [1996]. *Reading images. The grammar of visual design.* New York: Routledge.

Lakoff, G. (1987). *Women, fire and dangerous things: what categories reveal about the mind.* Chicago: University Chicago Press.

Lakoff, G. & Johnson, M. (1980). *Metaphors We Live by.* Chicago: University Chicago Press.

Latapí Sarre, P. (1998). *Tiempo educativo mexicano V.* México: Universidad Autónoma de Aguascalientes.

Lezama Juárez, G. (s/f) « La política exterior de Echeverría. ¿Continuidad o Ruptura? » Disponible en: https://www.academia.edu/15866658/La_pol%C3%ADtica_exterior_de_Luis_Echeverr%C3%ADa._Continuidad_o_ruptura (Consultado 19.11.18)

Melgar Adalid, M. (1998). « Las reformas al artículo tercero constitucional », en J. García Díaz (ed.), *Ochenta años de vida constitucional en México*. México, Instituto de Investigaciones Jurídicas UNAM / Cámara de Diputados. LVII Legislatura. Comité de Biblioteca e Informática, 457-476.

Narvaja de Arnoux, E. (2008). *Los discursos sobre la nación y el lenguaje en la formación del Estado (Chile, 1842-1862). Estudio glotopolítico*. Buenos Aires: Santiago Arcos Editor.

Navarrete Linares, F. (2008). *Los pueblos indígenas de México*, México, Comisión Nacional para el Desarrollo de los Pueblos Indígenas.

Oteíza, T. (2014). « Intertextualidad en la recontextualización pedagógica del pasado reciente chileno ». *Discurso & Sociedad* 8 (1), 109-136.

Shapira, Y. (1978). « La política exterior de México bajo el régimen de Echeverría: Restrospectiva ». *Foro Internacional XIX*, 1 (73) julio-septiembre. El Colegio de México, 62-91.

Rodríguez Gómez, D. (2011). *Viejos y nuevos racismos en los libros texto de ciencias sociales: El caso comparado de libros texto de la enseñanza media y secundaria en Colombia y Sudáfrica*. Saarbrücken: Editorial Académica Española.

Rosch, E. (1978). « Principles of categorization », en E. Rosch & B. B. Lloyd (eds.), *Cognition and Categorization*. Hillsdale, NJ: Lawrence, 27-48.

Taboada, M. B. (2011). *Libros de texto e identidad profesional docente: Aportes desde una aproximación discursiva y crítica*. Saarbrücken: Editorial Académica Española.

Tajfel, H. (1981). *Human Groups and Social Categories*. Cambridge: Cambridge University Press.

Taylor, J. (1995). *Linguistic categorization: prototypes in linguistic theory*. Oxford: Clarendon Press.

Torres Barreto, A. (2007). *Los libros de texto gratuitos de historia en la política educativa de México 1959-1994*, tesis de doctorado en historia. México: UNAM.

van Dijk, T. (1985). « Social cognition and discourse », en H. Giles & W. P. Robinson (eds.), *Handbook of social psychology*. Chichester: John Wiley & Sons, 163-183.

van Dijk, T. (1997). « Discurso, cognición y sociedad ». *Signos. Teoría y práctica de la educación*, 66-74.

van Dijk, T. (1998). *Ideology. A Multidisciplinary Approach*. London, Thousand Oaks, New Delhi: SAGE Publications.

van Dijk, T. (2000). *Ideology and Discourse. A multidisciplinary introduction*. Universitat Oberta de Catalunya (UOC).

van Dijk, T. (2002). « Ideology: Political discourse and cognition », en P. Chilton & C. Schäffner (eds.), *Politics as text and talk: Analytical approaches to political discourse*. Amsterdam: John Benjamins, 203–238.

van Dijk, T. (2008). *Discourse and context. A sociocognitive approach*. Cambridge: Cambridge University Press.

van Dijk, T. (2011). *Ideología y discurso*. Barcelona: Ariel Lingüística.

Villa Lever, L. (1988). *Los libros de texto gratuitos. La disputa por la educación en México*. México: Universidad de Guadalajara.

Young, K. (1998). « Progreso, patria y héroes. Una crítica del currículo de historia en México ». New York: History Department, State University of New York.

Zullo, J. (2014). « El golpe de Estado llega al aula. Las versiones para niños de la historia reciente ». *Discurso & Sociedad*, 8 (1), 12–36.

La construcción de la identidad política de un nuevo candidato electoral: espacios discursivos e imagen social en el discurso de Pablo Iglesias

Nieves Hernández Flores
Universidad de Copenhague

1. Introducción

Este trabajo tiene como objetivo estudiar la construcción discursiva de la identidad política de un candidato electoral. El interés se centra en el discurso del político español Pablo Iglesias en los inicios de su carrera (en 2014), apenas unos meses después de la fundación de su partido, *Podemos* (el 17 de enero de dicho año), y en plena preparación de la campaña electoral a las primeras elecciones a las que concurría, las europeas del 25 de mayo[1]. El análisis, de tipo cualitativo, se centra en una intervención de Iglesias de nueve minutos y medio durante un acto público con simpatizantes de su partido, en el cual expone algunos puntos clave del ideario político y electoral que manejaba en esa primera etapa de su carrera. Como marco teórico se emplean dos aproximaciones: por una parte, el análisis del discurso desde una perspectiva cognitiva permite identificar y describir los *espacios discursivos* (Zupnik 1994) construidos por el político en su alocución; por otra parte, se recurre a la sociopragmática para mostrar las actividades de imagen realizadas (Hernández Flores 2013a), según los *efectos sociales* de su

---

[1] Otros trabajos que recientemente han analizado el discurso de Iglesias son los de Hernández Flores (2015), sobre la creación de identidad política a través de un blog digital; Ærstrøm (2015), sobre la descortesía en debates televisivos, con inclusión de lo no verbal; Bernal (2016) sobre actividades de imagen en la comunicación metadiscursiva mediada en el marco parlamentario (conversación entre pasillos con presencia de cámaras); y Alcaide Lara (en este volumen) sobre el carácter populista de la argumentación y retórica de Pablo Iglesias en su discurso parlamentario.

Cómo citar este capítulo:
Hernández Flores, N. 2019. "La construcción de la identidad política de un nuevo candidato electoral: espacios discursivos e imagen social en el discurso de Pablo Iglesias". In: Françoise Sullet-Nylander, María Bernal, Christophe Premat & Malin Roitman (eds.). *Political Discourses at the Extremes. Expressions of Populism in Romance-Speaking Countries*. Stockholm Studies in Romance Languages. Stockholm: Stockholm University Press, pp. 223–241. DOI: https://doi.org/10.16993/bax.k. License: CC-BY

discurso en su propia imagen y la de sus destinatarios de acuerdo con los roles desempeñados (Bravo 2002, 2005).

Pablo Iglesias, doctor en Ciencias Políticas y anteriormente profesor de la Universidad Complutense de Madrid, es el líder de Podemos, un partido posicionado en la izquierda republicana que se caracteriza por su desmarque de las formas y contenidos políticos tradicionales, con una actitud abiertamente crítica hacia los organismos de poder (especialmente políticos y económicos) a los que achaca ser los causantes de la crisis económica y social de España durante la última década. Por su lado, Podemos se presenta como un partido que tiene entre sus objetivos manifiestos *devolver* el poder al pueblo, para lo cual plantea modificar, o incluso desmontar, parte de los mecanismos del Estado[2]. Por este posicionamiento *rompedor* ha sido calificado con frecuencia como *populista* (cf. los trabajos de Bernal y Alcaide Lara en este volumen)[3]. Durante el período 2014-2017, Podemos participó en cuatro comicios electorales a nivel nacional, llegando a situarse como la tercera fuerza más votada; de hecho, ya en su primera participación (las elecciones europeas de 2014) alcanzó un sorprendente resultado para un partido nuevo, siendo el cuarto más votado, con un 7,9% del total de votos y 5 escaños, un resultado más sorprendente aún por el hecho de que no se realizó una campaña electoral *al uso*, es decir, el partido no llegó al electorado mediante mítines masivos, carteles publicitarios o aparición en los medios de comunicación de más difusión (la televisión pública o los grandes diarios españoles). Por el contrario, su campaña se realizó a través de las redes sociales (Twitter y Facebook), de programas de televisión de elaboración propia emitidos por internet, y mediante su participación en debates con periodistas y políticos de diferentes tendencias en dos cadenas privadas de televisión.[4] Estos

---

[2] Tales como someter la monarquía a votación o permitir la celebración de referendos independentistas, lo que supone la modificación de la Constitución española.

[3] Sin embargo, el posible populismo del discurso de Iglesias no es objeto de investigación en el presente trabajo, habiendo optado por el estudio de sus características discursivas e ideológicas sin adentrarme en un propósito mayor como sería la discusión de su eventual pertenencia a la categoría de discursos populistas.

[4] Las apariciones de Iglesias en televisión comenzaron en 2003, pero fue a partir de mayo de 2013, seis meses antes de fundar el partido, que se hicieron más frecuentes, especialmente en programas de debate de difusión nacional como *La Sexta Noche* (La Sexta Tv), *Las mañanas de Cuatro* (Cuatro Tv) e incluso una aparición de gran repercusión en 2013 en el programa de debate *El gato al agua* de la cadena Intereconomía Tv, conocida por su tendencia conservadora (para algunos, de extrema derecha). Además, cuenta con los programas de producción propia

programas, o vídeos con extractos de los momentos más polémicos, fueron colgados en Youtube, de forma que la repercusión fue aún mayor. Su líder, con gran capacidad oratoria y manejo de los medios, tuvo ocasión de difundir ampliamente su mensaje, lo que incrementó tanto su popularidad que incluso se utilizó una imagen de su rostro como logotipo del partido en la papeleta electoral de esas primeras elecciones.

Pues bien, es en este período previo a la primera participación de Podemos en unos comicios en que se sitúa el interés del presente trabajo, por ser el momento en que, dada la apenas inexistente experiencia de Iglesias en el campo de la política activa (que no como ideólogo, donde tenía una amplia formación como profesor e investigador), su identidad política aún estaba en construcción. A la hora de observar el discurso de Iglesias en los inicios de su carrera, nos encontramos con dos tipos de datos. Por una parte, el discurso dirigido a la gente a través de su participación en debates televisivos, con un propósito persuasivo y electoral. Por otra, un discurso interno dirigido a personas comprometidas políticamente, en concreto a compañeros de partido o de ideología, en el cual Iglesias muestra sus conocimientos y creencias, es decir, un discurso donde *desnuda* su ideario político, apartándose de las limitaciones y las presiones del ámbito mediático (los programas televisivos donde se dio a conocer ante la opinión pública).

En este discurso de base es donde se pueden contemplar los fundamentos de donde surgió Podemos: por una parte, una ideología de izquierdas que constituye su planteamiento político; por otra, las circunstancias políticas, económicas y sociales de España de los últimos años, donde se ha creado un contexto de desconfianza, desengaño y protesta por parte de la ciudadanía hacia sus dirigentes, no solo por parte de ciudadanos de una determinada militancia política, sino del conjunto de la población española. Es, por tanto, a estas circunstancias a las que se adapta el discurso de Iglesias desde el momento en que junto con otros correligionarios deciden crear un partido de izquierdas y presentarse a las elecciones.

En este contexto político y social, y a la hora de construirse una identidad política, Iglesias combina dos fundamentos: por una parte, posicionarse ideológicamente en la izquierda[5], también frente a los par-

---

La Tuerka (entrevistas realizadas por Pablo Iglesias) y *Fort Apache* (programa de debate dirigido por él).
[5] El concepto de *ideología* manejado en este trabajo se basa en la relación entre discurso, cognición y sociedad (Van Dijk 2006).

tidos de izquierda tradicionales españoles, y, por otra, lo novedoso de su propuesta: tratar de incorporar a la parte del electorado español que no tiene un firme compromiso político o que incluso si lo tiene no es de izquierdas, pero que se ve afectado por la situación de crisis en España. Esta construcción discursiva de una identidad política propia está íntimamente relacionada con la imagen social del candidato, la cual se define de acuerdo con los roles adoptados en su discurso (por ejemplo, los roles de *líder político* o de *izquierdista*, entre otros).

La relación entre la identidad política construida en el discurso y los efectos de imagen social producidos por este será el objeto de discusión en el análisis de un extracto de la charla de Iglesias.

2. Marco teórico

Dentro del análisis del discurso desde perspectivas cognitivas, la propuesta de Zupnik (1994)[6] se basa en el concepto de *frame* de Goffman (1974); el de *campos de la experiencia -worlds of experience-* que Chafe (1979, 1980) identificó en las narraciones de argumentos de películas; y el concepto de *espacios mentales* de Fauconnier (1985). Zupnik aborda los procesos discursivos que llevan al uso de determinados elementos lingüísticos, es decir, los espacios producidos en un determinado *marco*, en el que se incluyen los *roles interaccionales* desempeñados. Los procesos discursivos desarrollados establecen nuevos espacios y pueden referirse a otros ya conocidos, constituyendo *espacios discursivos*, 'discourse spaces' (Zupnik 1994: 341–342). Los espacios discursivos son, por tanto, dominios de realidad que constituyen el centro de atención del discurso, y pueden referirse tanto al mismo evento comunicativo en que se producen (por ejemplo, en el discurso político, referencias a la situación creada durante una entrevista, un debate o un mitin) como a dominios creados mediante narraciones del enunciador, o a otros más abstractos que configuran el espacio discursivo político.

Sean del tipo que sean, estos espacios están limitados por un conjunto de expectativas, basadas en experiencias, en torno a estos tres elementos:

---

[6] Estudios que han aplicado la propuesta de Zupnik (1994) al análisis del discurso político en español, y en concreto al uso de la deixis, son los de Blas Arroyo (2000); Hernández Flores (2013b); Hernández Flores y Gómez Sánchez (2014) y Mariottini (2015).

- las coordenadas espacio-temporales
- las acciones y eventos que se desarrollan en ellas
- los roles de los participantes en las mismas.

Identificar y describir los espacios, por medio de estos elementos, permite contar con un marco de análisis en el que realizar las interpretaciones de los fenómenos discursivos que intervienen en la configuración de ideologías, pero además permite explicar los mecanismos de persuasión propios del discurso político. La persuasión, según Zupnik (1994), se logra mediante dos estrategias: mediante el movimiento del hablante por los diferentes espacios discursivos y roles creados por él/ella (lo cual le permite manejar los discursos a su interés, justificarse ante lo polémico o dirigir la atención del destinatario hacia donde le conviene); y mediante la inclusión de los destinatarios en los espacios propios del hablante, creando lazos de solidaridad con ellos/ellas.

Pues bien, ambos tipos de movimientos suponen unas actividades comunicativas que tienen unos *efectos sociales* entre los interactuantes, unos efectos ya observados por Zupnik (1994) en algunas estrategias. Así, la estrategia de la *justificación* (por ejemplo, ante una actuación polémica del hablante), la cual se realiza manejando los espacios y roles discursivos, trataría de proteger la imagen social de este; la estrategia de la *inclusión del destinatario en la perspectiva del hablante*, con el fin de crear lazos de solidaridad, puede repercutir favorablemente en la imagen social propia y en la ajena. Para ahondar en esta cuestión, veremos las actividades de imagen que suponen la realización de estas estrategias.

Las denominadas *actividades de imagen* en estudios sociopragmáticos (*face-work*, Goffman 1967) se refieren a la repercusión social de los comportamientos comunicativos en una interacción dada (cf. Bravo 2002; Hernández Flores 2002, 2013a, 2015; Bernal 2007). En concreto, a la repercusión de estos en la *imagen social* (*face*), una necesidad psicosocial que se considera intrínseca al ser humano y que se ve afectada en los intercambios comunicativos por el comportamiento verbal y no verbal realizado.[7] Con esta base se han escrito teorías de cortesía (como la famosa de Brown y Levinson 1987) así como estudios sociopragmáticos en torno a lenguas y comunidades culturales

---

[7] El concepto de *imagen* manejado en el presente trabajo es, por tanto, el concepto de *imagen social* ('face'), de carácter psicosocial y estudiado en la comunicación por la sociopragmática (a diferencia de conceptos como *imagen pública*, usados en otras tradiciones teóricas).

específicas, al considerarse que la imagen social no es universal, sino variable culturalmente. En el caso del español, los estudios de Bravo (por ejemplo, 1999, 2002) han propuesto dos categorías para abarcar el concepto: la imagen de *autonomía*, referida a la necesidad de la persona de diferenciarse de su grupo; y la de *afiliación*, referida a la necesidad de sentirse parte de un grupo. Esto supone unas características generales de la imagen social que se concretan en cada comunidad específica de acuerdo con los valores compartidos. Pero, además, la imagen social se adapta a la situación específica en que se encuentra el hablante en el momento comunicativo, dando lugar a la llamada *imagen del rol* de los hablantes (Bravo 1996, 1999, 2002; Hernández Flores 2013a; Bernal 2007, 2016; Alcaide Lara 2014; Pano Alamán 2015, entre otros). De esta forma, en el discurso político de Pablo Iglesias se esperaría encontrar la imagen de rol de *político*, de *militante de izquierdas*, de *profesor universitario*, etc., lo que se refiere a cómo se ve y desea verse la persona en esos roles. Por ejemplo, en el rol de político, ser una persona al servicio de su comunidad; en el rol de izquierdista, vigilar por los derechos laborales de los trabajadores; como profesor universitario, tener unos conocimientos y una opinión crítica hacia los temas, etc. Todas estas imágenes de rol son parte de la imagen social personal del propio individuo (su *imagen individual*), la cual puede estar dirigida a su necesidad de *autonomía* (por ejemplo, mostrar la validez y solidez de sus propuestas políticas) o a su necesidad de *afiliación* (por ejemplo, mostrar compromiso con su comunidad). Mediante comportamientos discursivos como refrendar la validez propia y confirmar el servicio a la comunidad, el político confirma, por tanto, su imagen de autonomía y su imagen de afiliación en ese rol. En añadidura a esta imagen social individual, la persona, como miembro de un grupo con el que se identifica, posee a su vez un deseo de *imagen de grupo*. En el caso de un político, su imagen de grupo le puede llevar a presentar comportamientos comunicativos de defensa de las cualidades de este frente a otros grupos (*imagen grupal de autonomía*), además de otros comportamientos que muestran la cohesión y confianza existentes dentro del propio grupo (*imagen grupal de afiliación*) (cf. Bravo 1999, 2002; Bernal 2007, 2016).

Pues bien, los encuentros comunicativos (debates, pero también alocuciones) son lugares donde el discurso del hablante crea *efectos sociales* en la imagen de sus interlocutores y de sí mismo (Bravo 1996, 2002, 2005; Hernández Flores 2013a). Estos comportamientos comunicativos con efecto social constituyen las actividades de imagen, las cuales, según Hernández Flores (2013a y 2015), pueden ser de *cortesía*, cuando el efecto es positivo para la imagen de ambos interactuantes; de *descortesía*, cuando es negativo; o de *autoimagen*, cuando el efecto positivo recae sobre la imagen del mismo hablante o del propio grupo.[8]

3. Metodología y datos

El texto elegido para estudiar la configuración de la identidad política de Pablo Iglesias a través de su discurso es un extracto de una charla ofrecida el 5 de febrero de 2014 en la Sala Mirador, de Madrid, con el título *¿Qué es una democracia real?* En esta intervención, el candidato responde a una pregunta del presentador del acto sobre «el secreto de Pablo Iglesias» y explica a los asistentes, con un estilo informal y cercano, cuál es su estrategia electoral de cara a los ciudadanos y su actitud hacia el izquierdismo, lo que supone una autorreflexión sobre la propia estrategia y la actitud política y electoral. Se trata de una modalidad de discurso diferente de la utilizada por Iglesias en sus comienzos políticos, y que le dio a conocer: intervenciones preparadas en programas televisivos de gran audiencia, con temas polémicos y frente a contertulios y periodistas críticos hacia él. La charla elegida para el análisis, sin embargo, se caracteriza por la improvisación, el marco informal y familiar (el público son simpatizantes de izquierdas) y la difusión "casera" por medio de un vídeo colgado en Youtube. Por otra parte, la respuesta a la pregunta sobre «el secreto de su éxito» está condensada en apenas diez minutos, lo que supone un ejercicio metadiscursivo donde es el propio político quien reflexiona sobre su estrategia política y electoral, sobre su discurso y sobre la imagen que quiere dar a los ciudadanos, lo que supone un texto de gran interés para propósitos de análisis discursivo y sociopragmático. La charla, de nueve minutos y medio de duración, es accesible a través de Youtube[9], fue transcrita por mí misma y dio lugar a un corpus de 1.693 palabras.

---

[8] Observemos que esta aproximación a las actividades de imagen desde la tradición sociopragmática presenta semejanzas con conceptos de otros marcos teóricos como, dentro de los estudios de argumentación y retórica, el concepto de *ethos* del enunciador (Charaudeau 2005, 2009), referido a la imagen pública que crean en su discurso los actores políticos, mostrando su lucidez y dominio, y buscando así la credibilidad y la persuasión que los lleve, finalmente, a ser aceptados por el público (Charaudeau 2009: 290).

[9] http://www.youtube.com/watch?v=Yizw-RySZnI

El análisis del texto consiste en identificar los elementos que construyen el espacio discursivo mediante las categorías de *coordenada espacio-temporal*, de *acciones y eventos*, y de *roles*, para analizar cómo se relacionan entre sí a la hora de crear esos espacios, y así conseguir la persuasión (cf. Zupnik 1994). El segundo objeto de interés será ver las repercusiones sobre la *imagen social* propia y la de los demás (su propio grupo, y los otros grupos) de las actividades comunicativas empleadas en la construcción de este espacio discursivo.

4. Análisis

4.1 Los espacios discursivos del discurso de Iglesias

Desde la aproximación de Zupnik (1994), el texto se muestra con varios *niveles discursivos*: el del evento comunicativo (la charla política, con alusiones a la propia intervención y a la audiencia); el que constituye la explicación sobre la estrategia política; y, en relación con este, un tercer espacio creado a partir de narraciones de anécdotas y situaciones vividas, lo que supone incorporar discursos atribuidos a otras personas (tanto contrincantes como políticos afines) en la construcción de un espacio discursivo político propio. Los elementos que configuran el espacio discursivo político de esta intervención se han reflejado en la tabla 1.

Empezando por las coordenadas espacio-temporales, como decía más arriba, de carácter cognitivo, el *espacio* en el que se sitúa Iglesias (marcado en negrita) es de cuatro tipos:

a) el espacio político electoral al que concurre:

(1) *toda nuestra actividad política se ha dedicado a pensar cómo podemos ganar* [**las elecciones**] (1:10)[10]

b) el espacio de los medios de comunicación:

(2) *cómo podemos ganar utilizando el principal instrumento de socialización política [...] que son* **los medios de comunicación** (1:12–13)

c) el espacio de la izquierda política:

(3) *a la gente* **de izquierdas** *[...] nos gustan nuestros símbolos políticos,* (3:11)

---

[10] Los números entre paréntesis identifican la página (primera cifra) y la línea (segunda cifra) de la transcripción de donde se ha obtenido el ejemplo.

Tabla 1. El espacio discursivo del discurso de Iglesias. *Copyright: Nieves Hernández Flores. Licencia: CC BY*

Coordenada espacio-temporal			Roles	
Espacio	Tiempo	Acciones y eventos	Propios	Ajenos
Las elecciones	Presente	a) Acciones para conseguir la victoria electoral:	Candidato	La gente de a pie
Los medios	Futuro próximo e hipotético	• La superación de la derrota	Estratega	Izquierdistas
La izquierda política	Pasado	• La planificación de una estrategia electoral	Comunicador	Enemigos políticos
La ciudadanía		• El manejo de la comunicación	Vencedor	Multimillonarios
		b) Tipo de acción política:	Izquierdista	
		• Orientada a los problemas y preocupaciones actuales de la gente	Compañero (de partido)	
		• Orientada a votantes tradicionalmente no de izquierdas		

d) el espacio de la ciudadanía:

(4) *otro día me paró un policía **por la calle*** (2:27).

Esos cuatro espacios principales están ligados a una coordenada temporal centrada en el presente:

(5) *En todos los debates en los que **intervengo me reúno** con los compas de Podemos y **hay una discusión continua**,* (1:20–21)

y a un futuro próximo, hipotético pero esperanzado, de victoria:

(6) ***Si** convencemos a esta gente (...), **igual ganamos**. Y yo **quiero ganar**.* (3:1–2).

Hay también una alusión al pasado, el de la historia política de su familia:

(7) *a mi **abuelo** le **condenaron** a muerte,* (1:3–4)

y al pasado de la izquierda:

(8) *en un contexto de derrota ideológica total en el que nos **han insulta'o**, nos **han criminalizado*** (3:4–5).

En estas coordenadas espacio-temporales se realizan unas acciones o eventos, algunos principales y otros subordinados a estos. La acción principal en este fragmento es la del logro de la victoria electoral. El objetivo de *ganar* (o bien de *no perder*), y otros sinónimos aparecen mencionados 23 veces a lo largo de la intervención. Es una acción que está ligada al espacio electoral y a un tiempo futuro inmediato, pero también está condicionada por un pasado personal y político donde el acto destacado era la *derrota*:

(9) *Y tengo la **derrota, tatuada en mi ADN*** (1:3).

Este espacio pasado de derrota es lo que estimula a Iglesias a conseguir ahora la victoria:

(10) *que **no te derroten** otra vez* (4:14).

Los otros actos mencionados están relacionados con este principal de *lograr la victoria electoral*, en concreto, hay una acción de *planificación de estrategia electoral* que constituye el medio para lograr la victoria:

(11) *Si **convencemos** a esta gente [...], **igual ganamos**.* (3:1–2)

y el procedimiento es *el manejo de la comunicación*, como le aconsejan sus compañeros de partido en la preparación de sus intervenciones:

(12) '*Podías diseñar cuatro cositas como **tú no manejas mal lo de la comunicación**'* (2:1)

lo cual realiza en equipo:

(13) ***me reúno** con los compas de Podemos y **hay una discusión** continua* (1: 20-21).

Ligado también al acto principal de conseguir la victoria electoral, está la *acción política*, que se caracteriza por tener una orientación hacia la gente, a su malestar y a su esperanza, pues la victoria

(14) *tiene que ver con **la rabia de la gente**, con **la ilusión de la gente**, tiene que ver con **llegar a la gente** [...]*.

La selección de esa *gente* con la que se busca un acercamiento se hace mediante la creación de un nuevo espacio discursivo a base de reproducir anécdotas e historias narradas donde las personas representadas proceden de áreas sociales tradicionalmente alejadas de la izquierda, como las fuerzas de seguridad o los votantes conservadores. Este espacio discursivo de narraciones se compone de la carta que recibió Iglesias de una mujer militar cuyo contenido desvela el orador en su intervención:

(15) ***Y me decía***: '*ese concepto de patria que manejas, en el ejército... lo comparte mucha gente*' (2:24);

una anécdota propia de un encuentro con un policía en la calle:

(16) ***Y otro día** me paró un policía por la calle [...] para decirme, 'soy un policía municipal y estoy de acuerdo con lo que usted dice*' (2:27-30);

o con votantes del partido más alejado de su propuesta, el conservador Partido Popular (PP):

(17) *Yo estoy deseando que se me acerquen señoras que digan, y **ocurre** y eso me emociona un montón: 'Yo voté al PP pero me parece que lo que dices, tienes razón*' (3:18-20).

Sin embargo, es interesante señalar que estas acciones (las acciones políticas para conseguir la victoria electoral) no aparecen solo en el espacio discursivo de *las elecciones*, sino que están en relación con el espacio de *la izquierda política*, de forma que cada una de estas acciones del espacio de las elecciones se contrasta con las acciones de ese espacio de izquierda política. Así, si en el espacio de las elecciones, la acción se caracteriza por la lucha por la victoria, esto se pone en contraste con la acción en el espacio de la izquierda tradicional española, caracterizada por el objetivo menos ambicioso de solo mejorar ligeramente los resultados electorales, como se puede ver en el siguiente ejemplo (en los ejemplos de aquí en adelante la acción de Iglesias se marca en negrita y la de la izquierda tradicional se subraya).

> (18) Y yo **quiero ganar**. No quiero ser el 20%. No quiero ser el 15%. No quiero que mi máxima aspiración política sea arrancarle tres consejerías al maldito Partido Socialista. (3: 2-4).

Si el procedimiento para conseguir la victoria es manejar la comunicación, en ese aspecto también se diferencia Iglesias de los grupos tradicionales de izquierdas, pues él no tiene reparos en debatir en programas televisivos de contenidos polémicos y populares, a falta de una mayor presencia de las organizaciones de izquierda en los medios:

> (19) el hecho de que tenga que **dar un paso adelante un tipo con melena que discute en la televisión con Marhuenda**[11]... [...] no es normal. Si estuvieran organizadas, los sindicatos, las organizaciones sociales, no harían falta **cosas como estas**.

Iglesias ha conseguido introducirse en un campo, el de los medios, al que estos grupos han tenido hasta el momento un acceso restringido:

> (20) **Mi presencia en los medios de masas,** [...] un territorio absolutamente hostil en el que la derrota ideológica e incluso física de los que venimos de la izquierda es total. (1:13-16).

En esa estrategia de llegada al electorado a través de los medios no está solo, sino que cuenta con el respaldo de un equipo y acepta sin miedo sus opiniones, lo que contrasta con un supuesto miedo de la izquierda tradicional a la crítica dentro del partido:

> (21) no tener miedo a tus propios compañeros. En todos los debates en los que intervengo **me reúno con los 'compas' de Podemos y hay una discusión continua**.

Pero donde Iglesias se posiciona de manera destacada frente a sus compañeros de ideología es en la acción política, en concreto en cuanto a

---

[11] Se refiere a los debates televisivos con periodistas como Francisco Marhuenda, director del diario conservador *La Razón*. Iglesias se refiere a sí mismo con la imagen por la que es popularmente conocido: *un tipo con melena*.

la selección de la parte de la población a la que se demanda el voto, un electorado alejado tradicionalmente de la izquierda:

(22) *para ganar, la izquierda tiene que dejar de ser <u>una religión</u> y convertirse* [...] *en **un instrumento en manos de la gente**, tiene que **convertirse en pueblo**.*

(23) *La gente de izquierdas* [...] *estamos convencidos que <u>juntando cuatro siglas en un cartel</u> eso supone que vamos a ganar. Y ¡qué va!, ¡qué va, ¡qué va! Tiene que ver con otra cosa. Tiene que ver con* [...] ***llegar a gente que de otra manera nos vería como marcianos***.

De ahí que se incorporen al espacio discursivo las narraciones de estas gentes tradicionalmente alejadas de la izquierda. Es el caso de la narración de la mujer militar, quien en su carta le dice:

(24) *He encontrado más **compañerismo y camaradería en el ejército** que en la UGT* [12] (2: 14-15)

y de la anécdota con el policía municipal o con las votantes del partido conservador. Una acción, por tanto, creada en un espacio discursivo propio (el de Iglesias), diferenciado del espacio discursivo tradicional de la izquierda, lo que conlleva una crítica implícita a esta, como se verá más adelante.

Finalmente, como se ve en la tercera columna de la Tabla 1, estas acciones crean unos roles: Iglesias asume para sí mismo principalmente el de *vencedor*, no de simple *candidato*, sino de candidato vencedor, lo que en la coordenada espacial de las elecciones le da también un rol de *estratega*, y en relación con la coordenada espacial de los medios, de *comunicador*. En la coordenada espacial ideológica, desempeña un rol de *militante de izquierdas*, que en relación con otros militantes le da el de *compañero de partido*.

Asimismo, Iglesias crea roles para los que le rodean. Por una parte, los de *compañeros* y *militantes de izquierda*, ampliamente nombrados a lo largo de la intervención, aunque, como hemos visto, no es hacia ellos que va dirigida su acción política, sino hacia un grupo social más amplio que le lleva a crear otro rol: el de *la gente*, calificada por el hablante como *la gente decente*, aunque Iglesias no desarrolla más este rol a lo largo de su intervención. Frente a ellos, los contrincantes políticos, especialmente de derechas, tienen el rol de *enemigos*, y los que controlan los medios de comunicación son los *multimillonarios*, aunque

---

[12] Unión General de Trabajadores, sindicato socialista.

en este discurso no son roles tan relevantes en relación con las acciones como son los otros.

Por lo tanto, mediante el manejo de estas coordenadas cognitivas interrelacionadas de tiempo, espacio, acciones y roles, el político crea un espacio discursivo propio cuya característica, como ya describió Zupnik (1994) y ha sido mostrado en otros análisis, es de dos tipos. Por una parte, Iglesias muestra su capacidad de moverse por diferentes espacios discursivos (el espacio discursivo electoral y el ideológico), lo que le permite adaptarse a los diferentes receptores, expectativas y, además, justificar sus acciones (su participación en debates televisivos y su atención a los no votantes de izquierdas, entre otros). Pero, además, puede realizar alianzas con los destinatarios y así construir relaciones de solidaridad. En este caso, la incorporación de Iglesias se dirige a sus compañeros de izquierda mientras que la gente de a pie (sus denuncias, reivindicaciones sociales o protestas), muy presentes en sus intervenciones televisivas, no tienen tanta presencia en esta ocasión, seguramente por no ser los destinatarios de su alocución; de hecho, aparecen nombrados la mitad de veces que los militantes de izquierdas (10 casos frente a 20), siendo desplazados hacia un uso instrumental: son la llave para conseguir la victoria. Por el contrario, la alianza principal se pretende con los militantes de izquierdas, a los que se trata de incorporar al espacio discursivo del proyecto político. Desplazarse dentro del discurso y manejar los roles permite así al político alcanzar la persuasión.

4.2. Las actividades de imagen de Iglesias

Los movimientos por los espacios discursivos analizados más arriba están relacionados con las actividades de imagen realizadas, y en ese sentido, en este extracto de discurso, estas actividades son de varios tipos. Por una parte, las actividades comunicativas consistentes en incluir al rival político en el espacio discursivo propio para otorgarle el papel de antagonista, lo cual se hace mediante la elección léxica en la denominación (*enemigos*) y de la deixis de tercera persona (el 11% del total de deixis personal en el texto[13]). Estas estrategias comunicativas suponen una actividad de autoimagen para reafirmar frente al *otro* la imagen de grupo, en este caso la de un hablante con el rol de *miembro de grupo político de izquierdas*; por el contrario, cuando se alude al grupo donde están incluidos políticos del Partido Popular y el Partido

---

[13] De un total de 218 pronombres personales y morfemas verbales de persona.

Socialista, así como los propietarios de los medios de comunicación (denominados *multimillonarios*), el término acuñado es *sinvergüenzas* que en el sentido de 'el que comete actos ilegales' en este contexto entraría en el terreno del insulto no esperado entre políticos, lo que nos llevaría a hablar de descortesía. El efecto social de la actividad descortés es de daño en la imagen del otro (los miembros de ese grupo), al tiempo que sirve al hablante para reforzar su imagen individual de cara a su propio grupo (cf. Bolívar 2005).

Por el contrario, cuando Iglesias introduce en su espacio discursivo a compañeros de militancia política (crea para ellos el rol de *militante de izquierdas* y *compañero*), la actividad de imagen es de cortesía. Por una parte, hay estrategias de atenuación en las críticas que dirige a sus propios compañeros, dirigentes actuales y, sobre todo, viejos dirigentes de la izquierda. Esto lo realiza mediante dos recursos principales:

Por una parte, la impersonalización en la designación de los miembros de ese grupo se realiza mediante su inclusión en grupos e instituciones, sin nombrar personalmente a nadie:

(25) *la **Izquierda** tiene que dejar de ser una religión y convertirse en un instrumento.*

(26) *si estuvieran organizadas, **los sindicatos, las organizaciones sociales**.*

Por otra parte, el uso de la deixis de primera persona del plural de tipo inclusivo:

(27) ¿Por qué no *tratamos de entender que la mayor movilización que se ha producido en este país [...] no ha tenido que ver con una decisión política de las organizaciones de izquierdas?*

(28) *[...] revela **nuestra** maldita debilidad, el hecho de que tenga que dar un paso adelante un tipo con melena que discute en la televisión con Marhuenda [...].*

Ambas estrategias de atenuación tienen un efecto de cortesía porque permiten proteger la imagen social del destinatario, el grupo de la izquierda política española, de un posible daño que la crítica produce a su imagen social de autonomía en el rol que Iglesias le otorga al grupo (*combatientes políticos*). Al mismo tiempo, estas estrategias de atenuación le permiten a Iglesias proteger su propia imagen social individual, evitando el riesgo de parecer prepotente de cara a su propio grupo, lo que consigue incluyéndose en el grupo que critica. Obsérvese que, además, en este uso de la deixis el enunciador evita la primera persona del singular (*yo*) para referirse a sí mismo, prefiriendo una forma nominal de tercera persona, *un tipo con melena que discute en la televisión*, que aparentemente le resta protagonismo, en lo que supone una actividad de autoimagen de atenuación de su propia autonomía (consistente en ser modesto, no tratar de destacar por encima de los demás).

Por tanto, los lazos de solidaridad creados por Iglesias con sus destinatarios (simpatizantes y militantes de grupos de izquierdas) se realizan a través de estrategias de atenuación de posibles amenazas a la imagen de este grupo, lo que constituye una actividad de imagen de cortesía.

Finalmente, en este contexto, igual que ante los roles y espacios discursivos creados, el pueblo, la imagen social de la gente a la que va dirigido el mensaje político, no adquiere relevancia.

4. Conclusión

Con este análisis detallado de la configuración de espacios discursivos de un candidato electoral he tratado de adentrarme en cómo es la construcción de un ideario político a través del discurso. En esta construcción es fundamental la situación que presenta la imagen social propia, individual y grupal, y la que se presenta de los demás.

Hemos visto que es fundamental tener en cuenta quién es el destinatario principal del discurso; en ese sentido, como el propio Iglesias dice, un discurso dirigido a la gente de a pie, como el de los programas televisivos, se plantea de forma diferente. Este, sin embargo, tiene como destinatario principal a compañeros y simpatizantes de izquierdas, y por ello crea una serie de espacios que van desde un espacio ideológico tradicional y muy politizado, donde estaría la vieja izquierda de grandes ideales que nunca llega a proclamarse victoriosa en contiendas electorales, y una izquierda igualmente cargada de ideología pero con un objetivo pragmático, que es el defendido por Iglesias: acercarse a un electorado mayoritario que no es de izquierdas, pero al que, debido a un contexto de crisis política, social y económica, con la corrupción en primer plano, se puede acceder mediante ideas de izquierdas. En este orden de cosas, las actividades de imagen (cortesía, descortesía, autoimagen) que aparecen en su discurso operan en doble sentido. Por una parte, complementan la finalidad de construir una ideología propia, en una función que puede ser de refuerzo en la creación de espacios y de roles; pero, además, las estrategias pragmáticas utilizadas (justificación, atenuación, creación de lazos de solidaridad) producen actividades de imagen con efectos sociales en la propia imagen del hablante, en la de su grupo y en la de grupos ajenos, permitiendo al político posicionarse socialmente de cara a los demás y configurar así un espacio social propio en el que situar su ideología. Una discusión más profunda sobre esta ideología, así como la evolución experimentada hasta el momento político actual, con su presencia en el Parlamento, serán futuro objeto de investigaciones.

Bibliografía

Alcaide Lara, E. R. (2014). «La relación argumentación-(des) cortesía en el discurso persuasivo». *Pragmática Sociocultural* 2 (2), 223–261. Recuperado de http://www.degruyter.com/view/j/soprag

Alcaide Lara, E. R. (en este volumen). «Discursos populistas en la política española actual: el caso de *Podemos* y *Ciudadanos*».

Bernal, M. (2007). *Categorización sociopragmática de la cortesía y descortesía. Un estudio de la conversación coloquial española*. Tesis doctoral, Stockholms Universitet.

Bernal, M. (2016). «Autoimagen e imagen de rol en el metadiscurso parlamentario: Iglesias (Podemos) vs. Villalobos (PP)», en D. Dumitrescu & D. Bravo (eds.), *Actividades de imagen y situación comunicativa en discurso en español*. Buenos Aires: Editorial Dunken, 91–139.

Bolívar, A. (2005). «Descortesía y confrontación política», in D. Bravo (ed.), *Estudios de la (des) cortesía en español. Categorías conceptuales y aplicaciones a corpora orales y escritos*. Buenos Aires: Editorial Dunken, 273–297.

Blas Arroyo, J. L. (2000). «'Mire usted Sr. González...' Personal deixis in Spanish political-electoral debate». *Journal of Pragmatics* 32, 1–27.

Bravo, D. (1996). *La risa en el regateo: Estudio sobre el estilo comunicativo de negociadores*. Tesis doctoral, Stockholms universitet.

Bravo, D. (1999). «¿Imagen «positiva» vs. imagen «negativa»? Pragmática socio-cultural y componentes de face». *Oralia* 2, 155–184.

Bravo, D. (2002). «Actos asertivos y cortesía: Imagen del rol en el discurso de académicos argentinos», en D. Bravo & M. E. Placencia (eds.), *Actos de habla y cortesía en el español*. Munich: Lincom Europa, 141–174.

Bravo, D. (2005). «Categorías, tipologías y aplicaciones: hacia una redefinición de la cortesía comunicativa», en D. Bravo (ed.), *Estudios de la (des) cortesía en español. Categorías conceptuales y aplicaciones a corpora orales y escritos*. Buenos Aires: Dunken, 21–52.

Brown, P. & Levinson, S. (1978, 1987). *Politeness. Some Universals in Language Use*. Cambridge: Cambridge University Press.

Charaudeau, P. (2005). *Le discours politique. Les masques du pouvoir.* Paris: Vuibert.

Charaudeau, P. (2009). «La argumentación persuasiva. El ejemplo del discurso político», en M. Shiro, P. Bentivoglio & F. de Erlich (eds.), *Haciendo discurso. Homenaje a Adriana Bolívar.* Caracas: Comisión de Estudios de Postgrado-Facultad de Humanidades y Educación, Universidad Central de Venezuela, 277-295.

Chafe, W. L. (1979). «The flow of thought and the flow of language», in Talmy Givón (ed.), Syntax and Semantics 12. *Discourse and sintax.* New York: Academic Press, 159-182.

Chafe, W. L. (1980). «The deployment of consciousness in the production of a narrative», en W. Chafe (ed.), *The pear stories: Cognitive, cultural, and linguistic aspects of narrative production.* Norwood, NJ: Ablex, 10-50.

Fauconnier, G. (1985). *Mental spaces: aspects of meaning construction in natural language.* Cambridge: MA, MIT Press.

Goffman, E. (1967). *Interactional ritual: Essays face-to-face behaviour.* New York: Pantheon.

Goffman, E. (1974). *Frame analysis.* New York: Harper and Row.

Hernández Flores, N. (2002). *La cortesía en la conversación española de familiares y amigos; la búsqueda del equilibrio entre la imagen del hablante y la imagen del destinatario.* Tesis doctoral, Institut for Sprog Internationale Kurturstudier, Aalborg universitet, 37.

Hernández Flores, N. (2013a). «Actividad de imagen: caracterización y tipología en la interacción comunicativa». *Pragmática Sociocultural* 1(2), 175-198. Recuperado de http://www.degruyter.com/view/j/soprag

Hernández Flores, N. (2013b). «The use of personal deixis as an ideological instrument in Spanish political discourse», en K. Kragh & J. Lindschouw (eds.), *Deixis and Pronouns in Romance Languages.* Amsterdam/Philadelphia: Benjamins, 171-188.

Hernández Flores, N. (2015). «Blogs and construction of a new political candidate's identity. The blog of the Spanish politician Pablo Iglesias». Comunicación presentada en 1st International Conference: Approaches to Digital Discourse Analysis ADDA 1. Valencia, 19-20 de noviembre de 2015.

Hernández Flores, N. & Gómez Sánchez, M. E. (2014). «Actividades de imagen en la comunicación mediática de medidas políticas contra la crisis: el copago sanitario». *Revista de Filología de la Universidad de La Laguna* 32: 125-144. Recuperado de https://riull.ull.es/xmlui/bitstream/handle/915/4644/RF_32_%282014%29_06.pdf?sequence=1&isAllowed=y

Mariottini, L. (2015). «'El enemigo está en el Norte'. La construcción discursiva de la crisis económica española en la prensa nacional conservadora», en D. Bravo & M. Bernal (eds.), *Perspectivas sociopragmáticas y socioculturales del análisis del discurso*. Buenos Aires: Programa EDICE-Dunken, 23-48.

Pano Alamán, A. (2015). «Ironía verbal y actividad de imagen en el discurso de políticos y ciudadanos españoles en Twitter». *Pragmática Sociocultural* 3(1), 59-89. Recuperado de http://www.degruyter.com/view/j/soprag

Van Dijk, T. (2006). «Ideology and discourse analysis». *Journal of Political Ideologies* 11(2), 115-140.

Zupnik, Y. (1994). «A pragmatic analysis of the use of person deixis in political discourse». *Journal of Pragmatics* 21, 339-283.

Ærstrøm, S. O. (2015). *En pragmatisk-diskursiv analyse af Pablo Iglesias Turrións brug af uhøflighed i den politiske debat*. Tesis de maestría, Institut for Engelsk, Germansk og Romansk, Københavns universitet.

Diaboliser les migrants ou dédiaboliser le parti ? L'analyse du discours du FN et de l'UDC sur les migrants

Sandra Issel-Dombert and Aline Wieders-Lohéac
Ruhr-Universität Bochum/University of Kassel

1. Introduction – le FN et l'UDC

Les partis politiques d'extrême droite suisses et français connaissent un grand succès ces derniers temps. Le *Front National* – sous la direction de Marine Le Pen – obtient des résultats de plus de 10 % aux différentes élections ; au premier tour des élections présidentielles de 2017, elle a même doublé ce score et obtenu 21,3 % des voix.[1] Elle se retrouve au second tour de cette même élection contre le leader du nouveau mouvement *En Marche,* Emmanuel Macron. Mais déjà en 2012, le FN avait réussi à se placer en troisième position avec 17,9 % des voix[2]. A la longue, Camus (2014 : 1) pronostique que le *FN* s'établira comme troisième force dans le système français, traditionnellement bipolaire. Ces dernières élections semblent effectivement indiquer un changement des forces en France et montrent avant tout le succès de la *dédiabolisation*[3], le nouveau style politique du *FN*, depuis que Marine Le Pen a pris la succession de son père à la tête du parti en 2011. C'est une approche qui doit établir son parti comme parti populiste (de droite) et

---

[1] http://elections.interieur.gouv.fr/presidentielle-2017/FE.html, [consulté le 28.04.2017].

[2] https://www.interieur.gouv.fr/Elections/Les-resultats/Presidentielles/elecresult__PR2012/(path)/PR2012/FE.html [consulté le 13.12.2017].

[3] Cf. à ce sujet Alduy & Wahnich (2015 : 51), Dézé (2015 : 49–50) ; le terme se trouve même dans le Larousse de 2015, comme stratégie de Marine Le Pen (Larousse 2015, s.v. *Front National*) ; ce changement est d'ailleurs souvent décrit comme étant purement « cosmétique » (cf. Issel-Dombert 2018 : 48) et sur les controverses du terme cf. Mayer (2015).

Comment citer ce chapitre :
Issel-Dombert, S. & Widers-Lohéac, A. 2019. « Diaboliser les migrants ou dédiaboliser le parti ? L'analyse du discours du FN et de l'UDC sur les migrants ». In: Françoise Sullet-Nylander, María Bernal, Christophe Premat & Malin Roitman (eds.). *Political Discourses at the Extremes. Expressions of Populism in Romance-Speaking Countries.* Stockholm Studies in Romance Languages. Stockholm: Stockholm University Press, pp. 243–259. DOI: https://doi.org/10.16993/bax.l. License: CC-BY

non plus comme parti extrémiste. Marine Le Pen va même jusqu'à se réclamer d'être « ni de gauche ni de droite »[4]. Tandis que la dédiabolisation porte ses fruits en France, la Suisse poursuit la stratégie contraire, le discours du parti populiste de droite *Union démocratique du centre (UDC)* devient de plus en plus agressif. Les deux stratégies semblent fructifier. L'UDC détient actuellement 68 des 200 sièges au Conseil national. C'est le plus grand groupe parlementaire et 6 des 46 membres du Conseil des États sont de l'UDC[5].

Notre hypothèse est que les partis d'extrême droite français et suisse connaissent leur grand succès grâce à leur stratégie opposée – agressive pour la Suisse, modérée (dédiabolisée) pour la France. Cette dédiabolisation se reflète surtout au niveau du discours. Le FN, sous l'égide de Marine Le Pen, utilise des euphémismes comme « laïcité » (pour défendre son discours anti-islamiste) (Alduy & Wahnich 2015 : 99 sqq.); « priorité nationale » (au lieu de « préférence nationale », comme le disait encore Jean-Marie Le Pen (cf. Alduy & Wahnich 2015 : 99–112). De plus, le discours dédiabolisé de Marine Le Pen se caractérise par l'emploi de formules vagues (Issel-Dombert 2017 : 49), comme le faisait déjà partiellement son père (Taguieff 1984 : 113 sqq.). On remarquera dans le discours mariniste un grand nombre de formes passives, de pronoms indéfinis et de *il* explétif (cf. Issel-Dombert & Serwe 2018).

Considérant le succès de ces stratégies rhétoriques opposées de ces deux partis d'extrême droite pour conquérir les électeurs, le but de cet article est de comparer leurs différents discours concernant un sujet actuel et très discuté : la crise provoquée par l'afflux des immigrés. Une analyse des topoï (chapitres 2.3 et 3) nous permettra d'identifier les éléments en commun ainsi que les différences entre les structures argumentatives des partis de droite des deux pays. Nous nous basons sur la théorie de Martin Wengeler qui a opérationnalisé le terme aristotélicien du *topos* pour déceler les structures argumentatives (chapitre 2.2). Cette méthode se situe dans la linguistique discursive descriptive selon Busse (chapitre 2.1). Nos résultats seront présentés et analysés aux chapitres 3, 4 et 5 et nous en tirerons une conclusion au chapitre 6.

---

[4] http://www.lemonde.fr/politique/article/2016/02/18/marine-le-pen-s-accroche-au-ni-droite-ni-gauche_4867670_823448.html [consulté le 18.12.2017].
[5] https://www.parlament.ch/fr/organe/groupes/groupe-udc [consulté le 29.04.2017].

2. Méthodologie

2.1. Hypothèse et corpus

Nous partons de l'hypothèse suivante : tandis que le discours du Front National en France est « dédiabolisé », la Suisse poursuit la stratégie contraire, le discours du parti populiste de droite –*Union démocratique du centre (UDC)* – devient de plus en plus direct et ne cache rien. À l'origine, l'UDC est un parti modéré et libéral[6]. Pour examiner notre hypothèse, nous nous focalisons sur un sujet actuel, clivant et toujours au centre des discussions des partis populistes de droite, l'immigration. C'est toujours autour de ce sujet que s'organise le discours populiste de droite (Lochocki 2012 : 30 sqq.). Autrement dit, notre question de recherche est : quelle est l'argumentation du FN et quelle est l'argumentation de l'UDC concernant l'immigration ?

Pour y répondre, nous travaillons sur la base d'un corpus, les programmes électoraux des deux partis. Ceux-ci sont centraux pour l'auto-mise en scène d'un parti, parce qu'ils sont la « loi fondamentale d'un parti » selon Hermanns (1989 : 73, 113) et sa légitimation officielle. « Leur fonction consiste autant à formuler des buts contraignants pour le parti, donc vers l'intérieur, que de propager les points de vue du parti vers l'extérieur. »[7] (Niehr 2014 : 112). De plus, ils indiquent les positions fondamentales d'un parti et ne sont pas l'expression spontanée d'un point de vue dans un contexte limité. Ce genre textuel est principalement explicatif et argumentatif, puisqu'il sert à convaincre les lecteurs (cf. Klein 2009 : 732sqq.). Ainsi, il forme une bonne base pour analyser la structure argumentative du discours d'un parti. Pour le Front National, nous avons pris le programme électoral des élections présidentielles de 2012, le premier depuis que Marine Le Pen est à la tête du parti. Il contient 1434 occurrences (*tokens*) et s'intitule « Notre Projet : Programme Politique du Front National »[8]. Pour l'Union démocratique du centre, nous traitons le programme publié en 2015. Ce corpus comprend 2230 occurrences. Il est analysé avec une combinaison de méthodes qualitatives et quantitatives que nous présentons au chapitre suivant.

---

[6] Il s'est transformé en parti populiste de droite à partir de 1977 (sous Christoph Bloch) et sont succès est croissant depuis les années 1990 (cf. Geden 2006 : 94; Mazzoleni 2008 : 10 sqq.).

[7] Citation originale : « Ihre Funktion besteht sowohl darin, nach innen verbindliche Ziele zu formulieren, wie auch nach außen für die eigenen politischen Standpunkte zu werben ».

[8] http://www.frontnational.com/pdf/Programme.pdf [consulté le 28.04.2017].

2.2. La linguistique descriptive du discours

Nous voulons révéler l'usage de la langue et les stratégies rhétoriques du FN et de l'UDC dans leurs programmes électoraux concernant l'immigration. Pour cela, nous emploierons la méthode de l'analyse discursive descriptive dans la tradition de Busse & Teubert (1994).

Cette approche descriptive comprend une vaste gamme de méthodes. Nous en avons choisi une, celle de l'analyse des structures argumentatives, parce que les programmes électoraux sont un genre textuel de préférence argumentatif (Issel-Dombert & Serwe 2018). Pour rendre les structures argumentatives récurrentes visibles, nous proposons d'analyser les topoï contenus dans le texte, les visuels de campagne ainsi que les statistiques contenues dans le programme électoral (analyse mutimodale). Cette approche nous permettra d'identifier les façons d'argumenter qui dominent le discours du FN et de l'UDC, ainsi que les éléments en commun et les différences entre les structures argumentatives des partis populistes de droite des deux pays.

Notre analyse sera complétée par une analyse multimodale, car nous ne voulons et ne pouvons pas exclure les images qui font partie du programme électoral et qui sont ainsi un élément du texte que nous analysons. L'analyse multimodale s'inscrit dans le cadre d'une linguistique pragmatique et fonctionnelle qui vise à la description des modèles linguistiques typiques ainsi que leur fonction pragmatico-discursive dans un texte (cf. Stöckl 2012 : 177–178). Dans ce contexte, le concept du texte est sémiotique, c'est-à-dire qu'il s'agit d'un élargissement sémantique de la notion de texte qui inclurait aussi tous les éléments écrits, auditifs et visuels (Eckkrammer 2002 : 42). L'élément décisif est le lien sémantique et fonctionnel qui est fait entre les différentes modalités sémiotiques (langage, image, musique, bruitage dans le contexte d'un texte) (cf. Klug & Stöckl 2016 : VII). Cette combinaison constitue la base pour l'évolution d'une théorie de la multimodalité qui consiste en une synthèse des trois facteurs de la multimodalité : la matérialité, la grammaire lexicale et la sémantique discursive (cf. Bateman 2016).

2.3. L'analyse des topoï

Nous commençons par une analyse des topoï. Le concept des topoï est vaste et chaque discipline, qu'il s'agisse de la philosophie, du droit, des sciences sociales ou des lettres, semble s'être procuré sa propre définition du terme[9].

---

[9] La notion la plus connue est probablement celle de Ernst Robert Curtius (1953) utilisée en littérature.

Pour notre analyse, nous nous basons sur la théorie de Martin Wengeler qui a rendu opérationnel le terme aristotélicien du topos pour déceler les structures argumentatives. Wengeler & Ziem (2010 : 343) définissent un topos de la manière suivante :

> Les topoï sont des structures argumentatives qui ne doivent pas toujours forcément être verbalisées de la même façon, mais qui se retrouvent dans beaucoup de textes et réapparaissent sous des formes semblables, qu'on ne peut qu'interpréter en déduisant, qui ont pour but de créer plausiblement des liens cohérents entre différents sujets. En tant que catégorie analytique, les topoï permettent de reconnaître des constructions de réalités centrales et récurrentes, typiques de certains discours même là où la réalisation du contenu se fait différemment.

Il est essentiel pour cette définition du topos de connaître le schéma argumentatif triparti selon Toulmin (cit. in Wengeler 2003 : 180) sur lequel se base le topos : il est constitué d'un énoncé controversé (la *conclusion,* all. 'Konklusion'), d'un énoncé incontestable *(l'argument,* all. 'Argument') puis de la *régularisation* (all. 'Schlussregel'). Pour qu'un argument soit classé comme étant plausible, il ne doit pas forcément être vrai, mais soutenable. Il doit y avoir une relation acceptable et logique entre l'argument et la conclusion (Kienpointner 1992 : 43). Dans la plupart des cas, les trois parties ne sont pas verbalisées explicitement, mais doivent être déduites et interprétées, c'est-à-dire, comprises implicitement.

Pour notre but descriptif, il n'y a que le rapport qui se fait dans la régularisation, qui nous intéresse, à savoir uniquement le 'topos'. Quant à son analyse, il faut savoir que dans la plupart des cas, il n'est pas verbalisé explicitement.[10] On peut distinguer les topoï selon leur degré de spécificité. Il y a des topoï généraux qui ne sont pas étroitement liés à un sujet spécifique. Un exemple est le *topos de la justice* qui est employé dans différents discours ou, plus répandu et général encore, celui de la *nécessité,* souvent verbalisé dans des constructions fréquentes comme « il faut que ». Puis, il y a des cas où un topos est spécifique d'un discours, comme par exemple le *topos de l'identité*. On peut classifier les topoï dans un continuum selon leur degré de spécificité, les topoï généraux formant un extrême et les topoï spécifiques l'autre. L'analyse met l'accent sur les topoï spécifiques car ce sont eux qui peuvent nous donner des indices sur les particularités dans l'argumentation des deux partis.

---

[10] Cf. Wengeler (2003 : 181).

3. L'analyse quantitative des topoï

Nous allons d'abord faire une analyse quantitative des topoï et, ensuite, établir une hiérarchie des topoï pour mieux montrer les relations qu'entretiennent les différents topoï. Ceci montrera clairement la structure argumentative des deux partis et comment les différents types d'arguments se soutiennent et quelles sont les raisons principales de leur positionnement par rapport à l'immigration.

L'identification des topoï s'accomplit de manière interprétative. Nous avons cherché manuellement tous les passages argumentatifs dans le corpus, utilisant une méthode inductive. Ensuite, nous avons distingué différents types de topoï, nous avons formulé la *régularisation*, et enfin, nous avons donné un nom aux topoï. Ce processus permet d'identifier les arguments identiques, même s'ils sont différents à la surface. Car les mêmes idées sont rarement verbalisées de la même façon, comme nous allons le voir, surtout qu'il s'agit de deux partis dans deux pays distincts. Grâce à notre approche, ce n'est pas indispensable que les partis choisissent les mêmes mots pour la même idée pour découvrir les ressemblances – il suffit que l'idée derrière les mots corresponde à la régularisation plus abstraite. Ce procédé amène à la configuration de base des topoï récurrents des programmes électoraux du FN et de l'UDC concernant l'immigration, sujet clé dans le discours populiste de droite (cf. chap. 2.1).

Dans un premier temps, nous avons déterminé les différents types de topoï et leur fréquence dans le chapitre « l'immigration » du programme électoral du FN et de l'UDC. L'illustration ci-dessous nous

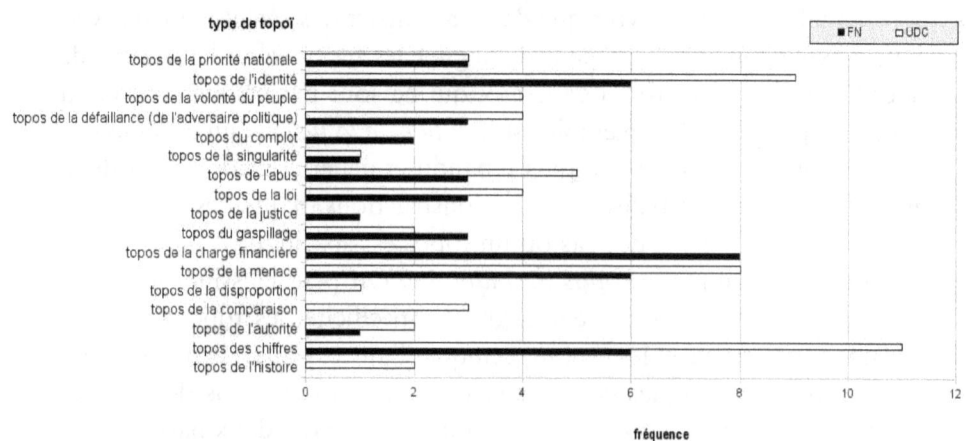

Graphique 1: Analyse quantitative des topoï. *Copyright : Sandra Issel-Dombert et Aline Wieders-Lohéac. Licence :* CC BY

montre les résultats de notre analyse quantitative. Nous avons compté les fréquences des différents types. Sur l'axe des x nous voyons les fréquences, l'axe des y montre les types de topoï, classifiés selon leur degré de spécificité. En bas, il y a les topoï généraux, en haut, les topoï spécifiques. La barre noire correspond au FN, la barre blanche correspond à l'UDC. En tout, nous avons extrait seize topoï, dont dix topoï généraux et six topoï spécifiques. Le graphique 1 montre bien que – malgré la différence de taille des corpus respectifs – les inventaires des topoï se ressemblent. Dans le pôle des topoï généraux, on constate une prédominance de celui des chiffres (cf. graphique 1). Dans le pôle des topoï spécifiques, le FN ainsi que l'UDC utilisent le topos de la priorité nationale.

3.1. L'analyse qualitative des topoï : le Front National

Dans un deuxième temps, nous avons classifié les combinaisons récurrentes des topoï et les relations hiérarchiques qu'ils entretiennent entre eux. Pour le FN, cette configuration est illustrée sur le schéma suivant :

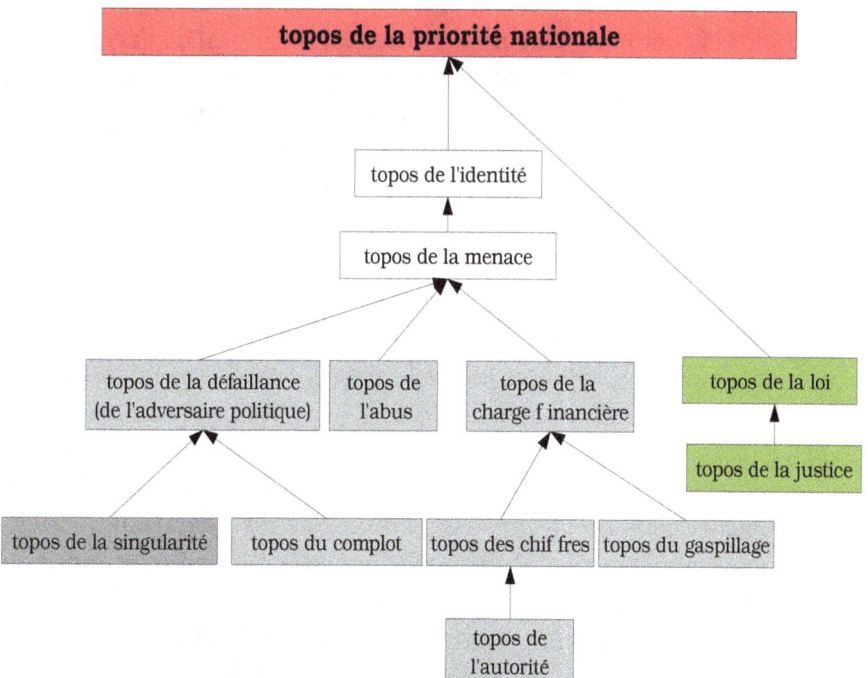

Figure 2: L'analyse qualitative des topoï – le FN. *Copyright : Sandra Issel-Dombert et Aline Wieders-Lohéac. Licence : CC BY*

Les flèches verticales visualisent les combinaisons et, d'un point de vue hiérarchique, l'étaiement des topoï. Comme nous le voyons sur le schéma, le *topos de la priorité nationale*, qui est sur fond rose, est le topos dominant et le plus important dans le programme du FN en ce qui concerne l'immigration. Il est soutenu par divers autres topoï spécifiques (par exemple *le topos de l'identité* et *le topos de la menace*). En bas du schéma, sur fond gris, il y a les topoï généraux (par exemple *le topos des chiffres*). Cette configuration est typiquement frontiste (cf. Issel-Dombert & Serwe 2018).

A titre d'exemple, nous regardons un extrait du programme électoral du Front National qui illustre cette configuration des topoï de façon exemplaire :

> (1) L'immigration non contrôlée est source de tensions dans une République qui ne parvient plus à assimiler les nouveaux Français. Les ghettos, les conflits inter-ethniques, les revendications communautaires et les provocations politico-religieuses sont les conséquences directes d'une immigration massive qui met à mal notre identité nationale et amène avec elle une islamisation de plus en plus visible, avec son cortège de revendications. Le communautarisme est un poison contre la cohésion nationale.

L'exemple (1) contient plusieurs topoï. Le topos central de l'argumentation, c'est le *topos de l'identité* : « une immigration qui met à mal notre identité nationale. ». Ce topos est étroitement lié au topos de la menace que le FN aime utiliser pour souligner le danger potentiel de l'immigration. La régularisation, donc la règle abstraite de la relation entre l'argument et la conclusion, de ce topos est : *Le groupe x est un danger potentiel, nous devons être impitoyables*. On peut dériver le topos *de la menace* de propos comme « une source de tensions [...] ; les ghettos, les conflits inter-ethniques » et la métaphore « un poison contre la cohésion nationale ». Dans ce même exemple, on observe un amalgame entre *immigration* et *danger (islamique)* : « [...] les provocations politico-religieuses sont les conséquences directes d'une immigration massive qui met à mal notre identité nationale et amène avec elle une islamisation de plus en plus visible, avec son cortège de revendications. ».

Passons maintenant à un exemple du topos principal, *le topos de la priorité nationale*. Ce topos a la régularisation suivante : *La propre population a la plus grande importance, donc on doit la privilégier*.

On peut trouver ce topos dans des propos comme celui-ci :

> (2) Les entreprises se verront inciter à prioriser l'emploi, à compétences égales, des personnes ayant la nationalité française. Afin d'inciter les

entreprises à respecter cette pratique de priorité nationale, une loi contraindra Pôle Emploi à proposer, toujours à compétences égales, les emplois disponibles aux demandeurs d'emploi français.

Le FN propose une solution face à l'immigration avec pour but de privilégier les personnes ayant la nationalité française. Pour garantir cet appel, le FN utilise le *topos de la loi* (« une loi contraindra Pôle Emploi à proposer […] les emplois disponibles aux demandeurs d'emploi français. »). Ainsi, les différents topoï se soutiennent-ils mutuellement et nous montrent le fonctionnement de l'argumentation des Frontistes. Y aurait-il des parallèles avec celui de l'UDC ?

3.2. L'analyse qualitative des topoï : l'Union démocratique du centre

Nous avons procédé de la même manière que pour l'analyse du FN, pour établir le schéma des différents topoï de l'UDC :

Le schéma montre les types de topoï dans le programme électoral du parti dans le chapitre « l'immigration ». Ce qui est frappant est le fait que l'inventaire des topoï de l'UDC ressemble à celui du profil du FN.

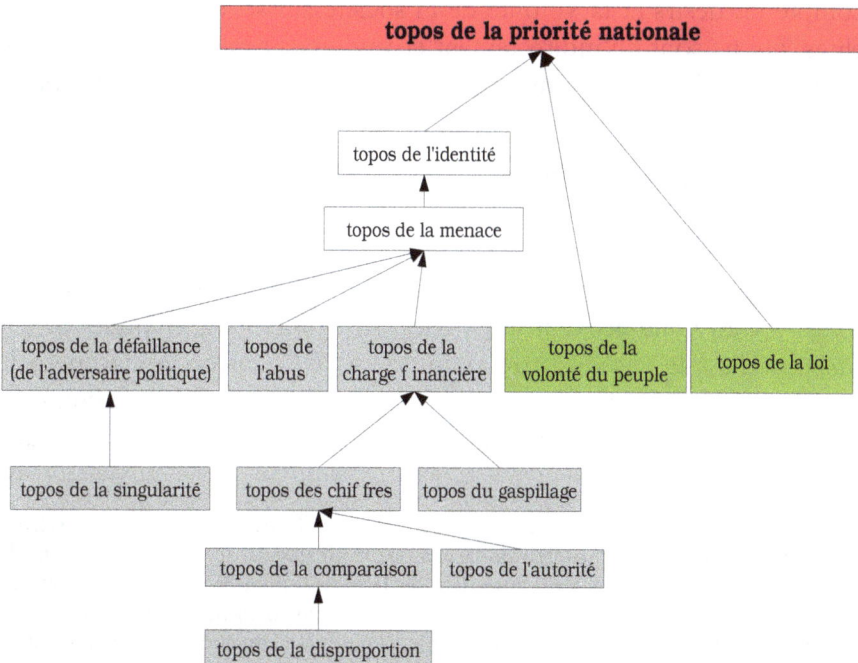

Figure 3: L'analyse qualitative des topoï – l'UDC. *Copyright : Sandra Issel-Dombert et Aline Wieders-Lohéac. Licence : CC BY*

Le topos principal est celui de la *priorité nationale*, qui est soutenu par le topos de *l'identité* et le topos de la *menace* – topos qui met en danger les Suisses et leur bien-être, qui pourtant sont les seuls qui comptent, selon l'argumentation de l'UDC.

Cependant, nous remarquerons une différence entre le FN et l'UDC dans le profil des topoï. Contrairement au FN, l'UDC utilise un topos que nous avons baptisé *le topos de la volonté du peuple* – du moins dans le corpus étudié[11].

Ce topos a la régularisation suivante : *Le peuple suisse voit la nécessité de changer la situation.* On trouve *le topos de la volonté du peuple* dans plusieurs parties du programme, citons un exemple :

> (3) Le peuple en a assez
> Les dysfonctionnements qui marquent l'immigration inquiètent de plus en plus les citoyennes et citoyens suisses. La conséquence est que le 9 février 2014 le peuple et les cantons ont approuvé l'initiative populaire « contre l'immigration de masse ». L'application rigoureuse de ce projet sera une des principales revendications de l'UDC dans sa politique d'immigration de ces prochaines années.

Avec *le topos de la volonté du peuple*, l'UDC réclame de prendre en compte les désirs et la volonté de la société suisse, contrairement aux élites, qui ne sont qu'indirectement et vaguement mentionnées. Avec le même topos, le parti affirme agir de manière efficace, directe et rapide.

4. L'analyse multimodale

4.1 L'infographie comme topos de l'autorité

Les programmes électoraux ne sont pas uniquement constitués de longs textes, mais peuvent aussi contenir différents graphiques et des images. C'est le cas du programme de l'UDC, où on remarquera le nombre élevé d'infographies. Le FN n'utilise rien de tel dans le contexte de l'immigration[12]. Comme ces éléments eux aussi transportent une

---

[11] Naturellement, le peuple lui aussi joue un rôle chez Marine Le Pen, nous le retrouvons d'ailleurs dans le slogan de la campagne électorale de 2017 (« Au nom du peuple »), mais dans les programmes électoraux comparés, dans le contexte de l'immigration, la volonté du peuple est beaucoup plus présente au parti suisse.

[12] Les seuls graphiques présents dans tout le programme concernent l'endettement de la France et se trouvent dans l'annexe, la seule image est celle de la semeuse sur la couverture du programme. Nous ne pouvons donc pas appliquer la méthode multimodale sur le programme du FN.

argumentation, nous allons les analyser. Stöckl (2012 : 179–180) caractérise les infographies comme un type de texte multimodal avec un inventaire d'éléments figés et standardisés. « La fonction générale [...] consiste à permettre au lecteur d'avoir une vue générale sur les nouveaux domaines du savoir et ainsi pouvoir faire des corrélations et liens intéressants entre les différents groupes de données de façon exploratrice »[13]. Dans le programme de l'UDC, les infographies transportent une argumentation. Parfois, l'image se suffit à elle-même, parfois elle soutient l'argumentation du texte. Dans le chapitre de l'immigration, les infographies évoquent d'une part le *topos des chiffres* et de l'autre *le topos de l'autorité*. Elles créent de la crédibilité en citant des institutions ou des études. Mais, comme Burger et al. (2006 : 18) le montrent aussi, ce qui est typique de l'usage des infographies dans le programme de l'UDC, c'est la manipulation. L'infographie « Bientôt plus d'étrangers que de Suisses », tirée de « l'office fédéral de la statistique », est une statistique avec des valeurs estimées, une extrapolation des données. Mais le parti présente ces valeurs estimées comme fait réel. Dans la partie supérieure droite de l'infographie, l'UDC explique cette évolution avec le *topos de la défaillance de l'adversaire politique* : « Faute d'un contrôle de l'immigration ». Le parti annonce de lourdes conséquences. Premièrement, ils citent le *topos de la menace* en nommant le chiffre très élevé : « plus de 16 millions d'habitants » en 2060, cela signifiera un doublement de la population en moins de 50 ans. Puis, ils utilisent le *topos de la comparaison* qui mène à interpréter une disproportion entre le nombre d'étrangers et le nombre de Suisses vivant en Suisse : « plus d'étrangers que de Suisses », une argumentation qui vise à démontrer les inégalités et la discrimination en Suisse.

En somme, on peut constater que l'inventaire des topoï dans les images de l'UDC correspond aux types de topoï dans le texte écrit du programme électoral et appuie ainsi la portée des topoï du texte.

4.2. UDC : « Willy »

En plus des infographies, il y a un autre type d'images à l'UDC : un chien dessiné qui porte le nom de « Willy ». Il apparaît souvent dans tout le pro-

---

[13] Traduction de l'allemand des auteurs, version originale :« Die übergreifende Funktion (...) besteht darin, es dem Leser zu ermöglichen, sich ein Wissensgebiet überblicksartig zu erschließen und interessante Korrelationen und Zusammenhänge zwischen verschiedenen Datensets explorierend herstellen zu können. » (Stöckl 2012 : 180).

gramme du parti, 28 fois sur 100 pages, dont deux fois dans le contexte de l'immigration. Il s'agit d'un bouvier bernois ; une race de chien d'origine suisse. Le parti suisse a lancé sa mascotte en 2014 et il la reprend sous forme de BD dans son programme politique de 2015. L'UDC lui-même explique le choix de sa mascotte de la manière suivante : « La symbolique du chien est forte. Le chien est le plus fidèle ami de l'homme, c'est un animal affectueux et généreux mais qui sait aussi montrer les dents lorsque on menace sa famille ».[14] Et le choix du nom a été fait soigneusement aussi : « Le prénom du chien de garde ne doit rien au hasard. Il est censé rappeler Wilhelm, prénom alémanique de Guillaume Tell. Il incarne la liberté et la sécurité » selon le parti.[15]

Comme symbole de la nation suisse et porteur du nom du héros national, il soutient la valeur de la nation et il transporte le *topos de l'identité*. La mascotte apparaît dans chaque chapitre et résume de façon comprimée les points de vue centraux relatifs à chacun des sujets. Elle a été choisie pour adoucir l'image de l'UDC. Mais dans le contexte de l'immigration, le chien est présenté de façon agressive pour défendre l'idée de la priorité nationale ; l'image montre que la violence est acceptable si besoin est, et, selon les mots du programme électoral de l'UDC, pour « régler enfin le chaos dans le secteur de l'asile ». Cette agressivité quasi physique ne se trouve pas au Front National. Le FN ne fait aucune référence à la violence physique contre les migrants.

5. La crise migratoire 2015/16

Notre approche quantitative et qualitative a montré l'attitude fondamentale de l'UDC et du FN concernant le sujet de l'immigration. Les deux partis utilisent-ils les mêmes arguments dans le contexte de la crise migratoire actuelle ou ont-ils changé leurs stratégies rhétoriques ? Nous prenons deux campagnes contre l'immigration datant de cette période à titre d'exemple. Cela nous permet d'avoir un aperçu sur les événements plus récents.

---

[14] http://www.lematin.ch/suisse/Que-pensezvous-de-la-nouvelle-mascotte-de-l-UDC-/story/13682480 [consulté le 28.04.2017] ; Jérôme Desmeules, co-président de l'UDC du Valais romand.

[15] http://www.udc-vaud.ch/pdf/presse/14-10-15_24H_lancement_campagne.pdf; https://www.udc.ch/campagnes/chien-de-garde-willy/articles/ [consulté le 28.04.2017].

5.1. UDC : « Garantir notre sécurité »

Dans le cas de l'UDC, nous avons choisi une affiche de la campagne à l'initiative populaire « pour le renvoi effectif des étrangers criminels » de 2015/16 ; il s'agit d'un référendum d'expulsion automatique des étrangers criminels, qui a été rejeté par la majorité des Suisses.

L'affiche de l'UDC montre un mouton blanc et un mouton noir avec le slogan : « Garantir enfin notre sécurité ! ». L'image ainsi que le slogan sont bien connus. Lancés dès 2007, les moutons noirs et blancs ont déjà été copiés plusieurs fois (par le FN et par le parti populiste allemand NPD ; plusieurs initiatives ont également lancé des contre-affiches[16]). Le symbole des moutons noirs et blancs crée un monde binaire, une lutte entre le Bien et le Mal. C'est un amalgame entre immigration et délinquance, derrière lequel se cachent le *topos de la menace* comme le *topos de la priorité nationale*. Autrement dit : en ce qui concerne l'immigration, le profil des topoï dans le programme actuel correspond aux campagnes plus récentes de l'UDC.

5.2. FN : « Ma commune sans migrants »

Pour comparer, nous voulons regarder le discours actuel du FN concernant la crise migratoire de 2015–16. Le maire de Hénin-Beaumont, membre du FN, a lancé une pétition contre les immigrants. Elle s'intitule « Ma commune sans migrants » et a commencé le 16 septembre 2016. Il s'agit d'une association créée par le maire d'Hénin-Beaumont, le bastion du FN. Même si cette initiative a été très diversement perçue parmi le FN, le FN l'a intégrée dans son site[17] et nous pouvons donc la considérer comme une œuvre représentant les opinions du FN. Cette association refuse l'accueil des migrants et, selon les mots du maire d'Hénin-Beaumont, « fait suite à l'annonce par le ministre de l'intérieur Bernard Cazeneuve, d'un plan de dissémination de 12 000 migrants dans les villages et villes de France à la suite du démantèlement de la jungle de Calais[18]. »[19]

---

[16] http://www.lemonde.fr/europe/article/2007/10/02/une-affiche-du-parti-populiste-suisse-udc-inspire-les-neo-nazis-allemands_962207_3214.html [28.04.2017].

[17] http://www.frontnational.com/ma-commune-sans-migrants/ [consulté le 28.04.2017].

[18] Camp illégal de migrants près de Calais où des milliers de migrants voulant passer en Grande Bretagne se sont installés.

[19] http://www.frontnational.com/2016/09/creation-de-lassociation-des-maires-ma-commune-sans-migrants/ [consulté le 28.04.2017].

Marine Le Pen s'abstient de tout commentaire concernant cette campagne qui est plus agressive et discriminante envers les migrants. Cela ne correspond pas à sa stratégie de dédiabolisation, elle ne veut pas être perçue comme étant d'extrême droite.[20]

Comme dans le programme électoral du FN, les mêmes types de topoï sont présents dans la charte de la pétition : premièrement, le FN parle du *topos de la charge financière* en parlant « [d']un coût financier et social que nos communes [..] ne peuvent plus supporter. » Deuxièmement, il cite le *topos de la menace* en combinaison avec le *topos de la loi* : « l'installation de camps de migrants […] menace l'exercice des libertés individuelles garanties constitutionnellement ». Puis, le FN fait un amalgame entre *l'immigration* et le *terrorisme islamiste* : « les corridors migratoires […] permettent à des djihadistes de pénétrer sur le territoire de la République en vue de commettre des attentats contre nos populations […]. »

6. Conclusion

Nous avons analysé les programmes du FN et de l'UDC concernant leur politique d'immigration, ainsi que des affiches et des discours plus récents des deux partis. Ce qui est le plus remarquable, ce sont les similarités entre les deux approches. La structure argumentative des deux partis est pratiquement la même. Tous deux propagent la priorité nationale et voient celle-ci comme une nécessité et quelque chose de juste, puisque les migrants ne sont que des terroristes et menacent la sécurité et le bien-être respectivement des Suisses et des Français. La différence principale est qu'en Suisse on argumente plus ostensiblement avec la volonté du peuple dans le contexte de l'immigration. La volonté est constamment mise en avant, tandis qu'elle est plus discrète au FN. Le Front National préfère des formules plus vagues, tandis que l'UDC est plus direct. Le positionnement face à l'immigration est plus marquant et agressif chez les Suisses, d'autant plus qu'ils font passer leur message assez directement, mais en adoucissant l'image, en mettant les mots dans la bouche d'un petit mouton ou d'un chien adorable. Et si vrai-

---

[20] Cette distanciation de l'extrême se montre aussi dans la suspension ou même l'exclusion de membres du FN, après avoir fait des commentaires antisémites (https://www.ladepeche.fr/article/2015/02/21/2053136-l-exclusion-d-alexandre-larionov.html [consulté le 26.11.2018]) ou racistes (cf. https://www.lexpress.fr/actualite/politique/fn/insulte-raciste-contre-taubira-l-ex-candidate-du-fn-exclue_1304861.html [consulté le 26.11.2018]).

ment Willy ne paraît pas encore assez agressif et capable de défendre les Suisses, on peut se convaincre de sa férocité en ligne : le jeu *Le chien de garde Willy protège la propriété*[21] nous permet de défendre les os de Willy (= les Suisses) contre les autres animaux (= les migrants) qui veulent les lui prendre. L'UDC n'a pas peur d'exprimer clairement ses opinions, tandis que les mots du FN sont beaucoup plus tamisés.

7. Références

Corpus

Notre Projet : Programme Politique du Front National. http://www.frontnational.com/pdf/Programme.pdf [28.04.2017].

UDC – le parti de la Suisse. Programme du parti 2015–2019. https://www.udc.ch/positions/programme-politique/ [28.04.2017].

Bibliographie

Alduy, C. & Wahnich, S. (2015). *Marine Le Pen prise aux mots. Décryptage du nouveau discours frontiste.* Paris:Seuil.

Bateman, J. A. (2016). « Methodological and theoretical Issues in multimodality », in N.-M. Klug, H. Stöckl (eds.). *Handbuch Sprache im multimodalen Kontext.* Berlin/Boston: De Gruyter, 36–74.

Busse, D. & Teubert, W. (1994), *Begriffsgeschichte und Diskursgeschichte. Methodenfragen und Forschungsergebnisse der historischen Semantik.* Westdeutscher Verlag: Opladen.

Camus, J.-Y. (2014). « Der Front National (FN) – eine rechtsradikale Partei? », in *Internationale Politikanalyse.* Berlin: Friedrich-Ebert-Stiftung, 1–11.

Curtius, E. R. (1953). *European Literature and the Latin Middle Ages.* New York: Pantheon Books.

Dézé, A. (2015). « La 'dédiabolisation'. Une nouvelle stratégie ? », in S. Crépon, A. Dézé & N. Mayer (eds.), *Les faux semblants du Front national. Sociologie d'un parti politique.* Paris: Presses de Sciences Po, 49–50.

Eckkrammer, E. (2002). « Brauchen wir einen neuen Textbegriff ? », in U. Fix et al. (eds.), *Brauchen wir einen neuen Textbegriff? Antworten auf eine Preisfrage.* Frankfurt am Main: Lang, 31–57.

---

[21] https://www.udc.ch/participer/jeux/ [consulté le 15.12.2017].

Geden, O. (2006), *Diskursstrategien im Rechtspopulismus. Freiheitliche Partei Österreichs und Schweizerische Volkspartei zwischen Opposition und Regierungsbeteiligung.* Wiesbaden: VS Verlag für Sozialwissenschaften.

Hermanns, F. (1989). « Deontische Tautologien. Ein linguistischer Beitrag zur Interpretation des Godesberger Programmes (1959) der Sozialdemokratischen Partei Deutschlands », in Josef Klein (ed.), *Politische Semantik. Bedeutungsanalytische und sprachkritische Beiträge zur politischen Sprachverwendung.* Opladen: Westdeutscher Verlag, 69–149.

Issel-Dombert, S. (2018). « Eine Frage des Stils – Zur Rolle doppelter Anführungszeichen bei der extrême droite als Strategie der Entdiabolisierung. », in K. George, M. Langlotz, U. Milevski & K. Siedschlag (eds.), *Interpunktion im Spannungsverhältnis zwischen Norm und stilistischer Freiheit.* Frankfurt a. M.: Peter Lang, 47–62.

Issel-Dombert S. & Serwe, M. (2018). « Quo vadis, Front National? Zum Parteiprogramm Notre Projet: Programme Politique du Front National. » A. Fábián-Trost & I. Trost (eds.), Sprachgebrauch in der Politik. Grammatische, lexikalische, pragmatische, kulturelle und dialektologische Perspektiven. Berlin: de Gruyter, 279–295.

Kienpointner, M. (1992). *Alltagslogik. Struktur und Funktion von Argumentationsmustern.* Stuttgart-Bad Cannstatt: Frommann-Holzboog.

Klein, J. (2000). « Textsorten im Bereich politischer Institutionen », in H. Ernst et al. (eds.), *Text- und Gesprächslinguistik. Ein internationales Handbuch zeitgenössischer Forschung, TB 1.* Berlin/New York: De Gruyter, 732–755.

Klug, N.-M. & Stöckl, H. (2016). « Einleitung », in N.-M. Klug & H. Stöckl (eds.), *Handbuch Sprache im multimodalen Kontext.* Berlin/Boston: De Gruyter (= Handbücher Sprachwissen, HSW, T. 7), VII-XIII.

Lochocki, T. (2012). « Immigrationsfragen: Sprungbrett rechtspopulistischer Parteien », in *ApuZ, 62 (5–6),* 30–36.

Mayer, N. (2015). « Le mythe de la dédiabolisation du FN », in *la vie des idées. fr,* s. n.

Mazzoleni, O. (2008), *Nationalisme et populisme en Suisse. La radicalisation de la nouvelle UDC, Deuxième édition mise à jour et complétée.* Lausanne: Presses polytechniques et universitaires romandes.

Niehr, T. (2014). *Einführung in die Politolinguistik.* Göttingen: Vandenhoeck & Ruprecht.

Wengeler, M. (2003), *Topos und Diskurs. Begründung einer argumentationsanalytischen Methode und ihre Anwendung auf den Migrationsdiskurs (1960–1985).* Tübingen: Niemeyer.

Stöckl, H. (2012). « Finanzen verbalisieren – Die Text-Bild-Sorte Infographik. », in *OBST Osnabrücker Beiträge zur Sprachtheorie 81*: 177–199.

Taguieff, P.-A. (1984). « La rhétorique du national populisme ». *Mots 9*, 113–139.

Wengeler, M. & Ziem, A. (2010). « "Wirtschaftskrisen" im Wandel der Zeit. Eine diskurslinguistische Pilotstudie zum Wandel von Argumentationsmustern und Metapherngebrauch », in A. Landwehr (ed.), *Diskursiver Wandel*. Wiesbaden: VS Verlag für Sozialwissenschaften, 335–354.

Liens

http://elections.interieur.gouv.fr/presidentielle-2017/FE.html, [consulté le 28.04.2017].

https://www.lexpress.fr/actualite/politique/fn/insulte-raciste-contre-taubira-l-ex-candidate-du-fn-exclue_1304861.html [consulté le 26.11.2018].

https://www.interieur.gouv.fr/Elections/Les-resultats/Presidentielles/elecresult_PR2012/(path)/PR2012/FE.html [consulté le 13.12.2017].

https://www.parlament.ch/fr/organe/groupes/groupe-udc [consulté le 29.04.2017].

http://www.frontnational.com/pdf/Programme.pdf [consulté le 28.04.2017].

https://www.ladepeche.fr/article/2015/02/21/2053136-l-exclusion-d-alexandre-larionov.html [consulté le 26 novembre 2018].

http://www.lematin.ch/suisse/Que-pensezvous-de-la-nouvelle-mascotte-de-l-UDC-/story/13682480 [consulté le 28.04.2017].

http://www.udc-vaud.ch/pdf/presse/14-10-15_24H_lancement_campagne.pdf [28.04.2017].

https://www.udc.ch/campagnes/chien-de-garde-willy/articles/ [consulté le 28.04.2017].

http://www.lemonde.fr/europe/article/2007/10/02/une-affiche-du-parti-populiste-suisse-udc-inspire-les-neo-nazis-allemands_962207_3214.html [28.04.2017].

http://www.frontnational.com/2016/09/creation-de-lassociation-des-maires-ma-commune-sans-migrants/ [consulté le 28.04.2017].

Les agressions à Cologne au prisme de *doxaï* et d'enjeux politiques : construction et naturalisation des identités

Véronique Magaud
Université Catholique de Lyon

1. Introduction

La parole politique, dans le cadre de l'accueil des réfugiés, est plus révélatrice des tensions politiques qui traversent la société française que de réflexions sur les dysfonctionnements politiques aux niveaux national et international. Les agressions à Cologne constituent l'acmé de ces récupérations politiciennes et médiatiques qui accommodent ces événements aux enjeux et luttes politiques du moment. C'est donc autour de cet événement médiatisé que nous souhaitons interroger la construction et la nature des identités autour du Soi et de l'Autre à travers les prises de position de l'extrême-droite et de la droite en France, respectivement, Marine Le Pen (Front National) et Valérie Boyer (Les Républicains), de ceux qui se rassemblent autour de la défense d'une laïcité et d'une République supposées en péril (Alain Finkielkraut, académicien, essayiste et animateur radio), ou encore d'un universitaire se prononçant sur le sujet (Daniel Stoecklin).

Notre travail ne cherche pas à mettre en évidence les représentations des identités en circonscrivant les traits distinguant le 'nous' du 'eux' car ce serait rester au même niveau des discours que l'on analyse en proposant une retraduction dans le langage universitaire, tout en réifiant ces traits représentatifs[1].

---

[1] Nous nous distinguons également des travaux en CDA qui mettent au jour une grammaire des stratégies d'assimilation et de différenciation à travers les opérations discursives de construction des identités et des procédés de légitimation (par

---

Comment citer ce chapitre :
Magaud, V. 2019. « Les agressions à Cologne au prisme de *doxaï* et d'enjeux politiques : construction et naturalisation des identités ». In: Françoise Sullet-Nylander, María Bernal, Christophe Premat & Malin Roitman (eds.). *Political Discourses at the Extremes. Expressions of Populism in Romance-Speaking Countries*. Stockholm Studies in Romance Languages. Stockholm: Stockholm University Press, pp. 261–277. DOI: https://doi.org/10.16993/bax.m. License: CC-BY

Notre approche consiste plutôt à poser cette question du 'soi' et de l'"autre" en termes de positionnements identitaires, car celle-ci se pose dans des contextes de luttes symboliques et territoriales, ou encore lorsque les identités imaginaires prévalent sur les identités réelles générant des « logiques de discrimination et d'exclusion ou, au contraire, [...] des formes d'admiration ou de glorification » (Lamizet 2015 : 41). Par ailleurs, c'est la nature de la relation à l'Autre qui est vecteur de questionnements et d'affirmations identitaires. L'Autre est par ailleurs souvent un construit qui sert d'exutoire aux fantômes qui nous hantent, ou sert des intérêts qu'ils soient politiciens ou de l'ordre du politique. C'est donc en envisageant la question des identités autour d'un événement sidérant, c'est-à-dire qui surprend par son étrangeté et bouleverse l'idée de soi, que les positionnements vont émerger. La notion de *positionnement identitaire* fait référence à la fois à l'identité énonciative qui « se maintient à travers l'interdiscours par un travail incessant de reconfiguration » (Charaudeau & Maingueneau 2002 : 453-454), en fonction des positions des concurrents dans le même champ – il s'agit donc se différencier tout en restant affilié –, et aux visions du monde et des positions qu'on y occupe, que l'on cherche à maintenir ou à changer (Bourdieu & Fritsch 2000), la référence identitaire y étant prééminente. Parler de positionnement identitaire permet de rendre compte de ce construit dans la relation à soi et aux autres, des enjeux et des fantasmes qui s'y jouent.

Autour de cet événement sidérant que sont les agressions à Cologne, nous avons confronté trois types de discours : le politique, l'universitaire, l'intellectuel. Au-delà de leurs particularités, émergent des dominantes interdiscursives communes qui participent à la construction des identités et trahissent des positionnements identitaires. C'est cet interdiscours que nous interrogerons par une analyse argumentative et sémantique des données linguistico-discursives, les *ethè* discursifs (Maingueneau2002), les imaginaires qui s'y légitiment à travers les citations, les formules et les exemples historiques. Il s'agit plus largement de voir comment la/le politique surdétermine ces positionnements identitaires sur Soi/Autre.

---

exemple Reisig, M. & Wodak, R. (2001) : *Discourse and discrimination. Rhetorics of racism and antisemitism*, London, Routledge). Notre propos vise à saisir la dynamique des positionnements identitaires *via* l'appropriation et l'accommodation de discours autres.

2. Contexte, corpus et méthodologie

Après avoir introduit le contexte et les derniers résultats des enquêtes sur les agressions à Cologne, cette partie inaugurale présente le corpus constitué de quatre interventions, relevant des champs politique, intellectuel et universitaire, et la méthodologie utilisée. Cette dernière conjoint analyse du discours française et argumentation rhétorique, celle-ci s'inscrivant dans la lignée des travaux de Perelman et Olbrecht-Tyteca ([1958]1992) et, à leur suite, Plantin (1996) et Amossy (2000).

2.1. Rappel des faits

Des agressions à l'encontre de femmes sont commises le soir du nouvel an 2016, en Rhénanie, à Cologne ; d'autres agressions similaires, dans une proportion moindre, sont rapportées dans d'autres villes allemandes et d'Europe du nord. Ulrich Bremer, procureur de la ville de Cologne, fait alors état de 1088 plaintes pour agressions sexuelles et vols avec coups et blessures. Les personnes inculpées, 73 au total, sont d'après Bremer des demandeurs d'asile, des personnes arrivées illégalement, et comptent majoritairement des nord-africains. *Jeune Afrique* rapporte le 22 janvier l'existence d'un réseau de délinquants marocains ayant fait l'objet d'investigations de 2014 à fin 2015 par la police de Düsseldorf dans le cadre du projet Casablanca visant à enquêter sur une délinquance nord-africaine en forte expansion. Ces réseaux auraient pu sévir à Cologne, la technique pour approcher les victimes étant la même que celle recensée par la police de Düsseldorf. Des enquêtes sont toujours en cours mais des inculpés ont été relaxés[2].

Sans certitude quant aux agresseurs, les réactions se sont vite fait entendre pour dénoncer, d'une part, le manque de réactivité des autorités et des médias et, d'autre part, la politique d'accueil de réfugiés en Europe initiée par Angela Merkel, dans un contexte de violences mondiales, avec pour corollaire un afflux de réfugiés. En France, les explications hâtives de ces agressions n'ont pas tardé à paraître, à commencer par celles de l'écrivain et journaliste algérien Kamel Daoud (*Le Monde*, 31 janvier ; *Sunday Review,* 12 février2016), qui fustige le monde musulman par les tabous qui pèseraient sur la sexualité dans

---

[2] https://www.legrandsoir.info/le-tribunal-de-hambourg-relaxe-les-accuses-de-la-nuit-du-nouvel-an-a-cologne.html. *The Local* du 14.02.2017 rapporte que les agressions à Frankfort ont été inventées : https://www.thelocal.de/20170214/mass-sexual-assaults-by-refugees-in-frankfurt-completely-made-up.

certains pays arabes. En réponse à ces tribunes, un collectif composé d'universitaires et de journalistes réagit aux propos de Daoud dans la rubrique *Idées Du Monde* le 11 février lui reprochant sa vision clivée, psychologisante et essentialiste de deux mondes au détriment de considérations politiques et sociales.[3]

Nous ne reviendrons pas sur cette polémique. Nous nous sommes plutôt intéressées aux réactions à chaud à portée identitaire émanant du monde politique et intellectuel de notre côté de la Méditerranée afin de voir comment se construisent les identités dans un contexte de tensions politiques et idéologiques ainsi que, pour reprendre Bourdieu (2000), les principes de vision et de division qui cherchent à s'imposer.

2.2. Corpus

Notre étude s'appuie sur les interventions de personnalités dans les médias numériques, à support papier ou radiophonique ou encore dans des organes politiques comme le Sénat. L'objectif étant de saisir les lieux où se joue la redéfinition de discours tenus ailleurs et par d'autres, elle privilégie le parcours d'unités non topiques dans une perspective analytique c'est-à-dire la circulation d'éléments linguistiques ou discursifs non rattachés à un genre de discours particulier[4] et d'empan large. Elle porte, d'une part, sur un article de Marine Le Pen, chef de file du parti Front National (extrême-droite), qui réagit aux événements dans la rubrique *Tribune libre* du journal en ligne *L'Opinion*[5] le 13 janvier sous le titre « Un référendum pour sortir de la crise migratoire ». Elle s'appuie, d'autre part, sur l'allocution de Valérie Boyer, députée Les Républicains (droite) des Bouches-du-Rhône, membre de la commission aux affaires sociales, qui s'adresse le 15 janvier au premier ministre Valls au Sénat au sujet des agressions[6]. Par ailleurs, elle porte sur les interventions d'Alain Finkielkraut, philosophe, essayiste, journaliste et

---

[3] http://www.lemonde.fr/idees/article/2016/02/11/les-fantasmes-de-kamel-daoud_4863096_3232.html#gSX8GObsdc2qrb3d.99

[4] Voir Maingueneau, P. (2005)." L'analyse du discours et ses frontières". *Marges linguistiques* 9, et le découpage des "objets" de l'analyse de discours française qu'il propose en unités topiques et unités non topiques qui correspondent respectivement à une démarche intégrative et une aproche analytique

[5] http://www.lopinion.fr/edition/politique/marine-pen-referendum-sortir-crise-migratoire-94568. L'Opinion est un journal pro-européen, probusiness et à tendance libérale dont le président et directeur de rédaction, N. Beytout est l'ancien président des Echos (finances) et ancien directeur de rédaction du Figaro (quotidien de droite)

[6] https://www.youtube.com/watch?v=1n7UQ5nyO_c

académicien, qui anime l'émission *Répliques* sur France Culture depuis 1985, et auteur d'essais, qui lui ont valu d'être qualifié de néoréac[7] et de décliniste. Il intervient sur les agressions dans l'émission *l'Esprit de l'escalier* sur *RadioJuive Communautaire*[8] qu'il anime en tandem avec Élisabeth Levy (journaliste et directrice de rédaction dans la revue en ligne *Causeur,* classée à droite), le 10 janvier et le 26 à l'École polytechnique retransmis par Le Figaro.tv[9], quotidien classé à droite. Daniel Stoecklin enfin, professeur à l'Institut Universitaire Kurt Bosch et à l'Institut International des Droits de l'Enfant à Sion en Suisse, spécialiste de l'enfance et des droits de l'enfant, intervient sur les agressions dans *Jet d'encre*[10] le 26 janvier 2016 sous le titre « Une agressivité civilisée ». Cette revue, rassemblant essentiellement des universitaires, présente les caractéristiques d'un quotidien avec les rubriques usuelles (société, culture, etc.) et se veut le lieu d'une délibération citoyenne privilégiant l'analyse et la pluralité des points de vue, à l'image de *The Conversation*.

2.3. Méthodologie et axes d'étude

En focalisant notre attention sur l'interdiscours, entendu comme « l'ensemble des unités discursives (relevant de discours antérieurs du même genre, de discours contemporains d'autres genres) avec lesquelles un discours entre en relation implicite ou explicite » (Charaudeau & Maingueneau 2002 : 324), et les conditions sociopolitiques dans lesquelles ces phénomènes sont produits, notre analyse vise à faire émerger ces fictions que l'on entretient sur soi et sur l'autre, surdéterminées par les tensions et les enjeux qui structurent les différents champs concernés. L'analyse du discours considère les discours comme poreux les uns aux autres et les phénomènes de reprises montrent une impossible isomorphie entre un discours et un groupe défini, l'identité se constituant dans les processus de redéfinition, de répétition, de travestissement de « discours produits dans d'autres discours, antérieurement à lui et indépendamment de lui » (Maingueneau 1991 : 161). Les phénomènes interdiscursifs sont corrélés aux schèmes argumentatifs sous-jacents ou

---

[7] Lindenberg D. (2002), Le rappel à l'ordre : enquête sur les nouveaux réactionnaires, Paris, Le Seuil
[8] https://www.youtube.com/watch?v=-jpx4jGaO5I https://www.youtube.com/watch?v=-jpx4jGaO5I
[9] http://www.lefigaro.fr/vox/culture/2016/01/28/31006-20160128ARTFIG00230-grandes-rencontres-du-figaro-alain-finkielkraut-immortel.php
[10] http://www.jetdencre.ch/une-agressivite-civilisee-9753

topoï faisant émerger l'arrière-plan doxal et idéologique qui sous-tend les discours et qui nous renseigne sur ce que l'on fantasme sur soi et sur l'autre. L'argumentation y est envisagée dans sa dimension dynamique, dialogique où les lieux argumentatifs, les topiques et les *ethè* y jouent un rôle essentiel. Les identités sont donc appréhendées à travers les analogies, les topiques événementielles qui structurent les formulations, les nouveaux référents qui s'imposent, ces phénomènes conférant aux fragments de discours réappropriés un caractère naturel.

Aussi la notion de positionnement rend-elle compte à la fois de la façon dont les identités se délimitent et se déterminent dans l'interdiscours au moyen d'opérations discursives et argumentatives, dans une situation de confrontation et de concurrence. Le positionnement identitaire est appréhendé dans la présente étude, d'une part, au travers des citations qui, en plus de conférer une légitimité au citant par contamination avec l'auteur de la citation, sont accommodées au sens commun et au contexte. Cette transmutation en sens commun d'un système de pensée qui lui est antérieur ou *doxopraxie* procède de normes qui s'actualisent par des *topoï* (Sarfati 2002). Elle transforme par ailleurs les propos premiers en médiations partisanes car la citation est arrimée au dogme idéologique du citant. Le positionnement identitaire procède alors d'endoxons[11] qui émergent du raisonnement dans lequel la citation est prise.

Le positionnement identitaire procède, d'autre part, de l'usage d'exemples historiques qui permettent d'établir une analogie entre un événement antérieur (*phore*) et un événement présent (*thème*), et expliquer ce dernier à la lumière des leçons tirées du premier supposé semblable (Aristote 1991). Ce rapprochement vise à faire émerger une propriété commune entre phore et thème (Perelman 1992) et à faire admettre une thèse, le positionnement identitaire transparaissant *via* ce trait commun que prend le comparant au contact du comparé et justifiant les attitudes de rejet ou/et de glorification.

Enfin, le positionnement est appréhendé à travers la circulation de formules, c'est-à-dire « un ensemble de formulations qui, du fait de leurs emplois à un moment donné et dans un espace public donné, cristallisent des enjeux politiques et sociaux que ces expressions contribuent dans le même temps à construire » (Krieg-Planque 2009 : 7). Elles permettent de fait de se singulariser et de délimiter une identité

---

[11] Lieux communs tenus pour vrais ou probables et qui servent de justifications aux propos avancés (voir Plantin 1996, 2002)

grâce aux référents que les personnes leur accolent et qui jouent en faveur d'une différenciation polémique.

3. Phénomènes interdiscursifs, construction et naturalisation des identités

La notion de positionnement permet de rendre compte de la construction de ces fictions clivantes autour du 'nous' et du 'eux' et également du jeu médiatique et politique qui consiste à entretenir une polarisation entre différents groupes.

Pour rendre compte des positionnements identitaires dans un climat de tensions et conflits politiques à la fois internes et externes et de leurs différents rôles, notre focale se centre sur les trois phénomènes discursifs sus-cités. La citation tout d'abord joue en faveur d'un modèle dont on se réclame et d'un anti-modèle qu'on fustige, légitime une frontière entre le 'nous' et le 'eux' et renforce une idéologie au moyen de ces médiations « partisanes », celle d'une hégémonie à retrouver comme vecteurs d'action. Les formules[12] ensuite qui, à travers le fonctionnement de *terrorisme sexuel*, de *civilisation française* notamment, réactivent un imaginaire sur l'autre. Elles s'inscrivent sur fond de polémique et fonctionnent comme totem en conférant une identité démarcatrice dans le champ ou inter-champ où elles opèrent. L'exemple historique, enfin, celui de la *place Tahrir*, nous éclaire sur l'émergence d'une nouvelle mission émancipatrice de l'occident.

3.1. Le rôle des citations et *doxopraxie*

La candidate M. Le Pen accommode l'événement au prisme idéologique de son parti (l'immigration doit être réduite, les agressions apportant une justification supplémentaire à ce leitmotiv) et y associe un argument d'autorité d'autant plus efficace qu'il concerne une figure du féminisme, Simone De Beauvoir. La citation mobilisée, se situant dans le contexte émancipateur des années 60–70 en France, est décontextualisée et déshistoricisée en lui associant les faits présents. La menace prophétisée par De Beauvoir faisant référence au travail d'éternisation des structures de la division sexuelle, pour reprendre Bourdieu (1998),[13]

---

[12] Il s'agit de collocations constituées de lexies suivies d'une expansion adjectivale (relationnel) et qui, par les changements sémantiques qui s'opèrent, présentent des enjeux idéologiques et de positionnement dans un champ

[13] Bourdieu, P. (1998). *La domination masculine*. Paris: Editions du seuil

et les valeurs axiologiques qui lui sont attachées, est instanciée (crise migratoire), associée à des arguments-objets (atteinte à l'intégrité physique, contrôle social, réduction des libertés et asservissement) et repolitisée (stop à l'immigration) en y associant des actants-opposants, les migrants, et en l'assujettissant au dogme idéologique :

> (1) Le droit à l'intégrité corporelle, de quelque sexe que l'on soit, est un droit parmi les plus essentiels. Ce droit est aujourd'hui attaqué pour nombre de femmes. Que la barbarie puisse s'exercer de nouveau à l'encontre des femmes, du fait d'une politique migratoire insensée, me remplit d'effroi. Je repense à ces paroles de Simone de Beauvoir : « *N'oubliez jamais qu'il suffira d'une crise politique, économique ou religieuse pour que les droits des femmes soient remis en question* », et j'ai peur que la crise migratoire signe le début de la fin des droits des femmes. Atteinte à l'intégrité physique, contrôle social, réduction des libertés et asservissement : on sait que la pente est glissante. Sur ce sujet comme sur les autres, les conséquences de la crise migratoire étaient pourtant prévisibles[14].

Il ne s'agit donc plus de dénoncer la rémanence des structures patriarcales en France mais de montrer que cette menace pesant sur l'endogroupe vient de l'extérieur, les migrants étant de fait assimilés aux agresseurs passés et jouant le rôle de repoussoir afin de faire avaliser la thèse du rejet de l'immigration. Le *topos* des inséparables sur lequel repose le raisonnement (la crise migratoire implique nécessairement une remise en question des droits des femmes) naturalise et érige en règle le lien entre présence des migrants et fin des droits des femmes. La candidate joue également sur la proximité analogique en laissant entendre, au moyen de présupposés et d'inchoatifs, que de pareilles agressions aient été monnaie courante ou qu'elles menacent les droits des femmes (« que la barbarie puisse **de nouveau** s'exercer à l'encontre des femmes » ; « les femmes **ne** peuvent **plus** jouir comme l'homme de ces mêmes droits »; « la crise migratoire signe **le début de la fin** des droits des femmes » ; « libertés très chères acquises **de haute lutte** » ; « nouvelle forme de régression »). Les migrants sont donc bel et bien assimilés aux agresseurs passés et cette analogie permet à la candidate de condamner l'immigration, fer de lance de son parti, mais aussi de jouer sur la peur d'un retour en arrière d'une société pétrie de discours progressistes.

---

[14] Voir note 8.

A. Finkielkraut réfute au moyen de négations polémiques les explications en termes de dominants-dominés et celles qui pointent du doigt le rejet des musulmans en occident. La convocation de propos de Fethi Benslama, psychanalyste tunisien directeur de l'UFR de l'Université Paris Diderot, apporte une triple légitimité au discours de Finkielkraut. Il permet de neutraliser les oppositions en convoquant une figure d'autorité, caution renforcée par le fait que Benslama est lui-même issu d'un pays musulman. Les agressions à Cologne sont assimilées à l'idée que les femmes sont opprimées par l'islam, idée que la citation vient corroborer :

> (2) Fethi Benslama ajoute dans sa Déclaration d'insoumission à l'usage des musulmans et de ceux qui ne le sont pas que l'oppression des femmes ne dégrade pas seulement la femme mais organise dans l'ensemble de la société l'inégalité la haine de l'altérité la violence par le pouvoir mâle il faut aider les musulmans à se défaire de cette oppression sinon voilà voilà ce qui arrive[15].

La citation conduit à la conclusion suivante, reposant sur le lieu des inséparables : si on veut enrayer de pareilles agressions, alors il faut se défaire de l'islam ; et l'occident est investi de cette mission. Les migrants sont donc définis par le seul prisme de la religion[16] et la haine de la femme que l'islam instillerait. Il s'agit en fait de réactualiser le discours universaliste en prenant comme valeur d'émancipation la libération des femmes, d'ériger l'endogroupe comme le modèle à suivre, exempt des traits attribués aux sociétés arabo-musulmanes, et qui en constitue l'envers : égalité, altérité, non patriarcal. L'identité de l'exogroupe émerge de fait selon le lieu des contraires : si l'oppression des femmes est imputable à l'islam, alors leur libération procède d'une négation de l'islam. L'endogroupe est investi de ce pouvoir de libération. On ôte toute épaisseur politique à l'autre, réduit à une altérité radicale et à sa seule appartenance confessionnelle qui plus est répressive ; les cultures sont hiérarchisées, l'occident apparaissant bienfaiteur et libérateur.

Se réaffirme, à travers ces médiations « partisanes », la supériorité de l'occident, les droits des femmes devenant le fer de lance d'une hégémonie à reconquérir face à un *dark age* dans lequel l'islam risque de plonger l'humanité.

---

[15] A. Finkielkraut, l'Esprit d'escalier à *Radio communautaire juive* le 10 janvier 2016 (voir note 11). A noter que les extraits oraux font l'objet d'une transcription orthographique non ponctuée

[16] En oubliant de considérer et les structures du pouvoir de ces sociétés, en réalité sécularisées, et leur contestation à travers l'émergence de mouvements de radicalisation.

3.2. Les formules, leur remotivation et leurs enjeux identitaires

Dans le discours politique, les formules lors de leur parcours discursif perdent ou gagnent des traits distinctifs en fonction des enjeux et des contextes de luttes symboliques et politiques. A ce titre, la circulation du lexème *civilisation* est éclairante car elle montre comment l'intertexte est accommodé au contexte et aux enjeux de pouvoir et sert de dissociation catégorielle polémique, jouant comme phénomène de différenciation.

Le sens interdiscursif de *civilisation* en emploi absolu s'est confondu, au 18ème siècle, avec *civilisation universelle* que doit atteindre toute humanité, c'est-à-dire le progrès et le développement scientifique ; il se confond aujourd'hui avec celui de culture. *Civilisation* est plus communément associé à un relationnel et évoque un ensemble de sociétés avec des configurations historiques particulières présentant des traits communs dans le temps et l'espace (Obadia 2016). Dans le discours politique, le terme est reconvoqué avec l'usage idéologique emblématique que Nicolas Sarkozy en a fait dans son discours de Dakar en 2007. Chez M. Le Pen, *civilisation française* est remotivée et prend alors par contamination avec le co-texte les traits de 'sécurité de tous' et 'les droits des femmes': « […] A toutes les raisons qui commandent la réduction drastique de l'immigration, s'ajoutent désormais des impératifs qui touchent aux fondements même de la civilisation française : la sécurité de tous, et les droits des femmes[…] ».[17]

Civilisation française ainsi assimilée à l'état régalien, conformément à la perspective politique frontiste, permet de conférer à la France le monopole des droits des femmes. Cet emploi perfectif (on lui accole des traits et une localisation), son indexation sur des événements contingents rapportés à la France repose sur le lieu de l'existant[18] et permet à la candidate de se positionner du côté de la vérité des faits de façon à faire avaliser sa thèse sur l'immigration et la souveraineté nationale. Cette restriction du sens interdiscursif à deux référents vise à se démarquer d'une part des partis pro-européens et à faire adopter pour seule légitimité l'idée d'un État régalien. Elle légitime un imaginaire où celui-ci s'est imposé depuis toujours comme l'atteste l'utilisation du mot *civilisation* qui donne un ancrage historique aux référents tout en réaffirmant implicitement que la France a le monopole des droits de

---

[17] Voir note[8]
[18] « Les lieux de l'existant affirment la supériorité de ce qui existe, de ce qui est actuel, de ce qui est réel, sur le possible, l'éventuel ou l'impossible. » (Perelman, *op. cit.*: 126)

l'Homme. En effet, la formule et l'imposition des référents sociaux qui lui sont associés impliquent que les droits des femmes sont une spécificité française et que leur absence et celle d'État régalien renvoient à un État non civilisé. L'emploi du mot *civilisation* n'est pas innocent car les traits de progrès et de rayonnement y sont capitalisés en langue. Il s'agit par ailleurs *via* cette formule de se distinguer de la droite et de leur formule totem « l'identité française » et de réaffirmer la souveraineté nationale par le lieu de l'ordre qu'impose la visée argumentative de la formule. Ce médiateur symbolique permet de jouer sur la fibre nationale en flattant l'*ethos* collectif et d'attribuer aux étrangers une image inversée, le lieu de l'insécurité, du non-droit, de la régression.

La formule *terrorisme sexuel* apparaît en 2013 quand l'*Express* du 6 mars rapporte les propos d'Inas Mekkawy du mouvement de défense des droits des femmes *Baheya ya Masr* : « *Nous voulons que le terme +harcèlement+ ne soit plus utilisé. Ce dont il s'agit aujourd'hui, c'est de terrorisme sexuel*[19] ». Cette déclaration fait suite aux nombreuses agressions à caractère sexuel dont les femmes égyptiennes ont fait l'objet lors de la révolte populaire pour renverser le régime de Hosni Moubarak et ultérieurement lors de manifestations de célébration de ce soulèvement.

La formule, reprise dans la presse avec des guillemets en faisant référence à ces mêmes agressions, figure par la suite en usage, ne renvoyant plus seulement à ces événements historiquement situés. Dans le discours de Valérie Boyer, elle se rapporte aux agressions à Cologne, devient un moyen de disqualifier le gouvernement et de fustiger l'irresponsabilité de ce dernier face aux migrants. *Terrorisme* renvoie à l'idée qu'un groupe refuse la relation étatique, nie ce monopole de la violence qui échoit à l'État. La formule assimile les agressions sexuelles à une délégitimation de l'État en s'attaquant aux femmes. Dans la situation égyptienne, le syntagme renvoie à l'idée que des groupes à l'intérieur de la nation s'opposent et s'imposent les uns aux autres dans une lutte pour le pouvoir et, dans les propos de Mekkawy, que les femmes deviennent un enjeu politique pour délégitimer le mouvement ou certains groupes. Les femmes agressées considèrent que ces actes visent « à les exclure de la vie publique et à les punir de leur participation au militantisme politique et aux manifestations. *Elles sont aussi une tentative de ternir*

---

[19] https://www.lexpress.fr/actualites/1/monde/en-egypte-des-femmes-en-guerre-contre-le-terrorisme-sexuel_1227354.html

l'image de la place Tahrir et des manifestants en général[20] ». Le terrorisme sexuel serait ainsi un moyen de miner le soulèvement de l'intérieur en s'attaquant aux femmes tout autant qu'une contestation de la légitimité politique des femmes. Elle présente les traits +violence +délégitimation politique +délégitimation d'un groupe sexuel +intergroupal.

Dans le discours de Valérie Boyer, qui procède par questions rhétoriques afin d'élargir son point de vue à celui de l'ensemble des Français, et de se présenter comme leur porte-parole, la formule dans son parcours perd le trait de délégitimation politique à l'encontre de groupes d'opposition ou d'un groupe sexuel et prend ceux de +chasse à l'homme +guerre :

> (3) À la lumière de ces événements[21], comment ne pas être choqué par le manque de réactivité des autorités européennes ? Où sont les féministes ? Sommes-nous en train d'assister à une nouvelle forme de terrorisme, un terrorisme sexuel où l'on considère les femmes comme du gibier les français sont inquiets[22].

Ainsi les migrants sont présentés comme refusant le contrat qui lie les citoyens et l'État et comme force brute voire bestiale ; la figure du migrant fait ici écho à l'imaginaire rémanent autour du barbare qui s'impose par la force et en s'accaparant les femmes du pays à conquérir. Inversement, le discours se structure en contrepoint sur un imaginaire irénique autour de la situation des femmes en Europe *versus* un imaginaire dysphorique autour du hors culture qui caractériserait les migrants.

Si la formule permet de jouer sur les imaginaires et les peurs qu'elle suscite, elle constitue également une formule-totem clivante dans la mesure où elle représente une ligne de fracture entre les pro-migrants et les anti-migrants, donne une identité à la politique et à la vision de la candidate. Il s'agit de se distinguer d'une gauche qualifiée implicitement d'irresponsable qui n'anticipe pas les dangers ou les problèmes et refuse d'appeler un chat un chat, et de s'aligner sur les discours d'extrême-droite faisant de l'immigration une menace.

Dans le champ universitaire, la contribution de Stoecklin dans la revue *Jet d'encre* au lendemain des événements vise à tirer un enseignement des attentats commis à Paris susceptibles de s'appliquer aux événements de Cologne : « [...] on peut commencer à entrevoir que le point commun entre ces deux phénomènes, est que les agressions

---

[20] *Id.*
[21] V. Boyer fait bien sûr référence aux agressions à Cologne
[22] Voir note[6]

sexuelles tout comme les attentats terroristes sont des comportements extrêmement désorientés [...] »[23].

L'auteur, à la lumière des travaux de N. Elias sur la société curiale[24], oppose les sociétés où prévaut l'autocontrôle grâce à la *civilisation des mœurs* et celles où prévaut l'exocontrôle, dicté de l'extérieur. La « civilisation des mœurs », concernant surtout l'occident, et les sociétés qui en sont dépourvues se déclinent respectivement à travers des traits opposés: distanciation et autoréflexivité *vs* non distanciation par rapport au dogme, agressivité civilisée dont l'humour et la fête sont l'expression *vs* agressivité incontrôlée et généralisée dont la disparition de la fête est l'expression, régulation de l'agressivité par l'État *vs* monopole de la violence à la place de l'État :

> (4) En quelque sorte, en suivant Elias, on peut voir l'humour et l'ironie comme de l'agressivité civilisée. [...]De Socrate à Montaigne (« connais-toi toi-même »), l'Occident a valorisé la distanciation et l'autoréflexivité. Le foisonnement de la littérature en est l'indice le plus évident. Là où n'existe qu'un seul livre (*le* livre) il n'y a pratiquement pas d'autoréflexivité possible, et donc pas d'autonomie. [...] une civilité aujourd'hui relativement mondialisée, reposant sur l'auto-contrôle, la distanciation par rapport à l'autorité et à soi-même (réflexivité) et n'autorisant l'agressivité que sous la forme euphémique de l'humour et de l'ironie. Ce que ne supportent pas les fondamentalistes, c'est « la civilité des autres » (dont la nôtre) et l'agressivité régulée qu'elle suppose.
>
> [...] Face aux agressions de Cologne, nous devons poser les bonnes questions, et ne pas nous laisser enfermer par la stigmatisation ou la récupération politique. Les points communs doivent stimuler une réflexion plus « haute » : dans tous les cas, on constate que faire la fête est possible quand l'agressivité est régulée, et que cela disparaît quand l'agressivité est généralisée[25].

Cette catégorisation binaire et inversée de type culturaliste réactive et légitime un imaginaire sur les sociétés arabo-musulmanes apparaissant comme des sociétés anhistoriques qui en sont à une étape[26] de leur progression vers

---

[23] Voir note[13]
[24] On peut s'interroger d'une part sur la mobilisation d'une analyse de situations historiquement et géographiquement situées (l'Europe au temps de la royauté) transformée en heuristique pour parler de situations contemporaines et d'espaces géographiques différents, sans qu'ils constituent directement le terrain du chercheur.
[25] Voir note[9]
[26] « [...] si on suit la thèse d'Elias, on devrait conclure que les fondamentalistes vivent **encore** dans une 'dynamique' dominée par l'impulsivité (que la 'dynamique de l'Occident' a largement résorbé) ».

la « civilisation des mœurs », caractérisée par le contrôle des émotions, par des expressions et codes différenciés et par la délégation du pouvoir et de la violence à l'État. Cet imaginaire est imprégné d'une conception évolutionniste des cultures mais aussi d'une vision toute hégélienne où historicité rime avec État. Il s'inscrit dans un modèle hiérarchique des cultures où l'occident représente le modèle à suivre. Par ailleurs, l'auteur qualifie la violence liée aux attentats et agressions de « conflictualité normative » qu'il oppose à « choc des civilisations », formule éponyme du livre de Samuel P. Huntington, qui a été reprise à l'envi après les attentats de Paris[27]. Il s'agit pour l'auteur de se positionner et dans le champ universitaire et dans le champ médiatique. En effet, bien que l'auteur s'en défende, il procède de la même façon que Huntington (1997) en réifiant des traits censément représentatifs de deux mondes, les « agresseurs » présentant de fait un handicap lié à leur identité monolithe puisque seul l'occident connaitrait des expressions plurivoques et serait donc plus apte à gérer les différences[28] :

> (5) Il faut commencer par comprendre que leur violence exercée sur des victimes expiatoires, est une réponse sans doute inconsciente à leur propre désarroi face à une conflictualité normative par rapport à laquelle ils n'arrivent pas à prendre personnellement position et éprouvent donc le besoin de se ranger dans un camp qui leur offre la vision rassurante d'une conception manichéenne du monde (les bons et les mauvais). C'est ici que l'on voit pourquoi la « conflictualité normative » est une notion plus adéquate que l'expression « choc des civilisations » : elle ne réifie pas les « civilisations », mais fait au contraire entrevoir des processus de subjectivation différents, des processus de construction identitaires différenciés[29].

Il s'agit donc avec cette formule de se démarquer des médias classiques, qui ont et continuent pour certains d'accueillir favorablement la conception huntingtonienne des relations internationales, mais également de se positionner dans le champ universitaire en imposant une idée-force qui permette de se définir par rapport aux concurrents.

---

[27] Par exemple, Jean-Louis Bourlanges, ancien député européen et professeur associé à Sciences Politiques à Paris («Les violences à Cologne nous font découvrir le "choc des civilisations" au quotidien», *Le Figaro*, 16.01.2016) ; A. Finkielkraut parle de « choc des cultures ».

[28] « Contrairement à l'Occident, qui a favorisé l'intériorisation des normes, et tolère donc leur interprétation personnelle, les régions du monde dominées par une pensée religieuse monothéiste considèrent comme 'sacrée' une forme précise de 'civilité', qui impose des pratiques incontournables et non-interprétables (dont le port du voile pour les femmes, le mariage précoce, l'excision et la circoncision) ».

[29] Voir note[13]

3.3. Le précédent historique : matrice narrative accommodée à l'étalon 'émancipation'

Finkielkraut utilise, dans les discours recueillis, le précédent de la place Tahrir. Le fait historique comparant est décontextualisé et est opérée une lecture sélective, anhistorique et simplificatrice pour pouvoir être accommodée à la situation présente. Ainsi *place Tahrir* devient le symptôme de l'échec des révolutions arabes infiltrées par l'islamisme :

> (6)[...] ce qui s'est passé à Cologne rappelle ce qui s'est passé à place Tahrir pendant le printemps arabe des hommes agressant sexuellement des femmes pour les chasser de l'espace public on a beaucoup parlé des printemps arabes on est tous très malheureux de l'évolution de l'hiver qui a suivi mais quand on sait ce qui s'est passé place Tahrir on peut dire que l'hiver était dans le fruit c'était là[30]

Un sens événementiel est capitalisé dans la formulation synecdotique qui renvoie à la révolution égyptienne de 2011. On peut ainsi dérouler une topique événementielle qui structure le syntagme autour d'actants, d'un lieu (place Tahrir), de dates (du 25 janvier jusqu'à la chute de Moubarak), de moyens, d'actions et d'un but. Cette matrice narrative est cependant simplifiée par la topique qui émerge de son usage comme on peut le voir dans le tableau suivant :

Tableau : Lecture analogique des agressions à Cologne. Copyright : Véronique Magaud. Licence : CC BY

	L'événement sous sa forme synecdotique	Lecture analogique
Lieu	Place Tahrir	Tahrir = Cologne
Actants	Mouvement de la jeunesse du 6 avril et des milliers d'Égyptiens/ le pouvoir et ses partisans (Moubarak et les pro-Moubarak)	Des hommes *vs* des femmes
Moyens et actions	Occupation et services jusqu'à être une ville dans la ville	Agressions sexuelles
But	Occupation en vue de la chute du gouvernement	Éviction des femmes de l'espace public

---

[30] Voir note[12]

Cette lecture 'genrée' évacue toute la portée politique du soulèvement au profit d'une violence à l'encontre des femmes[31]. Les incidents[32] qui ont émaillé l'occupation sont érigés en représentation optimale de façon à maximiser la continuité entre ces événements et les événements qui ont eu lieu à Cologne en vertu du lieu du tout et de la partie. *Place Tahrir* devient ainsi l'emblème de l'oppression des femmes qui plus est par l'islam comme Cologne est frappée par le même phénomène. L'association de deux lieux géographiques et de contextes différents permet d'interpréter les agressions à Cologne comme une menace plus large, le fait comparant prenant donc le trait 'infiltrés par l'islamisme'. Ainsi s'impose un récit intermédiaire qui réitère l'idée d'émancipation universelle avec comme étendard, comme valeur émancipatrice, la lutte contre l'islam.

4. Conclusion

Notre contribution a montré que les identités qui se construisent dans les discours sont indissociables d'une part des champs dans lesquels les événements prennent place et qui favorisent le jeu concurrentiel, d'autre part des positionnements idéologiques et politiques des intervenants. Les lieux discursifs qui matérialisent des fictions autour des identités révèlent en effet les enjeux de ces catégorisations de l'autre et de soi-même, tout en naturalisant l'imaginaire collectif autour de ces identités. Ils cristallisent les fantasmes entretenus sur l'endogroupe et l'exogroupe. Les migrants endossent ainsi le rôle de miroir repoussant d'une société qui se vit et s'affiche comme progressiste, celui de 'barbares', et sont encore jugés à l'aune d'un évolutionnisme dont nous représenterions l'étape ultime, tandis que le parangon de l'émancipation continue de hanter notre relation à l'orient.

Bibliographie

Amossy, R. (2000). *L'argumentation dans la langue.* Paris: Nathan Université.

Aristote (1991). *Rhétorique,* Paris: Livre de Poche.

Bourdieu, P. (1998). *La domination masculine.* Paris: Editions du seuil.

---

[31] Ce que Finkielkraut résume par la métaphore suivante : l'hiver était dans le fruit.
[32] Il ne s'agit pas de minimiser les agressions mais de contester leur association unilatérale à la main mise des islamistes sur le mouvement. Comme dans tout soulèvement, les moyens mis en œuvre pour discréditer sa légitimité et pour le récupérer relèvent de diverses forces en opposition.

Bourdieu, P. & Fritsch, P. (2000). *Propos sur le champ politique*. Lyon: Presses Universitaires de Lyon.

Charaudeau, P. & Maingueneau, D. (eds.) (2002). *Dictionnaire d'analyse du discours*. Paris: Seuil.

Daoud, K. (2016). « Cologne, lieu de fantasmes ». Le Monde 31 janvier. http://www.lemonde.fr/idees/article/2016/01/31/cologne-lieu-de-fantasmes_4856694_3232.html

Daoud, K. (2016). « La misère sexuelle dans le monde arabe ». Sunday Review 12 février. https://www.nytimes.com/2016/02/14/opinion/sunday/la-misere-sexuelle-du-monde-arabe.html

Hauteville, J.-M., (2016). « Allemagne: y-a-t-il une mafia marocaine à Cologne ». Jeune Afrique 22 janvier. http://www.jeuneafrique.com/296075/politique/allemagne-y-a-til-une-mafia-marocaine-a-cologne/

Huntington, S. (1997) [1996]: *Le choc des civilisations*. Paris: éditions Odile Jacob.

Krieg-Planque, A. (2009). *La notion de « formule » en analyse du discours. Cadre théorique et méthodologique*. Besançon: Presses Universitaires de Franche-Comté.

Lamizet, B. (2015). « Rhétorique de l'identité et discours identitaires », in A. Richard & *alii* (eds), *Le discours politique identitaire dans les médias*. Paris: L'Harmattan, 25–48.

L'Express (AFP) (2013). « En Egypte, des femmes en guerre contre le terrorisme sexuel », 6 mars.

Maingueneau, D. (1991). *L'analyse du discours*. Paris: Hachette supérieur.

Maingueneau, D. (2002). « Problèmes d'ethos». *Pratiques* 113–114, 55–67.

Maingueneau, D. (2014). *Discours et analyse du discours*. Paris: Armand Colin.

Obadia, L. (2016). « Civilisation », in O. Christin (ed), *Dictionnaire des concepts nomades en sciences humaines*. Paris: Métailié, 241–255.

Perelman, C. & Olbrecht-Tyteca, L. (1992) [1958]: *Traité de l'argumentation*. Bruxelles: Éditions de Bruxelles.

Plantin, C. (2002). « Topos », in P. Charaudeau et D. Maingueneau(eds), *Dictionnaire d'analyse du discours*. Paris: Seuil, 576–580.

Plantin, C. (1996). L'argumentation. Paris: Le Seuil.

Sarfati, G.-E. (2002) « Aspects épistémologiques et conceptuels d'une théorie linguistique de la doxa », in R. Koren & R. Amossy (eds), *Après Perelman: quelles politiques pour les nouvelles rhétoriques?* Paris: L'Harmattan, 57–90.

Les usages du dégagisme dans la campagne des élections présidentielles de 2017 du mouvement *La France insoumise*

Christophe Premat
Stockholm University

1. Introduction

Si on s'appuie sur une définition du populisme comme étant un discours simplifiant à l'extrême les enjeux politiques en se référant à une mythologie nationale (Hermet 1997: 46), alors on serait *a priori* tentés de classer le simple positionnement antisystème comme une manifestation de cette pulsion (Institut Mitterrand 2005 : 218) simplificatrice (Wiles 1969). La *tabula rasa* des usages du passé est une démarche classique en France pour prétendre refonder une pratique politique. Le mouvement *La France insoumise*[1] a été créé par le leader de gauche Jean-Luc Mélenchon le 10 février 2016 autour d'un programme socialiste et écologiste, *L'Avenir en commun*[2]. L'objectif était à la fois d'imposer une vision idéologique des rapports sociaux et de préparer les échéances électorales à venir grâce à un mouvement fédérateur allant bien au-delà de la formation d'origine de Jean-Luc Mélenchon, *Le Parti de Gauche*. Au cours de la campagne des élections présidentielles de 2017, Jean-Luc Mélenchon est revenu à plusieurs reprises sur l'idée selon laquelle il fallait éliminer par le vote une bonne partie des représentants en place parce qu'ils avaient trahi le sens du mandat qui leur avait été confié par le peuple. La notion de « dégagisme » a alors été formulée par les éditorialistes et les journalistes pour qualifier le vote de rejet des élites en

---

[1] https://lafranceinsoumise.fr Site consulté pour la dernière fois le 5 septembre 2017.
[2] https://avenirencommun.fr Site consulté pour la dernière fois le 5 septembre 2017.

Comment citer ce chapitre :
Premat, C. 2019. « Les usages du dégagisme dans la campagne des élections présidentielles de 2017 du mouvement *La France insoumise* ». In: Françoise Sullet-Nylander, María Bernal, Christophe Premat & Malin Roitman (eds.). *Political Discourses at the Extremes. Expressions of Populism in Romance-Speaking Countries*. Stockholm Studies in Romance Languages. Stockholm: Stockholm University Press, pp. 279–300. DOI: https://doi.org/10.16993/bax.n. License: CC-BY

place[3] et l'humeur de la campagne des élections présidentielles de 2017. Le terme dégagisme renvoie à la fois à un commentaire de la situation électorale de 2017 et à un état d'esprit des électeurs qui perdure au fil des élections, d'où l'emploi du suffixe –isme. Son usage a d'ailleurs été consacré puisque la version 2019 du Petit Robert l'inclut tout comme le terme «antisystème»[4].

Cette contribution se propose d'analyser la manière dont cette injonction a été construite et consacrée comme un slogan dans la campagne du mouvement politique *La France insoumise*. Nous nous appuierons sur le courant de la critique analytique du discours qui se propose d'étudier les relations entre la réalité sociale et ce qui conditionne l'apparition du discours politique (Fairclough 2015: 49). Un discours n'est pas un texte autonome, il est une énonciation en situation de référence à un contexte donné. Il ordonne à la fois un logiciel idéologique et s'inscrit dans la réponse à d'autres discours ou commentaires. Comme le disait Michel Foucault, « les discours doivent être traités comme des pratiques discontinues, qui se croisent, se jouxtent parfois, mais aussi bien s'ignorent ou s'excluent » (Foucault 1971: 54–55). Il n'existe pas de principe supérieur présidant la composition des discours ; en l'occurrence, les discours incarnent une parole spécifique en temps de campagne qui répond à d'autres discours politiques. La campagne des élections présidentielles a été marquée par la perception d'un changement structurel (Morin 1977 : 322) dans l'attitude des acteurs politiques, il s'agissait à la fois pour les acteurs et les commentateurs de marquer cette transformation de la relation aux idées et aux valeurs politiques.

En nous référant à la fois aux commentaires des éditorialistes et aux discours de Jean-Luc Mélenchon, il sera plus aisé d'observer la reprise d'un mot-slogan (Schürmann 1996) qui est devenu le « maître-mot » (Morin, 1991 : 33) de la campagne des présidentielles 2017. Le discours central prononcé par Jean-Luc Mélenchon le 18 mars 2017 sur la place de la République à Paris sera étudié en profondeur, dans la mesure où il est perçu comme un discours de conquête du pouvoir présidentiel. Ce discours utilise des symboles républicains tangibles (marche spécifique, la prise de la Bastille, la République) pour inviter les électeurs à effectuer

---

[3] http://www.huffingtonpost.fr/2017/01/29/primaire-de-la-gauche-jean-luc-melenchon-salue-le-degagisme-e_a_21702626/ Site consulté pour la dernière fois le 17 septembre 2017.

[4] https://www.rts.ch/info/culture/9566554--degagisme-ou-ecriture-inclusive-les-nouveaux-mots-du-petit-robert.html Site consulté pour la dernière fois le 3 juin 2018.

un choix démocratique révolutionnaire lors du premier tour des élections présidentielles 2017. Dans les extraits choisis, les discours officiels ou les textes présentent des situations préparées dans lesquelles l'interaction concrète (De Chanay & Turbide 2011) avec d'autres locuteurs est un peu plus limitée. C'est la relation entre le discours et sa perception dans les commentaires médiatiques (Charaudeau 2005 : 30) qui produit un effet de légitimation. L'objectif de cet article est de montrer que le dégagisme a été récupéré dans le répertoire d'action (Tilly 1984) de *La France insoumise*. À la limite, ce n'est pas tant la définition du mot qui importe que son renvoi à un imaginaire particulier, celui du changement révolutionnaire pacifique. Comme l'écrivait Castoriadis, « rendre un sens plus pur aux mots de la tribu est peut-être la tâche du poète ou du philosophe, ce n'est certainement pas la tâche du politique » (Castoriadis 1981 : 235). Nous nous appuierons sur une analyse lexicométrique[5] pour repérer dans le répertoire de Jean-Luc Mélenchon les thèmes liés à cette notion. Peu d'études se sont intéressées spécifiquement au discours de Jean-Luc Mélenchon, les analyses ont porté davantage sur son positionnement stratégique, celui du *Front de gauche* puis celui du *Parti de gauche* qui est devenu *La France insoumise* (Mauger 2012). L'analyse lexicométrique et la critique analytique du discours sont deux méthodes pouvant entretenir *a priori* une tension problématique puisque la critique analytique du discours s'intéresse plus aux relations entre la contexte, les traits spécifiques de l'*éthos* de l'orateur alors que la recherche lexicométrique travaille sur les modes de spatialisation des énoncés discursifs et sur l'analyse textuelle (Baker, Deng, Glass et al., 2009). L'analyse lexicométrique à l'aide du logiciel Tropes est alors précieuse pour étudier les séries d'associations lexicales, le choix des verbes (Bon 1991 : 262)[6] et des pronoms. Nous nous intéresserons plus particulièrement au discours prononcé par Jean-Luc Mélenchon le 18 mars 2017 (4742 mots) car ce discours est central dans sa campagne politique. Cette analyse micro-lexicométrique vient mettre en perspective l'analyse logométrique de l'ensemble des corpus de la campagne des élections présidentielles de 2017. Il existe une complémentarité des démarches permettant de saisir la manière dont le terme de dégagisme s'est imposé comme une lecture de la campagne des élections

---

[5] http://mesure-du-discours.unice.fr/ Site consulté pour la dernière fois le 1er février 2018.
[6] Le logiciel distingue quatre types de verbes, les verbes exprimant des actions (factifs), ceux indiquant un état ou une notion de possession (statifs), ceux exprimant une déclaration sur un être, un état, un objet (déclaratifs) et ceux qui sont des actes de langage (performatifs).

présidentielles. C'est bien le passage d'un commentaire journalistique à un mot d'ordre politique qui retient l'attention dans la présente étude.

2. Premières formulations du dégagisme

a) La circulation du terme « dégagisme » dans les discours médiatiques et politiques

Entreprendre la généalogie du dégagisme, c'est comprendre comment ce mot a pu être déclencheur d'une série de discours avec des variations selon les contextes sociaux (Foucault 1971 : 62–63). Il s'agit d'un néologisme[7] puisqu'il n'est pas encore répertorié dans le dictionnaire. Il semblerait que les premières occurrences de ce terme remontent au printemps arabe de 2011 avec un article d'Akram Belkaïd paru sur *SlateAfrique* qui rapporte des propos entendus en Tunisie[8]. Le terme apparaît entre guillemets sur une rubrique, il serait une sorte de thématisation d'un cri récurrent entendu au cours de la révolution tunisienne (le terme « dégage »). Selon le journaliste, le Premier ministre du gouvernement intérimaire, Béji Caïd Essebsi, l'aurait prononcé à la fin du mois de juin 2011 au cours d'un déplacement à la foire de Sfax pour qualifier cette humeur liée au rejet des élites politiques en place. D'autres sources font état d'un emploi antérieur avec notamment la publication d'*Un Manifeste dégagiste* en Belgique au moment où le pays connaissait une situation politique compliquée avec l'impossibilité de composer un gouvernement[9]. Le manifeste dégagiste a clairement une orientation libertaire[10] visant à éliminer les représentants en place pour leur substituer un système de démocratie directe.

Néanmoins, il existe des occurrences plus anciennes de ces termes puisque le terme dégagiste renvoyait à un tout autre sens. Au 19ᵉ siècle, il fut utilisé au cours d'un échange entre sénateurs sur la discussion d'un projet de loi autorisant le Mont-de-Piété (organisme de prêts sur

---

[7] http://www.lefigaro.fr/langue-francaise/actu-des-mots/2017/06/13/37002-20170613ARTFIG00174-le-degagisme-bientot-dans-le-dictionnaire.php Site consulté pour la dernière fois le 25 janvier 2018.

[8] http://m.slateafrique.com/21353/tunisie-degage-revolution-gouvernement-transition-syndicat Site consulté pour la dernière fois le 11 septembre 2017.

[9] https://www.la-croix.com/Debats/Chroniques/Degagisme-mot-lannee-2017-2017-06-13-1200854613 Site consulté pour la dernière fois le 15 septembre 2017.

[10] Le Manifeste a été publié par le collectif Manifestement avec deux variantes, *Manifeste du dégagisme, Dégagisme du Manifeste*, https://manifestement.be/publications/, Site consulté pour la dernière fois le 25 janvier 2018.

gages auprès des plus démunis) de Paris à faire des avances sur valeurs mobilières au porteur.

> Cet emprunteur entièrement libéré, que l'on appelle au Mont-de-Piété un dégagiste, disparaît pendant le court intervalle qui s'est écoulé entre le payement qu'il a fait et le transport de son gage dans la salle où les objets dégagés sont remis à leurs propriétaires[11].

Le terme n'a aucune connotation négative, il s'agissait d'un terme utilisé dans un débat financier technique. On retrouve un emploi similaire dans un roman publié en 1876 (Du Boisgobé 1876 : 13).

Au contraire, le terme « dégage » est familier et irrespectueux, il est provocant et est réapparu dans un contexte où la liberté d'expression est muselée. Lofti Abdelli, humoriste tunisien, aurait été le premier à lancer ce cri contre Ben Ali. Il s'agissait à proprement parler d'un appel à renverser un dictateur ou un leader politique installé dans le pouvoir depuis longtemps[12]. Les slogans ont été repérés dans les transformations politiques survenues dans le monde arabe en 2011 (Khader 2011 : 826). Ce sont les journalistes qui ont commenté ce terme pour en faire un cadre d'analyse de la situation de la révolution arabe[13]. Plus fondamentalement, le terme met en exergue une forme de révolte citoyenne contre des élites perçues comme corrompues. Ce serait une volonté de renouvellement provenant de la société civile et remettant en question le pouvoir traditionnel de la classe politique. En Afrique, si le terme de dégagisme n'est pas toujours explicité, les mouvements citoyens se sont multipliés ces dernières années à l'initiative d'artistes et d'associations citoyennes comme ce fut le cas au Sénégal et au Burkina Faso. Au Sénégal, le mouvement « Y'en a marre » s'est construit comme une force politique exigeant un renouvellement des pratiques politiques et un refus de la corruption[14].

---

[11] *Journal Officiel de la République Française*, Débats parlementaires, 11 juin 1891 : 391. Ce sont les propos tenus par le marquis de Carné, sénateur de la droite monarchiste de la Côte d'Or de 1880 à 1912. Le terme n'existe pas dans les différentes versions du *Dictionnaire de l'Académie Française* ni dans les dictionnaires plus anciens (http://www.cnrtl.fr/dictionnaires/anciens/ Site consulté pour la dernière fois le 25 janvier 2018).

[12] http://www.huffpostmaghreb.com/2017/01/31/jean-luc-melenchon-degagisme-tunisie_n_14512908.html Site consulté pour la dernière fois le 15 septembre 2017.

[13] http://owni.fr/2011/07/04/le-«-degagisme-»-se-manifeste/index.html, *Owni,* 4 juillet 2011.

[14] Le film documentaire d'Audrey Gallet sorti en 2012 suit quatre jeunes Sénégalais du mouvement « Y'en a marre » avec un suivi des concerts et des discours de ce mouvement (Gallet, 2012). L'histoire du Sénégal est présentée comme celle d'une

Deux rappeurs du groupe Keur Gui ont lancé ce mouvement en janvier 2011 avec le journaliste Fadel Barro[15]. Au Burkina Faso, le mouvement « Le Balai citoyen » s'est constitué sur les mêmes exigences de refus de la corruption politique et d'opposition au pouvoir du Président Blaise Compaoré[16]. Le point commun de tous ces mouvements est de proposer des alternatives politiques à un pouvoir confisqué par des élites. Les mouvements de la société civile au Sénégal et au Burkina Faso ont un positionnement de gauche ancré dans la jeunesse avec une volonté de surveiller le processus d'alternance politique.

Jean-Luc Mélenchon avait pour sa part utilisé ce terme de renvoi des oligarchies financières et politiques dans un livre paru en 2010, *Qu'ils s'en aillent tous, Vite, la révolution citoyenne,* qui ciblait notamment l'ambiance politique de la présidence de Nicolas Sarkozy.

> « "Qu'ils s'en aillent tous" sera un feu d'artifice mille fois plus large. Car la consigne ne visera pas seulement ce président, roi des accointances, et ses ministres, ce conseil d'administration gouvernemental de la clique du Fouquet's ! Elle concernera aussi toute l'oligarchie bénéficiaire du gâchis actuel » (Mélenchon 2010 : 12).

Ce livre est un véritable pamphlet avec l'usage du terme « balai » (Mélenchon 2010 : 13) et une série d'expressions relevant du registre informel de l'oral, l'idée étant de chasser les détenteurs du pouvoir. Ce pamphlet renoue avec une forme de populisme au sens où l'élite politique du moment est à rejeter car elle est suspectée de collusion avec une oligarchie financière. Alain Bergounioux rappelait que le populisme était

---

difficulté à avoir une élite politique en phase avec le désir du peuple. Le président Léopold S. Senghor est venu au pouvoir en 1960 avec un seul parti politique officiel, puis son ancien premier ministre, Abdou Diouf, a repris les rênes du pouvoir en 1981 avant qu'Abdoulaye Wade ne soit élu en 2000. Le mouvement « Y'en a marre » a concrètement contribué à la défaite d'Abdoulaye Wade lors des dernières élections présidentielles.

[15] Rémi Carayol, « Banlieues sénégalaises : « Y'en a marre ! », *Jeune Afrique*, 19 avril 2011, http://www.jeuneafrique.com/191994/societe/banlieues-s-n-galaises-y-en-a-marre/
En janvier 2016, le mouvement fêtait ses cinq années et Fadel Barro, son coordinateur national, en retraçait les fondements. Voir l'interview de Fadel Barro donnée par la chaîne France 24 le 25 janvier 2016, https://www.youtube.com/watch?v=a0u126X1A4g Barro parlait des « moments pour contester », des « moments pour déconstruire » et des « moments pour construire ».

[16] Rosa Moussaoui, « Sams'K Le Jah, les héritiers de Sankara ont grandi, il faut désormais compter avec eux », *L'Humanité*, 3 novembre 2014, https://www.humanite.fr/samsk-le-jah-les-heritiers-de-sankara-ont-grandi-il-faut-desormais-compter-avec-eux-556408

davantage l'expression d'une crise du système représentatif qu'une définition d'un projet politique (Bergounioux 1997 : 230). Mélenchon a très tôt défendu la nécessité d'une alternative politique en se référant à l'alternance électorale vécue dans un certain nombre de pays d'Amérique Latine au début des années 2000. Le terme de dégagisme n'est pas employé dans ses discours politiques avant 2017, mais les expressions liées à la révolution citoyenne existent depuis longtemps dans ses références. La cible choisie est celle d'un ordre néolibéral supposant la collusion entre une oligarchie financière et une caste politique refermée sur ses privilèges. Le registre de la révolution citoyenne est donc typique d'une forme de populisme de gauche se référant au peuple comme entité politique se construisant. Pour certains chercheurs, le dégagisme constitue un répertoire commun entre les formations nationalistes et des demandes sociales plus radicales, il serait à relier à l'antidémocratie (Ogien & Laugier, 2017).

Van Dijk analysait dans une tradition du discours idéologique la présentation négative d'une altérité (van Dijk, 2006 : 126). Dans tous ses discours, Mélenchon cible systématiquement une élite politique, économique et médiatique qui gouverne selon ses propres intérêts. La chute de l'adversaire est un préalable à la mise en place d'un programme politique résolument progressiste et révolutionnaire.

b) La réapparition du terme « dégagisme » dans la campagne des élections présidentielles françaises de 2017

Selon le *Dictionnaire de l'Académie Française*, le verbe « dégager » provient de l'ancien français « desguagier » qui signifie « retirer ce qui était en gage »[17]. Parmi les sens de ce terme, il existe une acception physique signifiant « libérer une chose de ce qui la maintient, la retient ou l'enserre »[18]. Le sens plus familier est lié au fait d'écarter une personne d'une fonction qu'elle occupe. En France, le contexte de désaffection des citoyens vis-à-vis de la classe politique a accentué le désir de changer de représentants et de les chasser par le vote[19]. Le terme semble être popularisé à l'issue du second

---

[17] http://www.academie-francaise.fr/le-dictionnaire/la-9e-edition Site consulté pour la dernière fois le 2 octobre 2017.
[18] http://atilf.atilf.fr/dendien/scripts/generic/cherche.exe?15;s=1420508610 Site consulté pour la dernière fois le 11 septembre 2017.
[19] Certains analystes ont rapproché l'usage de ce terme chez Jean-Luc Mélenchon du slogan de Pierre Poujade en 1956 « sortez les sortants ». http://www.atlantico.fr/decryptage/presidentielle-qu-en-aillent-tous-erreur-analyse-fondamentale-theoriciens-degagisme-comme-jean-luc-melenchon-jean-petaux-2953667.html/page/0/1 (3 février 2017, entretien croisé entre Sylvain Boulouque et Jean Petaux).

tour des primaires de la gauche le 29 janvier 2017[20]. En effet, à partir de la fin du mois de janvier, on observe un recours fréquent à cette expression. Plusieurs médias utilisent cette expression qui est remise au centre de l'évolution de la campagne sur fond de scandales judiciaires[21]. L'édito politique d'Antonin André sur Europe 1 du 1er février 2017 est consacré à ce terme qui va être constamment repris par la suite[22]. Les journaux et les nouveaux médias ont ainsi à partir de la fin de la primaire de la « Belle alliance populaire »[23] un thème de prédilection qui devient une grille de lecture politique.

3. L'usage spécifique du terme « dégagisme » dans la campagne des élections présidentielles de 2017

Jean-Luc Mélenchon est, parmi les candidats aux élections présidentielles de 2017, celui qui s'est explicitement référé à la notion de dégagisme. L'observatoire du discours politique français de l'Université de Nice a systématiquement intégré les données lexicométriques des discours officiels des candidats[24] en identifiant un corpus de 764 757 mots prononcés par les candidats à l'élection présidentielle de 2017[25]. Les discours étudiés remontent à la rentrée 2016 à partir du moment où la candidature a été publiquement annoncée. Pour les discours de Jean-Luc Mélenchon, les discours et les prises de paroles enregistrés entre le 26 août 2016 et le 16 avril 2017 ont été inclus tandis que les

---

Site consulté pour la dernière fois le 18 septembre 2017. Le commentaire de cette posture tourne en boucle chez beaucoup de journalistes dans les deux premières semaines de février 2017.

[20] http://www.lefigaro.fr/langue-francaise/actu-des-mots/2017/06/13/37002-20170613ARTFIG00174-le-degagisme-bientot-dans-le-dictionnaire.php; http://www.lemonde.fr/les-decodeurs/article/2017/01/30/qu-est-ce-que-le-degagisme-de-jean-luc-melenchon_5071725_4355770.html?xtmc=degagisme&xtcr=71 Site consulté pour la dernière fois le 16 septembre 2017.

[21] http://www.europe1.fr/emissions/ledito-politique-dyves-threard/francois-fillon-joue-lopinion-contre-le-systeme-2971457 Site consulté pour la dernière fois le 15 septembre 2017. Il s'agit là encore de l'édito d'Yves Thérard sur la campagne de François Fillon au moment où le parquet national financier a été saisi pour l'affaire de l'emploi de Pénélope Fillon, la femme du candidat.

[22] http://www.europe1.fr/emissions/l-edito-politique2/jean-luc-melenchon-et-le-degagisme-2966468 Site consulté pour la dernière fois le 1er février 2018.

[23] C'est le nom officiel donné par le Parti Socialiste aux primaires citoyennes qu'il a organisées en janvier 2017 après le renoncement du Président François Hollande à se représenter à l'élection présidentielle de 2017.

[24] http://mesure-du-discours.unice.fr/?qui=melenchon&quand=2017-04-16&word=dégagisme Site consulté pour la dernière fois le 21 septembre 2017.

[25] http://hyperbase.unice.fr/#. Site consulté pour la dernière fois le 25 janvier 2018.

Distribution statistique du mot «dégagisme» chez l'ensemble des locuteurs du corpus

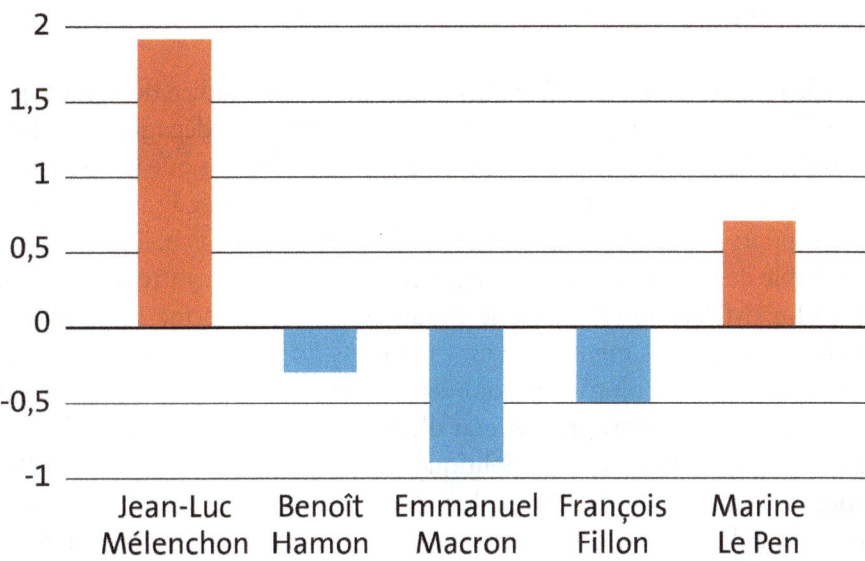

Figure 1 : Utilisation du terme « dégagisme » chez chacun des candidats au regard de l'ensemble des discours de la campagne des élections présidentielles 2017 : *Source : d'après les recherches menées en mesure du discours,* http://mesure-du-discours.unice.fr/ *Analyse rendue possible grâce à la sortie Hyperbase Web* (http://hyperbase.unice.fr)

discours de Benoît Hamon, par exemple, ont été étudiés à partir de sa sélection à l'issue des primaires de fin janvier 2017. Les discours d'Emmanuel Macron étudiés dans ce corpus s'étendent du 4 novembre 2016, soit plus d'une dizaine de jours avant sa candidature officielle, au 1er mai 2017, tandis que les discours de Marine Le Pen correspondent à la séquence 20 octobre 2016-1er mai 2017. Pour François Fillon, le corpus étudié concerne la période 27 novembre 2016 – 16 avril 2017[26].

Jean-Luc Mélenchon et Marine Le Pen sont les deux candidats ayant le plus eu recours au terme de dégagisme devant Benoît Hamon, François Fillon et Emmanuel Macron comme le montre la figure 1. L'indice de spécificité permet de déterminer statistiquement la fréquence d'utilisation du mot par rapport aux mots du corpus de tous les discours des

---

[26] http://hyperbase.unice.fr/. Site consulté pour la dernière fois le 25 janvier 2018

candidats au cours de la campagne des élections présidentielles 2017. L'indice de spécificité mesure la probabilité d'apparition du terme dans le corpus choisi (ensemble des discours de campagne des cinq candidats en 2017). Cet indice est donc relatif, il n'apparaît pas en pourcentage, mais permet de se lire en fonction des scores obtenus par l'ensemble des locuteurs.

Ainsi, dans la figure 1, Jean-Luc Mélenchon a un indice de 1,9, ce qui signifie qu'il est 1,9 plus probable d'avoir le terme « dégagisme » chez Jean-Luc Mélenchon que chez les autres candidats tandis que la fréquence est négative chez Benoît Hamon, Emmanuel Macron et François Fillon par rapport à l'ensemble des candidats. Chez Marine Le Pen, il est 0,7 plus probable de trouver le terme « dégagisme » que chez les autres candidats. Jean-Luc Mélenchon est donc le candidat associé au terme « dégagisme » dans les discours même si le mot n'est pas forcément le plus employé, car il correspond plutôt au commentaire du moment ; le discours de Mélenchon s'est approprié cet état d'esprit pour incarner la protestation populaire vis-à-vis des partis politiques en place. Le commentaire des discours ne fait que prolonger ce slogan saisissant l'ambiance de l'élection présidentielle 2017. Le commentaire permet de renouveler l'intérêt pour un discours, il « n'a pour rôle, quelles que soient les techniques mises en œuvre, que de dire *enfin* ce qui était articulé silencieusement *là-bas* » (Foucault 1971 : 26–27). Par la suite, Mélenchon a réutilisé ce terme au cours de discours et d'entretiens pour montrer qu'il déchiffrait l'humeur du peuple français dans cette campagne. Le terme apparaît le 5 février 2017, soit une semaine après la fin des primaires socialistes :

> Cette campagne présidentielle dans le moment ça ressemble un peu à Top Chef à cause des casseroles. Mais c'est surtout une vague que j'ai nommé « dégagiste » ; en pensant à mes amis tunisiens. Le dégagisme, ça consiste à les faire dégager. Mais cette vague « dégagiste », il s'agit de lui donner un contenu, il s'agit de mobiliser le peuple français parce que demain, s'il choisit de nous donner les possibilités de décider, alors il faudra assumer et il faudra l'assumer non pas du dessus par l'action d'un homme et de la poignée de ceux qui l'entourent mais par l'implication de millions de gens[27].

Au-delà des bons mots, il s'agit pour Jean-Luc Mélenchon de se présenter comme penseur du moment politique en train de se produire et de faire référence au mouvement tunisien car le dégagisme est porté par un

---

[27] Jean-Luc Mélenchon, 5 février 2017, meeting de Lyon, http://hyperbase.unice.fr/ Site consulté pour la dernière fois le 16 septembre 2017.

élan irrésistible vers la révolution citoyenne. Dans le propos ci-dessus, le terme « dégagisme » est employé comme nom puis comme adjectif, la vague venant rappeler le fait que la souveraineté populaire puisse se démettre de ses représentants. Si plusieurs candidats se sont référés à la notion de renouvellement des pratiques politiques à l'instar d'Emmanuel Macron, Jean-Luc Mélenchon ne fait que développer un thème qu'il a défendu depuis longtemps et qui ne s'arrête pas au renouvellement de la représentation politique. Il existe bel et bien un appel à instituer des procédures de révocation. Dans une *interview* donnée au début du mois de mars 2017, Mélenchon analyse encore le sens de ce dégagisme :

> Cette situation nous amène aux portes d'un moment particulier que j'appelle le « dégagisme » ; une force aveugle de rejet de tout et de tous. Notre rôle est de lui ouvrir une issue positive. Ce n'est pas d'attendre que tout s'effondre dans le chaos. C'est pourquoi je mène une campagne d'adhésion à un programme[28].

Dans ses entretiens, Mélenchon montre qu'il est capable d'interpréter des mouvements en profondeur et qu'il relie la protestation du moment à des convictions idéologiques anciennes. Dans cette *interview*, il se présente comme celui qui a qualifié l'humeur politique présente à travers le terme « dégagisme ». Le dégagisme est une force capable d'être sublimée en un moment politique fondateur. De ce point de vue, la traduction institutionnelle positive du dégagisme serait la révocation des élus, ce que Mélenchon a réclamé depuis longtemps. La référence à des procédures de démocratie directe est une constante des formations populistes puisqu'il s'agit de proposer un retour à la source du pouvoir. Le peuple d'électeurs peut reprendre la main en révoquant ses représentants.

Marine Le Pen a aussi réutilisé ce terme dans sa campagne de l'entre-deux-tours en l'associant à Jean-Luc Mélenchon :

> La troisième victoire, mes amis, c'est ce qu'un de mes adversaires du premier tour a appelé – non sans à propos d'ailleurs - le « dégagisme » ; nous avons vu les partis anciens sombrer, d'abord automutilés par la parodie importée des États-Unis des primaires, puis renvoyés aux oubliettes sous l'effet de la volonté populaire[29].

---

[28] Interview de Jean-Luc Mélenchon, *L'Humanité*, 9 mars 2017.
[29] Meeting de Marine Le Pen à Nice, 27 avril 2017, http://hyperbase.unice.fr/ Site consulté pour la dernière fois le 21 septembre 2017.

L'intention ici pour Marine Le Pen était de récupérer le diagnostic de Jean-Luc Mélenchon pour faire un appel à ses électeurs, elle souhaitait à ce stade de la compétition incarner la vague dégagiste pour agréger les voix de *La France insoumise* et augmenter sensiblement son score du second tour des présidentielles. Elle ne le nomme pas directement, elle capte son mot d'ordre en délégitimant celui qui l'a prononcé et qui n'en est pas l'inventeur. L'expression « non sans à propos » suggère à la fois la vérité du diagnostic et l'opportunisme de celui qui en a fait l'un des mots d'ordre de la campagne des élections présidentielles.

La dénonciation du système politico-médiatique voire politico-financier selon les cibles choisies par les candidats a été une constante de la campagne des élections présidentielles 2017. Le terme « antisystème » ne provient pas de la bouche des candidats, mais du commentaire médiatique qui en a été fait. Il est important d'analyser cette corrélation entre discours prononcés par les candidats et les discours médiatiques et journalistiques commentant leurs prises de position. Dans le repérage des termes des discours des cinq candidats aux élections présidentielles, il faut effectuer des recherches sur le terme de « système », car c'est lui qui est dénoncé dans la plupart des situations. Un candidat ne dit jamais qu'il est antisystème, il adopte plutôt une posture (Meizoz 2002) de dénonciation du système. La figure 2 donne un classement des cinq candidats sur la fréquence des occurrences du mot « système » dans les discours officiels de campagne.

Paradoxalement, Jean-Luc Mélenchon n'est pas le premier candidat à utiliser ce mot, la prime revient plutôt à Marine Le Pen qui l'a surutilisé pendant toute la campagne ; ensuite vient François Fillon, qui, en raison des affaires qui le concernaient, a dénoncé les collusions politico-médiatiques qui ont affecté l'organisation de sa campagne. Jean-Luc Mélenchon et Emmanuel Macron n'ont pas non plus utilisé ce terme, même s'ils ont dénoncé la manière actuelle de faire de la politique et de gouverner loin des préoccupations des Français. Lorsque l'on poursuit l'analyse des termes récurrents souvent associés à l'idée de dégagisme, on est surpris de voir que Mélenchon comme Macron n'ont pas le monopole des expressions comme « monde nouveau ». Le mot « nouveau » a été moins employé chez Mélenchon et chez Macron (qui ont respectivement un indice de cooccurrence de -0,7 et de -2,3, ce qui signifie qu'il est respectivement 0,7 fois moins probable et 2,3 fois moins probable de trouver ce terme chez ces locuteurs) alors que le terme est omniprésent chez Hamon (2,1) et relativement présent chez Fillon et Le Pen avec, respectivement, des indices de 0,9 et 1.

Distribution statistique du mot « système » chez l'ensemble des locuteurs du corpus

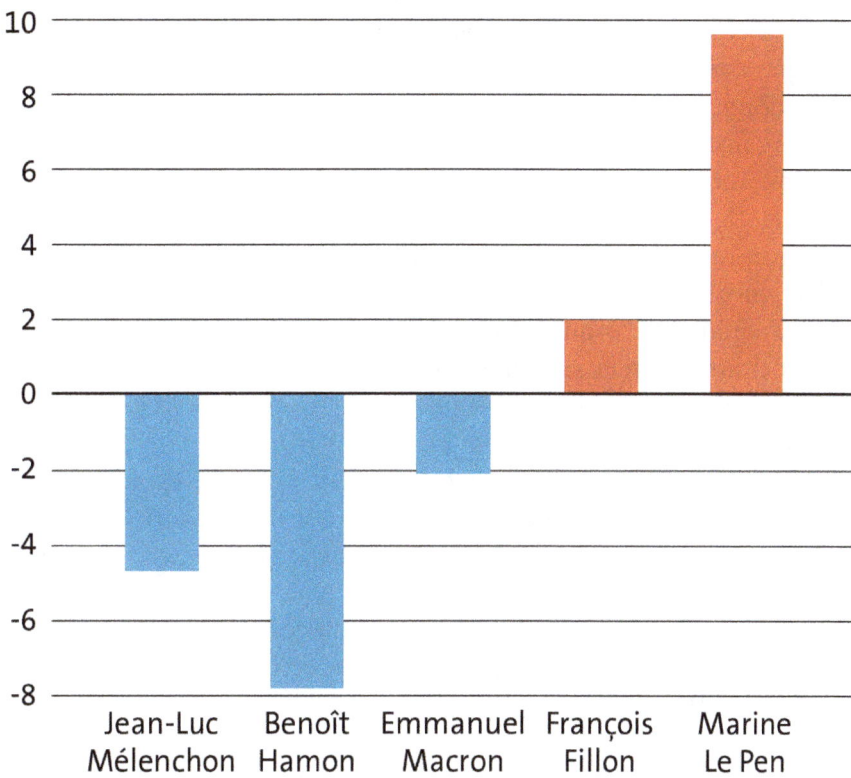

Figure 2 : Utilisation du terme « système » chez chacun des candidats au regard de l'ensemble des discours de la campagne des élections présidentielles 2017. Source : *d'après les recherches menées en mesure du discours,* http://mesure-du-discours.unice.fr/ *Analyse rendue possible grâce à la sortie Hyperbase Web* (http://hyperbase.unice.fr)

Le dégagisme, au-delà de la redéfinition donnée après les primaires socialistes rejoint en fait le thème du changement radical de représentants que l'on retrouve dans le discours prononcé par Jean-Luc Mélenchon le 18 mars 2017.

4. La mise en scène du moment de rupture

À un mois du premier tour des élections présidentielles, les discours politiques visent à convaincre les indécis et à approfondir les thèmes déjà développés. Le discours du 18 mars 2017 (4742 mots) symbolise à maints égards la conquête possible du pouvoir républicain, reliant des lieux de mémoire structurants (Garcia 2000) de l'identité politique française (Bastille, Nation, République, Révolution Française). Ce discours a été annoncé longtemps à l'avance par Jean-Luc Mélenchon puisque dans son discours de rentrée à Toulouse le 28 août 2016, il avait donné rendez-vous le 18 mars 2017 à la Bastille pour faire de ce meeting un véritable événement de campagne[30].

Il est surtout l'évocation et la commémoration de la Commune de Paris le 18 mars 1871 et reprend en filigrane des thèmes développés par Jean-Luc Mélenchon le 18 mars 2012 lorsqu'il était candidat à l'élection présidentielle de 2012 pour le *Front de Gauche*[31]. La date est commode parce qu'elle permet de démultiplier les effets symboliques et stratégiques (un mois avant le premier tour de l'élection, la Commune de Paris et la veille d'un printemps qui devient la métaphore de l'insurrection).

Au moment de l'arrivée de Jean-Luc Mélenchon, des groupes de militants scandent « Résistance » avant le début du discours[32]. Le ton de la voix rappelle le discours d'André Malraux au moment du transfert des cendres de Jean Moulin en 1964[33]. Dans son discours en présence du président De Gaulle, Malraux a usé du registre solennel empreint d'une forme de plainte pour faire écho aux actions de Jean Moulin. Le discours de Jean-Luc Mélenchon contient la métaphore de la vague qui balaie les mauvais représentants et qui pose en même temps un nouveau défi politique. Cette revendication est très ancienne chez Jean-Luc Mélenchon puisque lui-même avait publié un livre portant sur la révolution citoyenne et contenant ce mot d'ordre dans le titre (Mélenchon 2010). Le discours du 18 mars 2017 est comme une exégèse des symboles politiques républicains :

---

[30] https://melenchon.fr/2016/08/28/discours-jean-luc-melenchon-toulouse-28-aout/ Site consulté pour la dernière fois le 25 janvier 2018.

[31] https://www.youtube.com/watch?v=32A7WJtvPvA Site consulté pour la dernière fois le 2 octobre 2017.

[32] https://www.youtube.com/watch?v=b5atq_VZd2M Site consulté pour la dernière fois le 2 octobre 2017.

[33] http://www.ina.fr/video/I00013168 (Discours d'André Malraux le 19 décembre 1964). Les intonations de Jean-Luc Mélenchon rappellent à maints égards cette tradition rhétorique où la voix est souvent haute dans ses inflexions. L'analyse des segments toniques du discours que nous avons réalisée révèle cette remontée régulière de la voix.

Nos voix montent vers cette femme que voici : Marianne, la République, la République inachevée tant que le peuple n'est pas souverain dans son pays en tout et pour tout ! Regardez-la ! Elle porte fièrement le bonnet des affranchis, celui de la liberté retrouvée, celui de la servitude rompue[34].

Le nom « peuple » est cité 38 fois devant « France » (19 occurrences), « Constitution » (17 occurrences), « république » (16 occurrences) et « liberté » (15 occurrences). Le peuple n'est pas seulement exalté, il est nommé comme instance suprême de souveraineté (vote, référendums). Le mot « gens » (cité 11 fois) est spécifique à Mélenchon lorsqu'il s'adresse aux citoyens, il est à la fois la manière de convoquer le « collectif anonyme » (Castoriadis 1975 : 433) et une référence au droit des gens[35] et au droit de résistance (Zancarini 2001) qui sont des matrices idéologiques de *la France insoumise*. Dans le discours de Marseille du 9 avril 2017, il a même utilisé le terme d'adresse « entendez les gens »[36] qui est inhabituelle et qui reprend cette idée que le mouvement de *la France insoumise* donne corps à la colère citoyenne. Pendant la campagne des élections présidentielles de 2012, Jean-Luc Mélenchon avait employé à plusieurs reprises ce terme tout comme Nicolas Sarkozy, mais sans qu'il apparaisse comme un terme d'adresse mis en relief dans les phrases[37]. Il y a donc une différence importante entre 2012 et 2017 du point de vue de l'apparition de ce terme d'adresse nouveau dans le discours politique de Jean-Luc Mélenchon.

Dans le discours du 18 mars 2017, Jean-Luc Mélenchon a employé à plusieurs reprises le terme « gens » : « Les gens, les gens, écoutez, c'est maintenant qu'il faut montrer ce que vaut le peuple souverain ». Il ne s'agit pas de mélanger des niveaux de langage comme on pourrait le penser, mais d'utiliser le terme de « gens » au sens de personnes en train de converger pour faire peuple. Une autre interprétation de l'usage de ce terme dans ce contexte pourrait être une stratégie de démarcation vis-à-vis du syntagme « peuple » pour ne pas être confondu avec la posture de Marine Le Pen. Jean-Luc Mélenchon s'est distingué par l'usage de ce terme d'adresse. En utilisant les recherches de l'Observatoire du discours politique de Nice, on se rend compte que l'indice de spécificité

---

[34] Jean-Luc Mélenchon, discours du 18 mars 2017, Bastille.
[35] Il ne faut pas en conclure que toutes les occurrences du terme « gens » correspondent à cet usage, mais lorsque la phrase est inhabituelle, le terme de « gens » fait partie d'une parole construite renvoyant au *jus gentium,* répertoire classique chez les hommes politiques se référant à l'histoire de la démocratie radicale.
[36] Discours de Jean-Luc Mélenchon à Marseille, 9 avril 2017.
[37] http://hyperbase.unice.fr/, Site consulté pour la dernière fois le 25 janvier 2018.

est très fort car ce terme réapparaît dans de nombreux discours de Jean-Luc Mélenchon. L'indice de spécificité du terme d'adresse « gens » est de 33,6 alors que les autres candidats ont des scores nettement négatifs : cela signifie que le terme de « gens » a 33,6 fois plus de probabilité d'apparaître dans les discours de campagne de Jean-Luc Mélenchon que dans les autres discours de campagne[38].

Le discours du 18 mars 2017 contient 82 pronoms « nous » (26,5 % d'occurrences) devant 38 « je » (12,3 %). La plupart des verbes sont factifs (351 occurrences soit 47,2%), c'est-à-dire qu'ils expriment une action. Jean-Luc Mélenchon a effectué systématiquement la jonction entre la rébellion historique du peuple français (« nous épousons son insoumission »[39]) à son propre projet politique qui est de poursuivre l'œuvre de la Révolution française. Les symboles identitaires de gauche sont réinvestis dans cette optique :

> Nous avons marché, une fois de plus, de la Bastille à la République. De la Bastille où commencent tous les élans de la liberté du peuple de France puisque c'est là que fut abattu, pour la première fois, le symbole de la monarchie et de la caste des privilégiés. Parce que c'est là-bas qu'a été brûlé le dernier trône des Rois. Parce que c'est là-bas que s'est faite la première manifestation féministe pour arracher le droit de vote des femmes[40].

Le dégagisme prend une tournure plus radicale car il s'agit de montrer pour Jean-Luc Mélenchon ce que la liberté du peuple a permis de supprimer dans son élan révolutionnaire (abolition des privilèges, monarchie). Dans tout le discours, le peuple défini par Jean-Luc Mélenchon correspond au peuple en assemblée posant des actes politiques forts (« Ceci est une manifestation politique, une insurrection citoyenne contre la monarchie présidentielle »[41]). Le discours de Jean-Luc Mélenchon récupère le dégagisme en le liant au thème de la trahison des élites européennes : « ils ont perpétré la pire des forfaitures en démocratie : la trahison du vote du peuple, la négation de sa volonté, l'inversion de sa décision »[42]. Nous avons ici une expression directe d'une forme de populisme avec un

---

[38] http://mesure-du-discours.unice.fr/ (Logiciel utilisé pour la dernière fois le 25 janvier 2018).
[39] Jean-Luc Mélenchon, discours du 18 mars 2017, Bastille.
[40] Jean-Luc Mélenchon, discours du 18 mars 2017, Bastille.
[41] Jean-Luc Mélenchon, discours du 18 mars 2017, Bastille.
[42] Jean-Luc Mélenchon, discours du 18 mars 2017, Bastille. Dans son discours du 18 mars 2012, Jean-Luc Mélenchon se référait à la « troïka » à propos de la crise grecque, c'est-à-dire les fonctionnaires de la Commission européenne qui imposent une cure d'austérité à la Grèce.

clivage « élites / peuple » (Charaudeau 2005 : 52) et une opposition entre un collectif anonyme trahi par ceux et celles à qui un mandat a été confié. Si l'extrême-droite utilise deux clivages qu'elle superpose (élites/peuple, identité nationale / immigration) (Betz 2004 : 99), le discours de gauche populiste se constitue autour des oppositions élites/peuple et économie réelle / spéculations. Autrement dit, il y a bien un thème commun entre les populismes de gauche et de droite (Ivaldi 2004 : 38–39) et qui est le rejet du système économique et politique en place (Hermet 2004). C'est pour cela que dans le discours de Jean-Luc Mélenchon, on retrouve à la fois la défiance vis-à-vis du système représentatif et la définition d'instruments alternatifs de contrôle citoyen. Les mouvements populistes, qu'ils soient progressistes ou conservateurs, s'enracinent dans une déception à l'égard du système représentatif (Kazin, 1995 : 28–29). Pour Jean-Luc Mélenchon, le référendum de 2005 qui a repoussé le traité constitutionnel européen n'a pas été respecté car le traité de Lisbonne a réintégré ce qui avait été repoussé par vote référendaire. C'est également la raison pour laquelle Jean-Luc Mélenchon a développé l'idée d'un référendum révocatoire visant à dégager les élus n'ayant pas tenu les engagements qu'ils avaient pris durant le vote. Le discours populiste indique une perturbation du fonctionnement du système politique dans une société donnée (Pareto 1970 : 52), c'est pourquoi les discours prônant une alternative radicale s'en rapprochent. Au-delà du caractère négatif conféré au terme populisme dans l'espace public, il importe pour les chercheurs de repérer leur émergence pour voir s'ils ont une influence sur l'évolution du système représentatif.

Le discours de Jean-Luc Mélenchon est d'inspiration jacobine (Jaume 1987 : 234) avec l'invocation du pouvoir constituant, le peuple devant reconstruire le pacte républicain (« œuvre constituante »), l'engagement européen et la relation à l'environnement. Le discours jacobin est marqué par une glorification de la force collective du peuple et de son indivisibilité face aux dérives particulières des forces financières. Il s'achève sur l'impératif "dégagez"[43] qui est devenu l'une des formes exprimant la résistance :

> Il y a un nouveau mot d'ordre qui est né après « Résistance », c'est « Dégagez ! ». Dégagez pour que soient abolis les privilèges de la finance,

---

[43] Sur l'analyse visuelle du discours, plusieurs pancartes comportant la mention « du balai » sont visibles pendant le meeting. Voir l'enregistrement du meeting sur https://www.youtube.com/watch?v=b5atq_VZd2M (Site consulté pour la dernière fois le 2 octobre 2017).

ceux de la caste insolente qui occupe tous les pouvoirs et se les répartit, ceux de la monarchie présidentielle et de toutes les suites dorées du capital ![44]

Ce n'est pas le terme « dégagisme » qui est présenté comme symbole, mais l'impératif « dégagez » qui renvoie à l'action à mener pacifiquement dans les urnes consistant à éliminer tous les représentants en place. Le pouvoir collectif est ici mis en scène grâce à la dramatisation du vote des présidentielles qui devient par là même le moyen de révoquer les représentants politiques classiques pour leur substituer un candidat qui s'engage à rassembler politiquement le peuple sur la refonte de la Constitution. Le discours politique de Jean-Luc Mélenchon est une reprise contextualisée d'éléments de doctrine qui appartiennent au « patrimoine conceptuel » (Verbunt, 2011 : 60) de sa famille politique proche de la gauche radicale. À plusieurs reprises, il a réintroduit le principe possible d'une révocation des élus en suggérant même une rotation régulière des représentants ce qui le relie à une tradition de démocratie radicale (Raynaud 2006 : 151) mêlant procédure de vote et jugement des représentants (Gicquel 2006 : 98). Il existe une véritable doctrine invariable qui se diffuse auprès des membres de *La France insoumise*, cette doctrine réunifie des types d'énonciation que l'on retrouve dans tous les discours proches de ce mouvement. « La doctrine effectue un double assujettissement : des sujets parlants aux discours, et des discours au groupe, pour le moins virtuel, des individus parlants » (Foucault 1971 : 45). Le groupe doctrinal définit des propositions phares, les fondamentaux et réfère systématiquement les discours dérivés à ces fondamentaux. En réalité, le dégagisme a été repris et théorisé par Jean-Luc Mélenchon alors même qu'il a été commenté et utilisé dans les discours médiatiques ; il est récupéré dans le système idéologique de Jean-Luc Mélenchon qui n'a jamais varié. Le discours est alimenté par une « crisologie » (Morin 1976 : 162), c'est-à-dire l'idée que la France est traversée par les crises du capitalisme contemporain et que les solutions ne peuvent provenir du système capitaliste lui-même. La prise de conscience de la conjonction des crises doit être la condition préalable pour refonder le système politique.

5. Conclusion

La France Insoumise n'est pas un mouvement populiste classique prônant la fin de clivages traditionnels et le rejet du système de représenta-

---

[44] Jean-Luc Mélenchon, discours du 18 mars 2017, Bastille.

tion politique, le système idéologique est en fait établi depuis longtemps. Si certaines innovations ont pu donner l'impression d'un renouvellement, la partition de Jean-Luc Mélenchon reprend plutôt les mêmes thèmes qu'en 2012 avec des performances qui sont davantage de l'ordre de la réinterprétation (Fairclough 1998 : 135) et de la recontextualisation d'une doctrine se renforçant au fil des prises de position. Certes, le dégagisme a fonctionné comme un slogan justifiant le rejet des élites traditionnelles jugées incapables de proposer une émancipation sociale réelle. Les discours de campagne de Jean-Luc Mélenchon correspondent à un récit spécifique de l'identité nationale française, celui d'un pays qui a connu une Révolution inachevée. Ce récit est porteur d'un message universaliste qu'il s'agit d'amplifier. Jean-Luc Mélenchon a gagné au fil des années une crédibilité et une expérience politique qui lui permettent de développer en permanence une matrice idéologique de fond. Comme le disait Michel Foucault, « il faut concevoir le discours comme une violence que nous faisons aux choses, en tout cas comme une pratique que nous leur imposons ; et c'est dans cette pratique que les événements du discours trouvent le principe de leur régularité » (Foucault 1971 : 55). Jean-Luc Mélenchon a ajouté une forme de pédagogie qui permet à la fois de commenter sa propre parole et de théoriser le moment politique. C'est à la lumière de ce souci pédagogique qu'il faut comprendre la mise en place d'outils numériques comme la chaîne YouTube et l'usage d'hologrammes dans certains meetings de la campagne des présidentielles 2017[45]. L'élection présidentielle s'est transformée en parade de symboles républicains utilisés par tous les candidats. Jean-Luc Mélenchon réactualise ce cortège de symboles pour les imbriquer à son récit. Comme l'écrivait Roland Barthes, « si le mythe est une parole dé-politisée, il y a au moins une parole qui s'oppose au mythe, c'est la parole qui reste *politique* » (Barthes 1957 : 233). Le mythe a un sens déjà accompli tandis que la parole politique vise un accomplissement, le procès n'est pas le même.

Il est vrai que le champ lexical du rejet du système s'est trouvé au centre du jeu politique, les onze candidats se référant systématiquement à un renouvellement des pratiques politiques à instituer. La dramatisation

---

[45] Il y a un effet de crescendo dans l'écho donné à cette parole politique qui est en réalité ancienne. Par la suite, l'annonce faite d'un nouveau média citoyen alternatif autour des idées de *la France insoumise* traduit cette idée d'affirmer en permanence une doctrine idéologique. http://tempsreel.nouvelobs.com/politique/20170918.OBS4789/comment-melenchon-prepare-son-media-insoumis.html (Site consulté pour la dernière fois le 3 octobre 2017).

républicaine du discours du 18 mars 2017 avec ses effets multisémiotiques (chants, cris, effets visuels, pancartes) met en évidence un répertoire varié (Fairclough 1999 : 4) sur une matrice de rupture. Comme l'arrangeur de jazz, l'homme politique retravaille, recompose sa parole, il a besoin que ses thèmes soient entendus. Les médias constituent des caisses de résonance nécessaires pour construire cette parole qui est à la fois message et style (Beaujour 2017 : 53). Le commentaire médiatique peut parfois précéder la parole politique, l'orienter comme ce fut le cas avec le dégagisme qui est devenu l'analyse de l'humeur de la campagne selon Jean-Luc Mélenchon. Le dispositif de propagande était adapté à l'humeur du moment chez un homme politique qui maîtrise son discours et la scénographie médiatique (relation aux journalistes, choix des moments, sélection des slogans susceptibles d'être repris). Cette étude montre la convergence entre le discours médiatique et le discours des hommes politiques comme si la qualification des maîtres-mots d'une campagne résultait de cette mixité. Les recherches peuvent être approfondies pour comprendre la logique d'interpénétration des discours médiatiques et politiques puisque les médias contribuent substantiellement à la fabrication et à la validation d'un message politique.

Bibliographie

Baker, J., Deng, L., Glass, J., Khudanpur, S., Lee, C.-H., Morgan, N., O'Shgughnessy, D. (2009). « Research developments and directions in speech recognition and understanding, part 1". *IEEE Signal Processing Magazine*, 26 (3), 75-80.

Barthes, R. (1957). *Mythologies*. Paris: Seuil.

Beaujour, M. (2017). *De la poétologie comparative*. Paris: Garnier.

Bergounioux, A. (1997). « Le symptôme d'une crise », *Vingtième Siècle, revue d'histoire*, n. 56, octobre-décembre, 228-230.

Betz, H. G. (2004). *La droite populiste en Europe, Extrême et démocrate*. Paris: Autrement.

Bon, F. (1991). *Les discours politiques*. Paris: Economica.

Castoriadis, C. (1975). *L'institution imaginaire de la société*. Paris: Seuil.

Castoriadis, C. (1981). *Devant la guerre, 1. Les Réalités*. Paris: Fayard.

Charaudeau, P. (2005). *Le discours politique. Les masques du pouvoir*. Paris: Vuibert.

De Chanay, H. C., Turbide, O. (2011). « Les discours politiques. Approches interactionnistes et multimodales », *Mots. Les langages du politique*, 96, http://mots.revues.org/20170

Du Boisgobé, F. (1876). *L'omnibus du diable (Les Mystères du Nouveau Paris)*. Paris: Dentu.

Fairclough, N. (1998). *Discourse and Social Change*. Cambridge: Polity Press.

Fairclough, N. (1999). *Critical Discourse Analysis: The Critical Study of Language*. London: Longman.

Fairclough, N. (2015). *Language and Power*. London and New York: Routledge.

Foucault, M. (1971). *L'ordre du discours*. Paris: Gallimard.

Gallet, A. (2012). *Boy Saloum: la révolte des Y'en a marre*, film documentaire de 74 minutes, production Cinéphage / Yami 2/ Sélébéyone avec la participation de France Télévisions.

Garcia, P. (2000). "Les lieux de mémoire, une poétique de la mémoire ?", *EspacesTemps* 74, 122–142.

Gicquel, J., Milacic, S. (ed) (2006). *La démocratie représentative devant un défi historique*. Bruxelles: éditions Bruylant.

Hermet, G. (2004). « Populisme et nationalisme », dans Pierre-André Taguieff (ed), *Le retour du populisme, un défi pour les démocraties européennes*. Paris: Universalis.

Institut François Mitterrand (2005). *La France a-t-elle encore besoin d'élus ? Actes du colloque 14 et 15 octobre 2004 au Palais du Luxembourg*. Paris: Institut François Mitterrand.

Ivaldi, G. (2004). *Droites populistes et extrêmes en Europe occidentale*. Paris: La documentation française.

Jaume, L. (1987). « Le public et le privé chez les Jacobins », *Revue française de science politique* 37, n. 2: 230–248.

Hermet, G. (1997). « Populisme et nationalisme », *Vingtième siècle* 56: 34–47.

Kazin, M. (1995). *The Populist Persuasion: An American History*. New York: Basic Books.

Khader, B. (2011). « "Printemps arabe": entre autoritarisme et démocratie », *Politique étrangère*, 4, 825–838.

Mauger, G. (2012). « Entretien avec François Delapierre, sociogénèse du "Front de Gauche" », *Savoir/Agir*, 22, 83–91.

Meizoz, J. (2002). « Recherches sur la "posture": Rousseau », *Littérature* 126, 3–17.

Mélenchon, J.-L. (2010). *Qu'ils s'en aillent tous ! Vive la révolution citoyenne.* Paris: Flammarion.

Morin, E. (1976). « Pour une crisologie », *Communications* 25, 149–163.

Morin, E. (1977). *La méthode 1. La Nature de la Nature.* Paris: Seuil.

Morin, E. (1991). « Les maîtres mots », n. 13, *Revue du M.A.U.S.S*, 3e trimestre, 33–36.

Morin, E. (2001). *La méthode, 5. L'humanité de l'humanité.* Paris: Seuil.

Ogien, A., Laugier, S. (2017). *Antidémocratie.* Paris: La Découverte.

Pareto, V. (1970). *Œuvres complètes, tome XIII, La transformation de la démocratie*, Traduit de l'italien par Corinne Beutler-Real. Paris: Bayard.

« Populismes » (2012). *Critique*, 776–777, (1), 3–4. https://www.cairn.info/revue-critique-2012-1-page-3.htm.

Raynaud, P. (2006). *L'extrême gauche plurielle, entre démocratie radicale et révolution.* Paris: Autrement.

Riutort, P. (1996). « Grandir l'événement. L'art et la manière de l'éditorialiste », *Réseaux* 14, n. 76, 61–81.

Schürmann, R. (1996). *Des hégémonies brisées.* Paris: TER.

Tilly, C. (1984). « Les origines du répertoire d'action collective contemporaine en France et en Grande-Bretagne », *Vingtième Siècle* 4, 89–108.

Van Dijk, T. A. (2006). « Ideology and discourse analysis », *Journal of Political Ideologies*, 11 (2), 115–140.

Verbunt, G. (2011). *Penser et vivre l'interculturel.* Lyon: Chronique sociale.

Wiles, P. (1969). « A Syndrome. Not a Doctrine. Some Elementary Theses on Populism ». In Ghita Ionescu, Ernest Gellner (eds.), *Populism: Its Meaning and National Characteristics*. London: Weidenfeld and Nicolson.

Zancarini, J.-C. (2001). *Le droit de résistance, XIIe-XXe siècle.* Fontenay Saint-Cloud: éditions de l'ENS.

Racisme, antiracisme et gauche radicale : enjeux d'un contre-discours polémique

Émilie Devriendt et Marion Sandré
Université de Toulon

1. Introduction

Le 31 octobre 2015 a eu lieu à Paris une « Marche de la dignité » (aussi nommée « Marche de la dignité et contre le racisme »), à l'appel du collectif de la Marche des Femmes pour la Dignité (MAFED)[1]. Le texte de l'appel inscrit cette manifestation dans la continuité des révoltes survenues dans « toutes les banlieues de France pendant des semaines » en réponse à « une tragédie mettant en cause des fonctionnaires de police », survenue en octobre 2005 à Clichy-sous-Bois : la mort des deux adolescents Zyed Benna et Bouna Traoré. L'appel se revendique également de la filiation de lutte de la Marche pour l'égalité, organisée en 1983 par « des jeunes issus de l'immigration postcoloniale » pour dénoncer les violences policières à leur encontre. La Marche de 2015 se présente ainsi comme une réaction collective, organisée par les premières personnes concernées :

> C'est pourquoi comme il y a 30 ans, comme il y a 10 ans, contre l'humiliation quotidienne, contre le mépris, contre l'islamophobie, la négrophobie, la rromophobie, galopantes, contre les crimes policiers, s'impose une nouvelle marche : la Marche de la dignité. Notre réaction puissante, organisée, confiante est la seule façon d'enrayer notre écrasement collectif annoncé. (Extrait de l'appel)

L'organisation puis la tenue de cette Marche ont suscité un certain nombre de réactions critiques, voire franchement hostiles, émanant notamment de

---

[1] Disponible à l'adresse : https://marchedeladignite.wordpress.com/

Comment citer ce chapitre :
Devriendt, É. & Sandré, M. 2019. « Racisme, antiracisme et gauche radicale : enjeux d'un contre-discours polémique ». In: Françoise Sullet-Nylander, María Bernal, Christophe Premat & Malin Roitman (eds.). *Political Discourses at the Extremes. Expressions of Populism in Romance-Speaking Countries*. Stockholm Studies in Romance Languages. Stockholm: Stockholm University Press, pp. 301–320. DOI: https://doi.org/10.16993/bax.o. License: CC-BY

personnalités médiatiques ou politiques, en particulier à droite et à l'extrême droite, mais aussi – ce qui peut sembler plus inattendu – émanant du milieu de la « gauche radicale »[2], principalement parisienne, où s'est développée la polémique qui nous intéressera ici exclusivement. Les textes qui constituent cette polémique ont été publiés ou republiés soit sur des plateformes d'information alternative (le réseau des *Indymédia*, en particulier *Indymédia Nantes*, *Paris-luttes info*), soit sur des sites de référence pour l'une ou l'autre des mouvances impliquées (en particulier *Non Fides*, base de données anarchiste qui a diffusé la quasi-totalité des textes figurant dans notre corpus). Nous avons choisi ces trois sites en particulier[3], chacun des trois mentionnant au moins une fois les autres en tant qu'acteurs impliqués dans la polémique. Ces sites peuvent avoir deux fonctions : soit publier des textes originaux, soit relayer des textes publiés sur d'autres sites. Dans un premier temps, nous avons retenu seize textes consacrés à la Marche, certains pour la défendre, d'autres pour s'y opposer. Si *Paris-luttes info* (désormais PLI) et *Indymédia Nantes* (désormais IMN) ont diffusé des textes représentatifs des différents positionnements, *Non Fides* (désormais NF) est ouvertement de parti pris et comporte une rubrique spécifique – intitulée « contre toute forme de racisme-racialisme-"racisation" » – qui ne relaie que les points de vue hostiles à la Marche, qualifiée de « manif racialiste », ou encore de « première initiative racialiste à prétention massive et nationale »[4].

Après avoir étudié l'ensemble de la polémique, nous avons choisi de nous concentrer ici sur dix textes publiés dans cette rubrique[5], donc

---

[2] Nous désignons ainsi par commodité des individus ou groupes évoluant dans et se revendiquant des mouvances d'extrême-gauche extraparlementaire, anarchistes, communistes ou autonomes. Cf. Pereira (2010).

[3] Disponibles aux adresses : https://nantes.indymedia.org/; https://paris-luttes.info/; www.non-fides.fr/

[4] Une note des éditeurs, parue le 8/10/2015 dans le chapô du texte « Tiens, ça glisse... ou comment, à trop s'approcher de la race, on finit par tomber dedans (et son matérialisme avec) », explique la genèse de cette rubrique : « NdNF : Si nous ne partageons pas le point de vue strictement communiste de cette critique, nous partageons la nécessité de critiquer la dérive racialiste des milieux en question et saluons les camarades pour leur travail sérieux (mais drôle) de défrichage. *Viendront dans les mois qui viennent des dossiers critiques du racialisme, de la question de l'islamophobie, etc. d'un point de vue anarchiste*, et sus à celles et ceux qui, par démagogie, par lâcheté, facilité et par opportunisme ferment les yeux (et la bouche) face à la tragique orientation racialiste, "déconstruite" et post-moderne actuelle des choses. » (Nous soulignons)

[5] À une exception près – le texte 5, que nous avons conservé dans la mesure où il s'agit d'un échange dont une partie a été publiée dans cette rubrique (texte 3).

opposés à la Marche et combattant l'idéologie dite « racialiste » ou « identitaire ». Ces textes ont été publiés soit avant, soit après la Marche (pour 4 d'entre eux), et ont pour la plupart été recensés sur PLI et IMN, certains ayant néanmoins été censurés[6]. Ils sont signés par des groupes se revendiquant tantôt du communisme antiautoritaire, tantôt de l'anarchisme et/ou de l'antiautoritarisme[7]. Tous les textes du corpus s'inscrivent dans le genre de la littérature « de combat » qu'on pourrait qualifier de pamphlétaire (Angenot 1982) et que nous abordons en suivant la définition/modélisation du polémique proposée par Amossy (2014). Selon cette auteure, la polémique constitue une « modalité argumentative », « fortement agonique », et « qui traverse les genres »[8] (2014 : 55). Amossy dégage par ailleurs trois « [s]pécificités argumentatives de la polémique : dichotomisation, polarisation, disqualification de l'autre – et de manière secondaire : violence verbale, pathos » (*ibid.*). La dichotomisation consiste en la « mise en opposition de deux options antithétiques [qui] s'excluent l'une l'autre » (*op. cit.*, p. 56). Les deux positions antagonistes sont concrétisées par des acteurs sociaux, les individus ou groupes concrets qui soutiennent ces discours, les incarnent : c'est ce qui définit la polarisation. Avec la disqualification, « [l]'opposant [...] fait figure d'adversaire à confondre, voire à délégitimer » (*op. cit.*, p. 62), au moyen de procédés argumentatifs variés tels que l'usage d'un vocabulaire fortement axiologique et dépréciatif, des figures de l'antithèse et de l'hyperbole, de l'ironie, d'arguments *ad personam*, etc.

Nous chercherons à montrer comment des groupes politiques qui s'opposent à toute forme d'oppression et combattent le racisme défendent une posture *contre* d'autres groupes ou initiatives émanant *grosso modo* du même milieu, et quels sont les enjeux de leur argumentation. Notre approche en analyse du discours sera qualitative

---

La liste complète figure en annexe, accompagnée de statistiques indicatives relatives à chacun des textes.

[6] S'agissant d'IMN, les archives ouvertes de la liste de modération permettent de consulter les textes et débats ayant abouti à la censure.

[7] Si certains pourraient être nommés « gauchistes » par leurs ennemis politiques, en particulier de droite, ce désignant ne leur est pas réservé : *gauchiste* étant systématiquement un hétérodésignant dépréciatif, eux-mêmes sont susceptibles de l'employer – en particulier les anarchistes – pour disqualifier ceux qu'ils considèrent comme leurs ennemis au sein même de la « gauche radicale », parce que se réclamant d'autres références idéologiques et politiques.

[8] Ce qu'illustrent bien les textes de notre corpus : chapô (textes 1, 9), communiqué (textes 2, 6, 8), « lettre ouverte » (textes 3, 5), affiche (texte 9), brochure (textes 4, 10).

et privilégiera l'entrée lexicale, et plus particulièrement les faits de nomination.

Les deux parties suivantes se concentrent chacune sur un trait définitoire du discours polémique selon Amossy (2014) : (2) polarisation, à travers la désignation des acteurs et (3) dichotomisation, à travers les enjeux liés à certaines catégories idéologiques. Le troisième trait définitoire sera traité à l'intérieur de ces deux parties : chacune fera état des procédés de disqualification mis en œuvre, et, le cas échéant, des marques de violence verbale associées.

2. Polarisation : désignation des acteurs sociaux impliqués dans la polémique

Dans la polarisation, les deux positions antagonistes sont concrétisées par des acteurs sociaux, les individus ou groupes concrets qui soutiennent ces discours (Amossy 2014). Cela répond donc à une structure actantielle, organisée autour de trois rôles (déjà définis dans Plantin 1996 : 12) :

- Le Proposant (défenseur de la position avancée)
- L'Opposant (adversaire de cette position)
- Le Tiers (auditeur-spectateur de la confrontation appelé, le cas échéant, à prendre position)

Ces trois rôles – surtout le premier – sont présents discursivement dans les textes du corpus, les formes de désignation du Proposant visant à le disqualifier (au sens d'Amossy) pour construire, en miroir, la valorisation du camp de l'Opposant, et pour emporter l'adhésion du Tiers. L'objectif de la polarisation est d'opérer un regroupement par identification pour renforcer le groupe face à un ennemi commun.

2.1. Auto-désignation de l'Opposant

Il s'agit des auteurs des textes retenus, qui s'opposent aux organisateurs de la Marche. Si, comme l'indique Amossy (2014 : 59), « [l]a polarisation [...] pose un "nous" face à un "ils" », ce « nous », dans notre corpus, ne se construit que très rarement par des désignations explicites.

Soulignons tout d'abord que tous les textes ne sont pas signés. Quand ils le sont, la signature correspond à un groupe constitué pour l'occasion, dont la nomination constitue une marque supplémentaire de positionnement dans le cadre de la polémique : « Anarchistes contre le racialisme » (texte 4) ou « collectif identité j't'emmerde » (texte 8) ou « Cassandre » (texte 10). Dans un cas, le pseudonyme a été explicité a posteriori (« Collectif Identité j't'emmerde, plus communément appelé GARAP[9] »). Hormis ces signatures, les textes comportent peu d'auto-désignations. Leurs auteurs se présentent explicitement à deux reprises seulement, comme dans l'exemple suivant :

> (1) **Nous** sommes de plus en plus nombreux aujourd'hui d'horizons relativement variés, **révolutionnaires, anarchistes, communistes anti-autoritaires, militants,** entre autres, des luttes de l'immigration, épris sans doute davantage d'émancipation que de dignité et de justice, à s'opposer à la récupération en cours et à refuser la proposition politique portée par cette initiative (Texte 3)[10].

Cette caractérisation est importante pour notre propos. En effet, elle oppose deux paradigmes que nous aborderons plus en détail dans la section 3 : celui de l'« émancipation », qui s'inscrit dans la tradition du mouvement ouvrier, libertaire (anarchiste) et/ou anticapitaliste, et celui de la « dignité », qui renvoie pour les auteurs de nos textes à une revendication identitaire de reconnaissance constituant le cœur d'une idéologie et d'un projet politique qu'ils entendent démasquer et combattre en ce qu'elle constitue selon eux une forme de racisme[11].

Il reste que, comme on l'a indiqué, ces auto-désignations sont rares. Le « nous » se construit plutôt en miroir : c'est tout ce que n'est pas « eux ».

2.2. Hétéro-désignations et adresses au Tiers

S'il est assez peu représenté discursivement, ce rôle est d'autant plus important qu'il renvoie à la principale visée argumentative du corpus, laquelle consiste à démasquer les véritables enjeux idéologiques et politiques de la Marche, comme l'indiquait notamment l'exemple (1). Ce faisant, il s'agit d'éclairer les destinataires des textes, *i.e.* les militants du

---

[9] Groupe d'Action Pour la Recomposition de l'Autonomie Prolétarienne.
[10] Sauf indication contraire, la graphie originale a été respectée. Le gras souligne les occurrences analysées.
[11] Notons ici que certains travaux en SHS définissent quant à eux cette logique d'« identification raciale » en tant qu'opposée à celle de l'« assignation raciale » : il s'agit en cela pour eux d'une forme non raciste de « racialisation » (voir Fassin 2010 : 159). Le point de vue de l'Opposant dans notre corpus se définit de fait ponctuellement de manière explicite contre les discours universitaires contemporains consacrés à la « question raciale ».

même milieu, ceux qui se seraient « égarés » en participant à la Marche sans comprendre les véritables enjeux de cette manifestation.

Les textes s'adressent parfois à eux indirectement, sous la forme d'une délocution, comme dans ce titre :

> (2) Lettre ouverte à **ceux qui pensent que participer à la Marche-de-la-dignité-contre-le-racisme-avec-le-soutien-d'Angela-Davis** n'est pas un problème (Texte 3)

Il s'agit ici d'informer, avant que la Marche ait lieu, sur les véritables visées de cette manifestation. Le texte, sous forme de tract, se présente comme une mise en garde directement adressée à « ceux » qui représentent le rôle du Tiers. Ils sont ici désignés par cette formule nominale, marquée par les traits d'union, qui reprend les termes de l'Appel à la Marche. Ce procédé citatif répond à une visée divergente : les auteurs mettent ce discours à distance en l'associant, notamment, à une forme de stéréotypie propagandiste/publicitaire (inclusion dans le titre du syntagme « avec le soutien de »). Dans le texte lui-même, le Tiers est interpellé directement :

> (3) Vous avez peut être prévu d'aller **marcher avec dignité contre le racisme le 31 octobre prochain** en répondant à l'appel porté par Amal Bentoussi. Vous n'avez peut-être pas prêté particulièrement attention au fait que cette initiative a été lancée par le Parti des Indigènes de la République ou vous avez renoncé à prendre en compte ce que cela signifie. (Texte 3, gras des auteurs)

L'utilisation du « vous » permet de poser explicitement le Tiers comme interlocuteur, afin de lui expliquer directement pourquoi le choix de participer à la Marche, à première vue peu contestable, devrait en fait les interroger politiquement. Avec la reprise des mots de l'Appel (en gras), on retrouve également un usage de dialogisme interdiscursif similaire à celui de l'exemple (2). Ceux que les mises en garde n'auraient pas convaincus sont ensuite mentionnés dans les textes postérieurs à la manifestation, désignés par le même pronom démonstratif que dans l'exemple 2 :

> (4) **Ceux** qui étaient là « pour voir » ou qui, malgré ce qui avait été annoncé, en espéraient autre chose ont donc eu le loisir de se faire un avis. (Texte 7)

Après avoir fait le compte-rendu des participants et des messages véhiculés par la Marche, les auteurs anonymes de ce texte annoncent que leurs prédictions se sont vérifiées. Les enjeux de la polarisation sont donc clairs : le Tiers est directement sommé de choisir son camp, et d'agir en conséquence. Reste que c'est le Proposant qui est massivement désigné dans le corpus, dans la mesure où il constitue l'objet principal du contre-discours que nous étudions.

2.3. Hétéro-désignation et caractérisation du Proposant

Ce rôle correspond à ceux qui ont appelé à la Marche et aux représentants de l'idéologie que leur attribuent les auteurs de notre corpus : pour ces derniers, ce sont donc des adversaires. Différents procédés sont utilisés pour les disqualifier.

2.3.1. Les organisateurs et signataires de la Marche comme adversaires

L'appel lancé le 8 mai 2015 est signé par Amal Bentounsi, au nom du collectif de la Marche des Femmes pour la Dignité (MAFED). Le texte présente également un grand nombre de signataires présentés en deux catégories :

(a) une rubrique « en collaboration avec les personnalités et organisations de l'immigration et des quartiers populaires et/ou subissant le racisme » ;
(b) une rubrique « avec le soutien de », où l'on retrouve des organisations et des personnalités engagées contre le racisme mais différenciées de celles de la première catégorie : s'y regroupent notamment des organisations syndicales ou politiques de gauche, des personnes issues de ces organisations, des artistes.

Au vu de ces signatures, la Marche apparaît assez consensuelle. Or les auteurs de nos textes entendent dénoncer son vrai visage : elle ne serait pas organisée par le MAFED, mais par le « Parti des Indigènes de la République[12] » (désormais PIR), qui figure dans la rubrique (a) précédemment citée. Le premier serait donc un prête-nom pour le second[13] :

---

[12] C'est d'abord un mouvement apparu en France en janvier 2005 avec le lancement de l'« appel des indigènes de la République », devenu « Parti » en 2010. Il se définit ainsi : « le PIR lutte contre toutes les formes de domination impériale, coloniale et sioniste qui fondent la suprématie blanche à l'échelle internationale. » (http://indigenes-republique.fr/le-p-i-r/que-voulons-nous/). Il peut être associé au paradigme de l'antiracisme postcolonial (voir Picot 2016), aussi appelé antiracisme politique.
[13] Cette analyse repose en partie sur le fait qu'on retrouve les mêmes noms dans les signataires de l'Appel et ceux de la fête des 10 ans du PIR : http://indigenes-republique.fr/8-mai-2015-le-pir-fete-ses-10-ans-avec-angela-davis-2/

(5) Cette marche aurait **soi-disant été appelée par le MAFED**, un collectif de femmes « racisées » (c'est-à-dire issues de l'immigration non-européenne – et de ce seul fait victimes des discriminations racistes autoproclamées par principe, sans aucune prise en compte de leurs positions sociales), dont la porte-parole est Amal Bentounsi. Il n'y a plus besoin de démontrer que **ce collectif est une structure fantoche** et que cette marche a été appelée publiquement à l'occasion du dixième anniversaire du Parti des Indigènes de la République, en mai dernier. (Texte 10)

Avec seulement 6 occurrences dans le corpus, le MAFED est peu ciblé dans les textes. C'est bien le PIR qui cristallise les critiques.

2.3.2. Le PIR et sa « nébuleuse » comme adversaire principal

Le PIR est l'adversaire le plus fréquemment mentionné dans le corpus (90 fois), sous différentes formes : le sigle « P.I.R. » (38 occurrences), l'acronyme « PIR » (32 occurrences), le libellé intégral du Parti « Parti des Indigènes de la République » (5 occurrences) ou de l'ancien « mouvement des Indigènes de la République » (1 occurrence), des appellations tronquées : « les indigènes de la République » (3 occurrences) et « indigènes » (11 occurrences). Cette désignation est parfois guillemetée pour indiquer qu'elle est le fait de ce groupe lui-même. Le PIR apparait donc comme le Proposant démasqué, en tant que porteur des idées véhiculées par la manifestation, et il est vu comme un agent de la « récupération en cours » et du « projet politique » dénoncés dans l'exemple (1).

Parmi les membres du PIR, certains sont mentionnés individuellement : il y a ainsi une personnalisation au moyen d'attaques *ad personam*, procédé courant dans la disqualification polémique. Le rôle du Proposant est alors représenté par une figure particulière, dont la principale est Houria Bouteldja, porte-parole de l'organisation. Elle est citée 19 fois, souvent sous la forme d'insultes explicites et/ou d'accusations relatives aux positions (à tout le moins) réactionnaires qui lui sont attribuées :

(6) Houria Bouteldja (porte-parole du PIR, et accessoirement **raciste et homophobe de service**) (Texte 2)

Houria Bouteldja, porte parole du P.I.R., coutumière des plateaux télé, de l'éloge de la famille, de l'ordre et de l'obéissance aux structures communautaires et à la religion, ainsi que des invectives antisémites, contre le métissage, homophobes et sexistes (Texte 3)

La critique du mouvement passe par l'attaque personnelle de sa porte-parole, dont les actions et les discours sont plus facilement identifiables.

Est également cité Sadri Khiari (surtout dans le texte 10), qui n'est pas signataire de l'appel, mais qui est considéré comme le « théoricien du PIR », au vu des ouvrages qu'il a publiés. Lui fait l'objet d'attaques non sur sa personne, mais sur ses écrits, perçus comme fondateurs de l'idéologie du PIR[14].

Toutefois, le PIR n'est pas la seule cible. Toutes les organisations signataires de l'appel et au-delà tous ceux qui partagent les mêmes idées sont assimilés au camp adverse, dont le PIR ne constitue que le centre, autour duquel gravitent leurs « amis » ou « camarades » (texte 2). Cet amalgame des acteurs renvoie (a) à leur idéologie jugée commune, et (b) à la « proposition politique » qu'ils sont censés porter. Les catégories employées pour les désigner permettent de préciser ces deux aspects, que nous approfondirons dans la section 3, comme enjeux de la dichotomisation à l'œuvre dans le corpus.

a) Caractérisation idéologique

Les désignants qui reviennent de manière récurrente assimilent le Proposant à l'idéologie que lui assignent les auteurs de textes étudiés : parce qu'ils parlent de « race » ils sont considérés d'abord comme des « racialiste(s) », *i.e.* des adeptes de la « race » ou de ce qui est « racial » (43 occurrences de « racialiste(s) » – dont 16 dans le texte 10), ou comme des « racialis(a)teurs », *i.e.* ceux qui, littéralement, « racialisent » (2 occurrences)[15]. Ces mots peuvent être employés soit comme nom, soit comme adjectif. En tant que nom, ils désignent directement le groupe, en tant qu'adjectif, ils permettent de qualifier un nom représentant le groupe :

> (7) Ne marchons pas avec les **racialistes** ! (Texte 9)
> Cette marche a été une espèce de vitrine (et à servi à mesurer les capacités de mobilisation) de la galaxie **racialiste**[16] (Texte 10)

---

[14] Une telle différence de traitement entre ces deux figures militantes du PIR s'explique sans doute en partie par le fait qu'à la date où les textes du corpus sont écrits, le livre très controversé de Houria Bouteldja (*Les Blancs, les Juifs et nous : vers une politique de l'amour révolutionnaire*) n'est pas encore paru. La porte-parole du PIR s'exprime par ailleurs dans les médias dominants, ce qui n'est pas le cas Sadri Khiari.

[15] Nous développons ces notions en 3.2.

[16] Le nom *galaxie* pourrait ici faire écho à l'ouvrage *La Galaxie Dieudonné : pour en finir avec l'imposture* (de A. Déchot, J.-P. Gautier et M. Briganti, publié en 2011 aux éditions Syllepse), souvent cité dans la littérature antifasciste diffusée dans les milieux que nous étudions.

Cette désignation renvoie donc au dénominateur commun associé par l'Opposant à l'ensemble des personnes concernées : l'utilisation de ce concept de « race », perçue comme centrale dans l'idéologie du PIR. Le fait d'axer la critique sur ce point permet aux auteurs des textes de regrouper dans le rôle du Proposant d'autres groupes ou personnalités dont les positions sur ce sujet sont plus clairement identifiées comme racistes :

(8) Bouteldja, Dieudo, Tariq Ramadan, Soral : même combat ! (Texte 2)

Cette juxtaposition entre la première et les trois suivants, personnalités connues et controversées, à la fois objets et parties prenantes de nombreuses polémiques médiatiques, permet de pointer les accointances entre ceux qui sont directement visés par les textes et ces autres, que la Marche ne concerne pas directement mais qui leur sont liés par l'idéologie.

b) Caractérisation politique
Les catégories utilisées pour désigner le Proposant ne le sont pas au hasard : elles sont censées faire sens pour les destinataires des textes, militants s'inscrivant dans une tradition de pensée et de luttes associée à la critique des religions et à celle du capitalisme, autant qu'à celle du racisme.

Ainsi, une partie des désignants évoquant « le P.I.R. et la galaxie racialiste/théocompatible » (Texte 10) relèvent de leur catégorisation religieuse, leur antiracisme étant dénoncé comme le masque d'un identitarisme religieux (c'est la religion musulmane qui est concernée). Cette question se concentre surtout sur certains signataires, notamment Tariq Ramadan, un des « soutiens » de la Marche, cité à 9 reprises, pour souligner ses accointances avec des groupes identifiés comme islamistes :

(9) Tariq Ramadan (et ses **Frères Musulmans**), maître du double langage et **partisan** d'un « moratoire » sur la **lapidation des femmes**. (Texte 4)

Ici la critique du religieux passe par la mention d'un individu et d'un groupe clairement identifiés sur la scène politique. Rappeler ces positions religieuses permet de placer le Proposant dans le camp de ceux qui prônent des idées jugées douteuses et réactionnaires au sein de la gauche radicale.

Cette critique constitue de fait un sous-ensemble de l'identitarisme dénoncé comme caractéristique du Proposant (cf. 3.2.2.). Les acteurs adverses sont en effet désignés comme « iden(ti)taire(s) » (24 occurrences), mot utilisé à la fois comme nom et adjectif :

> (10) Il serait plus utile de s'intéresser aux causes profondes de cette racisation de la société française menées par la gauche et la droite, l'extrême gauche et l'extrême droite. S'intéresser donc aux discriminations structurelles dont sont victimes ceux que les multiculturalistes et les **Identaires de gauche de tout poil** (dont le PIR n'est qu'une toute petite partie) prétendent représenter de façon démagogique. (Texte 5)

La catégorie d'« identitaire de gauche » constitue une forme d'alliance conceptuelle dans la mesure où « identitaire » renvoie à un désignant traditionnellement associé à une mouvance située à l'extrême droite[17], d'où l'accusation de « falsification » eu égard à une tradition antiraciste censée être à l'opposé du spectre politique ainsi évoqué.

Enfin, si ces désignants renvoient principalement à la critique du paradigme identitaire de la « dignité » (cf exemple 1), certains, comme on l'a vu, font également sens en référence au contre-paradigme de l'« émancipation » issu de la tradition du mouvement ouvrier. C'est le cas des catégories religieuses analysées précédemment, et c'est aussi le cas des désignants axiologiques renvoyant à la lutte des classes, comme dans l'exemple suivant :

> (11) ceux qui nous haranguent ici sont des charognards identitaires, des coteries politicardes, des businessmen, des valets **arrogants de la domination de classe**. Dans les traces des **liquidateurs de la lutte du prolétariat**, ces avides candidats à l'encadrement du troupeau nous appellent à marcher au pas d'un capitalisme revigoré grâve à l'instauration d'un multiculturalisme auxiliaire du déchaînement marchand (Texte 8)

Dans les milieux où sont diffusés ces textes, ces critiques sont censées porter et servir leur visée de disqualification. Outre la fonction argumentative associée au Tiers, les désignations étudiées contribuent à renforcer la radicalité critique de l'Opposant et disqualifier le Proposant non seulement comme ennemi politique, mais pour cette même raison, comme mystificateur de la lutte antiraciste, ou plus largement, anti-autoritaire et révolutionnaire. C'est ce que nous allons approfondir en examinant les phénomènes de dichotomisation idéologique à l'œuvre dans le corpus.

---

[17] Nous étudions en 3.2.2 les emplois de cette notion dans notre corpus.

3. Dichotomisation et enjeux critiques de l'idéologie « racialiste » associée à la Marche

Les premières lignes du texte 8 *Marche au pas* résument bien le positionnement de l'Opposant, dont nous allons approfondir l'étude, engagée dans la section précédente :

> (12) A priori, condamner une « marche de la dignité et contre le racisme », c'est être du côté des indignes et des racistes. C'est un peu comme approuver la faim dans le monde, l'injustice, la guerre, les crimes policiers… Cette manifestation n'est pourtant qu'une grosse arnaque qu'il faut dénoncer. (Texte 8)

Il s'agit, pour les auteurs, de prendre le risque de défendre « des positions à contre courant » (texte 5) – ce qui les situe en marge dans le champ de l'antiracisme pratiqué traditionnellement à gauche et à l'extrême-gauche – pour, comme on l'a vu dans la section 2, démystifier ce qui est selon eux la véritable nature de la Marche et pointer les contradictions où se fourvoient ses soutiens se revendiquant de ce milieu.

3.1. Un contre-discours visant à démystifier le discours antiraciste de la Marche

Cette démystification consiste à révéler un paradoxe – qui est une figure majeure dans le discours polémique que nous étudions : cette Marche de la dignité – qui se dit antiraciste – serait en fait raciste. Ce dévoilement entend ainsi faire apparaître une confusion et donc une reconfiguration des frontières politiques classiques entre (extrême) gauche et (extrême) droite, ce qui, comme on a pu commencer à le voir dans la section 2, complexifie la polarisation mentionnée par Amossy si on rapporte la polémique aux catégorisations politiques habituelles. On voit par ailleurs en quoi ce dévoilement peut contribuer à disqualifier le discours du Proposant. Le titre du texte 4 est à ces deux égards explicite : « Nique la "race" ! Ou comment éclatent les frontières entre l'extrême-droite et l'extrême-gauche du pouvoir » (voir aussi notre section 2.3.).

Dans notre corpus, l'argumentation prend pour terrain l'idéologie et donc les discours associés au Proposant – et porte plus particulièrement sur les concepts, sur les catégories qu'il utilise. La dichotomisation entre Opposant et Proposant s'opère ainsi principalement entre ceux qui emploient et ceux qui rejettent les catégories associées au champ lexico-sémantique de la « race »[18]. À cet égard, le sous-titre suivant formule une alternative explicite quant à la dichotomisation en jeu :

---

[18] Voir Devriendt, Monte, Sandré (2018).

(13) Contre le racisme ou pour les races ? (Texte 10, sous-titre de la première partie)

De même, la conclusion du texte 4 (*Nique la race…*), signé « Anarchistes contre le racialisme », rend bien compte de l'assise idéologique de la polarisation étudiée dans la section précédente :

(14) A l'heure où les frontières entre extrême-droite et extrême-gauche n'avaient pas été aussi floues que depuis la Belle Époque et les thèses immondes de Gobineau sur l'inégalité (et l'existence !) des races, le simple fait que nous ressentions le besoin de ré-exprimer de telles banalités (que les races n'existent pas) à l'occasion d'une manifestation prétendument « anti-raciste », devrait être un signal d'alarme assez fort.
L'heure est grave, et nous insistons :
Il n'y a pas de races, seulement des racistes !
Contre toute forme de racisme-racialisme-"racisation" (Texte 4)

Le slogan final (« Il n'y a pas de races, seulement des racistes ! (Texte 4, 7 et 10) »), qui connaît deux variantes dans le corpus – « Il n'y a pas de races, seulement des racialistes (Texte 6) », « Les races n'existent pas, seulement les racistes ! (Texte 9)» – illustre à la fois les enjeux argumentatifs liés à la catégorie de « race » que nous venons d'illustrer mais aussi, et c'est ce qui constitue l'objet principal des analyses suivantes, l'assimilation contre-discursive de cette catégorisation à une idéologie, définie comme « racialiste ».

3.2. Critique du « racialisme » comme idéologie raciste portée par la Marche de la dignité

Dans l'ensemble des textes que nous avons étudiés, le mot *racialisme* et son dérivé *racialiste* (en emploi adjectival ou nominal comme on l'a vu) sont des mots spécifiques aux discours de l'Opposant – à tel point que le Proposant désigne parfois du nom d'« anti-racialistes » les auteurs des textes contre la Marche[19].

---

[19] Il faudrait pouvoir mettre en rapport ces usages lexicaux avec l'histoire du concept de racialisme, mais cet objet dépasse le cadre de la présente étude. Pour une définition scientifique, voir notamment Bessone (2013 : 47) à propos des théories raciales des XVIIIe et XIXe siècles : « On appelle […] théorie raciale au sens strict ou racialisme, selon la terminologie de K. A. Appiah, la doctrine selon laquelle les caractéristiques physiques, psychologiques et culturelles de chaque race sont reliées entre elles et sont mutuellement déterminées par un ensemble distinct de traits et de tendances héritables constituant une essence raciale. Une doctrine racialiste peut ne pas être raciste car on peut théoriquement soutenir qu'il existe une essence raciale sans soutenir que les races constituent une hiérarchie de statuts moraux. En revanche,

Le texte 10 est assez représentatif de l'emploi de ces mots, dès son titre : « Quelques considérations sur la récente mode racialiste [...] ». Son propos est de montrer que cette mode n'est pas si nouvelle, de manière à associer les « racialistes », moyennant quelques variantes, à la mémoire historique et discursive du racisme avéré[20]. C'est entre autres ce que montre l'exemple suivant, qui constitue aussi un énoncé définitionnel (Riegel 1990) de la notion de racialisme selon les auteurs du contre-discours étudié :

> (15) Je pense qu'on peut appeler « racialistes » les groupes et penseurs qui veulent remettre à l'ordre du jour et utiliser à des fins politiques la « théorie des races », c'est à dire l'idée (qui remonte au moins au XVIIIe siècle) que les êtres humains se déclineraient en races différentes. La nouveauté, par rapport au vieux racisme « biologique » (qui se base principalement sur le phénotype de chaque être humain), est qu'ils appuient plus sur un « différentialisme » culturel. Ces partisans du racialisme politique portent en effet l'hypothèse de l'irréductibilité et de l'incompatibilité de certaines spécificités culturelles, nationales, religieuses typiques des différents groupes humains, qui seraient donc destinés a rester séparés par des barrières étanches. Même si ces personnes sont issues de l'extrême gauche, il partagent donc là la même base conceptuelle que les racistes d'extrême droite. Pas étonnant donc, que leurs discours aient des relents carrément racistes et réactionnaires. (Texte 10, note 1)

De fait, *racisme* et *racialisme* sont peu différenciés dans ce texte, et l'on voit ici que le « racialisme » constitue pour les auteurs une forme de racisme apparentée au racisme dit « différencialiste » (c'est à dire fondé sur un essentialisme naturalisant les différences « culturelles »)[21]. C'est

---

toute théorie raciste est racialiste ». Nous revenons avec l'exemple (15) et les suivants sur la définition du racialisme qui se dégage des textes de notre corpus.

[20] Le rapprochement analogique entre la situation contemporaine et des situations passées associées à la mémoire collective des crimes racistes est récurrent dans le corpus, qu'il s'agisse des textes ou de leurs illustrations sur NF. S'agissant des illustrations, deux configurations peuvent en effet être dégagées : soit elles renvoient à des discours racistes historiquement et politiquement reconnus comme tels par toute forme d'antiracisme (*e.g.* la photographie d'un écriteau « No dogs and Chinese are allowed »), soit elles fonctionnent comme des citations graphiques de l'idéologie combattue (*e.g.* la photographie de la couverture du dernier livre d'Houria Bouteldja, mentionné en note 14, que les auteurs considèrent comme antisémite).

[21] Le racisme différentialiste a été analysé dès les années 1980 (voir notamment Taguieff 1987, Balibar 2005, Bessone 2013) : « Si le discours du racisme biologique est universaliste et d'abord inégalitaire, posant une hiérarchisation stricte entre des races comme types figés [...], le racisme différentialiste, paradoxalement, repère et valorise, voire sacralise les différences » (Bessone 2013 : 130).

ce que nous allons voir en envisageant les deux principaux traits qui se dégagent des énoncés définitionnels attestés dans le corpus : le « racialisme » comme (1) racisme inversé et (2) identitarisme.

3.2.1. Le « racialisme » comme racisme inversé

Cette inversion oppose, dans le contre-discours étudié, racisme *subi* et *revendiqué*, comme deux formes symétriques de racisme[22] :

> (16) Le racialisme est en effet le frère jumeau du racisme, mais avec le signe de valeur inversé. Je subis le racisme à cause de mon aspect physique ou autre ? À quoi bon lutter contre le racisme en affirmant quelques simples vérités, comme le fait que les races n'existent pas, mais sont des inventions tellement utiles aux différents pouvoirs pour garder la main sur les exploités ? Mieux vaut, nous disent certains intellectuels relativistes qui croient vivre dans les ghettos des États-Unis de l'après-guerre, accepter ces discours immonde/immondes ? ou ?, affirmer la séparation des uns des autres selon des lignes raciales. Il suffit juste, pour se différencier du Ku Klux Klan, de maintenir que « black is beautiful » tout en reprenant le fond de leur concept de « suprématisme blanc » (vous pouvez remplacer le classique américain « blanc » par n'importe quelle identité, plus ou moins réelle, plus ou moins fantasmée et le jeu est fait !) ou, encore mieux, de demander des flics issus des minorités, des patrons « racisés », des juges communautaires (quant aux « religions des opprimées » il y en a déjà pas mal !). (Texte 10)

L'analyse qui précède contredit d'autant plus la *doxa* antiraciste qu'elle consiste à disqualifier un retournement de stigmate (la fierté Noire du slogan *Black Power* « Black is beautiful »), mécanisme habituellement conçu comme moyen d'affirmation politique des groupes opprimés et, en tant que tel, le plus souvent valorisé dans les discours antiracistes et/ou libertaires au sens large. La logique de cette « inversion » se trouve étroitement liée au second trait définitionnel du « racialisme » que l'on peut dégager des critiques du corpus.

3.2.2. Le « racialisme » comme identitarisme

Selon ces critiques, le « racialisme » est assimilé à un identitarisme, et l'adjectif *identitaire* figure dès lors comme un hyperonyme de *racialiste*.

---

[22] Cette symétrie postulée entre groupe dominant et groupe dominé semble confirmer que les « anti-racialistes » entendent dénier aux acteurs de l'antiracisme politique le statut même de groupe dominé, seule la dimension de classe étant pour eux pertinente pour envisager les rapports sociaux d'oppression (voir *infra* notre section 3.2.2).

Ainsi, cet identitarisme inclut potentiellement plusieurs « catégories du pouvoir » (dont la religion comme on l'a vu), outre celle de « race » ciblée en tant que telle par les « anti-racialistes » – ce qui rejoint la définition du « racialisme » comme racisme différentialiste illustrée par l'exemple (15). Dans les discours étudiés, au positionnement libertaire revendiqué, toutes les identités en soi sont évaluées négativement, comme catégories d'oppression – et à plus forte raison les « cases raciales » :

> (17) Les racialistes, ces récupérateurs de gauche du racisme, veulent, tout comme les racistes tout court, insérer les individus avec leurs unicités dans des cases : les races. Ces cases raciales sont censées découper l'ensemble de l'humanité selon des critères anthropomorphiques ou culturels. (Texte 10)

Comme on l'a vu précédemment, racistes et antiracistes « racialistes » sont ainsi renvoyés à une même logique. La logique identitaire du discours antiraciste de la Marche et de ses soutiens ou organisateurs, et en particulier le PIR, se trouve en outre assimilée à celle du pouvoir oppresseur, comme le dénonce également un collectif au pseudonyme *ad hoc*, « Identité J't'emmerde », dans une perspective non seulement « antiracialiste », mais également anticapitaliste – la dimension axiologique de l'extrait participant là encore de la disqualification de l'adversaire :

> (18) Les organisateurs de cette manifestation ne s'arrêtent pas à des analyses erronées et de fausses solutions. Ils participent activement à **répandre la lèpre identitaire parmi les prolétaires,** ce qui arrange la bourgeoisie dont l'une des stratégies permanente consiste à diviser les exploités pour mieux les soumettre. Bouteldja se satisfait publiquement que plus personne ne parlerait de classe sociale dans les « quartiers ». Une telle affirmation en dit long sur la caution que cette hipster homophobe, racialiste et intégriste religieuse porte à l'ordre en place. C'est aussi là le but non déclaré de la nébuleuse identitaire dont elle fait partie : **chasser la conscience de classe pour mieux fabriquer une identité religieuse, raciale, culturelle,** sur laquelle les filiales françaises de l'organisation d'extrême-droite la Confrérie des Frères musulmans (CMF, UOIF, et dont l'une des stars est Tariq Ramadan) ainsi que toute une petite bourgeoisie électoraliste et pro Union européenne comptent capitaliser. **L'identité est dès lors une véritable geôle que vise à régenter de nouveaux interlocuteurs de l'Etat.** (Texte 8)

La dichotomisation en jeu contribue ainsi non seulement à critiquer une idéologie jugée réactionnaire mais, comme on l'a vu dans la section 2, à dévoiler un « projet politique » ici présenté comme « but non déclaré » des discours antiracistes combattus, dès lors doublement démystifiés : comme entreprise de collaboration de classe (contradictoire avec leur positionnement revendiqué à l'extrême-gauche), et comme discours essentialisant « mixophobe » (Taguieff 1987) et hiérarchisant. S'agissant de ce second point, on débouche en effet sur la critique paradoxale du positionnement antiraciste des « racialistes » – avec la démystification d'un antiracisme « communautarisé » :

> (19) De l'habituel racisme au singulier contre lequel on propose de marcher dans le titre, on passe, à la fin du texte d'appel, aux **racismes au pluriel**, déclinés ainsi : « l'islamophobie, la négrophobie, la rromophobie galopantes », il ne manque que l'évocation du « philosémitisme d'état » pour retrouver à l'identique les déclarations plus que contestables de la porte-parole du P.I.R., à Oslo par exemple. D'ailleurs, dans la présentation des signatures de l'appel **on sépare et on hiérarchise les « femmes racisées »**, puis **les stars et « personnalités »**, puis les **« associations de racisées »**, enfin les **« soutiens » qui sont les personnalités et groupes non racisés ou qui ne sont pas cités à ce titre.**
>
> On marchera donc ce jour-là pour la promotion d'**un anti-racisme repeint aux couleurs de la race.** (Texte 3)

Cette rhétorique de la démystification nourrit autant la dichotomisation que la disqualification du Proposant, comme on l'a vu dans la section 2, et l'usage des citations extraites du texte d'appel de la Marche renforce ici la dimension polémique du discours étudié : contre la thèse de l'adversaire, il s'agit de retourner cette thèse même, pour en faire apparaître les implicites et les contradictions[23].

3.3. Le « racialisme » comme enjeu de reconfiguration du camp de la gauche radicale antiraciste

Tel quel, le contre-discours étudié entend définir une véritable reconfiguration du camp antiraciste, comme l'indiquaient déjà les éléments de polarisation analysés dans la section 2. En l'occurrence, la thèse de l'éclatement des frontières entre extrême-gauche et extrême-droite aboutit à situer à l'extrême-droite une organisation d'extrême-gauche se revendiquant de l'antiracisme politique, le PIR (et ses alliés supposés) :

> (20) Aujourd'hui, il n'est plus possible de nier que, par exemple, **les Indigènes de la République ont rejoint les thèses racialistes de l'extrême-droite**, ou bien pour le dire simplement : qu'ils ont rejoint l'extrême-droite pour y former une nouvelle tendance qui ne diverge d'avec les autres que sur un

---

[23] C'est également ce fonctionnement qui prévaut dans les citations graphiques évoquées dans notre note 20.

seul point : un vieux fond de commerce gauchiste et l'inversion des schémas racistes ordinaires, mais toujours les mêmes vieux schémas pourris de l'intérieur, c'est-à-dire la race, et le plus souvent, l'homophobie, le sexisme et la haine du « juif ». (Texte 4)

On comprend ainsi l'enjeu politique du positionnement de l'Opposant dans cette polémique : il ne s'agit pas seulement de se démarquer par des « positions à contre-courant » au sein d'un même milieu (celui de la gauche radicale et antiraciste), mais de se dissocier radicalement d'une idéologie et d'une stratégie politique jugées réactionnaires, et même contre-révolutionnaires, et des acteurs qui les portent. En d'autres termes, de désigner des ennemis politiques à part entière, et non simplement d'opposer une thèse contradictoire relativement à une même question.

4. Conclusion

Notre objectif était de travailler sur la question de l'(anti)racisme, souvent liée à des discours se positionnant aux extrêmes politiques. En choisissant cette polémique, constituée de discours émanant de groupes évoluant dans les milieux de la gauche radicale, nous voulions interroger les enjeux d'une argumentation cristallisée autour d'une certaine définition du racisme, paradoxalement appliquée à des acteurs de ces mêmes milieux.

Dans cette étude inscrite dans la continuité d'autres travaux en analyse du discours, nous pensons, ce faisant, avoir mis en évidence, dans un corpus inédit, à la fois la complexité des usages de la notion de « race » (voir Devriendt, Monte & Sandré (éds) 2018), et certaines contradictions de l'antiracisme, déjà exposées dans les années 1980 (voir Bonnafous & Taguieff (éds) 1989). Plus largement, et malgré le caractère limité de sa portée, cette polémique autour de la Marche de 2015 pose la question de sa raison d'être et de ses fonctions dans la perspective de transformation sociale revendiquée par les différents groupes en présence, la lutte contre l'oppression raciste leur étant *a priori* un mot d'ordre commun.

Bibliographie

Amossy, R. (2014). *Apologie de la polémique*. Paris : PUF.

Angenot, M. (1982). *La parole pamphlétaire. Typologie des discours modernes.* Paris : Payot.

Balibar, É. (2005). « La construction du racisme ». *Actuel Marx* 38, 11–28.

Bessone, M. (2013). *Sans distinction de race ? Une analyse critique du concept de race et de ses effets pratiques.* Paris : Vrin.

Bonnafous, S. & Taguieff, P.-A. (éds) (1989). *Mots. Les langages du politique* 18, *Racisme et antiracisme. Frontières et recouvrements.*

Devriendt, É., Monte, M. & Sandré, M. (2018). « Analyse du discours et catégories "raciales" : problèmes, enjeux, perspectives ». *Mots. Les langages du politique* 116, *Dire ou ne pas dire la « race » en France aujourd'hui*, 9-37.

Devriendt, É., Monte, M. & Sandré, M. (éds) (2018). *Mots. Les langages du politique* 116, *Dire ou ne pas dire la « race » en France aujourd'hui.*

Fassin, D. (2010). « Ni race ni racisme. Ce que racialiser veut dire », in D. Fassin (ed.), *Les Nouvelles Frontières de la société française.* Paris : La Découverte, 147-172.

Pereira, I. (2010). *Les grammaires de la contestation. Un guide de la gauche radicale*, Paris, La Découverte.

Picot, P. (2016). « Quelques usages militants du concept de racisme institutionnel : le discours antiraciste postcolonial (France, 2005-2015) ». *Migrations Société* 163, 47-60.

Plantin, Ch. (1996). « Le trilogue argumentatif. Présentation de modèle, analyse de cas ». *Langue française* 112, *L'argumentation en dialogue*, 9-30.

Riegel, M. (1990). « La définition, acte du langage ordinaire. De la forme aux interprétations », in Centre d'études du lexique (éd.), *La définition.* Paris : Larousse, 97-109.

Taguieff, P.-A. (1987). *La force du préjugé. Essai sur le racisme et ses doubles.* Paris : La Découverte.

Annexe : Corpus d'étude (17 670 mots)

Texte 1 : « Minguettes blues », 13/09/2015 (584 mots)

Texte 2 : « Un peu d'agitation contre les racialistes », 10/10/2015 (442 mots)

Texte 3 : « Lettre ouverte à ceux qui pensent que participer à la Marche-pour-la-dignité-contre-le-racisme-avec-le-soutien-d'Angela-Davis n'est pas un problème », A la croisée des chemins, 17/10/2015 (817 mots)

Texte 4 : « Nique la race ! Ou comment éclatent les frontières entre l'extrême-droite et l'extrême-gauche au pouvoir », Anarchistes contre le racialisme, 18/10/2015 (1957 mots)

Texte 5 : « A propos de la marche contre le racisme… », Y[ves] C[oleman] (Ni patrie ni frontières), 20/10/2015 (2576 mots)

Texte 6 : « Les opprimés n'ont ni patrie ni race », 29/10/2015 (1159 mots)

Texte 7 : « Paris, il est temps de rompre les rangs », 03/11/2015 (868 mots)

Texte 8 : « Marche au pas ! », collectif Identité j't'emmerde, 05/11/2015 (1109 mots)

Texte 9 : « Affiches : les races n'existent pas, seulement les racistes ! », 13/11/2015 (421 mots)

Texte 10 : « Quelques considérations sur la récente mode racialiste (et la marche de la dignité et contre le racisme) », Cassandre, 25/03/201 (7737 mots)

La représentation des frontières dans les discours de Marine Le Pen et de Viktor Orbán

Renáta Varga
Université de Lille

Cet article propose d'analyser la représentation des frontières dans les discours de deux leaders politiques très médiatisés dans l'espace public national et européen : Marine Le Pen, Présidente du Front National, Députée européenne[1] entre 2014 et 2017 et candidate à l'élection présidentielle de 2017 et Viktor Orbán, Premier ministre hongrois. Interroger le discours politique sous l'angle des frontières offre des clés de compréhension des discours populistes européens actuels car elles cristallisent les tensions liées à la crise des institutions européennes et à la politique de gestion des migrants (Balibar 2016). Les frontières étant « des marques symboliques, nécessaires aux nations en quête d'un dedans pour interagir avec un dehors » (Foucher 2016 : 7), elles sont donc largement investies par les leaders politiques. En partant du contexte événementiel de l'arrivée des migrants sur le sol européen et des attaques terroristes en Europe, l'objectif de notre démarche est de montrer les représentations que Marine Le Pen et Viktor Orbán construisent en s'appuyant sur la thématique des frontières, des récits différents qui révèlent des enjeux de légitimation de soi et de prise de pouvoir. Nous souhaitons montrer les similitudes et questionner les différences dans la représentation des frontières de ces deux leaders populistes. Selon l'hypothèse qui sous-tend notre travail, les discours populistes sur les frontières sont multiples et l'investissement de la

---

[1] Suite aux élections législatives de 2017, Marine Le Pen a démissionné de son mandat de Députée européenne le 19 juin 2017 pour occuper son siège de Députée du Pas-de-Calais à l'Assemblée nationale.

Comment citer ce chapitre :
Varga, R. 2019. « La représentation des frontières dans les discours de Marine Le Pen et de Viktor Orbán ». In: Françoise Sullet-Nylander, María Bernal, Christophe Premat & Malin Roitman (eds.). *Political Discourses at the Extremes. Expressions of Populism in Romance-Speaking Countries*. Stockholm Studies in Romance Languages. Stockholm: Stockholm University Press, pp. 321–340. DOI: https://doi.org/10.16993/bax.p. License: CC-BY

notion de frontière peut être différent en fonction de l'ancrage géo-politique, de la variante du populisme incarné ainsi que des objectifs visés par les leaders populistes.

Cette recherche mobilise l'approche communicationnelle des discours politiques (Charaudeau 2005, 2013, 2016 ; Wodak, 2015). Nous nous intéressons à l'émergence des thématiques en lien avec les frontières et à la mise en cohérence du récit construit à destination des publics cibles. Les discours sont interprétés dans leur contexte socio-politique (Wodak & Krzyżanowski 2017 : 472), l'objectif étant de mieux saisir les stratégies des acteurs politiques et les représentations véhiculées. Notre recherche s'appuie sur un éclairage politique permettant de comprendre le populisme comme production de discours et d'actes (Taguieff 1984 ; Enyedi 2016 ; Müller 2016). Nous envisageons le populisme comme style politique (Taguieff 2007, 2012 ; Charaudeau 2016 ; Mofitt 2016) et nous adoptons l'approche sémiologique de Charaudeau qui définit le fonctionnement général du discours populiste comme « une stratégie de conquête ou d'exercice du pouvoir à travers un discours qui reprend la scénographie du discours politique en en radicalisant les imaginaires » (2016 : 37). Pour produire notre analyse, nous nous appuyons sur des travaux des chercheurs en géographie, en sociologie et en philosophie qui questionnent le sens et les fonctions attribuées aux frontières (O'Dowd 2002 ; Groupe Frontière 2004 ; Ratti & Schuler 2013 ; Jeandesboz 2015 ; Simonneau 2015 ; Balibar 2016 ; Foucher 2016) et permettent de les interpréter en tant qu'espaces géographiques, culturels et symboliques et en tant qu'imaginaires sociaux.

Notre corpus est constitué de discours oraux et écrits[2], produits par Marine Le Pen[3] et Viktor Orbán[4] entre janvier 2015 et avril 2017 dans le cadre national et européen. Il s'agit de différents types d'interventions : des discours officiels, des meetings et des interventions dans les médias : TV ou radio. Nous avons retenu cette période longue car la stratégie de communication de Viktor Orbán autour de la sécurisation

---

[2] Cette analyse n'intègre pas l'activité des deux leaders sur les nouveaux médias et les réseaux sociaux.

[3] Les discours de Marine Le Pen ont été recueillis sur les sites du FN : www.frontnational.com et www.marine2017.fr. ou directement enregistrés sur les médias nationaux. Notons que le site de campagne Marine 2017 a été fermé après les élections et le nom du domaine marine2017.fr a été revendu et transformé en site commercial.

[4] Les discours de Viktor Orbán ont été récupérés dans leur version écrite sur le portail du gouvernement hongrois : http://www.kormany.hu/hu/a-miniszterelnok/beszedek-publikaciok-interjuk. L'ensemble des discours du Premier ministre est mis en ligne en version écrite par ordre anti-chronologique à partir du 6 juin 2014.

des frontières débute en janvier 2015, après l'attaque terroriste contre Charlie Hebdo. Par contre dans l'agenda politique de Marine Le Pen, la thématique des frontières devient centrale pendant la campagne présidentielle française, à partir d'octobre 2016 et durant la campagne officielle en 2017. Nous avons sélectionné trente discours de chaque leader par rapport à l'intérêt du contenu eu égard à l'objet d'études. Notre méthodologie consistait à établir d'abord une liste de thématiques potentiellement en lien avec la notion de frontière : immigration, migration, politique migratoire de l'UE, menaces associées dans le discours à la migration et à l'immigration, sécurisation du territoire, souveraineté, droit de douanes, contrôles aux frontières, libre circulation des hommes et des marchandises. Nous avons ensuite recherché par une lecture attentive des discours, les extraits pertinents en nous attachant au sens. Notre analyse étant qualitative, nous ne traitons pas la fréquence d'apparition des éléments de contenu. L'objectif est de montrer l'articulation des thématiques abordées dans les discours pour en tirer des différences, ou au contraire des points communs.

Après avoir situé ces deux leaders par rapport à leurs positionnements politiques et les styles populistes incarnés (1), nous montrerons quelles visions des frontières ils développent en s'appuyant sur le contexte événementiel d'attaques terroristes et d'arrivée des migrants (2). Leurs récits sur la nécessaire sécurisation des territoires révèlent deux logiques opposées de la souveraineté nationale (3). Ces visions cachent des ambitions politiques de légitimation de soi et de prise de pouvoir et traduisent la représentation des frontières comme symboles identitaires et comme affirmation d'un pouvoir politique.

1. Les positionnements politiques et populistes de Marine Le Pen et de Viktor Orbán

Marine Le Pen et Viktor Orbán se positionnent différemment sur l'échiquier politique. Le Front National est qualifié d'extrême-droite et aucun leader politique en France n'a pris le risque jusqu'en 2017[5] de créer des alliances avec les candidats ou élus FN. Marine Le Pen qui rejette cette étiquette a entrepris depuis son élection à la tête du parti en janvier 2011,

---

[5] Nicolas Dupont-Aignan, candidat souverainiste ayant obtenu 4,7% au premier tour de l'élection présidentielle de 2017 s'est allié avec Marine Le Pen et a appelé à voter pour le FN au 2e tour.

une opération de « dédiabolisation »[6] (Morel 2013 ; Charaudeau 2013 ; Dézé 2015 ; Alduy & Wahnich 2015 ; Alduy 2017) en essayant de gommer les attributs d'extrême-droite[7], dans une visée d'ascension vers le pouvoir[8]. Selon Charaudeau, ce changement de cap « met le FN dans une situation contradictoire, mais en même temps jette de la poudre aux yeux de ceux qui auraient encore peur de se réclamer de ce parti » (2013 : 193). Alduy et Wahnich pointent cependant le double discours de Marine Le Pen (2015 : 241) qui a fait évoluer son langage par rapport à celui de son père (Taguieff 1984), mais reprend les idées chères à Jean-Marie Le Pen (Dézé 2015). Ce jeu illusionniste va même jusqu'à gommer le nom de famille « Le Pen » dans les logos de campagne « Marine 2017 » et « Marine Présidente » pour dissocier la fille de l'image négative du père[9].

Quant au leader du parti *Fidesz-Union Civique*, Viktor Orbán affiche un positionnement de droite conservatrice et se réclame des valeurs de la démocratie chrétienne[10] (Korkut 2012 ; Müller 2016 : 47 ; Varga 2017b). Mais « le christianisme qu'il épouse[11] est celui qui méprise les valeurs libérales, en particulier l'internationalisme et la compassion pour l'humanité mondiale »[12]. En effet, le Premier ministre a soutenu

---

[6] Dézé indique notamment le « travail d'ajustement sémantique » qui a consisté à vouloir « imposer un nouveau registre de discours euphémisé » (2015 : 34).

[7] Marine Le Pen s'est adressée aux représentants de l'organisation patronale MEDEF (Mouvement des entreprises de France) lors de la campagne présidentielle 2017 : « Arrêtez la caricature, je vous en supplie, cela n'apporte pas grand-chose. Les ogres n'existent pas, le grand méchant loup non plus. Mon élection est une chance, il n'y pas de crainte à avoir. » (Paris, 28.03.2017).

[8] Dézé rappelle que « la stratégie de dédiabolisation de Marine Le Pen n'est nouvelle ni dans son principe, ni dans ses modalités. Sa réactivation témoigne simplement de l'inscription du parti dans une logique électorale de conquête du pouvoir. » (2015 : 44).

[9] Avec l'exclusion le 20 août 2015 de Jean-Marie Le Pen, Président d'honneur et fondateur du parti, le FN semble sur le chemin de la « normalisation » (Alduy 2017 : 119). Mais il est difficile d'effacer 40 années de radicalité ; c'est ainsi qu'après avoir mis à distance l'image du père, Marine Le Pen a essayé de se détacher du FN déclarant lors de la campagne : « je ne suis pas la candidate du Front National, je suis la candidate soutenue par le Front National » (Interview, France 2, 25.04.2017).

[10] Le Premier ministre se définit comme (bon) chrétien et définit son gouvernement et le parti *Fidesz* comme « people's party community, based on Christian-democratic foundations » (Budapest, 27.02.2015).

[11] Dans le modèle politique construit par Viktor Orbán l'Eglise catholique occupe une place importante : en échange des financements, les représentants de l'Eglise soutiennent sans condition l'idéologie du *Fidesz*. C'est dans cet esprit qu'en septembre 2015 plusieurs dirigeants se sont élevés publiquement contre l'appel du Pape François à accueillir des migrants, rejetant le devoir de compassion (Varga 2017b).

[12] « I think that the Christian identity reveals to us a completely clear order of

que « la compassion envers les non-autochtones est une forme de politiquement correct » (Fekete 2016 : 42–43). Ce positionnement conservateur du parti *Fidesz* n'empêche pas le gouvernement de s'approprier les thématiques fortes du parti d'extrême droite hongrois *Jobbik*, telle la construction de la clôture de barbelés à la frontière serbo-hongroise, dans l'objectif de conquérir son électorat.

L'autre différence significative entre Marine Le Pen et Viktor Orbán concerne leur rapport au pouvoir. Marine Le Pen représente le populisme d'opposition contrairement à Viktor Orbán qui est l'un des rares leaders européens à disposer des pleins pouvoirs et qui incarne à ce titre le populisme gouvernemental (Wodak 2015 ; Müller 2016). Depuis son accès au pouvoir en 2010, Orbán a pris un virage « illibéral » (Bozóki 2015), mettant fin dans la pratique à la séparation des pouvoirs et bloquant les contrepouvoirs. Avec une majorité de 2/3 au Parlement, le gouvernement d'Orbán a réécrit la Constitution afin de pérenniser la place des populistes à la gouvernance (Müller 2016 : 65). Enfin, il a réussi à mettre les principaux médias sous contrôle[13] et construit ce que Magyar appelle un État maffieux (2016), c'est-à-dire « une forme privatisée de l'Etat parasite » (2016 : 70).

Enfin Marine Le Pen et Viktor Orbán représentent deux versions du populisme, liées aux contextes historiques, sociaux et culturels propres à chaque pays. Taguieff décrit le style politique du FN comme populisme identitaire et national populisme autoritaire (2007, 2012), mais l'évolution actuelle du discours du FN le place en réalité entre le populisme identitaire et le populisme protestataire. En effet, Marine Le Pen a fait évoluer le style politique du parti depuis 2012 en déplaçant le curseur depuis un positionnement dominant anti-immigrés vers

---

importance or priority. First of all, we are responsible for our children, then for our parents. This comes before all else. Then come those with whom we live in our village or town. Then comes our country, and then everyone else may come. » (Kötcse, 05.09.2015).

[13] La domestication des médias (Magyar, 2016), c'est-à-dire le rachat des médias par des oligarques proches du gouvernement, concerne autant la presse écrite, les chaînes TV, les fréquences radio que les portails internet.

Vásárhelyi, M. (2014) : « Médiamonopoly » [Monopoly des médias], in B. Magyar (ed.) A magyar polip 2, Budapest, Noran Libro : 413-434.

Sixx & alii. (2016) : « Pár év alatt a Fidesz elfoglalta a magyar sajtót » [En quelques années, le Fidesz s'est approprié la presse hongroise], Index.Hu, 29 novembre 2016.

Gauquelin, B. (2016) : « En Hongrie, la concentration des médias inquiète, Le principal titre d'opposition a été racheté par une société proche du Premier ministre, Viktor Orbán », *Le Monde*, 7 novembre 2016 : 12.

un positionnement social, anticapitaliste et antisystème[14] (Charaudeau 2013). Quant au style politique du *Fidesz-Union civique* et de son leader, il constitue une variante propre aux pays post-communistes d'Europe centrale désignée comme populisme paternaliste : « Paternalist populism rejects the political correctness of the « inorganic » establishment, but considers the people insufficiently mature to participate autonomously in decision-making, and allows the government, elected by the people, to educate and discipline citizenry. » (Enyedi 2016 : 21). Le populisme d'Orbán s'appuie sur le majoritarisme contre les intérêts des minorités, le flottement entre élitisme et antiélitisme, notamment par la construction d'un Etat illibéral, et les interventions de l'Etat pour détruire les institutions de l'élite. Enfin, ce populisme paternaliste met l'accent sur l'intérêt collectif et les obligations sociales et pense la communauté politique à partir d'une « similitude ethnoculturelle »[15] (2016 : 21) et non pas à partir de la notion de citoyenneté.

2. Les frontières comme moyen de protection du territoire

La thématique des frontières est récurrente dans la rhétorique du FN et apparaît historiquement surtout en lien avec les questions de l'immigration[16], l'économie et la souveraineté nationale. A partir de janvier 2015, le contexte événementiel introduit dans les discours du FN les thématiques des « migrants » arrivés en Europe[17] et du « terrorisme islamiste » en lien avec les attentats sur le sol français nourrissant ainsi un récit sur la porosité des frontières. Dans le discours de Viktor Orbán, les frontières, en lien avec la migration et l'immigration, constituent une thématique

---

[14] Ce positionnement est clairement affiché pendant la campagne présidentielle de 2017. Lors du meeting du 5 février à Lyon, Marine Le Pen a « désigné » les deux « adversaires » de la France : « le mondialisme financier et affairiste dont l'Union européenne, la finance et l'essentiel d'une classe politique domestiquée sont les serviteurs zélés [et] le mondialisme djihadiste qui porte atteinte à nos intérêts vitaux à l'étranger, mais aussi qui s'implante sur notre territoire national ».

[15] La perte de l'identité est une obsession pour Viktor Orbán qui a évoqué en février 2017 la nécessité de sauvegarder « l'homogénéité ethnique et culturelle » de la Hongrie (Budapest, 28.02.2017).

[16] Comme dans les slogans « la France aux Français » et « On est chez nous ».

[17] Alduy a analysé les discours de Marine Le Pen recueillis entre 2014 et août 2016 et note un changement de mots et de ton à l'automne 2015 à propos des migrants, un « réarmement idéologique et sémantique ». En effet, à partir de septembre 2015, Marine Le Pen parle de la crise des migrants comme d'un « déferlement » ou d'une « invasion migratoire », qu'elle associe à une « Europe passoire ». Pour elle, les réfugiés sont des « immigrés clandestins » (2017 : 138).

nouvelle qui a surgi dans l'espace politique hongrois en janvier 2015. En perte de popularité fin 2014, Viktor Orbán a cherché un moyen de se réhabiliter auprès de ses électeurs en se saisissant de l'attaque terroriste à Charlie Hebdo pour associer le multiculturalisme, l'immigration, l'arrivée des migrants sur le sol européen et le terrorisme, dans l'objectif de construire la figure de l'ennemi[18] (Haraszti 2015 ; Varga 2016). Ces deux leaders se sont donc emparés du contexte événementiel pour développer un discours populiste en associant les frontières à des menaces économiques, sécuritaires et identitaires et en développant ainsi leurs récits autour de la nécessaire protection du territoire.

2.1. Rétablir et maîtriser les frontières nationales

Marine Le Pen pointe dans ses discours l'effacement des frontières à l'échelle européenne et s'attaque à la libre circulation des personnes sur le plan sécuritaire. Elle y associe les dangers du terrorisme, bien que les actes auxquels elle fait référence se soient déroulés en France, perpétrés essentiellement par des Français de naissance :

(1) L'Europe sans frontières, c'est l'Europe de tous les trafics. Il faut rétablir des frontières nationales, des frontières qui protègent, des frontières qui dissuadent. L'Europe de Schengen, c'est aussi l'Europe du terrorisme, ce terrorisme dont la menace plane plus que jamais sur la France. (Paris, 01.05.2016)[19].

Son discours évolue pendant la période étudiée avec la pression de l'enjeu électoral : de l'expression des doutes (2015) aux certitudes (2016–2017), des questions aux affirmations et des suggestions aux exigences. Le discours devient de plus en plus alarmiste et le pathos permet de scénariser des catastrophes contre lesquelles Marine Le Pen dit vouloir protéger les Français. Elle parle ainsi de « pluri-insécurités » qui sont la conséquence de « l'ouverture totale des frontières ». Ce discours de

---

[18] Orbán mobilise la rhétorique populiste pour déshumaniser et criminaliser les migrants (Varga 2016) et pour nourrir un récit sur les dangers qu'ils représentent selon lui pour l'économie, la sécurité publique et la culture européenne. L'on observe le glissement de « migrant » à « immigré » « économique », « illégal », « clandestin », et potentiellement « terroriste ». Les discours ne posent pas explicitement que les migrants seraient des terroristes, mais la récurrence des références au terrorisme suggère fortement que les attentats sur le sol Européen sont une conséquence directe de la migration (Varga 2017b).

[19] Pour chaque extrait cité, le lieu ou le cadre, ainsi que la date d'intervention sont indiqués entre parenthèses.

la peur (Wodak 2015) sert à légitimer sa proposition de rétablir et de maîtriser les frontières :

> (2) Maîtriser les frontières, ce n'est pas comme se complaisent à nous caricaturer les adversaires de la France, ériger des barbelés. C'est d'abord avoir des frontières et les maitriser comme tous les pays raisonnables du monde. (Paris, 01.05.2016).

> (3) Je n'ai pas parlé de fermer les frontières, je dis simplement qu'elles doivent exister (...) et permettre de filtrer les terroristes. (Conférence de presse, 16.07.2016).

La frontière apparaît ici comme barrière protectrice (O'Dowd 2002 ; Groupe Frontière 2004 ; de Saint Victor 2007 ; Ratti & Schuler 2013) et le contrôle proposé renvoie à une fonction de filtrage (Groupe Frontière 2004 ; Jeandesboz 2015).

Marine Le Pen se place également sur le plan économique pour proposer ce qu'elle appelle le « protectionnisme intelligent », c'est-à-dire le rétablissement des droits de douane pour des produits importés de certains pays pour lutter contre la « concurrence déloyale », mais aussi pour s'opposer aux « travailleurs détachés ». Elle apporte cette réponse aux préoccupations des électeurs modestes, confrontés au chômage lié à la désindustrialisation de la France. Les expressions « protection raisonnable » et « protectionnisme intelligent » montrent l'interprétation des frontières sous l'angle de la sécurité de subsistance qu'elles offriraient à la population (Vollmer, 2017 : 8).

Marine Le Pen se positionne résolument comme eurosceptique et dénonce le système Schengen duquel elle souhaite sortir la France. Dans sa vision, les frontières administratives opposent un « Nous » Français à un « Eux » Européens (et secondairement extra-Européens) et apparaissent comme une construction symbolique identitaire de protection du territoire et des citoyens. Elle projette ainsi l'image d'une France forte protégée par les frontières :

> (4) Les Français ont un choix très simple : soit nous continuons sur la voie d'une dérégulation totale, sans frontières, et sans protection, avec comme conséquences : les délocalisations, la concurrence internationale déloyale, l'immigration de masse, la libre circulation des terroristes. [...] Soit vous choisissez la France, des frontières qui protègent nos emplois, notre pouvoir d'achat, notre sécurité, notre identité nationale. (Déclaration 1er tour élection présidentielle, 23.04.2017).

2.2. Fermer et défendre les frontières de Schengen

Viktor Orbán quant à lui se positionne sur le plan sécuritaire et militaire et propose la fermeture des frontières. Il investit dans ses discours la frontière serbo-hongroise, lieu symbolique où la frontière nationale et la frontière de l'espace Schengen se superposent. Cela lui permet d'exploiter symboliquement les lisières d'un pays, d'un espace économique (Schengen), mais aussi les délimitations d'une nation et d'une culture (l'Europe). Il réunit ainsi dans ses discours des espaces géographiques, économiques et socio-culturels. Ses discours s'appuient sur la figure de l'ennemi pour alimenter un climat de peur (Haraszti 2015), et insistent sur la nécessité de défendre les frontières (Varga 2016, 2017a) :

> (5) I always say this – or try to say this – as gently as I can. I am not a heartless man [...], but the border cannot be protected with flowers and cuddly toys. The border can be protected with fences, police officers, soldiers and weapons. We must protect it.[20] (Interview, Radio Kossuth, 26.08.2016).

L'action politique principale du gouvernement est la construction d'une clôture de barbelés de 175 km pour détourner le déplacement des migrants arrivés par la route des Balkans. L'objectif affirmé est de « protéger la nation [...] des invasions extérieures, que ce soit celle des Barbares au sens large, des infiltrations terroristes ou des pressions migratoires » (de Saint Viktor 2007 : 16). Mais cette action est purement politique car « rétablir la visibilité des frontières » ne fait que colmater « l'anxiété culturelle, parfois fantasmée, face aux bruits et aux fureurs du monde » (Foucher 2016 : 8). Cette frontière solidifiée apparaît donc dans la communication gouvernementale comme une barrière de protection du territoire (O'Dowd 2002 ; Groupe Frontière 2004 ; Ratti & Schuler 2013). Selon Márta Pardavi, Présidente du *Hungarian Helsinki Comittee* : « cette clôture est présentée comme une vache sacrée, elle assure la protection de notre identité. Il faut donc fêter son existence, la montrer, la photographier ; et il existe un éthos selon lequel les policiers et gardes-frontières qui assurent une mission à la frontière font un sacrifice pour la patrie en maintenant l'ennemi à l'extérieur. »[21]. Cette clôture est donc investie comme un objet de communication, elle a une fonction

---

[20] Les extraits longs des discours de Viktor Orbán, sont cités en version anglaise, version certifiée par le cabinet du Premier ministre hongrois et mise en ligne sur : http://www.kormany.hu/en/the-prime-minister/the-prime-minister-s-speeches.

[21] Entretien de recherche réalisé à Budapest, en juillet 2016.

de « théâtralité politique » (Simonneau 2015 : 61), son existence sert de moyen de légitimation de l'action politique :

> (6) « no one is able to enter Hungary [...] This is a slight exaggeration, of course, but in essence it is true that not even a bird can enter the territory of Hungary without being screened. » (Interview, Radio Kossuth, 26.08.2016).

La frontière apparaît donc dans l'interprétation politique et symbolique de Viktor Orbán, comme une ligne de séparation, avec une fonction de mise à distance (Groupe Frontière, 2004), de l'exclusion de l'autre, de l'étranger (Wodak 2015). Or, mettre l'accent sur l'insécurité accroit l'insécurité et la peur alors que les solutions proposées ne peuvent permettre de satisfaire le sentiment d'insécurité des citoyens (Vollmer 2017 : 8), ce qui est propice à alimenter la stratégie populiste de proposer toujours plus d'actions sécuritaires : recruter des gardes-frontières, mobiliser l'armée et construire un second mur. Le récit proposé par Viktor Orbán est donc celui « d'un Etat assiégé, mais protecteur, qui construit à ses confins une barrière pour se protéger des envahisseurs ». Cette dernière fonctionne « comme un outil matériel de réaffirmation de l'ordre souverain » de l'Etat-nation « et de l'efficacité du politique » (Simonneau 2015 : 61–62).

Mais contrairement à la Présidente du FN, Viktor Orbán est très attaché à l'espace Schengen. Il défend l'ouverture des frontières intérieures car la forte présence des travailleurs hongrois dans les pays de l'UE nécessite la libre circulation des personnes dans cet espace économique. C'est dans cet objectif qu'il entame des négociations avec David Cameroun en janvier 2016 puis avec Theresa May en novembre 2016 pour défendre les intérêts des 95000 Hongrois enregistrés en Grande-Bretagne pour qu'ils puissent être traités sans discrimination après le Brexit (Lamour & Varga 2017). Aussi, fin 2016, presse-t-il ses homologues, notamment le chancelier autrichien qui ont rétabli provisoirement les frontières intérieures du Schengen (Foucher 2016 : 39–40) de les démanteler.

Viktor Orbán se plaît à présenter le gouvernement comme le gardien du système Schengen et met en avant le leadership qu'il s'attribue dans l'arène politique européenne pour le travail accompli :

> (7) Millions of unidentified and unknown people emerged on the southern borders of the continent and Hungary. In 2015 the Hungarian response was loud and clear: controls, identification, interception and turning back, as required under the Schengen Agreement. (Parlement, 22.02.2016).

Il projette ainsi l'image d'une Europe forteresse qui isole l'UE de l'extérieur, mais dont les frontières intérieures restent ouvertes. En fin de compte, il exploite de façon ambiguë la superposition des frontières nationales et des frontières de l'espace Schengen et se situe à l'échelle européenne pour proposer deux interprétations des frontières. Dans la première lecture, politique, la frontière est un marqueur symbolique d'identité (O'Dowd 2002) opposant un « Nous » Hongrois-Européens chrétiens[22] à un « Eux » migrants-musulmans. Cette lecture projette une guerre de civilisations dans laquelle Viktor Orbán incarne un chef de guerre investi par la mission de défendre la culture européenne. Sa seconde lecture, économique, offre une représentation des frontières (ouvertes à l'intérieur de l'espace Schengen) comme ponts et ressources (O'Dowd 2002), car elles permettent une intégration grâce à la libre circulation (Varga 2017a).

3. Opposition à l'UE : moyen d'affirmer la souveraineté des Etats

La thématique des frontières est mobilisée aussi pour attaquer l'UE et comme moyen d'affirmer la souveraineté des Etats, mais les visions des deux leaders sont opposées. Pour Marine Le Pen, la souveraineté est synonyme de la sortie de l'UE, alors que pour Viktor Orbán, elle signifie l'autonomie des Etat-membres de l'UE et la participation renforcée dans la gouvernance européenne.

3.1. Sortir la France de l'UE

Dans son cheminement vers la conquête du pouvoir, Marine Le Pen affiche un positionnement antisystème contre l'UE qu'elle accuse d'être la source de tous les maux. Elle qualifie « ce système européiste tyrannique » (Lyon, 05.02.2017) d'« escroquerie politique, historique, culturelle, économique et au final humaine » (Milan, 29.01.2016). Elle souhaite « rendre la France à la France » et sa promesse principale lors de la campagne présidentielle du 2017 est le retour à la souveraineté nationale par la sortie de l'UE et de l'euro conditionnée par la tenue

---

[22] « In other words, what is at stake today is Europe and the European way of life, the survival or extinction of European values and nations – or, to be more precise, their transformation beyond all recognition. [...] we would like Europe to remain the continent of Europeans. » (Băile Tușnad, Roumanie, 25.07.2015).

d'un référendum qui symbolise dans son discours comme dans tous les discours populistes (Taguieff 2007, 2012 ; Müller 2016 ; Mofitt 2016) « l'abolition » de la « barrière », de la « distance » ou de « toute différence » entre gouvernés et gouvernants » (Taguieff 2007 : 285). Cette promesse met en avant à la fois « un imaginaire populaire nourri par les idéaux démocratiques » (op. cit.) et le fantasme d'une démocratie directe où le peuple décide. Le référendum apparaît dans le discours de Marine Le Pen comme un outil de relégitimation ou de délégitimation du leader (élu par le suffrage universel), réinvesti ou désavoué[23] par la volonté du vrai peuple[24] (Müller 2016). Pour le FN, le référendum constitue surtout un outil de communication permettant de surfer sur la vague de la victoire du Brexit, qualifiée d'historique par Marine Le Pen. L'opposition à l'UE mobilisée au service de l'ambition politique de Marine Le Pen apparaît comme un moyen de construction de l'image du leader charismatique (Charaudeau 2015, 2016) au niveau national :

(8) Je n'aspire pas à administrer ce qui serait devenu une région, une vague région de l'Union Européenne. Je ne souhaite pas être la Vice-chancelière de Madame Merkel [...]. Je veux être la Présidente de la République française qui respecte à nouveau l'article 5 de la Constitution qui fait du Président de la République le garant de l'indépendance nationale et de l'intégrité du territoire. (Débat télévisé, TF1, 20.03.2017).

En fin de compte, le positionnement antisystème contre l'UE dévoile tous les ressorts du populisme du FN : l'appel au (vrai) peuple, l'abolition des médiations, la proposition d'une solution simple, de « bons choix » qui inscrivent l'action politique dans une temporalité mythique (Taguieff 2007 : 286) permettant d'améliorer « immédiatement » la « situation » des Français, de « leurs enfants » et de « leurs parents » (Débat télévisé, TF1, 20.03.2017). L'UE apparaît dans le récit construit comme un système « technocratique », déconnectée des réalités nationales, au service d'un « mondialisme financier », « contre les intérêts des peuples européens ». Marine Le Pen propose d'endosser le rôle du protecteur

---

[23] Marine Le Pen a promis de démissionner de sa fonction de Présidente de la République en cas d'échec du référendum (Interview, France 2, 28.03.2017).
[24] Le vrai peuple est défini par Marine Le Pen comme la « France oubliée », « qui souffre en silence », « qui paie sans rien dire », « cette France sans voix », « cette France des abandonnés », « cette France qu'on appelle profonde et que je préfère qualifier profondément patriote » (Strasbourg, Parlement Européen, 03.09.2016).

du peuple français et de défendre « les quatre souverainetés : monétaire, économique, législative et territoriale » de la nation (Lyon, 05.02.2017), permettant ainsi à la France de « retrouver sa grandeur ». Le retour à la souveraineté apparaît donc dans ses discours comme solution symbolique contre l'effacement des frontières de l'Europe. Dans cette interprétation, le retour aux frontières administratives assure la capacité de contenance de la communauté nationale et permet ainsi de donner corps à la nation[25], à cette communauté imaginaire (Anderson 2002).

3.2. La souveraineté de la Hongrie au sein de l'UE

Contrairement à Marine Le Pen, le positionnement antisystème de Viktor Orbán ne concerne pas l'UE comme construction politique et économique mais le libéralisme comme système de pensée (Varga, 2017a). Viktor Orbán se situe dans le cadre européen, qu'il souhaite faire évoluer car il considère que « Bruxelles » fait preuve d'ingérence dans les décisions de l'Assemblée nationale hongroise, en outrepassant ses pouvoirs. Il exige donc l'autonomie du Parlement et demande le renforcement du pouvoir des Premiers ministres dans la gouvernance de l'UE. Il se sert de la thématique des migrants et des frontières pour s'opposer sur cette question aux autres dirigeants et pour faire évoluer le fonctionnement de la gouvernance. Ses attaques se concentrent sur la politique migratoire de l'UE car il considère que « les fanatiques bruxellois de l'internationalisme » mettent « en danger l'Europe » (Budapest, 15.03.2016). Viktor Orbán mène alors selon ses propres termes « plusieurs batailles » pour la souveraineté de la Hongrie, dont la plus importante est le refus des quotas de relocalisation décidés en septembre 2015 par l'UE qui prévoient l'accueil en Hongrie de quelques 1200 réfugiés. Le refus de principe de ces quotas est présenté par le gouvernement comme enjeu prioritaire de défense de la souveraineté nationale et instrumentalisé lors d'un référendum organisé le 2 octobre 2016[26]. Ce dispositif de démocratie participative est investi par le Premier ministre durant l'année 2016 comme outil politique de légitimation de soi et comme symbole de l'opposition du peuple hongrois

---

[25] Debray, R. (2010) : Eloge des frontières, Paris, Gallimard : 61.
[26] La question posée lors du référendum était : « Do you agree that the European Union should have the power to impose the compulsory settlement of non-Hungarian citizens in Hungary without the consent of the National Assembly of Hungary ? »

à l'UE. Viktor Orbán s'appuie sur le résultat du référendum pourtant invalide[27] pour communiquer sur ce qu'il considère comme une victoire du peuple hongrois le suivant :

> (9) « The EU's proposal is that we should let the migrants in, and that it should mandatorily distribute them among the Member States, and that Brussels should decide on this distribution. The Hungarian people have considered this proposal today, and they have rejected it. The Hungarian people have decided that we Hungarians alone may decide on whom we wish to live together with. » (Budapest, déclaration résultats référendum, 02.10.2016).

Le noyau dur de l'électorat du *Fidesz* ayant répondu en soutien du gouvernement est présenté dans les discours comme l'incarnation du peuple, qui mandate le gouvernement pour prendre les décisions suggérées par la question posée. Ce détournement d'un dispositif de démocratie participative au service de la propagande gouvernementale (Müller 2016 : 102), pratique régulière depuis la prise du pouvoir en 2010, montre l'illusion populiste (Taguieff 2012) incarnée par Orbán, car selon Enyedi, « Fidesz claims to represent the national interest not in constant debates but in its natural way » (2016 : 11). Au niveau national, ce référendum sert surtout à re-mobiliser les électeurs du *Fidesz* et à détourner l'attention des citoyens des problèmes brulants d'économie, de corruption et de favoritisme politique (Magyar 2016). Au niveau Européen, le débat sur les quotas de relocalisation offre un espace de négociation des rapports de pouvoir que Viktor Orbán espère favorable grâce à la mobilisation du groupe de Visegrád (V4). Ainsi, le Premier ministre vise à élargir sa marge de manœuvre politique, tout en restant dans le cadre européen. (Metz 2017).

En fin de compte, même si Marine Le Pen et Viktor Orbán développent une vision divergente de la souveraineté, leur interprétation des frontières en lien avec cette thématique renvoie à la même fonction d'affirmation et de reconnaissance d'un pouvoir politique (Groupe Frontière 2004).

---

[27] Le taux de participation de 46,7% peut être qualifié de très faible et le taux élevé de votes invalides (6,3%) montre l'opposition des électeurs au référendum. Ce résultat s'explique par le fait que l'opposition a encouragé les électeurs à s'abstenir ou à exprimer un vote invalide en réponse à une question qui selon eux « n'avait pas de sens ».

Thèmes		Marine Le Pen	Viktor Orbán
Protection du territoire	politique & symbolique	Echelle : Etat-nation	Echelles : Etat-nation / espace Schengen / UE
		• rétablir et maîtriser les frontières nationales • filtrer les terroristes frontières : barrières de protection → fonction de filtrage	• fermer et défendre les frontières de Schengen • protéger la nation frontières : barrières de protection → fonction : mise à distance, exclusion, marqueur symbolique identitaire
	interprétation économique	• protectionnisme intelligent pour lutter contre la concurrence déloyale • sortir de l'espace Schengen → fonction : sécurité de subsistance	• ouvrir des frontières à l'intérieur de l'espace Schengen frontières : ponts et ressources → fonction d'intégration
Souveraineté	interprétation politique	• sortir de l'UE et de l'euro • positionnement antisystème anti-UE → fonction : capacité de contenance de la communauté nationale	• souveraineté de la Hongrie au sein de l'UE • participation renforcée à la gouvernance UE • attaques contre la politique migratoire (UE) • référendum sur les quotas de relocalisation
		→ fonction d'affirmation et de reconnaissance d'un pouvoir politique	

Figure 1 : Thématiques en lien avec les frontières et leurs fonctions.
Copyright : Renáta Varga. Licence : CC BY

4. Conclusion

Dans les récits élaborés par Marine Le Pen et Viktor Orbán la frontière se trouve au centre du discours populiste, mais son utilisation ne fait sens que par rapport à un symbolisme identitaire situé à plusieurs échelles : par rapport à l'opposition entre les étrangers (Européens/migrants) et le pouvoir de l'étranger (Bruxelles) *versus* le pouvoir du peuple incarné par les leaders. Les différences dans les représentations analysées ne sont pas tant liées aux variantes du populisme incarnées par ces deux leaders qu'au contexte historique des deux pays, à leur position géographique et au poids économique et géopolitique qu'ils représentent en Europe. La synthèse proposée dans la figure 1 (ci-dessus) montre les thématiques développées par les deux leaders en lien avec les frontières, leur symbolisme, ainsi que les fonctions qui y sont associées. Ce tableau met en évidence que la frontière peut être investie par une interprétation politique (souveraineté et sécurisation du territoire national) ; symbolique (barrière de protection de la nation et d'une culture) ou purement économique (système Schengen).

Dans sa conquête du pouvoir, Marine Le Pen se positionne exclusivement à l'échelle de la nation. Sa lecture politique dessine un récit eurosceptique et souverainiste dans lequel les citoyens européens apparaissent comme sources de menaces économique et sécuritaire. La frontière est marqueur d'identité et représente une barrière administrative, législative et économique. Marine Le Pen propose le repli sur soi à travers sa vision réductrice de la réalité des frontières qui s'oppose à celle du monde globalisé (Ratti & Schuller 2013). En effet, selon Balibar, « l'Europe [...] est *elle-même* une « *frontière* » complexe : à la fois une et multiple, fixe et mobile, tournée vers l'extérieur et vers l'intérieur. Elle est un *Borderland*, un « *pays-de-frontières* » [...] elle forme un espace dans lequel les frontières se *démultiplient* et se *déplacent* sans cesse » (2016 : 145).

Contrairement à cette interprétation unique, Viktor Orbán fait coexister dans ses discours plusieurs lectures qui se situent à des échelles différentes (Lamour & Varga 2017 ; Varga 2017a). Il superpose ainsi les frontières d'un pays, d'un espace économique, mais aussi les délimitations d'une nation et d'une culture. Dans sa lecture symbolique, la frontière en tant que vecteur d'identité apparaît comme rempart pour défendre la civilisation européenne et l'identité chrétienne et révèle une opposition Européens chrétiens *versus* migrants musulmans. Cet investissement quasi mythique (Varga 2016) des frontières fait écho à « l'angoisse de la disparition »[28] du peuple hongrois dont le destin est jalonné de souffrances, de pertes d'autonomie et de territoire, que Viktor Orbán mobilise pour se construire une certaine image. Mais le discours du Premier ministre révèle aussi une lecture économique, plus pragmatique, dans laquelle les frontières ouvertes à l'intérieur de l'espace Schengen sont vecteurs d'intégration et constituent pour les

---

[28] Pons, F. (2015) : *Hongrie : Angoisse de la disparition*, Nevicata.

travailleurs un pont vers les autres pays de l'UE. Cela montre bien la pluralité du discours populiste de ces leaders sur les frontières.

Marine Le Pen et Viktor Orbán mobilisent la notion de frontière dans un enjeu électoraliste de prise de pouvoir. L'ambition de Marine Le Pen est avant tout nationale et le score historique de plus de 10600000 voix, soit 33,90% des suffrages exprimés, obtenu au 2e tour de l'élection présidentielle le 7 mai 2017 montre que son irrésistible ascension (Alduy et Wahnich 2015 : 242) vers le pouvoir semble être inéluctablement en marche. Marine Le Pen a incontestablement gagné son pari en réussissant la banalisation du FN[29] par l'éloignement de son père, la mise à distance du parti pendant la campagne électorale 2017 et sa stratégie entreprise depuis 2011 de construire une image résolument féminine du leader charismatique (Morel 2013).

Quant à Viktor Orbán, son ambition européenne sert surtout son destin national car son objectif est sa réélection en 2018 grâce à un renforcement de sa présence en Europe. Cette stratégie semble efficace car il a réussi à augmenter sa popularité au niveau national[30] et à accroître sa visibilité dans l'espace médiatique européen au point que certains parlent même de l'« Orbanisation de l'Europe » (Mamadough 2016), soulignant ainsi son influence sur les discours et les politiques européens. Mais Viktor Orbán joue un jeu d'équilibriste entre les dérives autoritaires de moins en moins cachées et une apparence démocratique de plus en plus fissurée. Ainsi, une loi votée en mars 2017 visant le cadre de fonctionnement de l'université *CEU* a provoqué d'importantes manifestations à Budapest et l'indignation des intellectuels à travers le monde. Le Premier ministre a été vivement critiqué par la Commission Européenne qui a lancé le 26 avril 2017 une procédure d'infraction contre le gouvernement hongrois. A un an des élections législatives hon-

---

[29] En 2002 l'arrivée de Jean-Marie Le Pen au 2e tour de l'élection présidentielle française a déclenché une vague de manifestations à travers la France et la classe politique a fait front appelant au vote anti-FN, permettant à Jacques Chirac d'être élu Président de la République avec 82,21% voix. 15 ans plus tard, l'arrivée de Marine Le Pen au 2e tour de l'élection présidentielle, prédite par les médias et les analystes depuis de longue date, a été accueillie dans une certaine indifférence. Et si certains candidats comme François Fillon (LR) et Benoît Hamon (PS) ont immédiatement appelé à faire barrage au FN, d'autres personnalités politiques ont exprimé à titre individuel leur choix de s'abstenir au 2e tour. Jean-Luc Mélenchon, candidat de « La France insoumise », qui a farouchement combattu le FN lors de l'élection en 2012 n'a pas donné de consigne claire, indiquant seulement qu'aucun vote ne devait aller au FN.
[30] TARKI Social Research Institute, http://www.tarki.hu/hu/news/2017/kitekint/20170130_valasztas.html

groises, Viktor Orbán semblait vouloir tester la force de résistance de la société civile et le seuil de tolérance[31] de l'UE.

Remerciements

Je remercie Christian Lamour, chercheur au Luxembourg Institute of Socio-Economic Research pour ses remarques sur cette recherche.

Références bibliographiques

Alduy, C. (2017). *Ce qu'ils disent vraiment. Les politiques pris aux mots*, Paris: Seuil.

Alduy, C. & Wahnich, S. (2015). *Marine Le Pen prise aux mots, décryptage du nouveau discours frontiste*. Paris: Seuil.

Anderson, B. (2002) [1983]. *L'imaginaire national. Réflexions sur l'origine et l'essor du nationalisme*. Paris: Editions La Découverte & Syros.

Balibar, E. (2016). *Europe, crise et fin ?* Lormont: Editions Le Bord de l'Eau.

Bozóki, A. (2015). « Broken Democracy; Predatory State, and Nationalist Populism », in P. Krasztev & J. Van Til (eds.), *The Hungarian patient. Social Opposition to an Illiberal Democracy*. Budapest: CEU Press, 3–36.

Charaudeau, P. (2005). *Le discours politique. Les masques du pouvoir*. Paris: Vuibert.

Charaudeau, P. (2013). *La conquête du pouvoir. Opinion, persuasion, valeur. Les discours d'une nouvelle donne politique*. Paris: l'Harmattan.

Charaudeau, P. (2016). « Du discours politique au discours populiste. Le populisme est-il de droite ou de gauche ? », in J.F. Corcuera & alii. (eds.), *Les discours politiques. Regards croisés*. Paris: l'Harmattan, 32–43.

Dézé, A. (2015). « La « dédiabolisation », une nouvelle stratégie ? », in Crépon, S., Dézé, A. & Mayer, N. (eds.), *Les faux-semblants du Front National, sociologie d'un parti politique*. Paris: Les Presses SciencesPo, 27–50.

Enyedi, Z. (2016). « Paternalist populism and illiberal elitism in Central Europe ». *Journal of Political Ideologies* 21, 1, 9–25.

Foucher, M. (2016). *Le retour des frontières*. Paris: CNRS Editions.

---

[31] Mudde, C. (2017) : « The EU has tolerated Viktor Orbán for too long. It has to take a stand now ». *The Guardian*, 3 April 2017, https://www.theguardian.com/commentisfree/2017/apr/03/eu-tolerated-viktor-orban-hungarian-central-european-university

Fekete, L. (2016). « Hungary: Power, punishment and the "Christian-national idea" ». *Race & Class* 57(4), 39–53.

Groupe Frontière (2004). « La frontière, un objet spatial en mutation ». EspacesTemps.net, Travaux, 04.10.2004 http://www.espacestemps.net/articles/la-frontiere-un-objet-spatial-en-mutation/

Haraszti, M. (2015). « Behind Viktor Orbán's War on Refugees in Hungary ». *New perspectives quarterly* 32(4), 37 -40.

Jeandesboz, J. (2015). « Au-delà de Schengen. Frontex et les contrôles aux frontières de l'Europe », in S. Dullin & E. Forestier-Peyrat (eds.), *Les frontières mondialisées*. Paris: PUF, 75–92.

Korkut, U. (2012). « Work, Home and Order, and Family », in *Liberalization Challenges in Hungary. Elitism, Progressivism, and Populism*. Palgrave: Macmillan, 168–177.

Lamour, C. & Varga, R. (2017). « The Border as a Resource in Right-wing Populist Discourse: Viktor Orbán and the Diasporas in a Multi-scalar Europe ». *Journal of Borderland Studies*. Taylor & Francis (Routledge), 1–16, (First Online 25.11.2017), DOI: https://doi.org/10.1080/08865655.2017.1402200.

Magyar, B. (2016). *Post-Communist Mafia State: The Case of Hungary*. Budapest: Noran Libro.

Mamadough, V. (2016). « Beyond the Orbanization of Europe ? Political geographers and global mutual understanding ». *IGU Comission on Political Geography* N°21 February 2016, 1–3.

Metz, R. (2017). Határok nélkül ? Orbán Viktor és a migrácios válság [Sans frontières ? Viktor Orbán et la crise migratoire], in A. Körösényi (ed.), *Viharban kormányozni. Politikai vezetők válsághelyzetekben* [*Gouverner dans la tempête. Dirigeants politiques en situation de crise*]. Budapest: Magyar Társadalomtudományi Kutatóközpont, 240–264.

Morel, L. (2013). « Les figures contemporaines de leader au prisme de la campagne présidentielle », in P. Perrineau (ed.), *Le vote normal, les élections présidentielle et législatives d'avril-mai-juin 2012*. Paris: Presses Universitaires Sciences Po, 63–90.

Müller, J.-W. (2016). *What is populism?* Philadelphia: University of Pennsylvania Press.

O'Dowd, L. (2002). « The Changing Significance of European Borders ». *Regional & Federal Studies* 12, 4, 13–36, DOI: https://doi.org/10.1080/714004774.

Ratti, R. & Schuler, M. (2013). « Typologie des espaces-frontières à l'heure de la globalisation ». *Belgeo* [En ligne] 1 | 2013, mis en ligne le 31 octobre 2013, URL : http://belgeo.revues.org/10546.

de Saint Victor, J. (2007). « Le retour des murs: une mondialisation fermée ? ». *Cités* 31, 2007/3. Paris: PUF, 15–20.

Simonneau, D. (2015). « Militariser la zone frontière. La légitimation des murs, d'Israël à l'Arizona », in S. Dullin & E. Forestier-Peyrat (eds.), *Les frontières mondialisées*. Paris: PUF, 59–73.

Taguieff, P.-A. (1984). « La rhétorique du national-populisme [Les règles élémentaires de la propagande xénophobe] ». *Mots* 9, 113–139.

Taguieff, P.-A. (2007) [2002]. *L'illusion populiste, Essai sur les démagogies de l'âge démocratique*. Paris: Editions Flammarion.

Taguieff, P.-A. (2012). *Le nouveau national-populisme*. Paris: CNRS Editions.

Varga, R. (2016). « La construction du mythe de l'ennemi et du héros dans le discours de Viktor Orbán », in J.F. Corcuera & alii. (eds.), *Les discours politiques. Regards croisés*. Paris: l'Harmattan, 314–323.

Varga, R. (2017a). « Construction du leadership national et européen de Viktor Orbán à travers les multiples représentations des frontières ». *Management & Gouvernance* n°18/2017, « La remise en cause des frontières : une nouvelle représentation de la réalité européenne ». Réseau PGV, Université Grenoble-Alpes, 33–40.

Varga, R. (2017b). « L'identité nationale-chrétienne dans le discours anti-migrants de Viktor Orbán », *Journée d'Etudes Le discours politique face aux migrations*. Université Montpellier 3, 20–21 octobre 2017.

Vollmer, B. A. (2017). « Hermeneutical Approach to Eropean Bordering ». *Journal of Contemporary Studies* 25, 1, 1–15, (First Online 29.02.2016).

Wodak, R. (2015). *The politics of fears. What right-wing populist discourses mean*. London: Sage.

Wodak, R. & Krzyżanowski, M. (2017). « Contesting politics & discourse beyond 'Orbanism' and 'Trumpism' ». *Journal of Language and Politics* 16, 4, DOI: https://doi.org/10.1075/jlp.17042.krz.

Contributors

Editors

Françoise Sullet-Nylander is a Professor of French Language and Linguistics at the Department of Romance Studies and Classics at Stockholm University. Since her doctoral thesis (1998), *Le Titre de presse: analyses syntaxique, pragmatique et rhétorique*, she has published a number of scientific articles focusing on polyphony, reported speech, rephrasing and wordplay in journalistic texts. She has also co-edited several books: *Le Français parlé des médias* (2007), *La Linguistique dans tous les sens* (2011), *Discours rapporté, genre(s) et médias* (2014), and *Le discours rapporté : une question de genre ?* (2015). Her current research deals with linguistic and discursive aspects of political debates during the French presidential elections (1974–2017). She is currently conducting an interdisciplinary research project on political discourses in Romance-speaking countries (ROMPOL, Stockholm University) and is a member of the research project 'Language and Power' at Stockholm University. ORCID: https://orcid.org/000-0002-9120-728X.

María Bernal is an Associate Professor and Lecturer of Spanish Linguistics at Stockholm University, Sweden, and a member of the EDICE Programme, which focuses on the study of linguistic (im)politeness. Her research interests are interactional pragmatics, conversation, and discourse analysis, mainly from a sociopragmatic perspective and through oral corpora (Spanish colloquial conversations, courtroom interactions, political discourse, etc.). Her work has appeared in journals such as *Pragmatics* and *Journal of Spanish Language Teaching*. She is the co-editor (with Diana Bravo) of *Perspectivas sociopragmáticas y socioculturales del análisis del discurso*, Buenos Aires, Dunken, 2015. She is currently engaged in a research project devoted to political discourses in Romance-speaking countries (ROMPOL, Stockholm University) and in a project investigating the communication on gender equality between institutions and citizens. ORCID: https://orcid.org/0000-0002-9231-9494.

Christophe Premat is an Associate Professor in French with a major specialization in Cultural Studies at Stockholm University. He is a member of the editorial board of the review *Sens Public,* an international web journal of social sciences. His current research focuses on the perception of participatory processes in the political discourse of French-speaking elites, the analysis of memory debates in France, and discourse analysis. He recently published a book on the institutionalization of Francophonie organization (*Pour une généalogie critique de la Francophonie,* Stockholm University Press, 2018) and, in 2015, co-edited a handbook on French-German relations, *Handwörterbuch der deutsch-französischen Beziehungen* (Nomos). He is part of the research project analyzing the political discourses in Romance-speaking countries (ROMPOL, Stockholm University) and the research project 'Language and Power' (*Språk och Makt,* Stockholm University). ORCID: https://orcid.org/000-0001-6107-735X.

Malin Roitman is a Senior Lecturer in French at Stockholm University. Her research deals especially with argumentation and pragmatic phenomena in media and political discourse, especially the presidential elections debates in France. She has mainly been interested in the use of negation as an argumentation strategy in political and media discourse. Furthermore, Malin has published studies on the self-representation (the use the first person pronoun "I"), (ethos), the terms of address, and the denomination of national identity in French presidential election debates. The theoretical framework extends from semantics to pragmatics, argumentation theories, and discourse analysis, through theories on enunciation processes and linguistic polyphony, with the overall purpose of understanding the rhetorical impact of the linguistic devises. She recently published a book gathering studies on the function of negation different languages: *The Pragmatics of Negation: Negative Meanings, Uses and Discursive Functions* (JB Publishing Company, 2017). ORCID: https://orcid.org/000-0001-7045-7557.

Authors

Adriana Bolívar is a Professor of English and Spanish Linguistics at the Department of Linguistics and Discourse Studies at Universidad Central de Venezuela. She has a first degree in English (Universidad de

Chile), an MPhil in Education (University of London) and a PhD in Linguistics (University of Birmingham, 1985). Her doctoral research on British newspaper editorials focused on the role of evaluation in shaping text and led her to develop an interactional approach that she uses in descriptive and critical research. She has authored several books: *Análisis Interaccional del Texto escrito* (2005), and *Political Discourse as Dialogue. A Latin American Perspective* (2018). She has also edited and co-edited several books and written a great number of articles on text linguistics, discourse analysis, dialogue analysis, impoliteness, political discourse, academic writing, critical discourse analysis, and interdisciplinarity. She is the founder of the Latin American Association of Discourse Studies (ALED).

Julien Auboussier is an Associate Professor in Communication Sciences at Lyon 2 University (ELICO laboratory). His research deals with media and political discourse strategies. He has previously worked on the global justice movement discourses in the French public sphere. Since 2014, his research has focused on the mobilization discourse against European integration. He has published a collective book entitled *L'Europe en contre-discours* (with T. Ramoneda) and articles in international journals such as *Mots. Les langages du politique*, *Argumentation et analyse de discours*, and *Le discours et la langue*. He belongs to the editorial board of the journal *Mots. Les langages et politique*.

Thomas Johnen is a Professor for Romance Languages at the Westsächsische Hochschule Zwickau – University of Applied Sciences Zwickau (WHZ), Zwickau, Germany. He studied Catholic Theology, Ibero-Romance Philology, Islamic Studies, and German as a Foreign Language at the Universities of Bonn and Cologne as well as at the Catholic Institute of Toulouse. In 2001, he received his PhD in Romance Linguistics from the University of Rostock. Among others, he worked as a visiting lecturer in German as a Foreign Language in France at the Universities of Nancy 2 and Amiens (UPJV) and in Brazil at the State University of Campinas (Unicamp). In 2009–2015 he was a visiting professor and then full professor in Portuguese at Stockholm University. His main research fields are semantics, pragmatics, multilingualism, contrastive linguistics, intercultural communication, and discourse analysis. ORCID: https://orcid.org/0000-0002-5202-2952

Esperanza Alcaide-Lara is a Professor of Spanish Language Area at the University of Seville. Her research interests are interactional pragmatics and discourse analysis. She belongs to the research group Argumentation and Persuasion in Linguistics (HUM-659). She has published many papers about modality, argumentation, and persuasion as well as (im)politeness and social face, applied to corpora from the media – mainly advertising, the political and institutional world – parliamentary debates, electoral discourse, political interviews, etc. – talk shows, and interviews. She is currently engaged as coordinator in a research project about the woman face in the discourse of the Andalusian Institutions. Since 2015, she has been editor in chief of the scientific journal *Texts in Process*, in the EDICE Programme. ORCID: https://orcid.org/0000-0003-4640-9381

Manuel Alcántara-Plá is an Associate Professor of Linguistics at the Department of Linguistics and Modern Languages at the Universidad Autónoma de Madrid. His research interests include corpus linguistics, discourse analysis, and digital communication. More specifically, his current work examines the linguistic characteristics of the New Media using Corpus-Assisted Discourse Studies. He is a member of the Wor(l)ds Lab research group, PI of the project 'Framing and Articulation Strategies in the Political Discourse on Twitter' (2015–2018), member of the executive committee of the Association for Discourse and Society Studies (EDiSo), and co-editor in chief of the international journal *CHIMERA: Romance Corpora and Linguistic Studies*. He has recently published a book on the metaphors used in Spanish for the digital technologies (*Palabras invasoras. El español de las nuevas tecnologías*).

Ana Luisa Ruiz-Sánchez is an Associate Professor at the Department of Linguistics and Modern Languages at the Universidad Autónoma de Madrid and has a European PhD in German Studies. She is member of the Wor(l)ds Lab research group and a researcher in the Wor(l)ds Lab project 'Framing and Articulation Strategies in the Political Discourse on Twitter' (2015–2018). She is interested in the analysis of intercultural discourse in Europe and works as a consultant on Human Rights and Minorities. She is a co-author of *Interkulturelle Literatur in Deutschland* (Metzler 2000) and *Bewegte Sprache: Vom 'Gastarbeiterdeutsch' zum interkulturellen Schreiben* (Thelem 2014). She coordinates the Spanish civic initiative Pacto de Convivencia. ORCID: https://orcid.org/0000-0001-6178-3334

Fabienne Baider is an Associate Professor at the University of Cyprus in the French and European Studies department, where she teaches discourse analysis, sociolinguistics, and pragmatics at the undergraduate and master level. Her research interests focus on emotions and her theoretical approaches include intercultural pragmatics and discourse analysis. Her methodology is quantitative (with corpus linguistics) and qualitative (analysis based on notions of salience and semantic preference). Her data consist of written data, i.e. online and social media exchanges as well as oral corpora (political discourse). Her work has appeared in journals such as *Lodz Papers in Pragmatics* and *International Journal of Lexicography*. She is the co-editor of volumes published with the Sorbonne-Université Press and John Benjamins Publishers. She coordinated the EU CONTACT project (2015–2017) focused on xenophobia and homophobia and is currently engaged in a EU research project called SHELTER (2018–2020), which is devoted to hate speech analysis.

Morgane Belhadi is doing a PhD in Information & Communication at Paris 3 Sorbonne Nouvelle University. Her doctoral thesis focuses on political and visual representation of the French populist posters campaign. Her other research interests include political communication and imagery, relations between art and politics, nonverbal communication in politics, and the social role of public activist images. She is the author of an analysis of the posters campaign of the National Rally (formerly National front) entitled 'Le renouveau de la communication visuelle et de la rhétorique du Front national : une analyse de quelques affiches', in *Populismi, nuove destre e nuovi partiti : quali discorsi politici in Europa ?* (Sini Lorella, Andretta Massimiliano [eds.], Pisa University Press, 2018).

Alba Nalleli García Agüero is a graduate assistant in the Hispanic Linguistics Department of the Spanish Institute at the Universität Bern (Switzerland), where she is completing her doctoral dissertation, 'Conceptualizing Mexican Identity in School Books and Narratives: A Critical Socio-Cognitive Approach,' financed by the SNF (Swiss National Science Foundation/Schweizerischer Nationalfonds zur Förderung der Wissenschaftlichen Forschung). Her main research interests include the relation between discourse, cognition, and the socio-cultural/ideological context from a perspective that combines critical discourse analysis and cognitive linguistics; the construction of identities in narratives; foreign language acquisition; and pragmatics.

Nieves Hernández-Flores is an Associate Professor in the Department of English, Germanic, and Romance Studies at the University of Copenhagen. Her primary interests are in the relations between language and society in the Spanish-speaking countries. Her research mainly concentrates on pragmatics, politeness, and face studies; discourse and identity; discourse and ideology; interculturalism; and media studies. She has previously worked with the analysis of institutional and commercial advertising, the topic of immigration in the news, political debate in the media, and political blogs. The focus of these works has been on discursive notions such as deixis, ideology, group identity, and face. Her latest publications include her recent research on doctor-patient communication in Spain, with focus on both the construction of communicative interaction in medical consults and on the underlying social ideology. She is a member of the coordinating board of the research program EDICE – Discourse Studies of Politeness in Spanish (www.edice.org). ORCID: https://orcid.org/0000-0002-0984-8257

Sandra Issel-Dombert is a postdoc and Lecturer at the Ruhr-Universität Bochum (Germany). She studied French, Spanish, German, and Education Studies at the University of Kassel (Germany) and at Université Paris-Sorbonne (Paris IV). As a doctoral candidate, she worked on the international project 'Frasledia' and as a postdoctoral researcher in the project 'Hislecdiac', both at the University of Valencia (Spain). She has been the recipient of several scholarships and excellence awards (Prix Germaine de Staël, Förderpreis Sprache und Recht, Barbara- und Alfred-Röver-Preis, Reinhard-Kiesler-Preis, awards for e-learning and for innovations in teaching). She has organized or co-organized several workshops and conferences, and many of her presentations were invited papers. Among her areas of research and teaching are the history of French and of Spanish, language contact, phraseology, political discourse in times of populism, immigration and terrorism, as well as the rhetoric of election campaigns.

Aline Wieders-Lohéac studied Romance languages (French, Spanish, Portuguese, and Italian) in Mainz (Johannes Gutenberg-Universität), Lisbon (Universidade Nova), and Paris (Sorbonne Nouvelle). During her studies, she was funded by the German National Merit Foundation

(Studienstiftung des Deutschen Volkes) and received several scholarships for her stays abroad. After finishing her degree in 2014, she first worked as a lecturer at the University of Mainz before starting her current research and teaching post in the Romance Linguistics Department at the University of Kassel (Germany). In her thesis, she linguistically analyzes speeches given by French politicians in reaction to terrorism. She published an article, derived from this work, on the speech given by the French president after the terrorist attacks in Paris, for which she received the Reinhard-Kiesler-award for excellent scientific contributions of young researchers. She also received the Barbara and Alfred Röver Foundation award for the conference on presidential campaigns she organized with her colleague Sandra Issel-Dombert.

Véronique Magaud is an Associate Professor and Assistant Director at ILCF, Catholic University of Lyon. From 2009 to 2016 she was an assistant professor in various universities abroad: Palestine, Ethiopia, Libya, and China. Her research interests are the analysis of media and political discourse, with both French discourse analysis and rhetoric and argumentation theories. Her studies mobilize approaches from discursive and textual linguistics, as well as discursive semantics. Her research intends to contribute to the discourse genres studies and to political communication studies. It also focuses on political imagination. Her teaching activities cover various fields of linguistics, literature in French, and didactics of French as a foreign language.

Marion Sandré is a Lecturer at the University of Toulon, France, and researcher in Babel laboratory. She conducts her research within discourse analysis, using an interactional approach. Her corpora are written and oral discourse, monologue and dialogue, from political and media discourse, especially TV political debate, during French presidential elections. Her works develop the connexion between language and society, through the characterization of discursive genres and their evolution. She also takes an interest in how politicians handle their own image, taking account of their discourse, their behaviour, and their use of media.

Émilie Devriendt is a Lecturer in French Linguistics and a researcher at the University of Toulon, France. Her research in discourse analysis mainly deals with linguistic and sociopolitical issues related to social relations. Part of her works have focused on racializing discourses in contemporary France, specifically in journalistic corpora. Her most recent works also study discourses of collective action, contemporary or passed: social struggles against unemployment and precarity in the 2000s and revolutionary practices in May 1968.

Renáta Varga is an Associate Professor in Communication Sciences at Lille University, France. A Doctor in Language Sciences and specialist in discourse analysis, she is interested in populist discourses, communication contexts and issues, actors' logics, as well as the representations conveyed. Her current research focuses on Viktor Orbán's communication strategy and the redesign of the Hungarian political space. She initiated a research project with the Luxembourg Institute of Socio-Economic Research on discursive representations of borders in 2015, and she is currently setting up a research network project on populism and European (dis)integration, in collaboration with LISER, Stockholm University, University of Turin, University Lyon 2, and the Institute of Sociology of the Romanian Academy.

www.ingramcontent.com/pod-product-compliance
Lightning Source LLC
Chambersburg PA
CBHW060831190426
43197CB00039B/2552